民事訴訟代理人の実務

II 争点整理

東京弁護士会
民事訴訟問題等特別委員会 [編]

青林書院

はしがき

　このたび，東京弁護士会の民事訴訟問題等特別委員会編として，争点整理手続をテーマとした「民事訴訟代理人の実務」を発行することができたことを委員長として大変うれしく思います。原稿を寄せていただいた委員会所属の会員の皆様にこころから感謝の意を表します。

　さて，争点整理手続の重要性が強調されて久しく，そういう意味で争点整理は古くて新しいテーマといえるでしょう。争点整理は，繰り返し民事訴訟手続の論点としてあげられながら，一向に解決の糸口すらつかめないかのような混沌とした状態に見えます。

　争点整理について議論すると，しばしば，「いったん主張した以上，裁判所から特に指摘を受けていないにもかかわらず，自主的に撤回するのはどうかと思うし，逆に，本当に認められる可能性がないような主張だったら，むしろ，裁判所から強く撤回を迫られるはずだから，そのときに対応すればよい。」という趣旨のコメントが聞かれます。そして，この見解には比較的多数の賛同が得られるのです。その理由は，（訴訟上の）当事者の代理人として活動する弁護士の共通体験に根差すところがあるからと思われます。すなわち，あるべき法的主張の組立て方と依頼者の意向との板挟みに遭い，身動きがとれなくなる体験を多くの訴訟代理人（弁護士）は経験したことがあるのです。こうして，弁護士は，主体性が分裂するような苦しみを味わいながら一人前になっていくのかもしれません。逆に言えば，このような悩みを持てなくなったときこそ弁護士のアイデンティティの危機と言えるのではないでしょうか。私がまだ修習生のころ，ある裁判官に法廷活動で信頼できると思う弁護士と，いざ自分（裁判官）自身が事件に巻き込まれてしまったときに依頼したいと思う弁護士とは同一ではない，と聞かされたこともあります。

　そうだとすると，争点整理手続の現実態を素直に見るならば，争点整理とは

はしがき

　当事者の視点から見る場合と裁判所の視点から見る場合とで異なる側面を見せる可能性があります。そこで，今回は，裁判所の視点で，東京地方裁判所プラクティス委員会の松本光一郎判事，髙橋玄判事補からも原稿をお寄せいただきました。まことに感謝の念に堪えません。

　このように，（訴訟上の）当事者の代理人たる弁護士は，法的主張の構成の仕方と依頼者の意向との間を身が引き裂ける思いをしながら行ったり来たりしているのかもしれません。この弁護士の抱える悩みを，裁判所から見て，何らかのバイアスがかかっていると表現するのも，逆に，当事者から見て，うちの先生は積極的に闘ってくれないと言うのも，いずれも争点整理手続に関連した一面的な見方と言えるでしょう。

　この行ったり来たりの運動により，紛争の実態に即した争点が法的観点から変更されることもあるでしょうし，逆に，法的観点から整理されていたはずの争点が，紛争の実態に即して変化していくこともあるでしょう。このような往復運動は，同じところを行ったり来たりする堂々巡りにすぎないのでしょうか。それとも，あるべき高みを目指す動的プロセスの一部なのでしょうか。その事そのものについて，この書籍がしばし立ち止まって考えてみる契機となれば幸甚です。

　そして，この争点整理手続が，弁論準備期日にて行われることが多いことから，研究者の研究対象になりにくい面があると思われます。というのは，判決のように静的な結論が言葉として公開されるものでなく，原則として非公開で動的に変化していく，その過程そのものを研究対象としなければならないからです。

　そこで，当委員会としては，少しでも争点整理手続の上述したような性質が公のものとなるように，たとえ不揃いでも率直に訴訟当事者の代理人として活躍している弁護士の直面している現象を表現してみようと考え，今回，「民事訴訟代理人の実務」という書籍を完成させました。民事訴訟の手続にかかわる全ての方々，実務家，研究者，修習生，ロースクール生，法学部生に手に取ってみていただきたいと思います。

　最後に，この書籍がこの時期に発行できるためには，原稿をとりまとめてい

はしがき

ただいた大坪和敏先生，株式会社青林書院の長島晴美さん，東京弁護士会事務職の村山祥子さんの力が不可欠でした。ここに記して感謝の意を表したいと思います。

平成23年3月

東京弁護士会　民事訴訟問題等特別委員会
平成22年度委員長　永 島　賢 也

凡　例

1．用字・用語等
　本書の用字・用語は，原則として常用漢字，現代仮名づかいによったが，法令に基づく用法，及び判例，文献等の引用文は原文どおりとした。

2．関係法令
　関係法令は，原則として平成23年2月末日現在のものによった。

3．本文の注記
　判例，文献の引用や補足，関連説明は，脚注を用いた。法令の引用，例示などは，本文中にカッコ書で表した。

4．法令の引用表示
　本文解説中における法令条項は，原則としてフルネームで引用した。ただし，民事訴訟法は「民訴法」，民事訴訟規則は「民訴規則」と表した。
　カッコ内における法令条項のうち主要な法令名は，後掲の「主要法令略語表」によった。ただし，民事訴訟法は「法」，民事訴訟規則は「規則」と表した。

5．判例の引用表示
　本文における判例で，判例集に登載されていないものは，原則として，事件番号を掲載した。
　脚注における判例の引用は，原則として次のように行った。その際に用いた略語は，後掲の「判例集等略語表」によった。年号は，大正は「大」，昭和は「昭」，平成は「平」と略記した。
　（例）　昭和45年6月11日最高裁判所判決，最高裁判所民事判例集24巻6号516頁
　　　　→　最判昭45・6・11民集24巻6号516頁
　　　　昭和47年2月23日東京高等裁判所判決，高等裁判所民事判例集25巻1号132頁
　　　　→　東京高判昭47・2・23高民集25巻1号132頁

6．文献の引用表示
　脚注中に引用した文献について，頻出する文献は略語を用いて引用し，その際用いた略語は，後掲の「主要文献略語表」によった。それ以外のものについては，著者（執筆者）及び編者・監修者の姓名，『書名』（「論文名」），巻数又は号数（掲載誌とその巻号又は号），出版者，刊行年，引用（参照）頁を掲記した。
　主要な雑誌等は後掲の「主要雑誌等略語表」によった。

凡　例

〔主要法令略語表〕

一般法人	一般社団法人及び一般財団法人に関する法律	人訴規	人事訴訟規則
		特許	特許法
会社	会社法	弁護	弁護士法
会社規	会社法施行規則	民	民法
刑訴	刑事訴訟法	民調	民事調停法
憲	日本国憲法	民保	民事保全法
裁	裁判所法	労基	労働基準法
裁判迅速化	裁判の迅速化に関する法律	労契	労働契約法
人訴	人事訴訟法	労審	労働審判法

〔判例集等略語表〕

大	大審院	裁集民	最高裁判所裁判集民事
最	最高裁判所	高民集	高等裁判所民事判例集
高	高等裁判所判決	下民集	下級裁判所民事裁判例集
地	地方裁判所判決	家月	家庭裁判月報
支	支部	東高民時報	東京高等裁判所判決時報
判	判決	金判	金融・商事判例
決	決定	金法	旬刊金融法務事情
		判時	判例時報
民集	大審院及び最高裁判所民事判例集	判タ	判例タイムズ
		労判	労働判例
刑集	大審院及び最高裁判所刑事判例集	Ｌ Ｌ Ｉ	Law Library Information
		Ｗ Ｌ Ｊ	Westlaw Japan

〔主要文献略語表〕

〈書籍〉

伊藤・　→伊藤眞『民事訴訟法〔第3版4訂版〕』(有斐閣, 2010)
上田・　→上田徹一郎『民事訴訟法〔第6版〕』(法学書院, 2009)
梅本・　→梅本吉彦『民事訴訟法〔第4版〕』(信山社出版, 2009)
大江ほか・手続裁量・　→大江忠＝加藤新太郎＝山本和彦編『手続裁量とその規律―理論と実務の架橋をめざして』(有斐閣, 2005)
加藤編・事実認定と立証活動ⅠⅡ・　→加藤新太郎編『民事事実認定と立証活動第Ⅰ巻，第Ⅱ巻』(判例タイムズ社, 2009)
兼子・　→兼子一『新修民事訴訟法体系〔増補版〕』(酒井書店, 1965)
上谷＝加藤編・総括と展望・　→上谷清＝加藤新太郎編『新民事訴訟法施行三年の総括と将来の展望』(西神田編集室, 2002)
基本法コンメ1～3・　→賀集唱＝松本博之＝加藤新太郎編『基本法コンメンタール民事訴訟法1, 2, 3〔第3版〕』(別冊法学セミナー)(日本評論社, 1, 3＝2008, 2＝2007)
講座新民訴法Ⅰ・　→竹下守夫編集代表／竹下守夫＝今井功編『講座新民事訴訟法第Ⅰ巻』(弘文堂, 1998)
コンメⅠ～Ⅲ・　→秋山幹男＝伊藤眞＝加藤新太郎＝高田裕成＝福田剛久＝山本和彦『コンメンタール民事訴訟法Ⅰ，Ⅱ〔第2版〕』(日本評論社, 2006),『コンメンタール民事訴

凡　例

　　訟法Ⅲ』（日本評論社，2008）
最新判例からみる民事訴訟の実務・　→東京弁護士会民事訴訟問題等特別委員会編『最新判例からみる民事訴訟の実務』（青林書院，2010）
条解民訴規則・　→最高裁判所事務総局民事局監修『条解民事訴訟規則』（司法協会，1997）
新堂・　→新堂幸司『新民事訴訟法〔第4版〕』（弘文堂，2008）
新民訴一問一答・　→法務省民事局参事官室編『一問一答新民事訴訟法』（商事法務研究会，1996）
新民訴法大系(1)〜(4)・　→三宅省三＝塩崎勤＝小林秀之編集代表『新民事訴訟法大系―理論と実務（第1巻〜第4巻）』（青林書院，1997）
争点・　→伊藤眞＝山本和彦編『民事訴訟法の争点』（ジュリスト増刊，新・法律学の争点シリーズ4）（有斐閣，2009）
争点〔第3版〕・　→青山善充＝伊藤眞編『民事訴訟法の争点』（ジュリスト増刊，法律学の争点シリーズ5）（有斐閣，1998）
高橋(上)(下)・　→高橋宏志『重点講義民事訴訟法(上)』（有斐閣，2005），『重点講義民事訴訟法(下)〔補訂第2版〕』（有斐閣，2010）
竹下ほか編・研究会新民訴法・　→竹下守夫ほか編『研究会新民事訴訟法―立法・解釈・運用（ジュリ増刊）』（1999）
注釈(2)(3)・　→上田徹一郎＝井上治典編『注釈民事訴訟法(2)当事者2・訴訟費用』（有斐閣，1992），竹下守夫＝伊藤眞編『注釈民事訴訟法(3)口頭弁論』（有斐閣，1993）
塚原ほか編・新民訴法の理論と実務(上)・　→塚原朋一ほか編『新民事訴訟法の理論と実務(上)』（ぎょうせい，1997）
当事者照会の理論と実務・　→東京弁護士会民事訴訟問題等特別委員会編著『当事者照会の理論と実務』（青林書院，2000）
中野ほか・　→中野貞一郎＝松浦馨＝鈴木正裕編『新民事訴訟法講義〔第2版補訂2版〕』（有斐閣，2008）
藤田・　→藤田広美『講義民事訴訟』（東京大学出版会，2007）
平成15年改正一問一答・　→小野瀬厚＝武智克典編著『一問一答平成15年改正民事訴訟法』（商事法務，2004）
弁護士職務基本規程・　→「解説『弁護士職務基本規程』」自正56巻6号（臨増）（2005）
松本＝上野・　→松本博之＝上野泰男『民事訴訟法〔第6版〕』（弘文堂，2010）
民事実務読本Ⅱ・・小島武司ほか『民事実務読本Ⅱ弁論・攻撃防御』（東京布井出版，1990）
民事弁護の手引・　→司法研修所編『7訂民事弁護の手引』（日本弁護士連合会，2005）
民訴法講義案・　→裁判所職員総合研修所監修『民事訴訟法講義案〔再訂補訂版〕』（司法協会，2010）
山本・基本問題・　→山本和彦『民事訴訟法の基本問題』（判例タイムズ社，2002）
山本編・民事訴訟・　→山本和彦編『民事訴訟の過去・現在・未来―あるべき理論と実務を求めて』（日本評論社，2005）

〈雑誌論文〉
伊藤ほか・〈研究会〉改正民訴法の10年(1)・　→伊藤眞ほか「〈研究会〉改正民事訴訟法の10年とこれから(1)」ジュリ1366号（2008）
遠藤ほか・〈座談会〉争点整理(上)(下)・　→遠藤賢治ほか「座談会　争点整理をめぐって(上)―『民事訴訟実務と制度の焦点』を素材として」判タ1266号（2008），遠藤賢治ほか「座談会　争点整理をめぐって(下)―『民事訴訟実務と制度の焦点』を素材として」判タ1268号

vii

凡　例

　　　　(2008)
菅野ほか・アンケート結果(1)主張整理関係・　→菅野雅之ほか「民事訴訟の運用に関するアンケート結果(1)主張整理関係（中間とりまとめ）」判タ1268号（2008）
菅野・民訴法改正10年・　→菅野雅之「訴訟の促進と審理の充実―裁判官から（特集　新しい時代の民事訴訟法）（民事訴訟法改正10年）」ジュリ1317号（2006）
河野ほか・民事訴訟の現状と展望(1)主張整理関係・　→東京地方裁判所プラクティス委員会第三小委員会＝河野清孝ほか「民事訴訟の現状と今後の展望(1)主張整理関係」判タ1301号（2009）
須藤ほか・民事訴訟の現状と展望(3)書面尋問の意義とモデル書式について・　→東京地方裁判所民事部プラクティス委員会第一小委員会＝須藤典明ほか「民事訴訟の現状と今後の展望(3)書面尋問の意義とモデル書式について」判タ1316号（2010）
高橋ほか・〈座談会〉民訴法改正10年・　→高橋宏志ほか「〈座談会〉民事訴訟法改正10年そして新たな時代へ（特集　新しい時代の民事訴訟法）」ジュリ1317号（2006）
田原・民訴法改正10年・　→田原睦夫「訴訟の促進と審理の充実―弁護士から（特集　新しい時代の民事訴訟法）（民事訴訟法改正10年）」ジュリ1317号（2006）
畠山ほか・民事訴訟の現状と展望(2)証拠調べ関係・　→東京地方裁判所プラクティス委員会第二小委員会＝畠山稔ほか「民事訴訟の現状と今後の展望(2)証拠調べ関係」判タ1301号（2009）
藤下ほか・アンケート結果(2)証拠調べ関係・　→藤下健ほか「民事訴訟の運用に関するアンケート結果(2)証拠調べ関係（中間とりまとめ）」判タ1269号（2008）
矢尾ほか・〈研究会〉改正民訴法の10年(2)・　→矢尾渉ほか「〈研究会〉改正民事訴訟法の10年とこれから(2)」ジュリ1367号（2008）
山本・争点整理手続・　→山本和彦「争点整理手続について―『民事訴訟手続に関する改正要綱試案』の検討を中心に（民事訴訟手続に関する改正要綱試案　特集）」民商110巻4・5号（1994）
山本・当事者主義的訴訟運営・　→山本和彦「当事者主義的訴訟運営の在り方とその基盤整備について」民訴55号（2009）
山本・当事者主義の訴訟運営・　→山本和彦「改正民事訴訟法の10年とこれから(3)当事者主義の訴訟運営に向けて」ジュリ1368号（2008）
山本・民訴法10年・　→山本和彦「民事訴訟法10年―その成果と課題」判タ1261号（2008）

〔主要雑誌等略語表〕

ＮＢＬ	ＮＢＬ	ジュリ	ジュリスト
金判	金融・商事判例	商事	商事法務
金法	旬刊金融法務事情	曹時	法曹時報
最判解民	最高裁判所判例解説民事篇	判時	判例時報
司研	司法研修所論集	判タ	判例タイムズ
自正	自由と正義	法教	法学教室
主判解	主要民事判例解説（臨時増刊判例タイムズ）	民商	民商法雑誌
		民訴	民事訴訟雑誌

編者・執筆者紹介

編　者

東京弁護士会民事訴訟問題等特別委員会

執　筆　者

山浦　善樹（弁護士）　　松本　光一郎（判事）
中村　雅麿（弁護士）　　上田　智司（弁護士）
小松　紘士（弁護士）　　今井　知史（弁護士）
横路　俊一（弁護士）　　原澤　敦美（弁護士）
荻布　純也（弁護士）　　松原　崇弘（弁護士）
伊藤　敬洋（弁護士）　　佐藤　幸寿（弁護士）
服部　弘幸（弁護士）　　湯浅　知子（弁護士）
丸山　　輝（弁護士）　　福島　成洋（弁護士）
永岡　秀一（弁護士）　　髙橋　幸一（弁護士）
海賀　裕史（弁護士）　　望月　崇司（弁護士）
井上　　侑（弁護士）　　鈴木　　俊（弁護士）
森田　芳玄（弁護士）　　山岸　泰洋（弁護士）
寺﨑　　京（弁護士）　　湯浅　正彦（弁護士）
町田　健一（弁護士）　　堤　　　禎（弁護士）
八木　哲彦（弁護士）　　大坪　和敏（弁護士）
木下　貴博（弁護士）　　岡野谷　知広（弁護士）
佐々木　俊夫（弁護士）　髙木　加奈子（弁護士）
川口　舞桂（弁護士）　　楢崎　礼仁（弁護士）
岩﨑　泰一（弁護士）　　吉野　　高（弁護士）
永島　賢也（弁護士）　　坂本　正幸（弁護士）
小池　　豊（弁護士）　　脇谷　英夫（弁護士）
濱口　博史（弁護士）　　秋山　里絵（弁護士）
髙橋　　玄（判事補）

（執筆順）

目　次

序　章

I　弁護士による実務慣行改善運動の重要性――〔山浦　善樹〕――3

 1　はじめに …………………………………………………………………… 3
 2　民事実務改善における弁護士の役割 ………………………………… 5
  (1)　弁護士は争点整理手続において汗をかいているだろうか　6
  (2)　弁護士は争点整理において効果的なコミュニケーションをしているか　6
  (3)　弁護士は争点整理の運用改善のため創意工夫をしているか　8
  (4)　争点整理において裁判官と弁護士は協働関係を維持しているか　10
  (5)　弁護士にイエロー・カードを出すべきか　12
  (6)　忘れられているローカルルール　14
  (7)　次世代に対して争点整理のノウハウやコツの伝承がなされているか　15
 3　争点整理に関する近時の話題について ……………………………… 16
  (1)　争点整理のステップ（段階的発展）に応じた訴訟活動について　16
  (2)　比較的早期の争点整理段階において証拠を収集する制度について　17
  (3)　争点整理における口頭による議論の活性化のための運用改善について　18
  (4)　代理人による時系列・主張対比表・主張要約書面の事前提出について　18
 4　おわりに …………………………………………………………………… 18

II　裁判所からみた争点整理と最近の傾向――〔松本光一郎〕――20

 1　はじめに …………………………………………………………………… 20
 2　裁判所の立場と代理人の立場 ………………………………………… 21

(1) 事件との出会い・争点整理段階における情報との距離・
　　　　情報入手方法の違い　*21*
　　(2) 訴訟の目的・目標点の共通性，目標設定の重要性　*22*

3 争点整理のあり方………………………………………………………*25*

　　(1) 要件事実の重要性　*25*
　　(2) 経験則（常識）の重要性——例外の想定　*25*
　　(3) 訴訟における病理と当事者の特性　*26*
　　(4) 争点把握のレベル　*27*
　　(5) 争点整理の方法論　*29*
　　(6) 期日間の準備　*31*

4 争点整理の主体・役割分担………………………………………*32*

　　(1) 裁判所主導型争点整理　*32*
　　(2) 当事者主体的活動型争点整理　*33*

5 おわりに…………………………………………………………………*33*

　　(1) 準備書面の分量について　*33*
　　(2) 「求釈明」の位置づけについて　*34*
　　(3) 文書提出命令の申立てについて　*35*

第1章　争点整理の理論的検討

Ⅰ　争点整理の意義 ―――――――――――――――― *39*

1 民事訴訟における争点・争点整理の意義…………〔中村　雅麿〕…*39*

　　(1) はじめに　*39*
　　(2) 現行の争点整理手続に至るまでの経緯　*39*
　　(3) 平成8年以降の民訴法改正の要因　*40*
　　(4) 平成8年改正の現行民訴法における争点整理手続　*42*
　　(5) 争点整理と平成15年の民訴法改正　*43*
　　(6) 争点の意義・範囲　*43*
　　(7) 争点整理の意義　*44*
　　(8) 争点整理の目的　*45*
　　(9) 争点整理の作用と弁論主義の変容　*47*
　　(10) 争点整理手続とその他の民事訴訟の基本原理との関係　*50*
　　(11) 争点整理手続の今後の展望　*51*

2 訴訟代理人から見た争点整理…………………………〔上田　智司〕…*52*

- (1) はじめに　52
- (2) 訴訟代理人にとっての争点整理の意味　53
- (3) 争点整理の重要性を認識した代理人の訴訟準備　53
- (4) 争点整理の重要性についての双方代理人の認識の一致の必要性　54
- (5) 争点整理は代理人と裁判所との共同作業であること　54
- (6) まとめ　55

II 争点整理における当事者の役割　57

1 当事者主義の意義　〔小松　紘士〕…57
- (1) はじめに　57
- (2) 当事者主義と職権主義　57
- (3) 当事者主義と職権主義の役割分担　59
- (4) 現行法における審理　60
- (5) 当事者主義的訴訟運営　61

2 民事訴訟法の定める裁判所の役割　〔今井　知史〕…62
- (1) 概　説　62
- (2) 口頭弁論手続の整理　62
- (3) 争点整理手続の選択　63
- (4) 審理計画の策定　63
- (5) 専門委員の関与　64
- (6) 釈明権の行使　64
- (7) 時機に後れた攻撃防御方法の却下　64

3 民事訴訟法の定める当事者の役割　〔横路　俊一〕…65
- (1) 概　説　65
- (2) 当事者の訴訟行為を規律する一般原則　65
- (3) 当事者の訴訟に対する主体的関与の制度　66

III 審理手続の原則と争点整理　68

1 訴訟上の信義則　〔原澤　敦美〕…68
- (1) 民訴法上の信義則　68
- (2) 民訴法147条の2と民訴法2条の関係　68
- (3) 弁護士職務基本規程が定める信義則　69
- (4) 争点整理手続における信義則　69
- (5) 主張書面作成における信義則　70

目　次

2　民事訴訟の理念………………………………〔荻布　純也〕…71
- (1)　民事訴訟の目的と理念　71
- (2)　民事訴訟の理念　71
- (3)　当事者主義的訴訟進行と弁護士の役割　73

3　争点中心主義（争点中心審理）……………〔松原　崇弘〕…75
- (1)　争点中心審理の意義　75
- (2)　審理の中心となる争点の意義　77
- (3)　争点中心審理の実務　78

4　口頭主義………………………………………〔伊藤　敬洋〕…80
- (1)　意義と機能　80
- (2)　口頭弁論の歴史的経緯　81
- (3)　口頭主義と書面主義の適用場面　82
- (4)　争点整理との関係　82

5　弁論主義・弁論権……………………………〔佐藤　幸寿〕…84
- (1)　弁論主義　84
- (2)　弁論主義・弁論権と争点整理　87

6　真実義務………………………………………〔服部　弘幸〕…89
- (1)　当事者の真実義務とは　89
- (2)　裁判所の真実義務について　90
- (3)　完全陳述義務と弁論主義　90
- (4)　訴訟代理人である弁護士の真実尊重義務と真実義務　91

7　当事者間における不意打ち防止……………〔湯浅　知子〕…92
- (1)　民事訴訟における「不意打ち防止」の必要性　92
- (2)　民事訴訟における「不意打ち」の発生要因　92
- (3)　争点整理と「不意打ち防止」　93

8　適時提出主義…………………………………〔丸山　輝〕…95
- (1)　適時提出主義の採用　95
- (2)　攻撃防御方法提出の時期及び内容　96
- (3)　適時提出主義の内容　97

Ⅳ　争点整理のための手続 ──────────────100

1　概　説…………………………………………〔福島　成洋〕…100
- (1)　各手続の概要　100

(2)　各手続の選択　*101*

2　弁論準備手続 ……………………………………………〔永岡　秀一〕…*102*

　　(1)　開始手続　*103*
　　(2)　非公開の手続であること　*103*
　　(3)　なし得る訴訟行為　*104*
　　(4)　電話会議の方法による期日の実施　*104*
　　(5)　弁論準備手続の終結　*105*
　　(6)　弁論準備手続の効果　*105*
　　(7)　弁論準備手続期日の実情と課題　*107*

3　準備的口頭弁論 ………………………………………〔髙橋　幸一〕…*108*

　　(1)　意　義　*108*
　　(2)　開始要件　*108*
　　(3)　手　続　*108*
　　(4)　手続の終了　*108*
　　(5)　終了後の攻撃防御方法の提出　*109*
　　(6)　実施が想定される事件　*109*

4　書面による準備手続 ………………………………〔海賀　裕史〕…*109*

　　(1)　意　義　*109*
　　(2)　手続の要件　*110*
　　(3)　手続の主宰者　*110*
　　(4)　書面による準備手続の内容　*111*
　　(5)　手続の終結　*111*
　　(6)　手続終結後の攻撃防御方法の提出　*111*

5　進行協議期日 …………………………………………〔望月　崇司〕…*111*

　　(1)　意　義　*111*
　　(2)　進行協議期日の要件・内容　*112*
　　(3)　活用例　*112*
　　(4)　注意点　*113*

6　計画審理 ………………………………………………〔井上　侑〕…*114*

　　(1)　概　説　*114*
　　(2)　趣旨・沿革　*114*
　　(3)　計画審理の機能・争点整理との関係　*115*
　　(4)　審理計画の策定義務　*115*
　　(5)　審理計画の拘束力　*116*
　　(6)　計画審理の運用状況・準計画審理　*116*

V 諸外国の争点整理 ——————————————118

1 アメリカ合衆国……………………………〔鈴木　俊〕…118
- (1) アメリカの民事訴訟手続の概略　118
- (2) アメリカの民事訴訟手続における争点整理　120
- (3) 日米の民事訴訟手続おける争点整理の比較　123

2 イギリス………………………………………〔森田　芳玄〕…124
- (1) イギリスの裁判制度の概略　124
- (2) 従来の争点整理手続と新たな民事訴訟規則の制定　125

3 フランス………………………………………〔森田　芳玄〕…128
- (1) フランスの裁判制度の概略　128
- (2) 争点整理手続　129

4 ドイツ…………………………………………〔山岸　泰洋〕…131
- (1) ドイツの裁判制度の概略　131
- (2) ドイツの民事訴訟手続の流れ　132
- (3) 争点整理の規律と運用　134

第2章　争点整理の実務上の検討

I 訴状・答弁書・準備書面の作成 ————〔寺﨑　京〕——141

1 訴　状……………………………………………………141
- (1) 実質的記載事項　141
- (2) 添付書類　143

2 答弁書……………………………………………………145
- (1) 実質的記載事項　145
- (2) 添付書類　147
- (3) やむを得ない事情により具体的主張がなし得ない場合　147

3 準備書面…………………………………………………148
- (1) 答弁書に対する反論の準備書面の実質的記載事項　148
- (2) 以降の準備書面の実質的記載事項　150

4 記載の体裁・形式について——書面の読みやすさについて，

目　次

　　　　一考 ··· *150*
　　　(1)　書面全般について　*150*
　　　(2)　「認否」の工夫　*151*

II　法律構成の選択 ─────────────── *153*

1　主要事実の意義 ·························· 〔湯浅　正彦〕··· *153*
　　　(1)　民事訴訟における事実　*153*
　　　(2)　法的構成における主要事実　*155*
　　　(3)　争点整理における主要事実　*156*

2　法律構成についての当事者の責任 ············ 〔町田　健一〕··· *157*
　　　(1)　処分権主義　*157*
　　　(2)　弁論主義と法律構成について　*157*
　　　(3)　法律構成に関する当事者の責任及び審理における態度について　*159*

3　法律構成の主張のあり方 ················· 〔堤　　　禎〕··· *161*
　　　(1)　弁護士業務における法的構成の位置づけ　*161*
　　　(2)　法律構成にあたっての考慮要素　*162*
　　　(3)　具体例　*163*

III　主張に対する認否 ─────────── 〔八木　哲彦〕── *166*

1　認否の意義 ·· *166*
　　　(1)　弁論主義と認否　*166*
　　　(2)　認否の態様　*166*
　　　(3)　弁論主義における認否の意義　*167*

2　認否の対象 ·· *167*
　　　(1)　原則（主要事実の認否）　*167*
　　　(2)　間接事実の認否　*167*
　　　(3)　訴訟代理人の心得　*168*

3　認否の方法 ·· *168*
　　　(1)　答弁書における認否　*168*
　　　(2)　答弁に対する反論における認否　*169*
　　　(3)　書面による認否　*169*
　　　(4)　主張認否一覧表による認否　*170*

        (5) 認否のための求釈明　*170*
   4　積極否認義務……………………………………………………………*171*
        (1) 積極否認の原則　*171*
        (2) 否認の具体化について　*172*
        (3) 反対事実の主張における具体化　*173*

Ⅳ　弁論準備手続概説　　　　　　　　　　　〔大坪　和敏〕——*174*

   1　争点整理手続の流れ………………………………………………………*174*
   2　弁論準備手続で弁護士が行っていること……………………………*174*
        (1) 準備書面等の作成　*175*
        (2) 他方弁護士の準備　*176*
        (3) 弁論準備手続期日で行われること　*176*
        (4) 派生的な事項　*177*
        (5) 弁論準備手続の終結　*177*
   3　弁論準備手続の目的………………………………………………………*178*
        (1) 争点及び証拠の整理　*178*
        (2) 争点整理　*178*
        (3) 証拠の整理　*179*
        (4) 口頭の議論による争点・証拠の整理　*180*
        (5) 証拠の整理について　*182*
   4　充実した争点整理のために………………………………………………*182*
        (1) 現状の問題点　*182*
        (2) 争点（整理）の範囲　*183*
        (3) 争点整理の程度　*184*
        (4) 立場の違いと争点整理への影響　*185*
   5　争点整理における当事者の役割………………………………………*186*
        (1) 役割についての議論　*186*
        (2) 争点整理の役割分担　*187*
   6　弁論準備手続における裁判所の心証開示……………………………*188*
        (1) 弁護士の裁判所依存ついて　*188*
        (2) 裁判官の心証開示と争点整理　*189*
   7　弁論準備手続への当事者本人の同席…………………………………*189*
        (1) 当事者本人の弁論準備手続出席　*189*

(2) 当事者本人を同席させる理由　*190*
　　(3) 当事者本人を同席させない理由　*191*
　　(4) 裁判所から同席を求められた場合の対応　*191*
　8 弁論準備手続と和解……………………………………………*192*
　9 争点整理手続の課題…………………………………………*193*
　　(1) 司法改革と弁護士業務の変貌　*193*
　　(2) 当事者主義的訴訟運営に対して　*194*
　　(3) 集中的な争点整理手続へ　*196*
　　(4) わかりやすい争点整理への課題　*196*

Ⅴ 争点整理への訴訟代理人の関与 ——————*198*

　1 当事者からの争点の提出………………〔木下　貴博〕…*198*
　　(1) 争点整理と集中証拠調べ　*198*
　　(2) 争点整理において当事者が提出すべきものは何か　*198*
　　(3) 争点整理手続の効果　*200*
　　(4) 争点整理期日において当事者はどのように関与していくべきか　*200*
　　(5) 弁論準備手続の実情　*201*
　　(6) 当事者と裁判所のいずれが争点整理を主導すべきか　*201*
　2 争点の絞り込み……………………………〔岡野谷知広〕…*202*
　　(1) 争点整理の実際　*202*
　　(2) 「争点の絞り込み」とはいかなる作業か　*203*
　　(3) 争点の絞り込みの機能・目的　*203*
　　(4) 争点の絞り込みの法的性格　*204*
　　(5) 争点の絞り込みへの裁判所及び訴訟代理人の関わり方に対する評価　*205*
　　(6) 訴訟代理人としての争点の絞り込みへの対処のあり方　*206*
　3 裁判所の争点整理への対処のあり方………〔岡野谷知広〕…*208*
　　(1) 争点整理手続の運営　*208*
　　(2) 争点整理への対処のあり方——総論　*210*
　　(3) 争点整理における訴訟代理人の対応につき指摘される問題点とあるべき対処——各論　*211*
　　(4) 当事者本人等を同行する場合の留意点　*217*
　4 専門委員等の争点への関与への対処のあり方…〔佐々木俊夫〕…*218*
　　(1) 専門知識が必要な事件における争点整理　*218*

- (2) 専門委員制度の導入　*220*
- (3) 専門委員制度とその留意点　*221*
- (4) 専門委員等の関与がある場合の訴訟代理人の対処　*226*

VI　裁判上の自白 〔髙木加奈子〕—*230*

1　はじめに …………………………………………………… *230*
2　自白の成立 ………………………………………………… *231*
3　自白の態様 ………………………………………………… *231*
4　自白の効力 ………………………………………………… *232*
- (1) 証明不要効　*232*
- (2) 審判排除効（裁判所拘束力）　*232*
- (3) 撤回禁止効（当事者拘束力）　*233*

5　自白の撤回 ………………………………………………… *233*
- (1) 相手方当事者の同意がある場合　*233*
- (2) 刑事上罰すべき他人の行為によって自白がなされた場合　*233*
- (3) 自白内容が真実に反し，かつ錯誤に基づく場合　*234*

6　自白の対象 ………………………………………………… *234*
- (1) 事　実　*235*
- (2) 権利自白　*235*

7　各見解とそれによる争点整理機能について ……………… *236*
- (1) 山本和彦教授の見解　*236*
- (2) 新堂幸司教授の見解　*237*
- (3) 春日偉知郎教授の見解　*238*
- (4) 松本博之教授の見解　*239*
- (5) 伊藤眞教授の見解　*240*
- (6) 髙橋宏志教授の見解　*241*

8　訴訟代理人からみた「裁判上の自白」の争点整理機能について ……………………………………………… *242*
- (1) 「裁判上の自白」の成立　*242*
- (2) 「裁判上の自白」の対象　*243*

VII　裁判所の釈明権行使 〔川口　舞桂〕—*245*

1　釈明権の意義 ……………………………………………… *245*

2 釈明権の行使方法 … 245
3 期日外釈明 … 246
4 釈明権と当事者の関係 … 246
(1) 釈明権の不行使　*247*
(2) 釈明権の行使の限界　*250*
5 争点整理における釈明権の具体的な活用事例 … 251
6 実情と課題 … *251*
7 訴訟代理人として … *252*

VIII 訴訟代理人による求釈明・当事者照会──〔楢崎　礼仁〕──*254*

1 争点整理段階における求釈明・当事者照会の機能 … *254*
2 求釈明の意義 … *254*
3 求釈明の範囲 … *255*
4 当事者照会の意義 … *257*
5 当事者照会の範囲 … *257*
6 文書提出命令，文書送付嘱託の申立て等との関係 … *258*

IX 争点整理手続の結果に関する拘束力──〔岩﨑　泰一〕──*260*

1 はじめに … *260*
2 旧法における失権効 … *260*
3 現行法の規定 … *261*
(1) 平成8年改正時の議論　*261*
(2) 現行法の規定　*262*
4 現在の課題 … *263*

第3章　訴訟類型別の争点整理

I 建築訴訟──〔吉野　高〕──*269*

1 建築訴訟の内容 … *269*

目　次

　　2　瑕疵主張型訴訟の類型 …………………………………………… 270
　　　(1)　建物建築請負契約に基づいて主張される場合　270
　　　(2)　建物売買契約に基づいて主張される場合　270
　　3　瑕疵とは ………………………………………………………… 270
　　4　瑕疵一覧表への記載 …………………………………………… 271
　　　(1)　記載順序　271
　　　(2)　現状欄の記載（数値をもって記載する）　271
　　　(3)　あるべき状態とその根拠欄の記載　271
　　　(4)　補修方法及び補修金額　274
　　5　争点整理で問題となる点 ……………………………………… 274
　　6　設計図書に反する施工 ………………………………………… 274
　　7　法令違反の施工 ………………………………………………… 276
　　8　標準的技術水準違反の施工 …………………………………… 278
　　9　補修方法及び補修金額 ………………………………………… 279
　　10　以上をふまえたうえで争点整理において留意すべき点 …… 279

II　名誉毀損訴訟　〔永島　賢也〕──281

　　1　はじめに ………………………………………………………… 281
　　2　名誉毀損訴訟における「表現」と「摘示事実」の区別 …… 282
　　3　「表現一覧」と「主張対比表」の作成のプロセス …………… 282
　　　(1)　【第1訴訟】　X→Y　284
　　　(2)　【第2訴訟】　X←Y　286
　　4　〔事例〕にみる争点整理の問題点 ……………………………… 287

III　医療関係訴訟　〔永島　賢也〕──290

　　1　はじめに ………………………………………………………… 290
　　2　進行方法 ………………………………………………………… 290
　　　(1)　訴訟提起の早期の審理段階　290
　　　(2)　診療経過一覧表の作成　291
　　　(3)　証拠番号の付し方　291
　　　(4)　小　括　293

目　次

　　3　争点整理段階 …………………………………………… 294
　　4　過失について ………………………………………… 295
　　　　(1)　医療関係訴訟における過失　*295*
　　　　(2)　リトロスペクティブとプロスペクティブの区別　*296*
　　　　(3)　主張立証のあり方　*296*
　　5　因果関係について …………………………………… 297
　　　　(1)　いわゆる「高度の蓋然性」について　*297*
　　　　(2)　割合的認定について　*298*
　　　　(3)　生存していた相当程度の可能性について　*298*
　　　　(4)　小　　括　*300*

Ⅳ　労働事件 ────────────────〔坂本　正幸〕── 301

　　1　労働事件の手続類型 ………………………………… 301
　　　　(1)　個別的労働紛争　*301*
　　　　(2)　労働審判と争点整理　*301*
　　　　(3)　仮処分　*302*
　　2　個別的労働紛争の争点の特徴 ……………………… 302
　　3　争点整理 ……………………………………………… 303
　　　　(1)　懲戒・解雇　*303*
　　　　(2)　人事異動，配転，出向　*305*
　　　　(3)　賃　　金　*306*

Ⅴ　特許訴訟 ────────────────〔小池　豊〕── 308

　　1　「特許訴訟」の概念 …………………………………… 308
　　2　特許侵害訴訟の審理の概要 ………………………… 309
　　3　争　　点 ……………………………………………… 310
　　　　(1)　請求の原因　*310*
　　　　(2)　被告の抗弁　*318*
　　4　訴訟手続に関する現行の実務の流れ ……………… 321
　　5　特許侵害訴訟の争点のまとめ ……………………… 322
　　6　審決取消訴訟の概要 ………………………………… 322
　　　　(1)　審決取消訴訟の内容　*322*

(2)　特許拒絶査定不服審判　*323*
　　　(3)　特許無効審判　*323*
　　　(4)　特　殊　性　*323*

VI　ソフトウェア開発関係訴訟────────〔脇谷　英夫〕──*324*

1　ソフトウェアの開発に関する訴訟と争点整理の指針 …………*324*
　　　(1)　ソフトウェアの意味　*324*
　　　(2)　ユーザとベンダの間の契約関係　*325*
　　　(3)　ソフトウェア開発関係訴訟が長期化する原因　*326*
　　　(4)　争点整理の指針　*326*

2　ソフトウェア開発関係訴訟の類型 ………………………………*328*
　　　(1)　はじめに　*328*
　　　(2)　本訴の形態　*329*
　　　(3)　反訴の形態　*330*

3　各紛争類型の攻撃防御の構造と想定される争点 ……………*330*
　　　(1)　はじめに　*330*
　　　(2)　ベンダのユーザに対する報酬請求　*331*
　　　(3)　追加変更　*333*
　　　(4)　ユーザの帰責事由による仕事未完成の場合の報酬請求　*334*
　　　(5)　ユーザのベンダに対する契約解除に基づく原状回復請求　*334*

4　ユーザの主張する不具合と想定される争点 ……………………*336*

5　各争点について ……………………………………………………*337*
　　　(1)　「契約締結の事実の有無」について　*337*
　　　(2)　「当該機能が開発対象に含まれるかどうか」について　*338*
　　　(3)　「仕事完成・未完成」について　*340*
　　　(4)　「瑕疵」について　*344*
　　　(5)　「ベンダの帰責事由の有無」について　*349*
　　　(6)　「ユーザの帰責事由の有無」について　*350*
　　　(7)　「追加変更と完全履行・修補の区別」について　*351*
　　　(8)　「相当報酬額の算定」について　*352*

6　おわりに ……………………………………………………………*352*

VII　株主代表訴訟────────────〔濱口　博史〕──*354*

1　はじめに ……………………………………………………………*254*

2 株主代表訴訟における要件論 ……………………………………………… 355

- (1) 訴訟物　*355*
- (2) 原告側の主張（請求原因）　*355*
- (3) 被告側の主張　*356*

3 要件論 ……………………………………………………………………… 356

- (1) 責任論（任務懈怠及び故意過失）について　*356*
- (2) 損害論について　*359*

4 立証手段について ………………………………………………………… 360

- (1) 会社法上の手段　*360*
- (2) 不提訴理由の通知制度の利用　*360*
- (3) 訴訟法上の制度　*360*
- (4) その他の方法　*361*

5 争点整理 …………………………………………………………………… 362

- (1) はじめに　*362*
- (2) 株主代表訴訟の争点整理が遅滞する理由及び対処方法　*362*

VIII 交通事故訴訟 〔秋山　里絵〕——364

1 交通事故訴訟の特徴 ……………………………………………………… 364

2 典型的な争点 ……………………………………………………………… 364

- (1) 事故の態様　*364*
- (2) 過失相殺　*365*
- (3) 後遺症の内容・程度　*365*
- (4) PTSD（〔心的〕外傷後ストレス障害）　*365*
- (5) RSD（反射性交感神経性ジストロフィー）　*366*
- (6) 高次脳機能障害　*367*
- (7) 外貌醜状　*369*

3 訴訟が長期化する原因 …………………………………………………… 371

4 交通事故訴訟の理想的な争点整理 ……………………………………… 371

IX 離婚訴訟 〔秋山　里絵〕——373

1 離婚訴訟の特徴 …………………………………………………………… 373

- (1) 弁論主義の制限　*373*
- (2) 職権探知主義　*374*

(3) 紛争解決の一回的解決の要請　*374*
　2 離婚訴訟の内容……………………………………………*375*
　　　(1) 訴　訟　物　*375*
　　　(2) 附帯処分について　*375*
　3 典型的な争点……………………………………………*376*
　　　(1) 離婚原因の争点整理　*376*
　　　(2) 財産分与　*378*
　　　(3) 慰　謝　料　*380*
　　　(4) 親権者指定　*381*
　　　(5) 面会交流　*382*
　　　(6) 養　育　費　*382*
　4 訴訟が長期化する原因……………………………………*382*
　5 離婚訴訟の理想的な争点整理……………………………*383*

Ⅹ　遺留分減殺請求訴訟　　　　　　　　〔髙橋　玄〕—*385*

　1 はじめに……………………………………………………*385*
　2 遺留分減殺請求権の性質…………………………………*385*
　3 遺留分侵害額の算定………………………………………*386*
　　　(1) 算定方法の骨格　*386*
　　　(2) 遺留分額算定の基礎となる財産　*386*
　　　(3) 個別的遺留分率　*388*
　　　(4) 遺留分額　*389*
　　　(5) 遺留分侵害額　*389*
　4 遺留分減殺の方法・計算…………………………………*392*
　　　(1) 遺留分減殺の対象　*392*
　　　(2) 遺留分減殺の順序　*392*
　　　(3) 遺留分減殺額の算定　*394*
　5 遺留分減殺請求権の行使方法……………………………*397*
　6 価額弁償……………………………………………………*397*
　7 結　　語……………………………………………………*398*

　　事項索引　*405*　／　判例索引　*407*

序　章

弁護士による実務慣行改善運動の重要性

 はじめに

　平成22年度の日本民事訴訟法学会におけるシンポジウムのテーマは「民事裁判の審理における基本原則の再検討」であった[1]。報告者は，それぞれ担当のテーマごとに報告をしたが，全員が民事裁判実務について共通する問題点を指摘していることに気づいた。平成22年度の日本弁護士連合会主催の第24回司法シンポジウム「民事裁判分科会——利用しやすく頼りがいのある民事司法制度を目指して」[2]に参加した研究者・裁判官も共通する問題意識から同じような趣旨の発言をされていた。

　すなわち，平成の民訴法大改正は実務家の実務慣行の改善運動からスタートし，その改善運動が立法化のエネルギーとなり，改善運動の多くが新法制として実現している[3][4]。運用改善運動は非常に重要な歴史的，画期的な意義が

---

[1] 平成22年度日本民事訴訟法学会は関西学院大学で開催された。報告者として畑瑞穂教授（弁論主義・職権探知主義等），高田昌弘教授（審理の実体面における訴訟指揮とその法理），越山和広教授（訴訟審理の充実・促進と当事者の作為義務），本間靖規教授（手続保障論の課題）が，それぞれの担当のテーマを報告した（民訴57号（2011）91頁）。

[2] 平成22年9月11日に行われた日本弁護士連合会主催の第24回司法シンポジウム「民事裁判分科会」では，①一般的な民事審判制度の導入と，②陳述録取制度の立法の必要性が議論された（中本和洋＝髙取芳宏＝谷英樹＝出井直樹「民事裁判分科会　利用しやすく頼りがいのある民事司法制度を目指して」自正62巻2号（2011）83頁）。

[3] 旧法下における実務慣行の不合理さを改善しようとする弁護士の実務改善運動が果たした歴史的な役割については，改革のパイオニアの一人である那須弘平最高裁判事（当時弁護士）『民事訴訟と弁護士』（信山社，2001）は必読文献である。ほかにも同じ第二東京弁護士会の研究会「民事訴訟の促進を考える会」の畠山保雄弁護士「民事法廷は生きているか——訴訟促進との関連で（民事訴訟促進と弁護士の役割3）」判タ

あった。そして民訴法大改正の後しばらくの間は新法の趣旨を定着させようとする実務家の熱心な姿勢が見られた☆5☆6。

しかしそれから10年余を経過した現在は，そのような熱気は消えてしまっている。いつの間にか「民事裁判の実務の改革の担い手が退場してしまった」とか「民訴法改正を支えた実務家のエネルギーが若い弁護士に承継されていない」「法廷活動に淡泊な弁護士が多くなった」「弁護士が疲れてきている」といわれている☆7。確かに，日常の法廷においても，例えば，弁論準備期日が書面交換のみに終わっている，弁論準備期日に充てられる時間が改正法スタート

605号（1986）22頁，同「モデル訴状と審理の進め方（民事訴訟促進と弁護士の役割6）」判タ664号（1988）32頁，小山稔弁護士「わが国における民事訴訟促進方策の歩み（民事訴訟促進と弁護士の役割1）」判タ601号（1986）19頁など多くの論考が当時の改革の熱意を伝えている。なお，高橋ほか・〈座談会〉新民訴法の10年・5頁は改革運動の当事者による座談会である（それに付属する資料「民事訴訟実務改善の足跡」はわかりやすい年表である。）。

☆4　同じ運動が裁判所においても行われていた。これについては東京地方裁判所民事部プラクティス委員会の活動，司法研究報告（例えば司法研修所編／岩佐善巳ほか『民事訴訟のプラクティスに関する研究』（法曹会，1989），司法研修所編／篠原勝美ほか『民事訴訟の新しい審理方法に関する研究』（法曹会，1997）など）を忘れてはならない。これらは民事裁判実務の改善にとって歴史的な価値だけではなく，現在もなお極めて示唆に富む内容となっている。このほか資料として最高裁判所事務総局民事局監修『民事訴訟手続の改正関係資料(1)』（法曹会，1996），同『民事訴訟手続の改正関係資料(2)』（法曹会，1997），同『民事訴訟手続の改正関係資料(3)』（法曹会，1998）が重要である。

☆5　裁判実務の継続的な改革を企図する研究として，例えば上谷＝加藤編・総括と展望などがある。

☆6　山本・民訴法10年・90頁，伊藤ほか・〈研究会〉改正民訴法の10年(1)・120頁，矢尾ほか・〈研究会〉改正民訴法の10年・98頁，山本・当事者主義の訴訟運営・102頁は実務の改善と定着の歴史10年を振り返っている。

☆7　実はこのような趣旨の発言は既に複数の研究者あるいは裁判官からもうかがっている。例えば高橋宏志教授は，弁護士が疲れてきていることを述べて，弁護士会の民事訴訟法担当委員会所属の弁護士ですら民訴法改正後に何をしたらよいのかを研究者に質問をしている状態を指摘している（高橋ほか・〈座談会〉民訴法改正10年・6頁，特に40頁）。同じようにいくつかの機会に親しい裁判官から個人的に，弁護士会の実務慣行の改善運動が急速に熱がさめているのではないかという感想を聞いている。

当時と比べて短くなっている，あるいは裁判は期日間に進められるといわれ期日外釈明が期待されたが実際にはほとんど行われていない……等が指摘されている。法律事務所における弁護士の活動についても，パターナリズムを排し当事者間で進められることが期待された当事者照会はほとんど利用されていない☆8，平成15年改正では証拠採集活動をさらに強化するために制定された提訴前予告通知とこれに続く証拠収集処分も改正後5年以上経てもなおこれが実施される例は極めて少ない……等と指摘されている☆9。

　民事裁判制度を理論的に検討することの重要性はいうまでもない。しかし制度の解釈論をするだけで裁判実務を改革する実践活動が伴わなければ意味がない。また民事審判制度や陳述録取制度など次から次へと民事裁判制度の立法論を検討することは，確かに重要なことではある。しかしいま喫緊の課題は何か，プライオリティをつけるとすれば，現在の裁判システムを十分に利用し，改善する努力，創意工夫であり，それを抜きに裁判実務の不具合の原因を法の不備に求めたりすることは，立法論に逃げ込む，いわばないものねだりと指摘されても仕方がない。

❷　民事実務改善における弁護士の役割

　民事裁判は手続の積み重ね（繰り返し）であり，そこでは法の理論ではなく運用と実践がより重要である。しかも弁護士にとっては，日常の執務において汗をかいて証拠採集や弁論活動をし，そこにおいて効果的な訴訟活動のための創意工夫の精神を維持・継続することがいわば弁護士の存在価値である。われわれは汗をかかずに自己の努力不足を法律の不備や裁判官の訴訟指揮の不手際に転嫁しようとしてはいないか，日々反省しなければならない。性能の良い道具・武器を与えられていても，その使い方を修得し，効果的な利用をするための創意工夫やその改善の運動をしなければせっかく成し遂げた平成民訴法大改正の意義を失わせ，裁判実務の改革運動は尻つぼみとなり，ついには先輩が努

☆8　当事者照会については多くの文献がある（最新判例からみる民事訴訟の実務・273頁〔濱口博史＝松森宏〕など）。

☆9　提訴予告通知についても多くの文献がある（争点・154頁〔北秀昭〕など）。

序　章

力して到達した成果を事実上内部から崩壊させてしまうことになるのではないか。以下にいくつか気になる点を指摘しておきたい。

(1)　弁護士は争点整理手続において汗をかいているだろうか

　平成民訴法大改正の際に，新法のもとでは弁護士は汗をかかなければ時代に取り残され，依頼者は去ってゆくといわれていた。訴訟提起後は弁論準備，期日外の訴訟行為，多様な証拠採集活動，集中証拠調べなどの手続が矢継ぎ早に進められ，準備不足は許されず，タイミングを失うと証文の出し遅れ（失権的効果）となり，また有益な手続が制定された以上，本来必要な場合にこれを怠ることは弁護過誤にもなりかねないという意見もあったと記憶している。平成15年改正民訴法により導入された提訴予告通知とそれを前提とした証拠収集処分はいわば提訴前に仮差押・仮処分命令を執行するのと比較して決して劣らない重要な手続であるともいわれた。

　しかし実際はどうだろうか。堅実な努力を重ねている代理人がいる事実は否定できないが，多くの弁護士は新法が期待していた迅速で効果的，幅広く奥深い訴訟準備のためにたっぷり汗をかいているだろうか。私自身の感想を述べれば，もちろん私自身を含めてであるが，新法施行前後の新法に対する期待に高揚し緊張したころと比較すると，そのような姿勢は相当に薄れてきているという感は否めない。訴訟提起までに，アバウトブロックダイヤグラム，時系列（素案），立証計画案（計画的審理に対するそれなりの準備）を作り上げるということは実行しており，稀には当事者照会や提訴予告通知と同時に行う提訴前の照会あるいは期日外の訴訟活動（期日外における各種証拠申出，求釈明の申出）などは行うことがあるとしても，提訴前の証拠収集処分申立を行った経験は皆無である。依頼者の権利実現や真実発見のため，与えられた手段をすべて利用し尽くし，たっぷり汗をかいているかと問われれば，沈黙するしかない。

(2)　弁護士は争点整理において効果的なコミュニケーションをしているか

　新法には，訴訟当事者間における充実したコミュニケーションの確立という基本的発想があった。元来，民事裁判はコミュニケーションが命であることは

いうまでもない☆10。訴状・答弁書・準備書面は情報の伝達のための手段であり，口頭による伝達の弱点（正確性，記録性に欠け，伝達に時間を必要とする。）を補うために，簡潔に，わかりやすく作成し，事前に送付することは，これらの書面の最も大切な価値である。基本的書証はもとより，通常予想される書証の早期提出，実質的な証拠弁論を含んだ証拠説明書の提出も結局は迅速・充実したコミュニケーションの基礎的手法である。裁判官や相手方弁護士に対する時系列の提出も争点を正確に絞り込むために効果的なツールである。平成民訴法大改正のころと比較して効果的なコミュニケーションが行われているか，そのスキルがどれだけ改善されているか，創意工夫がなされているかと問われれば，まだまだ不十分だというほかない。

　事件（期日）の進行に応じて依頼者に対して提出する経過報告書は，弁護士の依頼者に対する委任契約の受任者としての重要な履行行為である。裁判官が開示した心証又は訴訟進行の基本方針が，弁護士から依頼者に対して正確に伝達されているか。かつてプロセスカード☆11を用いたコミュニケーションの有

☆10　裁判とコミュニケーションとの関係については，拙稿「法律事務所における事件処理と要件事実の実際」伊藤滋夫先生喜寿記念『要件事実・事実認定論と基礎法学の新たな展開』（青林書院，2009）126頁参照。

☆11　プロセスカードを工夫した福田剛久判事の説明によると，記載内容や表現方法に工夫を凝らし，弁護士がこのカードをコピーしてそのまま依頼者に渡すこともできるように配慮したという（萩尾保繁ほか「新民事訴訟法施行後の訴訟運営をめぐる懇談会（3・完）」判時1741号（2001）3頁，特に23頁以下の福田判事の発言。山本編・民事訴訟・35頁以下の福田剛久判事の説明参照）。裁判官＝弁護士＝当事者という二段のコミュニケーションの重要性を前提とし，依頼者にとっては自分の事件に関するホットな情報を，弁護士による伝達と併せて，裁判官から直接伝えてもらえるところにプロセスカードの重要な役目の一つがある。要件事実の世界（裁判官＝弁護士のコミュニケーション）と市民の日常的言語による生の紛争の世界（弁護士＝当事者のコミュニケーション）とを繋ぐいわば第三のコミュニケーションの工夫であり高く評価したい。今後は，裁判官，弁護士，必要によっては利用者を交えて，裁判官と書記官の負担軽減の工夫，弁護士の協力方法等，効果的な利用法を検討すべきである。なお二段階のコミュニケーションについては拙稿・前掲注（☆10）129頁参照。訴訟における具体的な利用例については，東京地方裁判所プラクティス委員会編『計画審理の運用について』（判例タイムズ社，2004）の第4部資料編の中の「プロセスカード」118頁，「期日進行連絡票」120頁など参照。

効性（特に二段階のコミュニケーションがとれる点で優れたものであった。）が認識され，効果的に用いられたことがあったが，その後はプロセスカードの利用がほとんどなくなったようだ。しかしそれは，それに代わり得る有効な手段を利用している結果であるとは到底思えない。

　裁判は勝つことだけが目的ではない，仮に敗訴した場合でも自己の主張が裁判官や相手方に正確に伝わり，丁寧に審理されていることが理解されれば心の傷や苦しみは相当に和らぐはずだ。事件の当事者が自分の言い分を裁判官や相手方に伝える方法として，訴状・答弁書・準備書面が一般的だが，それらは法廷における言語を中心として成り立っているものであるから必ずしも当事者の気持ちが正確に伝達されるとは限らない☆12。集中証拠調べでは尋問事項は争点に絞られるので依頼者の生の声による悲しみや苦しみ，悔しさが法廷に顕出されることはほとんどない。弁護士としては，弁論準備期日に当事者又は準当事者として手続に主体的に参加させるなどの工夫をすべきだがそのような配慮をしてきているか。事案によっては事件当事者の気持ちを記述した陳述書の作成についても検討して，裁判官においても争点に関連がないなどということで軽く扱うことなく，事件関係者との心の通ったきめ細かいコミュニケーションのための実務運用に心掛けているか。

(3) 弁護士は争点整理の運用改善のため創意工夫をしているか

　争点整理表は最終的には判決書の事実の摘示として利用されることになるが，その作成過程それ自体に重要な価値がある。最初はアバウトブロックダイヤグラムとしてスタートするが，これは原告がこれから提起しようとする訴訟の訴訟物の選択判断に欠くことができない。頭脳明晰な弁護士は，そのような基礎的で初歩的なことはすべて頭の中に入っている（暗算でできる）から必要がない

　☆12　和田仁孝「法廷における法的言説と日常的言説の交錯─医療過誤をめぐる言説の構造とアレゴリー」棚瀬孝雄編著『法の言説分析』（ミネルヴァ書房，2001）43頁は，法廷における言語（要件事実）に慣れ親しんだ裁判官や弁護士が本人訴訟や法律事務所における事情聴取におけるむき出しの意見（日常的言説）に戸惑いを感じ，他方，事件本人は裁判官や弁護士に対して自分のありのままの気持ちを理解してもらえず疎外感を感ずる状況を法社会学的な立場から指摘している。

Ⅰ◇弁護士による実務慣行改善運動の重要性

というだろうが筆者のように凡庸な弁護士にとって，紛争の初期段階（提起前）において，被告の選択，訴訟物の選択決定，個数と順位づけ，証拠の評価・優劣判断などを正確に行うのはたいへん難しい。ひとたび間違った方向に進み出すと修正するのは至難の技であり，訴訟の遅延を招き最悪の場合には弁護過誤の危険もある（医師の診断＝見立てが間違った場合を想起されたい。）。その際，弁護士にとって唯一，頼りになる羅針盤がブロックダイヤグラムである（たとえアバウトでもよい。）。

　訴状・答弁書等の主張整理をする際には常に到達地点としての争点整理表を意識している必要がある。裁判官と弁護士は同じ職場（法廷）における同僚だから，二人が異なる羅針盤を用いて航海をしようとしても旨くいくはずがないので，ここは常に同期（synchronization）させていく必要がある。換言すれば争点整理というのは，互いに自己が作成している争点整理表を同期させるための場（コミュニケーションの場）であるということができる。いわゆる論理型争点整理☆13の例をとれば，ブロックダイヤグラムが目標だから，はじめに原告代理人が争点整理表（version 1）を作成して（訴訟物，請求原因の整理），次に被告が加筆する（認否，積極否認，抗弁）（ver. 2）。さらに原告が加筆する（抗弁に対する認否，積極否認，再抗弁）（ver. 3）。そして，必要に応じて，期日外において裁判官が双方に宿題を課して（釈明をして），原被告の間によろしく介入して主張を調整する。民訴法改正作業のころは実務家の創意工夫が重ねられ，Ｎコートにおけるワークシート論という画期的なアイディアが披露された☆14（画期的というのは法律実務家にとってのことであり，世の中では当たり前のことだったが。）。さらにいわゆる空中戦☆15を排除するために，争点整理表（ver. n）あるいはそのバ

☆13　論理型争点整理と事実型争点整理の違い，軽い争点整理と重い争点整理については，司法研修所編／篠原ほか・前掲注（☆4）46頁以下参照。

☆14　Ｎコート（西口コート又は Natural コート）や，ワークシートについては，西口元ほか「チームワークによる汎用的訴訟運営を目指して(1)〜(5)（民事実務研究）」判タ846号（1994）7頁，847号（1994）11頁，849号（1994）14頁，851号（1994）18頁，858号（1994）51頁など参照。

☆15　争点整理をする際して書証の記載内容など証拠との具体的な関連を考慮せずに主張・反論をすることを空中戦といっている（萩尾保繁ほか「新民事訴訟法施行後の訴訟運営をめぐる懇談会(1)〜(3)」判時1735号（2001）3頁，1738号（2001）3頁，1741

リエーションであるワークシートに間接事実と争点に関係する証拠を記述することも提案されていた☆16。

　争点整理が進行した段階（弁論準備終結の前）においては，最終的な取りまとめをする（法165条2項・170条5項・176条4項）ことになるが，新法施行直後は代理人の不慣れが予想されるから，当面は裁判官が争点整理表を作成し，原被告双方に提示して意見を求めるという取扱いが合理的であるともいわれていた☆17。そしてゆくゆくは双方の代理人が互いに協力して争点整理表を完成し，裁判官は公正な立場から最小限の関与をするに止めることが望ましいと指摘され☆18，さらには将来的には争点整理と集中審理あるいは和解手続を分離してADRにおいて弁護士が主体的に争点整理をすることも不可能ではない☆19とも指摘されていた。新法施行の当時は，代理人が争点整理表（ver. 1～ver. n）を作成し，それを裁判官がアレンジして利用するという理想的な実務運用もあったが，最近はどうだろうか。

(4) 争点整理において裁判官と弁護士は協働関係を維持しているか

　新法の眼目の一つに裁判官と代理人の協働というテーマがあった。協働の意味はやや抽象的ではあったが，筆者は裁判官と弁護士には，それぞれ得手・不得手があるので互いに補い合って当該事件（ケース）における当事者（クライアント，患者）の権利の実現又は調整（診断・治療）にあたることだと理解していた。例えば，事件の配点を受けた裁判官は，訴状と基本的書証しか見ることができ

　　号（2001）3頁参照）。

☆16　後藤忠賢＝内田光一『争点整理を中心とする書記官事務の研究（裁判所書記官実務研究報告書33巻）』（法曹会，2001）（裁判実務を経験した裁判所書記官による研究であり，書記官実務のみならず弁護士に極めて有益である。）はその時点におけるこれらの創意工夫の集大成である。

☆17　最高裁判所事務総局民事局監修・前掲注（☆4）改正関係資料(1)・38頁（弁護士がこれに耐えられるかどうかというp地裁発言）以下，同・前掲注（☆4）改正関係資料(3)・238頁以下・405頁以下参照。

☆18　当事者照会の理論と実務・149頁〔塩谷國昭〕など。

☆19　現代民事法研究会『民事訴訟のスキルとマインド』（判例タイムズ社，2010）87頁〔山本和彦〕。

ないが，双方当事者は訴訟に至るまでの経過（紛争になるまでの当事者の人間関係，企業の契約関係などはもとより紛争になった契機，その後の互いの紛争回避又は解決のための努力，調停交渉の経緯など）について詳しく知っている。これを裁判におけるいわば助走ということができるが，助走のない裁判官にとって，争点整理の早い段階では，積極的な釈明や実質的な訴訟指揮，証拠の採否の判断は難しい（定型的なものは別としてほとんど不可能である。）。[20] 他方，代理人には十分な助走があるから，やる気さえあれば相当に充実した主張，証拠申出，求釈明，当事者照会などが可能である。裁判官は，代理人の熱のこもった弁論・訴訟活動を見ながら，徐々に事案を把握して事件の背景にあるものまで理解するに至る。このような前倒しの作業をすることが，裁判の迅速化と権利のタイムリーな救済につながるといわれてきた。争点整理の早期の段階では代理人のスピードが裁判官に上手にバトンタッチされることが重要だ（リレー競争を想起されたい。）。しかし，巷間，弁護士は訴訟提起をすると急速にスピードダウンするので汗をかかなくてもすむといわれているようだ。代理人の助走が裁判官にバトンタッチされていない。助走してきた代理人は，訴訟提起と同時に助走のない裁判官の速度に合わせてしまう。本来であれば，弁論準備期日の早期の段階で，文書送付嘱託申出，調査嘱託申出の採用決定がなされるべきである（申出，採用決定いずれも期日外になし得る。）が訴訟が提起されると突然，ギアはロウの状態に戻ってしまう。弁護士としては，助走をしてない裁判官が一刻も早く実質的審理に入れるように，リレーゾーン（訴訟提起直後）においてできるだけ多くの情報[21]を揃えて提出する必要がある。リレーゾーンでは，情報（主張・証拠）のプライオリティの判断は代理人しかできないのだから，協働の重要な場である。その後，争点整理期日が進行するにつれて裁判官の保有する情報が増えてゆく。裁

---

[20]　東京地方裁判所プラクティス委員会編・前掲注（[11]）の第4部資料編の中の「計画審理に関する連絡文書」の中に訴訟類型別の「基本的書証一覧表」が記載されている。このあたりの証拠は定型的だから訴訟初期段階における採用決定又は提訴前の証拠収集処分でも採用されるだろう。

[21]　この場合の情報としては，①実体形成のための情報と②訴訟運営のための情報がある。少なくとも②については当事者双方に異論はないはずだ（萩尾ほか・前掲注（[15]）懇談会(1)・8頁の山浦善樹発言，9頁の加藤新太郎判事発言参照）。

判官は双方の主張・証拠を公平に理解する立場にいる。弁護士はいくら経験を重ねたベテランでも，またできるだけ公平に努めようとしてもどうしても依頼者側に有利に認識してしまう傾向がある。争点整理段階では，暫定的なものであることは双方の代理人は承知しているのであるから，裁判官は，臆することなく積極的に（暫定的な）心証を開示して訴訟の促進を図るべきである☆22（些末な争点や必要のない主張の排除，重要な争点に対する法的意見や立証の促し等を積極的に行うことが本来の訴訟指揮権のはずである☆23。）。その場では反発することがあったとしても，弁護士は裁判官との実質的なコミュニケーションが行われたことによりさらに充実した訴訟活動をすることができる。プロセスカードはそのための極めて効果的なツールであった。改正後しばらくの間はこのような裁判官と代理人の協働関係（得手・不得手の補完と協力の関係）の熱意に満ちていた。しかし最近は，淡泊な代理人が多くなり，訴訟活動がいわばマニュアルに従っただけといわれても仕方がないような状態になっており，それが恒常化しつつある。そうなれば，今度は，裁判官の訴訟指揮も淡泊なものにならざるを得ないのは成り行き上当然であって，協働作業はかけ声だけに終わってしまう。

(5) 弁護士にイエロー・カードを出すべきか

　平成の民訴法大改正により，裁判実務が改善された部分は広範囲にわたり，改正の成果が出ていることは誰もが認めるところである。しかし，もうこれで十分というわけではない。改正法は，もともと，法廷や法律事務所など現場の実務において，継続的な改善運動，更なる創意工夫を要求しているというべきである。それは，ないものねだりよろしく不都合があればすぐに新立法を要求する姿勢とは似て非なるものである。現行法でも可能な改善箇所（効果的なプラクティス）があるのであれば，それを抜きに立法論に飛びつくのは適切ではな

☆22　裁判官の心証開示（広義）による効果的争点整理については多くの裁判官から指摘されている。例えば，加藤新太郎「心証開示における裁量（民事訴訟審理『理論と実践の架橋』⒀」ジュリ1268号（2004）190頁（大江ほか・手続裁量・245頁所収）。
☆23　講座新民訴法Ⅰ・223頁〔園尾隆司〕，特に231頁以下は「次に何を行うのが事案の解明のうえで最も効率的かを裁判所と双方当事者が各自の立場から議論すること，これが口頭弁論期日における釈明権の内容である」と指摘している。

I◇弁護士による実務慣行改善運動の重要性

い。もちろん法制度ができなければ実効性に乏しいという場合もあるが，実務運用改善の実績を積み重ね，その実務運用に対して弁護士と裁判官に共通の理解ができ上がり，ユーザーの支持を得て，それが法制化されるという姿が望ましい[☆24]。

　医療実務はよく法律実務と比較される。医療は法律より遙か先を進んできている。インフォームドコンセント，セカンドオピニオン，マイカルテ（カルテの開示），過誤訴訟による被害者の早期救済，医療過誤保険など，いずれも今後の法律実務の在り方を示唆している。医療過誤訴訟の急増は，緊急を要する患者の治療のため一刻を争う診断と治療が要求される医療側にとって酷な感があるが，歴史的にはかえってそれが医療現場における実務改善の契機となり，医療側の努力によってコンプライアンスが著しく改善され，提供される医療行為の質が向上し，医療の不手際や過失が大幅に排除され，患者との信頼関係を形成する結果をもたらしたと考えられる。

　弁護士の裁判実務改革不熱心，創意工夫の欠如についてイエローカードを出す制度はない。弁護士が実務改善を怠り，事件解決に際して創意工夫をせずに漫然と訴訟活動をしていた場合には，事情を知らない当事者が解決の遅延又は過大費用などの事実上の被害を受け，あるいは敗訴に至らないまでも相当の不利益を受けることが考えられる。しかし通常は水面下にあり，古今東西，訴訟とはそういうものだとして処理され，問題が表面化することはない。平成の民訴法大改正の起爆剤となったように，民事裁判の実情に対する国民的な批判にさらされるのを待つか，あるいは，医療過誤の歴史と同じように，弁護過誤訴訟による弁護士の責任追及が行われ，法曹（同業者仲間）にとってはごく日常的なことであっても，外圧により，不自然な実務慣行が改善されることを期待するしかないのかもしれない。

☆24　弁護士の執務姿勢が民訴法を遵守するだけというレベルに止まり，裁判制度・実務運用を改善しようとする熱意・姿勢を失ったときは，おそらく弁護士法の趣旨に違反するだろう（弁護１条２項「法律制度改善努力義務違反」）。改正民訴法施行後10年余を経過したいまの弁護士の裁判実務の現状はその合格ラインのほんのわずか上を行くにすぎないように思える。

(6) 忘れられているローカルルール

　創意工夫がなされれば，そこには自然とローカルルールが形成される。平成民訴法の立法当時は，ローカルルールの合理性と必要性が叫ばれていた。西口元判事のＮコート，桃太郎コートは有名だが，福田剛久判事のプロセスカードや，間接事実バランスシート作成もローカルルールの代表である[25]。裁判官作成の争点整理表の事前配布も甲斐哲彦判事の創意工夫である[26]。東京弁護士会民事訴訟問題等特別委員会が作成した『当事者照会の理論と実務』は日弁連民訴法担当委員会が作成すると約束したが結局なし得なかった当事者照会に関するいわばローカルルールの提示である。争点整理表や和解条項の作成に際して記録媒体（当時はフロッピーディスク，いまでいえばフラッシュメモリーになるだろう。）を持ち回りで利用する方法も行われていた。

　最近は淡泊な弁護士が増えているといわれているが，裁判官の場合はどうだろうか。労働審判などに見られる代理人を巻き込んでの裁判官の創意工夫については高く評価されている。通常部では，東京地方裁判所プラクティス委員会が，民事訴訟の運用に関する検討結果を次々と公表している[27]。ローカルル

---

[25]　島川勝「民事訴訟法におけるローカル・ルール（特集 新民事訴訟法の10年〔現代民事法研究会〕）」判タ1286号（2009）52頁は，平成民訴法大改正前後のローカルルールについて概観している。

[26]　甲斐哲彦「論説 争点整理手続における争点整理案の利用」自正49巻8号（1998）78頁。なお，最高裁判所事務総局民事局監修・前掲注（☆4）改正関係資料(3)・33頁には，q地裁では「まず裁判官が汗をかくことが必要であると考えて」裁判官が適時に争点整理案を起案して双方代理人に渡して付加・訂正をするという方法が成功していると述べられている。

[27]　東京地方裁判所のプラクティス委員会からは，前掲注（☆11）『計画審理の運用について』，東京地方裁判所鑑定関係委員会＝東京地方裁判所プラクティス委員会＝東京地方裁判所証拠保全収集処分検討委員会ほか「改正民事訴訟法五〇〇日の歩み(1)〜(4) 東京地方裁判所における新制度運用の実情 東京地方裁判所民事部四委員会共同報告」判時1910号（2006）3頁，1911号（2006）3頁，1913号（2006）3頁，1914号（2006）3頁に続いて，須藤典明ほか「文書送付嘱託関係のモデル書式について」判タ1267号（2008）5頁，菅野ほか・アンケート結果(1)主張整理関係・29頁，藤下ほか・アンケート結果(2)証拠調べ関係・45頁，河野ほか・民事訴訟の現状と展望(1)主張整理関係・5頁，畠山ほか・民事訴訟の現状と展望(2)証拠調べ関係・23頁，須藤ほか・民事訴訟の現状と展望(3)書面尋問の意義とモデル書式について・5頁などが発表

Ⅰ◇弁護士による実務慣行改善運動の重要性

ールが具体化するように今後の展開を期待したい。

(7) 次世代に対して争点整理のノウハウやコツの伝承がなされているか

　新制度の立法を検討することも重要だが，その運用を担う法曹の質を保つことも重要である。弁護士としての執務能力は容易には修得できない。永年にわたる経験と鍛錬による。しかし，いくら経験を積んでも死亡したらそれでおしまい。英知や経験は引き継がれないから，若い世代は皆，せいぜい二回試験合格程度の初歩からコツコツ長い道を歩くしかない。裁判官の場合には，司法研修所（第一部）があるので定期的に研修が行われている[☆28]。合議体における審理のほか保全，執行，破産，商事など特別部への配属などにより，先輩裁判官からの指導を受ける機会が与えられ，重要な経験・コツ・ノウハウの伝承の場になっている。これに反し弁護士の場合には単位会又は日弁連あるいは法務研究財団などが行う研修会（通常は講義方式）に自発的に参加しないことには継続研修の方法はない。せいぜい雇用されている法律事務所における先輩の個人的で貧しい，そしてクセのある経験を受け継ぐしか方法はない。弁護士登録をしてからOJTや実践の中で勉強をし，法廷弁護士として腕を上げてゆくのは極めて難しい。弁護士においても，他の業種と同様に，ノウハウやコツの伝承の重要性を認識することが必要とされている。特に争点整理においては，理屈よりも経験やコツがものをいう。例えば，裁判官がどういう間接事実や証拠を重視し，現在どのような心証を抱いているかについて明らかに示さない場合があるが，それでも，裁判官は非常に多くの情報を発していることが多い。いわばブロックサインのようなものだが，経験の少ない弁護士は裁判官のサインをキャッチすることができない。裁判官が行う訴訟指揮は言葉だけではなく態度や物言いにもうかがえる。それをキャッチできない弁護士に，依頼者にとって有利で適切な訴訟活動を期待することは事実上不可能に近い。刑事弁護士と比べて（刑弁の場合には検察官と対峙するというスタンスが共通するので取り組みやすい。）民

　　されている。
　☆28　裁判官研修は，裁判所のホームページ（司法研修所＞裁判官研修）http://www.courts.go.jp/saikosai/sihokensyujo/saibankankensyu.html 参照。

事弁護士は互いに利害関係があるので，経験やノウハウを交換することはあまり期待できないが，例えば近時の弁護士会照会に関する資料[29]の充実などのように，弁護士会の民訴法担当委員会や法律研究部などはもう少し訴訟実務に役立つ情報を発信し，継続研修をする機会を増やすべきである[30]。

❸ 争点整理に関する近時の話題について

　新法施行後においても改善すべき裁判実務は多数ある。裁判所側から見た問題点だけではなく，弁護士側から見た問題点も掘り起こしをすることが必要である。以下においては，裁判の迅速化に係る検証に関する検討会が近時公表した争点整理に関する部分の中から重要な点を検討することにしたい[31]。

(1) 争点整理のステップ（段階的発展）に応じた訴訟活動について

　争点整理を効率的・効果的に行うために，①証拠収集・主張提出段階，②争点議論段階，③争点確定段階という3つのステップを明確に意識して進めていくプラクティスの提案である。これは計画審理の運用にも関連する。

　このような段階があることと，さらに重要なことはその段階を明確に意識し

☆29　東京弁護士会調査室編『弁護士会照会制度〔第3版〕』（商事法務，2007）など。

☆30　参考にすべきは弁護士と同じように基礎理論に基づいて実践的・臨床的な指導をしている医学の教材である。医療の後継者養成のツールとして講義方式ではなく臨床医師の実践的な診断や治療の実際をヴィジュアルな教材にまとめている企画はたくさんある。

☆31　最高裁判所の裁判の迅速化に係る検証に関する検討会（座長高橋宏志）は平成17年，19年，21年と3回にわたり検証結果報告を公表している（最高裁判所のWEB（http://www.courts.go.jp/saikosai/about/iinkai/zinsokuka_kentoukai/index.html）参照）。第3回報告書は平成21年7月に公表され，その概要は井戸俊一＝伊藤大介「裁判の迅速化に係る検証に関する報告書（平成21年7月）について」判タ1302号(2009) 5頁にも解説がある。その検証の範囲は単に迅速化に限らず広く民事裁判の全般にわたっており，現在抱えている問題点とその対策を検討するにあたり極めて示唆に富むものとなっている。同検討会はその後も毎回の検討結果をWEBに公表しているが，第36回（平成22年7月23日）は，民事裁判の通常事件の争点整理に関して，示唆に富む具体的な検討がなされた。以下は第33回（同年1月21日）における秋吉仁美判事の提案も参考にさせていただいた。

て進めるという訴訟関係者の姿勢の重要性であり，いずれもまったく異論がないところである。これは，現行法のもとでも，適切な訴訟指揮と汗をかこうとする代理人の姿勢があれば実現可能である。

(2) 比較的早期の争点整理段階において証拠を収集する制度について

次は，訴え提起後の比較的早期の段階において証拠を収集する制度の可否であるが，既に述べたとおり，文書提出命令申立て，文書送付嘱託・調査嘱託の証拠申出は，本来は争点整理の早い時期に行わなければならないものであるから，(1)のステップ実務がなされるようになればこれらの申出，申立ては，必然的に，①の証拠収集・主張提出段階の期間内にしなければならないとする運用も可能である。いわば適時提出主義の具体化である。もう少しきめ細かく見ると，①の証拠収集・主張提出段階の前半では，例えば第１回口頭弁論（証拠収集・主張提出段階）における事件の振り分け，論理型争点整理，そして基本的な書証の取調べと事件の審理に有効な客観的な証拠の採用（文書送付嘱託，調査嘱託，提訴前に行われた証拠収集処分としての文書送付嘱託の結果得られた証拠＝書証の取調べ）を行う☆32，次いで，①証拠収集・主張提出段階の後半では事実型争点整理に心掛け，さらに絞り込んだ証拠調べ（鑑定，鑑定嘱託，文書提出命令の採否決定など）を行うことが期待される。

☆32 文書送付嘱託などの証拠採否の要件は，文書提出命令の証拠採否の要件とは異なり（ここでは必要性が要件である。），必要性に限定することは相当ではなく，もう少し広く，関連性をもって足るという運用が望ましいということが指摘されている（加藤編・事実認定と立証活動Ⅰ・273頁〔須藤典明発言〕）。ちなみに，米国連邦民事訴訟規則26条(b)(1)は，「Parties may obtain discovery regarding any nonprivileged matter that is relevant to any party's claim or defense ― including the existence, description, nature, custody, condition, and location of any documents or other tangible things and the identity and location of persons who know of any discoverable matter. ……」とあり，これは関連性をディスカバリーの要件とするものであり，「事件におけるすべての潜在的な争点やそこでの証拠を含めて非常に緩やかに解されている」とされる（宮守則之『アメリカの PL 訴訟を知る』（有斐閣，1992）138頁）。

(3) 争点整理における口頭による議論の活性化のための運用改善について

次は，争点整理において書面交換ではなく口頭による議論を活性化させるための施策として，争点整理のあるステップ（争点議論段階）において，論点について集中的に議論を行う期日（いわば集中的争点検討期日）を創設するという考えが提案されている。これも訴訟指揮権の運用で解決できることであるが，次の(4)の運用と合わせて行われれば争点整理は極めて効果的なものになるだろう。

(4) 代理人による時系列・主張対比表・主張要約書面の事前提出について

争点議論段階や争点確定段階において，重要な論点について集中的に議論を行うためには，その前提として期日前に争点整理に有効なツールを準備しなければならない。そこで，裁判所は，代理人に対して，時系列表，主張対比表，主張要約書面等を事前に提出することを求めることができるようにすることが提案されている。ブロックダイヤグラム，時系列は双方の代理人が，通常作成しているだろうから可能であるが，誠実な当事者に不利益が生ずることのないように配慮することが必要となるだろう。主張対比表や主張要約書面については，裁判官が得意とする分野だから裁判官主導で代理人との協働作業とすべきだろう。このほか，準備書面の分量制限はともかく，準備書面にサマリーを添付する運用については，民事裁判の基本原則であるコミュニケーションの正確性と迅速処理の観点から積極的に評価することができる☆33。

❹ おわりに

平成17年の日本民事訴訟法学会のシンポジウム「民事手続と弁護士の行動指針」において筆者が基調報告（問題提起☆34）をしたところ，小山稔弁護士から

☆33　そのほかにも当事者のニーズや事件規模，事件類型等に対応した審理期間を短くする手続（ファスト・トラック）の創設という考え方，ADRを利用した争点整理の可能性等が提起されているが，いずれも平成民訴法大改正のときにも議論された重要な問題である。単なる運用やローカルルールで実施可能か否かは，やや問題があるにしても，更に創意工夫を重ねるべき重要な提案であることはいうまでもない。

☆34　民事裁判の改革運動が進まない弁護士側の背景にある深刻な事情について検討をしたものである。

厳しい指摘を受けたことがいまだに頭から消えずに残っている。これは弁護士としての生涯にわたって背負わなければならない宿命のテーマであると考えている。小山弁護士は，概要次のように述べられた。「われわれは20年以上も前から実務改善運動をしてきた[35]，それがベースになって平成民訴法の大改正が成し遂げられた，しかし法律や規則を変えたり，ガイドラインを作っても，実務を変える運動をしない限り，民事裁判の発展はない。法律を改正するたびに『10年間は一生懸命やる。10年経つと，元の木阿弥』（これは小島武司先生のお言葉ということです。）で，実践運動が続かなければ，民事訴訟促進の歩みは，挫折の歴史である。われわれは，くたびれた〔小山先生は決してそうではないが〕実務改善論者であり，くたびれたわれわれに代わって，第二次の民訴実務改善の運動を巻き起こしていただきたい。」と締めくくっている[36]。法律改正から最初の10年（decade）が過ぎ去り，問題の次の10年に入った[37]。

〔山浦 善樹〕

---

[35] 小山稔「わが国における民事訴訟促進方策の歩み（民事訴訟促進と弁護士の役割(1)）」判タ601号（1986）19頁などに詳しく述べられている。なお，前注（☆3）に掲載した文献も参照のこと。
[36] 「シンポジウム 民事手続と弁護士の行動指針」民訴52号（2006）128頁。
[37] 本出版は東京弁護士会民事訴訟問題等特別委員会の若手が中心となって企画した出版である。彼らの大半は旧民訴法における古い実務慣行はもちろん，新民訴法の産みの苦しみも経験していないが，実務家の立場から民事裁判に関する研究と発言を続けることは今後の裁判実務改善の運動に大きな力となるものと期待している。

序　章

Ⅱ　裁判所からみた争点整理と最近の傾向

1　はじめに

　争点整理をどのように行うか，長い間にわたって，様々な工夫が積み重ねられてきた。関係文献を掲げるだけで紙幅を塞ぐ☆1。これらを網羅して論ずることは，筆者のよくするところではなく，以下は，30年ほど民事訴訟事件を担当してきた一裁判官としての私見を整理してみたものである。

　念頭に置く訴訟の類型・性質によって，あるべき争点整理の目処・目標も異なる可能性がある。訴訟物や要件事実の類型の観点から分類して争点整理を検討するのは基本的な方法であるが，別の観点からみると，いわゆる多数当事者訴訟や政策形成訴訟などと呼ばれる訴訟もあり，個人間の感情的対立が紛争の実体である訴訟もあり，また，法的判断にウェイトがある事件もあり，もっぱら事実認定の問題である事件もある。これらを区別せずに一律に論ずるのは無理がある☆2。また，およそ訴訟のあり方について論ずる場合，通常は，病理現象は除いて議論するというのが大前提となる。争点整理について論ずるときも同様であり，事件の個性を一応度外視して理念的な訴訟事件を対象とし，訴訟の実践の場における病理現象は棚上げにするのが普通である。しかし，実は，濫訴的事件もあり，逆に不当抗争とみられる事件もある。当事者が置かれた状況や個性等に相当な特殊性のある事件もあるのであり，訴訟の実践においては，

☆1　民事裁判の運営改善に関する文献として，最高裁事務総局平成6年2月刊・民事裁判資料207号（「民事訴訟の運営改善関係資料―集中審理を中心として」）には314編，同平成12年7月刊・民事裁判資料229号（「民事訴訟の新しい運営に関する執務資料」）には325編の論文が掲げられている。

☆2　以下においては，第一審の審理に1年間程度を要するそれなりの争点のある普通の事件を念頭に置く。

事件の特性は無視し得ない要素である。これらの点にも若干触れてみたい。

❷ 裁判所の立場と代理人の立場

まず，裁判所から見た争点整理との論題から，代理人の立場との違いや共通点を確認しておきたい。

⑴ 事件との出会い・争点整理段階における情報との距離・情報入手方法の違い

代理人の事件との出会いは，通常，依頼者からの相談を受けるところから始まろう。まずは，依頼者の希望を聴き取り，当事者の感情を伴う社会的事実を把握したうえで，法律構成，請求を考えることになろう。代理人は，個性のある個別的当事者間の個性のあるトラブルの一側面を捉えて，請求と請求原因を組み立てることになると思われる。訴訟の冒頭の段階で，代理人は，一面的であるにはせよ，具体的な事実に関する言い分や証拠関係を把握したうえで，それを全部は出さないまま，まずは請求とこれを直接基礎づける要件事実である請求原因を訴状によって提示することが多いと思われる。

これに対し，裁判所は，もっぱら訴状と基本書証とによって内容の把握を始める。代理人側の様々な事情☆3から，事案の実相は，訴状の記載だけでは把握し得ないのが普通であり，被告の答弁，反論を待って，争点整理段階に入り，争いのある部分について原告の具体的主張が展開され，被告の具体的主張へと進んでいき，順次，証拠の提出を受けて事案を把握していくのが通常の流れとなる。

つまり，代理人は，事件の実相の一面から見始めるのに対し，裁判所は，訴訟物と請求原因事実から見始めるのであり，また，双方代理人が提出する主張と証拠を介して，法定の手続過程によってのみ，事案に関する情報を取得する

☆3　自己に不利な事情を先に主張したくないとの思惑もあり得ないではないが，それより，むしろ，未だ相手方の言い分を具体的に詰めて確認していないのに，また，相手方の手持証拠が不明なのに，自己の依頼者の述べることを敷衍して主張してしまって，事件の実相とずれた事実主張を先にしてしまうというような不手際を避けたいというもっともな考えも背景にあると思われる。

序　章

のである。

(2)　訴訟の目的・目標点の共通性，目標設定の重要性

　代理人は，訴訟を提起した後，当事者間の自主交渉を中心として紛争を解決する予定であることもあろうが，多くの場合，判決又は和解等による解決を求めているものと思う。この場合，訴訟の目標点は，代理人も，裁判所も，より真実に近い，より適切な法的判断に基づく紛争解決という意味では，共通のはずである。

　そして，裁判所の判断，結論（主として判決であるが，和解を積極的に勧告する場合はその背景となる判断）は，手続過程の中で，要件事実の骨組みに事案の実相の肉付けがされた全体像として形成されていくことになる。したがって，紛争の適正な解決を迅速に導くためには，できるだけ正確な事件の実相に関する情報提供が，できるだけ早期にされるのが望ましい。早期に正確な事案の全体像を提示されることが，その後の訴訟進行を円滑にし，全体としての適正，迅速な解決を図るポイントであると思う。

　裁判所は，できるだけ速やかに正確な事実を知りたい。代理人も，結論すなわち判決に至るために必要な事実をできるだけ速やかに，正確に提示することが肝要といえよう。準備書面を読みながら，当事者の主張部分を起案しつつよく思うことは，代理人が，裁判所に書かせたい判決を具体的に想定して準備書面を書いてくれるとよいのだがという点である。判決文は，事実認定と法的判断によって構成される。準備書面に関しても，法律構成は，訴状で示しているはずであるから，次に語られるべきは間接事実を含む事実経過であり，相手方の言い分が確定した時点で，裁判所が認定すべき事実はこれこれであるとして，時系列に整理した物語を記載した準備書面を提出していただけるとありがたい。実情は，裁判所が当事者の事実主張を整理して判決文に記載する場合[☆4]には，

☆4　昭和末期に提示された新様式判決は，「争点」のみを記載するのを原則としていた。若い頃，永久保存であった古い判決書を整理する作業を手伝ったことがあるが，手書き時代の判決文の短さには驚かされた。現在，再び，判決文が長文化しつつあるように思われるが，簡にして要を得た判決とはどのようなものかについて，畔上英治「民事判決書簡素化の理論と実際」民訴5号（1959），同「民事訴訟における非能率」曹

いくつもの準備書面の中から，重要と思われる主張事実を拾い出していくのが普通であり，仮に，判決文を典型的新様式判決の型で書く場合でも，裁判所は，人証調べの前には，当事者が主張する事実経過の骨格を把握しておく必要がある。簡にして要，これが判決文のみならず，準備書面においても理想であるが，言うは易く行うは難い。技術的な面も含めて，研鑽を要することになるが，少なくとも判決における論理と主張における論理の構造は異ならないはずであり，判決における論理と結びつく余地のない非難の応酬などは百害あって一利なしであり，事実の断片的主張，評価的文言や修飾は上記拾い出し作業を困難にするだけである。感情を抑えて論ずるのが訴訟手続であり，対立を煽るのが訴訟ではないし，証拠に基づく具体的事実を提示することが準備書面の基本的役割というべきであろう☆5。

また，必要な人証調べを経て訴訟事件が終局を迎え，判決に至った場合，裁判所の立場から回顧的に見ると，より早期に事案の実相を示してもらった方がよかったと思うことはかなり多い。これに対しては，代理人の立場としては，そう簡単にはいかない，依頼者が必要な情報を速やかに全部示すとは限らないし，下手に先行して誤った筋を語ってしまって，相手方に足下を掬われては困

時11巻1＝2号（1959），石井良三「いわゆる民事判決書の簡易化のための一文」曹時14巻10号（1962）等の先人の意見も，大いに参考になる面があると思う。

☆5　争点整理がおおむね煮詰まった時点で，自分の側の主張のポイントと証拠とを整理して記載したまとめの準備書面を提出されることもあり，これはひとつの理想型ということができよう。しかし，現在のところ，必ずしも多くない。相手方の主張に対する感情的非難の応酬がされたままの事件も少なくなく，更にパソコンの機能充実により，いわゆるコピペが容易になったこともあって，長々と裁判例の文言引用をするようなものも散見される。前者は，裁判所が事前に頭の整理をするのに大変役立つのに対し，後者は，紙の無駄，資源の無駄遣いといえよう。和解を想定した事件の場合，これ以上書くと，相手方を刺激するおそれがあるので，次の準備書面は控えて和解交渉に入りたいといわれる代理人もいる。しかし，具体的事実の提示に止まる限り，一般的には，そのおそれは杞憂ではなかろうか。相手方の主張事実と異なる具体的事実を記載されれば，その評価について，わざわざ「したがって，相手方の言い分は悪質な嘘であり，相手方は，これまでも次のような嘘をついてきた。……」などと書かれなくても裁判所は理解するのであって，不必要な評価的文言や修飾は，裁判所向けの準備書面としては，まったく不要であることを強調したい。

るといった反論が考えられる。代理人と依頼者との関係の問題もあるのであろうが，自己の依頼者に対して，こういう反論はあり得ないか，こういう証拠が相手にあったりしないかなどと常に問い掛けると言われる弁護士もおられるのであり，様々な工夫があるのではなかろうか。

　さらに，紛争の決着のあり方への展望をもって審理を進めることは，代理人，裁判所共通の関心事であると思う。代理人としても，当該訴訟の終局の姿をどのように想定するか，訴訟の目的・目標の設定は常に意識しておく必要があろう。裁判所は，当事者からの主張と証拠がおおむね出揃った段階で，和解方向の協議に入るか判決のための準備を進めるかを尋ねる。すると，わが意を得たりとばかり，紛争解決の構想を述べられる代理人もあり，考えていなかったとか，当事者と未協議であると述べる代理人もいる。かつては，前者の代理人が多かったように思うが，現在は，後者の代理人がかなり増えている。これをもって法曹性の希薄化というといいすぎであろうか。昔はよかったというと老人の戯言と揶揄されそうであるが，かつて昭和の時代に，若年裁判官として老練弁護士にこのようなことを問うと，大抵，代理人としての構想を述べられ，事件の筋の見方について教えられるところが多かった。現在でも，かつ，若手の弁護士でも，自己の構想を明確にもって訴訟に臨んでいる方は相当数おられる。これなしに訴訟遂行を担当するのは問題というべきであろう☆6。最近，和解がふさわしい事件について，代理人に双方の和解案を検討しておくよう求めても，依頼者の感情に迎合するだけの建前論に終始して，社会的紛争の解決策の提案をしない例が散見されるのは残念である。

☆6　今や考えられないことと思われるが，昔，弁護士にとって共同事務所は可能かという議論がされた時代がある。ある地方の会長弁護士は不可能であるといわれた。訴訟事件を遂行する弁護士は，証拠を精査し，頭の中で事件の実体を検討し，進行の構想を練り，紛争解決のあり方を考えるのであり，これを共同で行うことは本質的にできないといわれた。一面の真理を含むと思う。近時，事務所に戻って上司に聞かないと何とも答えられないという弁護士が登場したことは甚だ心外であり，仮に弁護士の中にサラリーマン化して法曹性を失っている人がいるとすると，残念なことである。

❸ 争点整理のあり方

(1) 要件事実の重要性

　いうまでもないことであるが，訴えに対する結論は，判決主文として提示されるのであり，審判の対象は，訴訟物であって，訴訟物に関する判断は，要件事実が認定されるか否かにかかっている。訴訟物，要件事実は，民事訴訟の骨格であり，常に念頭に置かなければならない。これを忘れたかのような訴状や準備書面は困る。そして，訴訟物の選択は，もっぱら当事者が行うものであり，多くの場合，これに対応する要件事実は，定まっている。それゆえ，本企画のように各種訴訟の類型ごとに要件事実を確認しておくことは非常に大切である☆7。もとより，形式的に成り立ち得る法律構成でありさえすればよいわけではなく，事案に適した訴訟物，法律原因を選択する必要性も，また重要である。

(2) 経験則（常識）の重要性——例外の想定

　そして，要件事実の認定は，間接事実・補助事実の認定の結果を総合して，経験則の適用により行われるのが通常であり，間接事実・補助事実の認定，証拠の評価についても経験則を適用しているものと思われる。代理人が主張し，証拠を提出する訴訟活動は，自己の主張事実を裁判所が認定することを目的，目標としているものであるから，主張内容が経験則にそったものであることが必要といえよう。

　裁判官が，証拠の評価，信用性の吟味を行い，ある事実が存在した，又は存在しなかった，あるいは真偽不明と判断した結果を「心証」と呼ぶことがあるが，心証形成過程は，曰くいいがたいものとして判決文の中に事細かく記載することは普通は行われていない☆8。しかし，時に合議において，これを明示

☆7　専門家としての弁護士が明白な主張自体失当の主張をすることは避けなければならない。例えば，仲介契約に基づく仲介料請求に際し，仲介に係る契約は成立していないが，労力を使ったから仲介料を請求するというのでは，主張として不十分であろう。

☆8　認定事実を判決文に記載する方法として，物語式事実認定説示方式（説）と間接事実分析式説示方式（説）とがあるように思う。物語説は，ある結果に至る一連の歴史

的に議論の対象とすることもあり，研修等に際して，証拠の評価，これによって認定し得る間接事実等，当該間接事実等の主要事実との関係等が題材として議論されることもある。その他，事実認定に関する裁判官の研鑽は，具体的事件の審理の中で，代理人との口頭でのやり取りや証拠の検討等を通じて日々行われている。そして，「事実は小説より奇なり」ということも稀にあるのであり，稀な事実であっても真実の場合がある☆9。必要に応じて，普通はこうではないかというように経験則を語るのも，争点整理手続における裁判官の役割であろうし，代理人が，経験則を明示的に論ずることに意味がある場合も考えられよう。代理人は，裁判官が述べる経験則に異論があれば，口頭で自分の考えを述べて軌道修正を求めるのがよいと思う。このような意味でも手続過程における口頭協議は極めて重要であると思う。

(3) 訴訟における病理と当事者の特性

ここで触れておきたいことは，民事訴訟事件の中に，病理のあるものとないものがあるという点である。病理のある事件は，多いとはいわないが，必ずしも稀ではない。事実認定が問題になる事件の中には，「嘘つき事件」と呼ぶべき事件がある。原被告が直接体験した事実に関し，原告が主張する事実と被告が主張する事実とが裏表の関係で完全に矛盾，対立し，どちらかがあえて嘘をついていると考えざるを得ない事件である。これに対し，「誤解事件，勘違い事件，思い込み事件」もある。同じ出来事について，互いに，別々の認識を抱いているものの，積極的に嘘をいっているのではなく，見方の違いやいずれかが証拠の評価を誤っていることなどに基づく場合である。もっぱら誤解等によ

　　　的事実を証拠を総合して物語として認定し，当該物語の中に主要事実を置く。これに対し，間接事実説は，間接事実・補助事実を認定し，これを総合して別個に主要事実を導く。これらは事案に応じた書き方の問題であるとみる人もいるが，むしろ本質的な事実認定観に基づく違いであるとの見方もあろう。

☆9　昔の話であるが，処分証書に記載された合意がされていないと判断した事案がある。ある老齢の婦人が，相手方の示した処分証書に署名，押印した。しかし，当該婦人は，実は処分証書記載の文を読むことができなかった。文盲であることを自己の代理人にも隠しており，尋問において，当該処分証書を読んでみてもらうまではわからなかった。当事者個人にとって，勝ち負けよりも大事な矜恃があることもあるのである。

って紛争になっている通常の事件は，争点整理手続の中で，間接事実や書証を整理することによって誤解等が解かれるなどして紛争解決の糸口が見つかることもある。しかし，「嘘つき事件」について争点整理を詰めすぎるのは益がないことが多いように思う[10]。

また，物わかりのよい当事者もいるし，よくない当事者もいる。これは，当事者の性格によることもあるし，当事者の関係や当事者が経験してきた事実関係によること[11]もある。例えば，被相続人名義の預金が生前に払い戻されている場合，払い戻した被告が，それなりの領収証を提出して，被相続人自身の指示により必要だったこれこれの使途に用いた旨主張したとき，それなら了解するという当事者もいるし，領収証が偽造だとか虚偽だとか積極的に争う当事者もいる。後者の場合，争点は，当該領収証の真否あるいは作成経緯，使途といったことになっていく[12]。

(4) 争点把握のレベル

要件事実レベルの争点は，当然，明示的に把握すべきものであるが，争点整理手続を経ることによって，次第に明らかになっていく間接事実・補助事実レベルの争点については，事案に応じて対応すべきもののように思われる[13]。

☆10　また，濫訴的事件で，主張に無理や不十分な点がある場合，補充，補正を求める必要はないと思われる。不当抗争とみられる事件で，無理な，あるいは不十分な反論について，根拠を追及しすぎる必要はないと思われる。いずれも，審理の不当な遷延を招きかねない。

☆11　不信感が強い関係となっている場合もあるし，相手方が繰り返し嘘をついてきていると言う当事者もいる。

☆12　なお，慎重な認否をしておくという発想自体は理解し得るが，積極否認の主張を加える場合は慎重にする必要があろう。代理人が誘導して争点を作ったことが，後に本人尋問なりで判明することがある。本人は相手方のいうとおりだろうといっているのに，代理人が争いを拡大する方向に誘導するのは慎むべきではあるまいか。当該の点について主張の具体化をする期日を重ねたのが無意味であったという場合もある。

☆13　争点整理でどこまで詰めていくか。筆者は，しばらく前まで，争点整理手続の進行に合わせて争点整理案の作成を進め，現時点での裁判所の認識として提示して，釈明して主張・書証を準備してもらい，爾後の進行を協議する方法を原則とし，全件について間接事実までのいわば完璧な争点整理を目指していた。しかし，このような作業

序　章

　理念的には，何らの病理のない事件の場合，間接事実・補助事実レベルの争点を真の争点として明示し，共通認識を得ることができれば，合理的状況下にある合理的人間は，しかるべき和解に至るはずである。しかし，すべての当事者が合理的状況下にある合理的人間とは限らない。当事者が合理的思考の困難な状況に置かれていることもあり，また，感情的要因が強く，和解手続を経ても気持ちの持ち方を変えるに至らないなど，当事者が合理的思考外の要因によってこだわる場合もあり，人証調べを経て判決に至ることもある。このような場合，こだわりの程度，性質によっては，尋問前にあまり詳細な間接事実・補助事実レベルの争点についてまで明示することは，争点の浮遊，審理の漂流を招くこともある☆14。

　多くの場合，当事者は争点に係る事情を知っているが，完全な第三者から聞

　　を進めていくと，争点が煮詰まり切ってしまい，結論は自ずと明らかといった状態に至ることが少なくない。その後，要件事実外の諸事情等をも考慮して合理的和解に至る場合もあるが，そうでない場合もある。後者の場合，進行がギスギスしたものになりやすいし，当事者を追いつめることにもなりかねない。「程よい」争点整理，「ホンワカした」争点整理という表現をする先輩裁判官もおられたが，こうした事情を考慮されていたのではないかと思う。

☆14　すべての間接事実主張が確定的で動かないのであれば，論理上，争点はどこまでも具体化し得る。例えば，特定日の面談の有無が争点となった事件で，一方代理人は，双方本人尋問に際し，当日の天候についての気象記録等も用意されており，相手方本人に対する反対尋問で，これらを弾劾証拠として示して，相手方本人が述べる状況が虚偽であることを暴いたケースがある。相手方の主張，陳述書に当日の状況がありありと書かれていたために準備された弾劾証拠であり，格好のいい反対尋問ではあったが，事前に指摘があれば，争点は当日の天候等ということになって，事前に気象記録等が提出されることにより，争点について決着していたのではないかとも考えられないではない。しかし，人によっては，勘違いだったとして，日にちの主張を変えてしまう可能性もあり，そうすると，争点となる間接事実自体が別のものになってしまい，争点が浮遊することも考えられる。日にちが変わることにより，事案の様相自体がまったく違ったものになる場合には，主張の変更をしても決定的という場合もあり得るが，主張の変遷はそれ自体として，当該主張をした当事者にとって不利な事情となるものの，記憶違いは場合によってあり得ることでもあり，弾劾証拠を示されて弁明不能に陥って沈黙してしまったり，相手の主張を自認したりというような決定的状況を作り出すとは異なることにもなろう。いわゆる嘘つき事件では，あまり詰めすぎない方がよいと思う例である。

かなければ事案の真相が不明の場合もないとはいえない。このような場合，当該第三者を証人として人証調べをするときは，争点ができるだけ間接事実・補助事実レベルの細部にわたって明確に共通認識とされていることが望ましい[15]。

(5) 争点整理の方法論
(a) 事案解明型準備書面・陳述書

代理人の準備方法として，いわゆる事案解明型準備書面・陳述書がある。

陳述書は，作成者当人にとっての具体的経験事実を述べるものであるから，原則として，時系列的に時の流れに沿って記載される物語となるのが普通である。これを時系列を無視して項目ごとに記載すると，尋問の補助手段としてもわかりにくいものとなることが多い。これに対し，事実整理準備書面は，どちらかというと項目ごとに分類して説明されることが多いし，その方がわかりやすいともいえるであろう[16]。もっぱら事実関係が問題になる事案では陳述書の充実が，法律論も含む複雑な争点のある事案では事案解明型準備書面が有効な場合が多いと思われる。

(b) 争点整理案

---

[15] 当該第三者が利害関係のない客観的第三者の場合には，書面尋問・調査嘱託等の活用が考えられる。例えば，事故等によって傷害を負った原告の症状や後遺傷害の程度等については，原告代理人が医師に事情を聴いて報告書を作成して提出したり，医師に詳しめの診断書を作成してもらうこともある。しかし，相手方としては，それで納得し得る場合もあろうが，そうでない場合もある。後者の場合，書面尋問が適しているときがかなりあろう。

[16] 準備書面は，評価を中心とした断片的事実主張の書面として作成されることが比較的多い。これに対し，物語説に立つ裁判所は，多くの場合，当事者間で生起した事実は，最終的に，相互関連性のある出来事の連鎖として「物語」となるはずであると考える。このような意味で，裁判所が知りたいのは，原告又は被告が主張する間接事実を含む事案の全体像である。そして，相互関連性等に関する評価・主張を断片的に主張されるのでなく，双方から，一連の「物語」として提示していただけると，双方の主張内容がくっきりしてくる。若いころ裁判長が「物語をまとめてくれ。」と代理人に求めていたのを筆者も継承しているが，裁判所として希望することは，証拠と当事者に近い代理人から，事案の全体像をなるべく早く示してほしいということである。

序　章

　かつては裁判所の準備方法として，今では代理人とともにする協働的準備方法として，争点整理案の作成がある。
　今や，建築事件，医療事件等では，一定の書式による主張・証拠対比表作成は定型となっているものと思われる。こうした事件では，裁判所が表の枠組みを作成し，既存の記録から一部の記載をして当事者に交付し，裁判所からの質問事項を記載して質問し，補充主張を求めて整理案を完成させていく。他の種類の事件でも，事実が錯綜し，あるいは前後関係が問題となり，また，証拠が多数となる事件では，時系列で整理した主張・証拠対比表の作成が役立つことが多い。筆者の所属する部でも，常時，数件はこのような進行をしている事件がある。
　近時，代理人から先行してこの種書面が提出されることもあり，せっかく作られた書面なのでデータをいただいて裁判所が気がついたことを追加記載して双方代理人に交付し，争点整理に使ったこともある。また，データを相手方に渡してもらい，相手方の主張欄を設けて追加記載してもらったこともある。
　また，境界事件や通行権訴訟等では，分筆経過図，分筆経過表を作成するのが争点を整理していくのに有効なことが多い。かつては，筆者自身が作成していたが，現在は，事案に応じた形式で，代理人に作成してもらっている。境界線がA－B線か，C－D線かが争われている場合，当該分筆が行われた前後，周辺の土地が誰の所有で，どの時点で分筆されたのか，これらの分筆線に争いはないか，これらの線と本件境界線との関係がどうかといったことは，分析の出発点であるといえよう。
　その他，裁判所が正しい心証を形成するための整理書面・補助書面として，多数の供述証拠の対立がある事件で供述対比表を作成することもある☆17。

　☆17　若い時，刑事訴訟において真犯人は別にいると主張された事件を担当したことがある。供述をできるだけ具体的に対比した表を作成して合議に供するという方法をとったとの先輩からの経験談が頭にあったので，項目ごとに捜査段階の供述，多数の関係者の供述を対比する表を作成し，さらに公判段階の供述内容も逐次記入していき，検討の材料とした。その後，民事事件でも，多数の供述証拠に大きな食い違いのある事件では何度か使っている方法であり，問題点を明確にし，多角的に深く検討するのに役立つ。こういったものは，裁判官の手控えであるが，代理人も尋問に際しては同様

(c) 口頭協議の重要性と手続選択

　かつて弁論兼和解という運用があった。その批判もふまえて，弁論準備手続が生まれた。いまさらの感があるかもしれないが，弁論兼和解とは，裁判官，双方代理人が同じテーブルに着席して，裁判官は疑問点を聞き，代理人は口頭で証拠関係を含む説明をし，討論をする手続であり，裁判所が，当事者の率直な説明と本音とを聞き，その後の訴訟手続をどのように進めたらよいのかを協議するための手続であった。弁論準備手続も，本質は異ならない。口頭で話を聞いて考えるのを繰り返すことは，およそ訴訟手続の基本的方法論である[☆18]。その際，ホワイトボードやメモ紙に要件事実のブロックや略図や絵を書いて協議することも有用な手段である[☆19]。

　率直な議論をするのに弁論準備手続が便宜であるのは確かであるが，弁論でも行えないことはないはずだと言われる裁判官もいる。永年にわたって弁論兼和解や弁論準備手続を使ってきた者にとっては，目から鱗の発言であり，切捨御免の弁論であってはなるまいが，中身のある議論ができるなら，むしろ弁論期日の方が効率的なのかもしれないと最近は考えている。

(6) **期日間の準備**

　期日における口頭協議により，次回までに当事者が何を準備するのかが決定

　　の検討，準備をされるのではなかろうか。特に合議事件で行っているが，単独事件でも，複雑な事件では，客観的に可視化して考えることができるので有益である。
[☆18]　弁論兼和解に対する批判には必ずしも当を得ないものも含まれていたと思う。密室で，片方の言い分だけを聞いて心証を形成しやしないかという懸念が主張されたこともある。しかし，ここには，心証というものについての誤解があった。心証は，印象によって形成されてはならない。裁判官の自戒であるとともに，印象による心証を判決に書くことなどできないのであり，そのようなことは，三審制を採るわが国では心配には及ばないはずである。とはいえ，無用の不審が生じないよう，現在では，純粋に和解に入る前に当事者を分けて事情を聴くという裁判官はほとんどなくなったものと思う。しかし，弁論準備手続で，口頭の言い分を聴き取り，書証との関係や事案の全体像をできるだけ正確に把握しようとするのは，弁論兼和解と同様である。
[☆19]　一方代理人が事案のメモ・図表を作成してこられて，弁論準備手続の中で，説明され，討議することにより，裁判所も，相手方代理人も事案と争点とをよく理解し得た経験もある。

される。そこで，裁判所は，いつまでに準備可能かを尋ね，準備書面・書証等の提出期限を定める。そして，期日の約1週間前に準備書面・書証等が提出される。この1週間の間に，相手方代理人と裁判所は内容を検討し，相手方代理人は，できるだけ当事者本人からの事情聴取をしたうえで，次の進行について検討して，期日に臨む。これが基本の進行となり，そのように進行している事件もある。しかし，約束の期限までに書面が用意されず，期日の当日又は前日準備書面が送付される場合もある。これは病理である。当日，口頭で補充説明を聴くことになるが，事前に検討しておいて手続を進めるのと比較すると，進行が1回遅れることになりがちである。なお，期日間の準備に際し，目先の対応策を検討するのは勿論として，当該訴訟の終局の姿についての構想を練っていくことも大切であると思う。

❹ 争点整理の主体・役割分担

(1) 裁判所主導型争点整理

　裁判所主導型争点整理の典型的なやり方として，裁判所が，準備書面等に基づき争点整理案を作成し，双方代理人に交付して共通認識としたうえで，争点とこれに関する双方の対立する事実主張を標識として証拠調べを行い，判決書には，上記のようにして作成した整理案自体をそのまま添付するという方法がある。筆者も，これを一つの理想型と考えて訴訟進行を図っていた時期がある。しかし，この方法が妥当するためには，人証調べ前の段階で，代理人がすべての間接事実等を具体的に指摘，主張していて漏れがなく，また，裁判所による間接事実等の位置づけにも誤りがなく，修正を要しないとの前提が必要となるが，現実には，準備書面中の間接事実等の主張が意識的に整理されて全部出されているとは限らず，重要な間接事実等は，陳述書を含む書証等からも拾い出す必要があることも少なくない。また，その後の人証の尋問により，証拠関係が異なった様相を示したり，間接事実等の位置づけや重要度が変化したりすることもあるため，あらかじめ作成していた争点整理案がそのまま判決書の主張整理部分として妥当せず，書き直しを要することもある。事前作成型整理案を判決における主張整理部分としてあらかじめ書き切るには，よほどの注意力と努力とが必要であり，いわば裁判官の修練の一方法として，このような試みを

することには意義があるといえるものの，常時，このような方法をとることが，限られた時間の制約の中で真に効果的な方法論といえるかには疑問がある。他方，この方式の背景には裁判所による真実探求主義ともいえるような感覚，陥穽が潜んでいたようにも思われる[20]。

(2) 当事者主体的活動型争点整理

「争点整理における当事者の役割」（第1章Ⅱ）以下で論じられているように，手続面を裁判所が主導するのは当然として，内容面は当事者が主体的に提示していく必要がある。冒頭述べたとおり，事案に近く，証拠を把握しているのは代理人であって，裁判所ではない。裁判所は，代理人から提示される事実主張と証拠とを常識に基づいて謙虚に検討し，法律を適用して結論を導き出す，これが民事訴訟の基本的な姿であり，裁判所が職権的に主導して争点を整理するというのは，弁論主義との関係で矛盾があるといえよう。

5 おわりに

最後に，代理人の訴訟準備や訴訟遂行の方法に関し，最近目立つ傾向とこれについての意見，希望を補足しておきたい。

(1) 準備書面の分量について

準備書面は10枚以内程度で起案していただきたい。

最近，準備書面の枚数が増え続けている。準備書面の起案に際しては，簡潔に要点がわかるようにしていただきたい。無駄な修飾が多く，肝心の事実の指

---

[20] この方法は，一面において，裁判所全能論のような感覚と密接な関係があるようにも思う。裁判所が証拠を丁寧に分析するうち，わかったと思うに至ることがあるのは事実であるが，他方，真実は小説より奇なることもあるのであり，裁判所が限られた証拠から特定的物語を確信的に認定することには危険を伴う。これは，事実認定論や判決の書き方とも関わるかなり根本的な問題であるが，過去に生起した歴史的事実そのものは，実は，正確には再現，認識，表現することが困難なのがむしろ普通であり，見てきたように語ることはできないのが通常であろう。間接事実等の位置づけについても同様であり，例外を伴う経験則の適用に際し，裁判所には，謙虚さが求められることも忘れてはなるまい。

摘が少ない，コピペの準備書面が増えていると感じている裁判官は多い。長々と争点外のことを書くと，相手方も，反論を書くために時間がほしいといわれる。数十枚に及ぶ準備書面に対する反論を1か月で書いてくれと求めるのは無理がある。その結果，訴訟が無意味に遅れるとすると問題である。依頼者は迅速に訴訟を進めてほしいと思っているのではなかろうか。

(2) 「求釈明」の位置づけについて

「釈明」の意味について検討していだきたい。

最近，準備書面に「求釈明事項」が記載されたり，「求釈明書」が提出されることが多くなった。もとより適切なものもあるが，適切でないものが目立つ。「訴訟ゲーム論」とでもいうべきものがあるだろうか。まずジャブを出してみて相手方の反応を見る，的確に受けられないなら急襲するが，かわされて逆襲されるようなら，フットワークで様子を見つつ，相手の疲れを待つ，このような訴訟遂行はよくない。そのようなことをしないのが依頼者のためであると思う。引き延ばしを依頼されて本気で引き延ばすのは法曹といえない。「釈明」をジャブのつもりで出して，自分の依頼者のために迅速に成果を引き出すべき（勝つべき）代理人が，2回，すなわち2か月ないし3か月，訴訟を遅らせようとしているかのような結果となる例が目立つ。仕切った以上，一気に進んでいただきたい。

質問をかわすには質問せよというのは論争術の基本であるが，訴訟に「術」を持ち込まないことが大切だと思う。受け身の立場に立つ代理人が質問するのは理解し得ないではないが，攻めるべき立場にある代理人が質問して逆に延ばす結果となるのは理解が困難である。相手方は検討して回答すると応えるに決まっており，予測なしに質問するのは愚である。例えば，相手方主張事実を強く争う場合，当該主張によれば当然このような背景事実が伴うはずであると思われるとき，当該背景事実に関する「釈明」を求める例がしばしばある。しかし，そのようなことは，時間がかかるだけで実益がない。主張と主張・証拠との矛盾を指摘し，相手方の主張が採用されるはずがないと，どこかの時点で論じていただければ足りる。

(3) 文書提出命令の申立てについて

「文書提出命令の申立て」に際しては見通しをもっていただきたい。

受け身的訴訟遂行の例としてしばしば見られるものに,「文書提出命令の申立て」がある。もとより,必要があって文書提出命令を申し立てるのは理解し得るが,相手方が所持していないであろうとわかる書面の文書提出命令申立ては意味がないし,相手方に不利な記載があるに違いない書面について文書提出命令の申立てをするのは,必ずしも得策でない。当該書面に記載されているであろうことを想定し得るのであれば,それを具体的に指摘して,出せるものなら出してみろと主張するのが効果的である。相手方は,次回期日までに当該文書を提出するか,しないかの決断を迫られる。指摘の文書を所持しており,容易に提出し得るのに提出しないことは相当の意味をもつのである。これに対し,文書提出命令申立方式をとると,文書提出命令が発令されたとしても,抗告の申立てがあるのが普通であり,抗告審の判断を待たなければならなくなり,一審の進行が止まるのである。そのようなことをしなくても,同じ効果を導ける方法があるのではないかをぜひ検討してみていただきたいと思う。

〔付記〕

脱稿後,山浦弁護士による冒頭論文に接した。昭和末期から平成初頭にかけて熱心に行われた民事訴訟運営改善運動,その後の民訴法改正について語っておられ,筆者も,当時の熱気を想起した。30年前,20年前と比べれば,五月雨審理から集中審理へなど民事訴訟の運営状況は画期的に進化してきたと思う。しかし,他方,例えば本文記載のような後ろ向きの訴訟遂行が現れてきているのも事実である。言わずもがなのことを言って自ら訴訟遅延を引き起こしたのでは依頼者に申し訳ないのではなかろうか。積極的訴訟遂行が望まれる。また,喩えて言うなら,実務運営の改善努力は自転車を漕ぐのと同じで,漕ぎ続けないと止まってしまい,場合によっては倒れてしまう。実務運営の改善方策の最大の眼目は,改善の努力を続けるところにあり,できあがった制度や運用論,方策案を墨守するのでは,熱意が生まれないし,楽しくもない。問題点に気づいたら,それを是正するためにどうしたらよいかを不断に考えることが大切だと思う。若い人達が新鮮な発想で,意識的に新しい実務運営を考えていただけたらと思うし,そのような新人も現れてきていると思う。期待するところ大で

序　章

ある。なお，冒頭論文は，弁護士の研修の機会について，裁判官と対比して述べておられるが，研修の本質は，ハッとさせ，新たな視点から考えることの重要性を気づかせるところにあろう。制度的研修の重要性を否定するものではないが，われわれ法曹の研鑽の本質は，自己研鑽にある。適切な訴訟運営に必要な様々な技術，技能，洞察力等は，日々の事件に取り組む中で得られていくものであり，裁判官も，代理人弁護士の訴訟遂行等から気づかされること，教えられることも多いのであり，弁護士の研鑽についても，個々の事件において相手方代理人のよき訴訟遂行方法等から学ぶことが相当あるのではなかろうか。

〔松本　光一郎〕

第1章

争点整理の理論的検討

Ⅰ 争点整理の意義

❶ 民事訴訟における争点・争点整理の意義

⑴ はじめに

　現行民訴法は，口頭弁論の準備のための中核的な制度として，同法164条から178条に争点及び証拠の整理手続（以下，単に「争点整理手続」という。）を定めている。この争点整理手続には，準備的口頭弁論（法164条～167条，規則86条～87条），弁論準備手続（法168条～174条，規則88条～90条）及び書面による準備手続（法175条～178条，規則91条～94条）の3種が用意されており，裁判所が事件の性質・内容・規模・難易度等に応じて最も適切な手続を選択できるようになっている。口頭弁論の準備制度については，明治23年制定の旧旧民訴法以来今日に至るまで幾多の変遷があり，ようやく今日の制度に落ち着いたということができよう。

　以下，その系譜をたどり，争点の意義・範囲及び争点整理の意義・目的・作用並びに争点整理手続と民事訴訟の基本原理との関係等について考察することとする。

⑵ 現行の争点整理手続に至るまでの経緯

　明治23（1890）年に公布され翌24年から施行された旧旧民訴法（明治民訴法）は，1877年のドイツ民訴法をほぼ全面的に継受した法典であるが，争点整理手続としては受命裁判官による準備手続を定めていた（旧旧法208条・266条以下）。しかし，この手続の対象は計算関係等を目的とする特定の複雑な事件に限定され，適用範囲の狭いものであった。大正15（1926）年，この旧旧民訴法の判決手続の部分は，当時最新のオーストリア民訴法を参考に全面的に改正され，昭和4（1929）年から施行された。これが旧民訴法（大正民訴法）である。旧民訴

法は，訴訟の促進・審理の適正を目指して，準備手続を地方裁判所の第一審事件のすべてに拡張し，原則として準備手続を経るべきものとした（旧法249条）。しかし，改正後しばらくは効果を発揮したものの，次第に利用されなくなった。

　第二次世界大戦後も，新憲法の制定に伴い，訴訟促進を目指し数度にわたって準備手続の改正が行われた。昭和23年改正では，準備手続は合議事件につき合議体が相当と認める場合に限られ（旧法249条の改正），それまでの原則的実施から裁量的実施になったが，その後の昭和25年改正においては，裁量的実施でよいとされつつも，合議制・単独制を問わず準備手続を実施すべきこととなった（旧民訴規則の前身である「民事訴訟の継続審理に関する規則」〔昭和25年最高裁規則27号〕9条〜11条）。しかし，この改正も，実際には所期の目的を達成するには至らなかった。そこで，昭和31年に制定された旧民訴規則（昭和31年最高裁規則2号）では，準備手続を繁雑な事件に限ることとし（旧規則16条・17条），口頭弁論自体の中で弁論の準備をさせる準備的口頭弁論が新たに導入された（旧規則26条〜29条）。しかし，この制度もまた十分な成果を上げるには至らなかった。

　このように，旧民訴法上の準備手続と旧民訴規則上の準備的口頭弁論は共にその機能を十分に発揮できず，口頭弁論自体も形骸化するに及んで，昭和60年前後から実務上「弁論兼和解」の審理方式が工夫され，次第に普及するようになった。このような過程で民訴法改正の機運が次第に高まり，平成8年旧民訴法の全面改正により現行民訴法が制定され，平成10年1月1日より施行されるに至った[☆1]。

(3) 平成8年以降の民訴法改正の要因

(a) 準備手続が度々改正されながら機能しなかった理由

　平成8年改正前の民訴法下では，①受命裁判官等準備手続裁判官の権限が十分でなく，担当裁判官の実務経験も必ずしも十分ではなかったこと，②法規上

☆1　口頭弁論の準備制度の歴史的経緯については，新堂・473〜477頁，梅本・549〜550頁，コンメⅢ・451〜454頁，基本法コンメ2・111〜112頁〔山本和彦〕，上原敏夫「訴訟の準備と審理の充実」新堂幸司ほか編『講座民事訴訟4』（弘文堂，1985）191頁以下，新民訴法大系(2)・248頁以下〔山本和彦〕，高桑昭ほか『準備手続の実務上の諸問題』司法研修所資料21号（1967）7〜12頁等参照。

Ⅰ◇争点整理の意義

準備手続では証拠調べが一切できないこととなっており，また失権効が定められていた（旧法255条）ため，不必要な主張・証拠が提出されることが少なくなかったこと，③期日に裁判所書記官が立会い，調書を作成する必要があり（旧法250条），それが負担となっていたこと，④準備手続の後に続く集中証拠調べの制度がなく，裁判官や弁護士に準備手続の重要性が十分認識されていなかったこと等の理由から，準備手続や準備的口頭弁論は実務上あまり利用されなかった☆2。

(b) 五月雨式審理から弁論兼和解の審理方式へ

前述のとおり，これまでの準備手続や準備的口頭弁論が機能不全に陥ったため，裁判所も当事者も十分に準備をしないまま口頭弁論期日に臨むようになり，期日は次第に準備書面の提出・交換だけの場と化していった。争点が定まらないまま事実の主張や証拠の提出がなされる期日が漫然と繰り返され，次第に口頭弁論自体も形骸化し，訴訟は遅延するようになった。このような審理の状況は五月雨式審理とか漂流型審理と揶揄され，口頭弁論の効率化・活性化が叫ばれ，訴訟促進が緊要の課題となった。

昭和60年前後すなわち昭和の終わりから平成の初めにかけて，裁判所が中心になって審理の充実・促進に組織的に取り組み，弁護士会もこれに積極的に対応するようになった。この時編み出された審理方式が「弁論兼和解」であり，またたく間に全国の裁判所に普及していった。

弁論兼和解は，争点整理手続と和解手続が融合した手続であるということができる。この手続は，準備室・和解室・判事室などの法廷以外の部屋で，必ずしも裁判所書記官の同席を要せず，裁判所と当事者・代理人が膝を突き合わせて争点整理ひいては和解を行うことができる非公開の手続であり，両手続を容易に行き来することもできる融通無碍な審理方式である。しかし，法廷や裁判所書記官の都合を考慮せずに期日を指定することができ，時間や回数も柔軟に設定できる長所がある反面，弁論の公開や対席の保障がなく，期日に行われる訴訟行為の範囲も明確でない等の問題点があり，法整備の必要性が指摘されていた。このような実務の努力の成果である弁論兼和解は，平成8年改正の現行

☆2　新堂・473〜477頁，コンメⅢ・452〜453頁。

民訴法において，従来の準備手続と統合され，法的に整備された弁論準備手続として結実するに至った。したがって，今日においては，従来の融通無碍な「弁論兼和解」は実施できないと解するのが一般である☆3。

(4) 平成 8 年改正の現行民訴法における争点整理手続

現行民訴法は，事件の性質・内容・規模・難易度・当事者の出頭の容易さ等に応じて適切な手続が選択できるように，3種の手続を定めている。

準備的口頭弁論（法164条～167条，規則86条～87条）は，裁判所が口頭弁論を争点整理段階（準備的口頭弁論）と証拠調べ段階（本質的口頭弁論）の2段階に分けて実施する場合の争点整理段階の手続のことをいう。この準備的口頭弁論は，旧民訴規則上の制度を法律上の制度に格上げし，公開法廷で行われるようにしたものである。したがって，社会の注目を集める事件や当事者や関係者が多数に上る事件等に適するとされている。

弁論準備手続（法168条～174条，規則88条～90条）は，旧民訴法上の準備手続を改正し，併せて「弁論兼和解」の機能も導入して制定された原則非公開・例外的傍聴許容（関係者公開）の手続であり，旧民訴法上の準備手続と比べると通常の多くの事件に適するように改善されている。

書面による準備手続（法175条～178条，規則91条～94条）は，当時のドイツ民訴法の書面先行手続（ドイツ民訴276条）を参考に創設された手続であり，当事者の出頭なしに準備書面の提出等書面の交換を中心として行われる争点整理手続である。したがって，当事者が遠隔地に居住しているときなどに利用される。

これら3種の手続は，原則・例外の関係にあるのではなく，事件の性質等に応じて選択されるべきであるが，現在のところ，期日指定のしやすさや忌憚のない意見交換ができることなどの理由から，弁論準備手続の利用率が高いようである☆4。

☆3 「弁論兼和解」については，鈴木正裕「『弁論兼和解』方式について」民訴36号（1990）1頁以下，上原・前掲注（☆1）191頁以下，西野喜一「争点整理と弁論兼和解の将来(上)」判時1583号（1997）19頁，新堂・476頁，中野ほか・261頁〔上原敏夫〕，コンメⅢ・453～454頁，基本法コンメ2・111～112頁〔山本〕。

☆4 争点・140頁以下〔福井章代〕，コンメⅢ・460頁以下，基本法コンメ2・111頁以下

Ⅰ◇争点整理の意義

(5) 争点整理と平成15年の民訴法改正

　平成15年にも民訴法は改正され，訴え提起前の証拠収集制度（法132条の2～132条の9），計画審理（法147条の2・147条の3・156条の2・157条の2）等が導入された。殊に，当事者主導の口頭弁論準備制度として平成8年に設けられた訴訟係属中の当事者照会制度（法163条）は，争点整理充実のための制度として位置づけられており，平成15年には更に提訴前照会にまで拡充された（法132条の2・132条の3）。しかし，この制度は定着せず，むしろ失敗したと評価されている☆5。

(6) 争点の意義・範囲

　争点の意義・範囲については，種々の説が主張されているが，主として判決手続における争点を志向するか，それとも広く和解手続における争点をも視野に入れて考えるかの違いであると思われる。前者の立場に立てば，事実上の争点としては，争いのある主要事実・主要事実を推認させる間接事実及び証明力に関する補助事実を中心に，法律上の争点としての推認法則である経験則及び外国法規が争点の範囲に含まれることになるのに対し，後者の立場に立てば，争いのある事実・経験則・外国法規に加えて，当事者の背景事情・周辺事情，ひいては事件の背後にある社会的事情までもが含まれることになろう。思うに，現在最も活用されている弁論準備手続が，旧準備手続の改正に加えて「弁論兼和解」の長所をも導入した制度であるという歴史的経緯や，和解を射程距離に入れた方が妥当な解決が導かれるという観点からすると，後者の立場に実効性があるように思われる。しかし，争点整理の対象となる争点の範囲が拡大することにより手続が遅延しないよう留意する必要がある。通常は，争いのある事実（証明すべき事実，要証事実）が争点の中核になり，背景事情等は付随的争点ということになろう☆6。

　　〔加藤新太郎，山本和彦〕，菅野・民訴法改正10年・65頁。
　☆5　当事者照会が実務に定着しない理由については，争点・143頁〔山浦善樹〕，計画審理の利用が低調であることについては，争点・139頁〔菅野雅之〕参照。平成15年民訴法改正の全般については，上田・255～256頁，「特集　平成15年民事訴訟法改正」ジュリ1252号（2003）6頁以下等参照。

(7) 争点整理の意義

「争点及び証拠の整理」は法文上の用語である（法164条・168条・175条）が，単に「争点整理」と略称されるのが一般である☆7。

争点整理の意義は，争点の意義・範囲とパラレルの関係にあるといえよう。争点の範囲を狭く把握する立場では，争点整理は，主要事実，間接事実，補助事実のうちから争いのある事実を絞り込み，その事実を証明するための証拠を収集する作業が中心になるのに対し，争点の範囲を広く把握する立場では，認識の対立している背景事情等とそれに対応する証拠も争点整理の対象に加えることになろう。

一般には，前者の立場に立ち，争点整理とは「訴訟物に関して，十分な主要事実が主張されているか，主要事実に関連する間接事実としてはいかなるものがあるか，補助事実は何かなどを確定し，それらの事実に関連する証拠をあげ，書証については認否（の予定）を相互に確認したうえで，相手方が争う事実と，争わない事実とを区別し，証拠調べの対象を限定する作業」であると把握されることが多い☆8。しかし，他方で，後者の，争点の範囲を広く把握する立場

☆6　山本和彦教授は，判決を目指した争点整理手続と和解手続とは可及的に峻別すべきであるとして，結局争点整理の対象となる争点は，「法律問題及び経験則に関する争いのほか，争いのある主要事実及び間接事実ということになろう。」と述べられている（山本・争点整理手続・695〜696頁）。このような考え方に対し，伊藤眞教授や小山稔弁護士は，平成8年改正前であるが「和解などに役立つ背景事情」をも争点整理の対象とすべきであるとし（伊藤眞「民事訴訟における争点整理」曹時43巻9号（1991）1頁以下，小山稔「争点整理管見―民事弁護実務からの体験的考察」判タ815号（1993）47頁），コンメⅢ・459頁も，「争点整理は規範適用において意味のある事実を対象とするが，間接事実・補助事実はもとより，背景事情であっても規範的に意味を有する場合には，争点整理の対象となると解するのが相当であるといえよう」と賛同されている。また，藤田広美教授は，代理人や裁判官が，要件事実の考え方を明確にもっていることは大切であるが，事案の背景事情や業界の取引慣行，地域の経済構造などについて理解しておくことが必要であると主張されている（藤田・265頁）。

☆7　争点整理は「争点及び証拠の整理」のことであると把握した場合，広義の争点に証拠を含めざるを得なくなり，違和感がないわけではない。争点整理手続という用語は正確でないとされるのは，上田・254頁，正確には「争点及び証拠の整理手続」というべきであるとされるのは，中野ほか・268頁〔上原〕。

から，争いのある事実のみならず，和解に役立つ背景事情・周辺事情，ひいては社会的事実，社会的紛争実態も視野に入れて争点整理をすべきであるとの見解も有力に主張されている☆9。争点整理が，主として，弁論兼和解の機能を導入した弁論準備手続で実施されている現状からすると，和解を視野に入れた後者の立場が妥当のように思われる。

(8) 争点整理の目的

口頭弁論の準備制度である争点整理の目的は，直接的にはその後の口頭弁論における証拠調べの効率化・迅速化であり，ひいては口頭弁論における審理全体の充実・促進であるということができる☆10。

現行民訴法は，訴訟遅延を防止し訴訟促進を図るために，争点整理手続（法164条〜178条）→ 攻撃防御方法の適時提出（法156条）→ 時機に後れた攻撃防御方法の却下 → 集中証拠調べ（法182条）へと進行する審理過程を設けているということができよう。したがって，争点整理が十分に行われたか否かがその後の集中証拠調べ（人証調べ）の効率化・迅速化に重大な影響を及ぼすことになる。その意味において，争点整理手続は，数ある口頭弁論の準備制度の中で最も重要な準備制度であるということができよう。

当事者にとって，訴訟遅延は，実質的な裁判の拒否を意味し，裁判を受ける権利（憲32条）の侵害になるので，訴訟促進は憲法上の要請でもあるとされる。

☆8 　加藤新太郎『手続裁量論』（弘文堂，1996）11頁，基本法コンメ2・66頁〔加藤〕，コンメⅢ・455頁，争点・140頁〔福井〕等。

☆9 　伊藤・前掲注（☆6）4頁，藤田・265頁，加藤新太郎「民事訴訟における争点整理」加藤新太郎編『民事訴訟審理』（判例タイムズ社，2000）148頁，加藤新太郎編『民事訴訟実務の基礎―解説編〔第2版〕』（弘文堂，2007）143頁，コンメⅢ・457〜459頁等。

　なお，大江ほか・手続裁量・97頁以下〔村田渉〕は，背景事情等も含む「応用型の争点整理」につき，詳細に論評されている。また，アンケート結果に基づき，弁論準備手続のまま，主張整理と併行して和解の話をする裁判官が少なくないことを紹介されているのは，菅野ほか・アンケート結果(1)主張整理関係・33頁。

☆10 　山本・争点整理手続・697頁，基本法コンメ2・111頁〔山本〕，コンメⅢ・451頁，中野ほか・260〜263頁〔上原〕等。

このような憲法の趣旨を受けて，民訴法2条は，「裁判所は，民事訴訟が公正かつ迅速に行われるように努め，当事者は，信義に従い誠実に民事訴訟を追行しなければならない。」と規定し，裁判所の「公正迅速訴訟進行努力責務」と当事者の「信義誠実訴訟追行責務」を宣言している。しかし，裁判所の責務も当事者の協力なしには履行できないし，当事者の責務も裁判所との関係において要請されているとして，両責務とも裁判所と当事者及び当事者相互間の関係において把握されなければならないと理解されている☆11。民訴法2条は，一種の一般的条項を定めた規定であり，その理念である公正・迅速を確保するための具体的制度として設けられたのが争点整理の諸手続であるということができる☆12。

平成15年に制定・施行された裁判の迅速化に関する法律（裁判迅速化法）も，司法を通じて権利利益が適切に実現されるためには，裁判の迅速化が必要であるとして，第一審の訴訟手続については2年以内のできるだけ短い期間内に終局させることを目標にすべきであるとし，国・裁判所・検察庁・日本弁護士連合会の責務を定めるとともに，当事者の誠実義務を規定している。

日本国憲法は，刑事事件については，「すべて刑事事件においては，被告人は，公平な裁判所の迅速な公開裁判を受ける権利を有する。」（憲37条1項）と明

☆11　民訴法2条の規定に関し，「公正迅速訴訟進行努力責務」・「信義誠実訴訟追行責務」という用語（コンメⅢ・35頁）や「公正迅速の原則」・「信義誠実の原則」の用語（基本法コンメ1・14頁以下〔中野貞一郎〕）等が用いられている。前者は，多少冗長な感じがするが，内容がわかりやすいので前者に従った。なお，「裁判所も当事者も，相互の協同によってのみそれぞれの責務を果たすことができる。」とされるのは，基本法コンメ1・14頁〔中野〕。「信義誠実訴訟追行責務」に関し，「訴訟法律関係においては，その主体は両当事者と裁判所であるから，信義誠実訴訟追行責務も，当事者と裁判所，および当事者相互間の行為について適用される。」とされるのは，コンメⅠ・38頁。また，「裁判を受ける権利」との関係につき，「正当の理由のない手続の遅延などが公正迅速訴訟進行努力責務に反することはいうまでもないが，裁判所の責務は，そのような消極的な責務にとどまらず，当事者がその権利や法律上の利益について裁判を受ける権利を実質的に保障されるよう，早期に紛争の全体像や争点，あるいは重要な証拠方法を把握し，集中証拠調べを実施することを含んでいる。」とされるのは，コンメⅠ・37頁。

☆12　基本法コンメ1・14頁〔中野〕。

記しているが，民事事件については明文の規定がない。しかし，民事についても公平・迅速な裁判を受ける権利が憲法上認められていると解すべきである☆13。

よって，争点整理手続は，民事訴訟における審理（集中証拠調べ）の効率化・迅速化ひいては広く訴訟促進を目的とする具体的制度であり，直接的には民訴法2条に，根源的には上位規範としての憲法及び裁判迅速化法にその理念的根拠を置いている，優れて実践的な制度であるということができる。

(9) 争点整理の作用と弁論主義の変容

争点整理の作用は争点整理の目的と表裏の関係にあるといえよう。すなわち，争点整理が十分に行われれば，攻撃防御方法の適時提出が可能となり，ひいては集中証拠調べが充実・促進され，口頭弁論が活性化し，全体としての訴訟が促進される。したがって，争点整理にはこのような作用があるということができる。

裁判所は，争点整理手続を主宰し（職権進行主義），当該手続における争点整理を当事者任せにしないで，証明すべき事実を当事者との間で確認したり（法165条1項・177条），争点及び証拠の整理の結果を要約した書面（要約書面）を当事者に提出させることができる（法165条2項・170条5項・178条）等，裁判所の争点整理への能動的関与が予定されている☆14。したがって，争点整理は口頭弁論の事前手続における当事者と裁判所の協働作業であるということができる☆15。争点整理手続はその後の口頭弁論における集中証拠調べを効率化するための事前手続であり，そこでは，伝統的な弁論主義の具体的内容のうち結果責任の部分は妥当しないといえよう。その意味において，弁論主義は修正されなければならない。

☆13 争点・10頁〔福永有利〕参照。
☆14 争点〔第3版〕・157頁〔春日偉知郎〕，河野正憲『民事訴訟法』（有斐閣，2009）356頁。
☆15 民訴法2条との関連で，「協働主義」が民訴法全体を貫く基本原則であるとされるのは，争点〔第3版〕・16頁〔青山善充〕，「協同的訴訟運営」につき，梅本・427〜428頁。

第1章◆争点整理の理論的検討

　争点整理手続の終了には手続終了効としての提出制約効（遅延理由説明義務）が生じ[16]，相手方に詰問権（説明要求権）が付与されている（法167条・174条・178条）。これらの規定は訓示規定であるが，後れた攻撃防御方法の提出につき，相手方の要求に応じた説明が不合理な場合は時機に後れた攻撃防御方法の却下（法157条）につなげることができ，さらには口頭弁論の全趣旨（法247条）により心証形成上効果を減殺する評価ができると解する立場がある[17]。しかし，この立場に立ったとしても，争点整理手続で攻撃防御方法の提出が完結することにはならない。また，時機に後れた攻撃防御方法の却下の制度を運用するにあたって，かつての実務が，訴訟の迅速な解決よりも適正な解決を重視し，この制度の活用に慎重であったということ[18]が提出制約効の運用にも影響を及ぼすことになると，本質的口頭弁論（広義）においてもなお攻撃防御方法（訴訟資料）の提出は続くことになる。また，争点整理手続を選択するか否かは裁判所の裁量に委ねられている（法164条・168条・175条）ので，従来どおり，本質的口頭弁論において争点整理を行ってもかまわないと解されている[19]。

　一般に，弁論主義は訴訟資料（事実と証拠）収集の権能と責任が当事者にあるとの原則であると説明され，弁論主義から導かれる具体的内容として，①当事者の主張していない事実を判決の基礎にしてはならない（主張責任），②当事者間に争いのない事実（自白された事実）はそのまま判決の基礎にしなければならない（自白の裁判所拘束力），③当事者間に争いのある事実（争点）についての証拠調べは当事者の申し出た証拠方法によらなければならない（職権証拠調べの禁止），という3つの命題（テーゼ）に要約されている。そのうち，①と②の命題は，判決段階における裁判所に対する消極的拘束であり，当事者にとっては結果責任であるということができる。③の命題は，直接的には，審理段階において当事者が申し出ない証拠についての裁判所に対する消極的拘束であるが，間

---

[16]　加藤新太郎「争点整理手続の構想（民事訴訟法改正研究(4)）」判タ823号（1993）21頁，基本法コンメ2・117頁〔加藤〕，山本・争点整理手続・708頁，コンメⅢ・460～461頁。

[17]　基本法コンメ2・117頁〔加藤〕。

[18]　コンメⅢ・335頁・477頁。

[19]　松本＝上野・334頁。

接的には，当事者の訴訟資料提出権（弁論権）を容認し，裁判所の積極的釈明を促していると解することができる。したがって，弁論主義の内容としては異質の命題である。訴訟資料提出権は，職権探知主義でも認められ，弁論主義特有の内容ではないので，弁論主義から切り離すのが適切であるとの見解が有力に主張されている[20]。まさに，この③の命題が争点整理手続に妥当する。

現行民訴法の下では，争点整理手続等の事前手続が整備されていることから，事実の主張や証拠の提出は，客観的証明責任の所在にかかわらず，提出しやすい側が提出すべきであるとの考え方が強くなっており，結果責任ではなく，行為責任としての証拠提出責任（主観的証明責任）が強調されている。したがって，能う限り真偽不明（存在不明，non liquet）が生じないようにすべきであるとの考え方が強くなっている[21]。このような考え方は，弁論主義の内容から第3命題の訴訟資料提出権（弁論権）を切り離すべきであるとする考え方と軌を一にしている。しかし，訴訟資料収集を十分に行えるかどうかについては裁判官の能力や当事者の努力に限界があり，結果責任としての弁論主義が依然として重要であることに変わりはない。なお，①の命題との関連でも，証拠調べの結果，主要事実の存在について心証を得ても，それにつき当事者の主張がない場合，裁判所は，そのまま放置するのではなく，当事者に対し事実関係を明らかにするよう積極的釈明を行使すべきであると解されている[22]。このような弁論主義の把握についての反省は，従来からなされていたが，争点整理手続等の整備がこれに拍車をかけたということができる。

☆20　谷口安平『口述民事訴訟法』（成文堂，1987）197頁，山本克己「弁論主義論のための予備的考察―その根拠論と構造論」民訴39号（1993）170頁，畑瑞穂「弁論主義とその周辺に関する覚書」新堂幸司先生古稀祝賀『民事訴訟法理論の新たな構築(下)』（有斐閣，2001）75頁，なお，最近の文献として，争点・132〜133頁〔上野泰男〕，最新判例からみる民事訴訟の実務・289頁以下〔大坪和敏〕。

☆21　争点・161頁〔笠井正俊〕，このような考え方に関連して，事案解明義務が主張されている（春日偉知郎『民事証拠法研究―証拠の収集・提出と証明責任』（有斐閣，1991）234頁）が，賛否両論がある。梅本・475頁以下・788頁以下，畑瑞穂「模索的証明・事案解明義務論」鈴木正裕先生古稀祝賀『民事訴訟法の史的展開』（有斐閣，2002）607頁・633頁等参照。

☆22　梅本・485頁。

(10) 争点整理手続とその他の民事訴訟の基本原理との関係

争点整理手続における公開主義については，準備的口頭弁論は口頭弁論であるから公開される（憲82条，法91条2項参照）が，弁論準備手続は原則非公開・例外的傍聴許容（関係者公開）（法169条）であり，書面による準備手続は書面主義が採用されており（法175条），性質上非公開である。

争点整理手続における書面主義と口頭主義の関連については，口頭弁論の前半手続である準備的口頭弁論では準備書面や陳述書の提出・交換が行われ（法161条）（書面主義），民訴法87条1項が適用される（口頭主義）。口頭弁論の事前手続である弁論準備手続においても，平成8年改正で受訴裁判所に，平成15年改正で受命裁判官に文書（陳述書・契約書・領収書等）及び準文書の証拠調べが認められるようになり（法170条2項・171条2項）（書面主義）☆23，当事者双方が対席する期日において口頭で争点整理がなされる（法169条1項）。書面による準備手続では，準備書面の提出等による争点整理が行われる（法175条）（書面主義）。

争点整理手続と直接（審理）主義の関連については，準備的口頭弁論には，当然のことながら本質的口頭弁論における手続がそのまま妥当する（法249条・296条2項）。弁論準備手続の場合は，その後の口頭弁論において弁論準備手続の結果を陳述する必要があり（法173条），書面による準備手続は口頭弁論期日外の手続であるから，その手続終結後の口頭弁論期日において，攻撃防御方法を提出するとともに，その後の証拠調べによって証明すべき事実を裁判所と当

☆23 陳述書の取調べについては，人証に代替する文書であるとして消極に解する見解もあるが，陳述書の適法性を肯定する限り，民訴法170条2項の対象から除外するのは困難であろう。ただし，裁判所の側から弁論準備手続の中で積極的に陳述書の提出を求めることには疑問があろう，とされるのは，基本法コンメ2・125頁〔山本〕。

　直接主義に関する弁論準備手続の結果陳述（法173条，規則89条）につき，形式的な陳述では足りず，口頭弁論において口頭で争点を明らかにする必要があるとの見解（中島弘雅「口頭主義の原則と口頭弁論の在り方」鈴木正裕先生古稀祝賀『民事訴訟法の史的展開』（有斐閣，2000）355頁）に関連して，「弁論準備手続の結果陳述においては，直接主義の要請に応える口頭審理原則の復権が期待されるところである。」とされるのは，コンメⅢ・482頁。なお，弁論準備手続の前身ともいうべき「弁論兼和解」に関し，「争点・証拠の整理手続においての口頭主義の再生とも，評価することができる」とされるのは，新堂・463頁。なお，鈴木・前掲注（☆3）1頁参照。

Ⅰ◇争点整理の意義

事者との間で確認することになっている（法177条）☆24。

争点整理手続は，口頭弁論の準備のための事前手続であり，その後に本質的口頭弁論（広義）が控えているので，争点整理手続において民事訴訟の基本原理の機能が後退していても，むしろ訴訟を促進し，当事者の権利・利益の実現に寄与している制度であると評価できる。

(11) **争点整理手続の今後の展望**

争点整理手続の中で弁論準備手続の利用率が高い理由として，期日の指定がしやすく，忌憚のない意見交換ができることが挙げられている☆25が，旧準備手続の改善のみならず，既に実務に定着していた「弁論兼和解」をベースにして設けられた手続であることや，現在のところ，実務において裁判所主導で手続が進められていること等もその理由として挙げることができよう。しかし，規則事項を法律事項に格上げする形で設けられた準備的口頭弁論や，実務の積み上げなしに当時のドイツの書面先行手続を参考に設けられた書面による準備手続はあまり利用されていないようである。

また，争点整理を充実させるために平成8年に導入された提訴後の当事者照会及び平成15年に拡充された提訴前の照会や証拠収集処分制度並びに計画審理の利用も低調のようである☆26。その理由として，これらの規定が訓示規定（「非制裁型スキーム」）であることやわが国の民事訴訟手続におけるパターナリズムの傾向等が挙げられている☆27。

加えて，近時，社会経済情勢の変化に伴う事件数の増大，事件の多様化・専門化の中で，弁論準備手続期日の形骸化が指摘されている☆28。弁論準備手続

☆24　コンメⅢ・46頁以下，最新判例からみる民事訴訟の実務・283頁以下〔木下貴博〕参照。
☆25　菅野・民訴法改正10年・65頁。争点・140頁〔福井〕。
☆26　争点・143頁〔山浦〕，争点・139頁〔菅野〕，争点・155頁〔北〕。
☆27　三木浩一「日本の民事訴訟における裁判官および弁護士の役割と非制裁型スキーム（国際シンポジウム　現代の民事訴訟における裁判官および弁護士の多重的な役割とその相互関係）」民訴50号（2004）90頁，争点・143頁〔山浦〕，争点・155頁〔北〕。
☆28　山本・民訴法10年・97頁，争点・141頁〔福井〕。

における争点整理の成果を受けて，その後の集中証拠調べの実施率も高く，審理の迅速化も進んでいるとのことである[29]から，弁論準備手続期日が準備書面や陳述書の単なる提出・交換期日に堕しないよう留意する必要があろう。

〔中村　雅麿〕

❷　訴訟代理人から見た争点整理

(1)　はじめに

　争点整理の目的はいうまでもなく，事案の判断とかかわらない無用な争点をできるだけ省き，事案の判断と密接なかかわりのある重要な争点について裁判所並びに当事者双方が共通の認識をもつことにより，審理の充実と促進を図り，また不意打ちを回避するという点にある。

　しかし，代理人の立場からすれば，混沌とし，かつ，必ずしも整理されていない生の事実を前にして争点が何なのかを見つけ出すこと自体難しい場合もある。また他方で，訴訟提起の段階ですべての事実が把握できていればよいが，訴訟提起の時点ですべての事実が把握されている場合は必ずしも多くはなく，訴訟の進行過程で新たな事実が出てくる場合もある。証拠に関しても同様のことがいえるのであり，代理人がいかに努力したとしても，訴訟提起後に新たな証拠が出てくることは避けられないところがある。

　訴訟提起後早期の段階での思い切った争点整理に訴訟代理人が躊躇することも，まさにそのような民事裁判の実態があるからである。

　また，訴訟での代理人の獲得目標は，当事者代理人として求める法効果の発生要件となる事実であるが，その事実が端的に立証できる場合はむしろ少なく，その事実は主要事実の存在を推認させるいくつかの間接事実や，それらを支える証拠によって立証されていく場合が多いのが現実である。

　証拠裁判主義の下では，主張の段階では重要な争点のように見えても，それ

---

[29]　高橋ほか・〈座談会〉民訴法改正10年・8頁，争点・141頁〔福井〕，争点・139頁〔菅野〕。

を裏づける証拠がなければ争点として残す意味がない。このため，証拠が一見して足りないと思われる争点については早期に整理の対象とされやすい。

しかし，多くの間接事実と，それを裏づける証拠によって要証事実を立証しようとする場合には，ある程度の時間を要することは避けられず，このことも早い段階での争点整理に代理人が躊躇する理由となっている。

これらの現実の訴訟が抱えている問題点を意識しつつ，訴訟代理人からみた争点整理について以下検討する。

(2) 訴訟代理人にとっての争点整理の意味

訴訟代理人は当事者の正当な利益を擁護するために訴訟活動をするが，権利実現に多大な時間を要するのであれば，権利保護は有名無実化しかねない。したがって，早期に争点が整理され，主たる争点について充実した集中審理がなされることによって，民事訴訟の迅速化が図られることは当事者にとっても大きなメリットであり，訴訟代理人は依頼者である当事者のためにも争点整理に積極的に協力すべきである。

また，争点整理手続を行うことで，訴訟の争点が明確にされることにより，思いもよらない理由で敗訴に至ることが避けられるという利点もある。

敗訴当事者が，裁判所の示した自らにとって不利な判断について不満をもつという事態は避けられないが，全然予想もせず，懸命に争ってもいないような事実で敗訴判決を出された場合には，当事者は単に結果についての不満というだけでなく，何のために争点についての主張立証を尽くしてきたのかというまったく異なった次元の不満をもつ結果となる。

仮に裁判所の判断が自らにとって不利な結果であったとしても，証拠に基づく裁判という現行の民事訴訟手続の限界として，当事者がこれに納得するために不可欠な安全弁が不意打ち防止であり，争点整理はこの点においても，単に裁判所側の審理促進の要請に応えるのみではなく，当事者にとっても重要な意味をもつことを，代理人自身も十分に自覚すべきである。

(3) 争点整理の重要性を認識した代理人の訴訟準備

争点整理が，審理の充実と迅速化並びに不意打ちの防止という当事者にとっ

て極めて重要な役割を果たしていることを認識し，代理人としても当事者に事実及び証拠の収集がいかに重要かを自覚させ，訴訟準備に協力してもらうことが不可欠である。また，事実や証拠の後出しは許されないことについて，当事者双方の代理人が認識を共通にすることも極めて重要である。

そのようにして集められた事実と証拠の中で，代理人としても主たる争点は何なのか，またその争点について集められた間接事実や証拠等から，どこまでの立証が可能かを検討し，訴訟準備段階で訴訟代理人としても準備的な争点整理をすべきである。

このような事前準備を丁寧にすることにより，裁判所とも訴訟の獲得目標についての共通の認識をもつことができる。

(4) **争点整理の重要性についての双方代理人の認識の一致の必要性**

争点整理が当事者にとっても極めて重要な役割を果たし，公正公平な裁判を実現するということについては，双方の代理人が共通の認識をもっている必要がある。結果的に勝訴すればよいというような理由で，重要証拠の開示を遅らせたり，厳格に検討すれば弾劾証拠とはいえないようなものまで「弾劾証拠」であると理由をつけ，集中証拠調べの場面で証拠提出するなどということは決してあってはならないことである。

双方が手持ち証拠については可能な限り事前に開示して，相手方にも反論や準備の機会を与え，互いに充実した集中審理を目指すことが民事訴訟手続のあるべき姿であり，双方の代理人にそのような自覚がなければ，集中証拠調べ前の争点整理が，真の争点整理とはならない。

(5) **争点整理は代理人と裁判所との共同作業であること**

裁判所の訴訟指揮上，留意してもらいたいこととして以下の2点が挙げられる。

(a) 争点整理に機が熟したかの判断を的確に

代理人が努力しても，訴訟準備段階ですべての事実や証拠を拾いきれない場合があり，また訴訟中に新たな事実や証拠が見つかることも少なくない。したがって，主張すべき事実を裏づける間接事実や証拠の収集がいつまでもできな

いのに，争点を長々と残す必要はないが，そのような準備の期間が経過していないにもかかわらず，拙速に争点の整理をすべきではない。

争点整理の機が熟したかの見極めは裁判所にとっては極めて難しい判断になると思われるが，一定の準備期間を与え，その間に然るべき事実や証拠の裏づけが出されなければ，争点整理の機が熟したものと判断し，争点から除外するということが方法として考えられる。

(b) 時機に後れた攻撃防御方法については適切にこれを排除すること

訴訟の実際では，民訴法の改正後も，訴訟の勝敗にこだわるあまり，後出し的な証拠提出が未だに多いのが現状である。第一審で提出し得た証拠を，第一審で敗訴した当事者が控訴審で新たに証拠として提出する場合も稀ではない。

このため，後出し的な証拠提出については，なぜそれまで証拠として提出することができなかったかについて，代理人に対し十分納得のいく説明を求め，もし正当な理由なく証拠提出を遅らせたと判断される場合には，時機に後れた攻撃防御方法と判断することも検討されるべきと考える。

また，弾劾証拠という理由で，証拠の後出しがされることも少なくなく，場合によってはその証拠提出が争点整理を有名無実化するような不意打ちとなることもあり得るので，そのような証拠提出は訴訟手続上の信義則に反するものとして許されないという判断もあって然るべきである。

争点整理手続は，双方代理人が訴訟手続上の信義則を十分に自覚し，また争点整理手続が当事者の利益保護に資することを認識して，充実した準備をなし，また裁判所が適宜に的確な訴訟指揮をすることによって実を結ぶものである。

(6) まとめ

新たな民訴法の下では，弁論準備手続等で早期に争点を整理し，整理された争点について，集中的に充実した審理を行うことを目標としたが，この目標の実現には当事者双方の代理人の理解と協力が必須不可欠である。

代理人自身，訴訟の結果に拘泥するあまり，訴訟の場で不公正な駆け引きをすることは許されないことを充分に自覚する必要がある。民訴法2条後段が，「当事者は，信義に従い誠実に民事訴訟を追行しなければならない。」と定めたことの意味はまさにその点にある。

このような民事訴訟手続についての基本的な考え方は，民訴法の改正で，証拠提出時期について随時提出主義から，「攻撃又は防御の方法は，訴訟の進行状況に応じ適切な時期に提出しなければならない。」という適時提出主義（法156条）に改められたことにも端的に表れている。

　当事者双方代理人は，争点整理の段階で，これらの法の趣旨を充分に自覚して訴訟準備をするとともに，代理人がこのようなルールを遵守しない場合には，裁判所としても，民事訴訟の実務ではややもすれば死文化しかねない，時機に後れた攻撃防御方法の却下に関する民訴法157条1項の規定を厳格に適用する必要があると考える。

　争点整理は，まさに双方代理人の自覚と裁判所の職責の全うがなければ本来の目的を達することができず，民事訴訟手続の適正迅速化も図ることができないと考える。

〔上田　智司〕

II 争点整理における当事者の役割

1 当事者主義の意義

(1) **はじめに**

　民事訴訟には，対立する当事者と裁判所が関与している。当事者及び裁判所は，訴訟手続の中で様々な行為をなし，その結果，審理が進行していく☆1。

　それでは，訴訟の各場面において，審理の主導権は当事者と裁判所のどちらが担うべきなのであろうか。この主題に対する民訴法上の原則として，当事者主義と職権主義があり，当事者主義と職権主義のどちらをどの程度優先させるのが民事訴訟の制度設計として望ましいかという観点から，議論がなされてきた☆2。

(2) **当事者主義と職権主義**

　当事者主義は，訴訟の審理運営を当事者の主導権に委ねるべきだとする原則である☆3。その中心的な内容は，審判を求め審判対象の特定・限定をする権能を原告に認め，当事者に対して，当事者の意思による訴訟終了の権能を認める「処分権主義」，事実と証拠の収集・提出を当事者の権能と責任とする「弁

☆1　兼子・191頁。

☆2　訴訟における当事者主義，職権主義の現れ方は，歴史的な問題である。フランス革命後のフランス民訴法典においては，原則として当事者の権限に委ねられていたが，時代が進むにつれて，裁判所の後見的関与が入るようになっている。歴史については，福田剛久「当事者主義と職権主義の間で」判タ1317号（2010）46頁参照。

☆3　争点〔第3版〕・156頁〔春日偉知郎〕。
　　なお，山本・当事者主義的訴訟運営・60頁は，当事者主義とは何かということについては，必ずしも厳密なコンセンサスは存在しなかったようにも見受けられるとしている。

論主義」である[☆4]。当事者主義は，民事訴訟が，私的自治の原則が妥当する私人間の法律関係を審理の対象としており，私的な権利の実現過程の一部である以上，当事者の意思を尊重するべきであるという考え方に基づいている[☆5]。また，当事者が手続の過程に参加することで当事者の納得や満足が図られ，それによって当事者に訴訟手続に対する信頼や，責任感が生まれるという点も，当事者主義の根拠として挙げることができる[☆6]。

　当事者主義と対になる概念が，職権主義であり，これは，審理の主導権を裁判所に委ねるべきだとする原則である。職権主義の主な内容は，裁判所が訴訟手続の進行に関する主導権をもつとする職権進行主義であり，このほかの内容として，当事者の異議や申立てを待たずに裁判所が自ら進んで調査し判断をする職権調査主義，裁判所がある事実の存否を判断するのに資料を収集する権能と責任を負うという職権探知主義があり得る。

　民事訴訟が国民の負担によって運営されている以上，迅速な審理が行われるべきであること，また，訴訟では終局的には公権力による判断が予定されているため，判断を形成する過程においても適正な進行がなされるべきであることが，裁判所が訴訟の主導権をもつべきだとされる根拠である[☆7]。

☆4　歴史的・制度論的には，当事者が訴訟の進行を担う当事者進行主義もあり得るところである。当事者が訴訟進行の主導権をもっていたことについて福田・前掲注（☆2）46頁参照。

☆5　藤田・4頁。河野正憲「訴訟手続における裁判官と当事者の権限と責任―訴訟手続における当事者の行為規範の設定」司研96号（1996）88頁は，処分権主義，弁論主義につき，当事者の自己決定とともに，結果から生じ得る不利益の帰属もまた自らの決定による自己責任の原則を明示したものにほかならないとする。

　　　また遠藤ほか・〈座談会〉争点整理(下)・11頁〔垣内秀介発言〕は，なぜ当事者主義は望ましいのか，というメタレベルの議論になると，必ずしも理解の一致があるわけではなく，十分に積極的な論拠が示されてきたわけではない。あるべき正義の実現ではなくて，当事者主義で，自己責任で負けてもそれは仕方ないということについては，必ずしも学会が説得的な答えを出してきたわけではないとする。

☆6　山本・当事者主義的訴訟運営・62頁。

☆7　裁判所（官）の権限拡大と訴訟の促進については，河野・前掲注（☆5）83頁以下参照。

(3) 当事者主義と職権主義の役割分担

　民訴法は，純粋な当事者主義，純粋な職権主義を採っているわけではなく，訴訟の各場面に応じて，当事者主義と職権主義の役割を分担させている。この役割分担を，①民事訴訟制度を利用することについて誰がイニシアチブをとるべきか，②訴訟資料・証拠資料の収集や提出の局面で，誰が主導権を発揮するべきか，③手続の進行に関して誰が責任をもつかという3つの問題に分けて論じると[☆8]，以下のようになる。まず，①の点では，民事訴訟の審判の対象となるのが私的な権利関係であることから，処分権主義が妥当し，当事者の申立てにより訴訟が開始され，審判対象の範囲の特定も当事者が行う[☆9]。また，訴訟の終了に際して終局判決を求めるかどうかについても当事者に決定権限があり，請求の放棄・認諾，訴えの取下げ，和解等による訴訟の終了を当事者が望んだ場合には，裁判所が進んで判決を行うことはできない。

　次に，②の資料の収集と提出の場面では，当事者主義が優先する。ここでは，職権による証拠の収集（職権証拠調べ）は原則として禁止され，事案の解明のために必要な訴訟資料及び証拠資料の提出は，当事者に委ねられるという弁論主義が採られている。もっとも，訴訟資料及び証拠資料の提出についても，これを完全に当事者の判断のみに委ねると，いたずらに争点が増えて，争点の整理に時間がかかったり，不完全な争点の整理にしかならなかったりする事態が起こり得るから[☆10]，裁判所は釈明権を行使して，審理の内容面に介入することができる（法149条）。

　③の手続の進行の場面では，裁判所が進行の主導権をもつ，職権進行主義が原則である。裁判所（又は裁判長）には，期日の指定・変更（法93条），弁論の制限・分離・併合（法152条），口頭弁論の指揮（法148条）等の権限があり，裁判所（又は裁判長）が訴訟指揮権を行使することによって，訴訟の審理が進んでいく。ただし，当事者も手続の進行に関与することができ，当事者は，責問権（法90

　☆8　三ケ月章「民事裁判における訴訟指揮」判タ371号（1979）7頁参照。
　☆9　刑事訴訟法においては，訴因・罰条変更命令の規定があり（刑訴312条2項），審判対象の設定に関して職権主義による修正があることと対比すると，民訴法は当事者主義を徹底しているといえる。
　☆10　福田・前掲注（☆2）46頁。

条）等によって，裁判所（又は裁判長）の行う訴訟指揮の不備を補充し，是正する権利を有している。

(4) 現行法における審理

　歴史的には，当事者主義を強調すると訴訟遅延につながりがちであり，これを是正し，迅速な審理を行うために，職権主義的な制度が採用される傾向にあった。しかし，平成8年改正後の民訴法は，必ずしも職権主義を強化する方法によらず，むしろ当事者に積極的な訴訟関与を求めることによって，審理の促進，充実を図っている☆11。

　平成8年改正後の民訴法，民訴規則の規定について概観すると，まず，審理の内容面においては，訴状に請求を理由づける事実の記載や立証を要する事由ごとに重要な事実及び証拠の記載を求める民訴規則53条1項，否認について準備書面に理由の記載を求める民訴規則79条3項等の規定があり，当事者には訴訟の早期の段階から積極的な主張をすることが要求されている。攻撃防御方法の提出時機についても，当事者は，適切な時期にこれを提出しなければならないとされ（適時提出主義〔法156条〕），弁論準備手続終了後の攻撃防御方法の提出には，当事者に理由を説明することが要求される（法174条・167条）。このように当事者には，事実と証拠の提出の方法や時期に関して一定の責任が課されている。

　次に，手続の進行面では，平成8年改正後の民訴法は，職権進行主義を維持しながらも一定の場合に当事者の意見を反映させることにしている。その例は，事件を弁論準備手続に付する場合には当事者に異議がないことを前提とする民訴規則60条，当事者双方の申立てがあれば弁論準備手続に付する裁判を取り消さなければならないとする民訴法172条，書面尋問の採用に当事者の異議がないことを前提とする民訴法205条などである。このように当事者の意見の反映を採り入れた現行法の訴訟進行については，「裁判所と当事者との協同進行主義」と呼ばれることもある☆12。

　☆11　河野・前掲注（☆5）88頁。
　☆12　福田・前掲注（☆2）47頁。

(5) 当事者主義的訴訟運営

　前述した点は訴訟当事者がもつ権能，当事者が果たすべき義務の最低限の内容であり，実際に民事訴訟において具体的にどのように権利を行使すべきか，どこまで義務を果たすべきかという部分は，当事者，特に民事訴訟において代理人となる弁護士による運用に委ねられている部分が大きい。どのような運用が望ましいかは，実務上，日々試行錯誤が繰り返されているし，さらに，一定の運用が定着すれば法律・規則によって規範化されることもある。

　このような民事訴訟の運営論に関して，近時，訴訟代理人たる弁護士も含めた当事者に，より積極的な訴訟関与を求める，「当事者主義的訴訟運営」が提唱されている。すなわち，近年の法曹人口の増大から，訴訟事件の増加がもたらされれば，裁判所のきめ細かい関与による職権主義的な審理手続は困難となることが予想され，このような事態に備えて裁判所の負担を減らす必要性があり，他方で，弁護士の間で質の格差が拡大するようなことがあれば，今度は裁判所の介入に歯止めがかからなくなるおそれがあり，この点でも当事者主義的な民事訴訟のあり方を論じる必要があるとされ，争点整理や釈明，手続進行のあり方等について，当事者主義的な訴訟運営のイメージが示されている☆13。また，平成8年改正後の民訴法が当事者の自主性，自立性に期待しながら，訴訟の充実・迅速を図ることを目指していることから，少なくとも弁護士が代理人となっている民事訴訟については，当事者が，より主導権をもって進行することが一般化されることが望ましいとの見解が出されている☆14。

　今後，訴訟代理人である弁護士が民事訴訟において果たすべき役割は，これまでよりも大きくなるものと考えられる。ただ，当事者の主導権によって，迅

　☆13　山本・当事者主義的訴訟運営・62頁。
　　　訴訟代理人である弁護士により主導的な役割が求められていることについては，最新判例から見る民事訴訟の実務・305頁以下，特に313頁以下〔大坪和敏〕参照。
　☆14　福田・前掲注（☆2）48頁。
　　　なお，「当事者主義的訴訟運営」については，当事者の権能と責任を論じる伝統的な当事者主義の内容そのものでなく，さらにもう一歩踏み込んで当事者及び裁判所がその権能と責任の範囲内でどのような訴訟活動をすべきかという，具体的な訴訟活動の内容までを論じるものだと考えられるが，訴訟において当事者が果たすべき役割を重視するという点で，理念のうえで当事者主義と共通するものだといえる。

速かつ充実した裁判を実現するためには，早期の段階で，十分な証拠収集が行われることが欠かせない☆15。現行の民訴法の制度のもとにおいては，訴訟代理人たる弁護士が，提訴前の証拠収集処分や当事者照会，文書提出命令等の証拠収集手段を積極的に活用していくことが検討されるべきであろう。

〔小 松 紘 士〕

❷　民事訴訟法の定める裁判所の役割

(1)　概　　説

　民事訴訟において，当事者が主体的な役割を担っていることは，勿論であるが，裁判所にも民事訴訟手続の主宰者として，中立公平な審理手続の進行と迅速で充実した訴訟運営を図る見地から訴訟指揮権の発動という形で，争点整理に関わる各種の権能が認められている。
　以下，争点整理に関わる裁判所の各種権能について概説する。

(2)　口頭弁論手続の整理

　(a)　弁論の制限
　裁判所は，多岐にわたる争点があるような場合において，訴訟の遅滞を防止するために，数個の請求のうちあるもの，また，ある請求に関する訴訟要件のうちあるものに審理を制限することを命じる措置である弁論の制限（法152条）を行うことができる。
　制限された事項に審理を集中することで，審理の迅速を図ることができるし，制限された事項の審理だけで審理が熟せば，弁論を終結し，終局判決をすることができる。また，中間判決により，当該事項の審理を終結させ，他の事項の

☆15　田原・民訴法改正10年・54頁は，訴え提起前の事実調査が十分になされることが，全体として紛争解決に要する時間とコストの削減につながることを指摘している。また，山本・当事者主義的訴訟運営・74頁も，当事者主義的な訴訟運営を行うために，情報・証拠収集の手続を充実させる必要があるとしている。

審理に集中させることもできる（法245条）。

　(b)　弁論の分離

　裁判所は，数個の請求が併合されているときに，当事者や請求が多い場合や当事者によって争点が異なる場合，審理の遅滞を防止するために，数個の請求についての併合審理をやめ，ある請求の弁論及び証拠調べを別個独立の手続で行うことを命じる措置である弁論の分離（法152条）を行うことができる。

(3)　争点整理手続の選択

　民訴法は，争点及び証拠を効率的に整理するための手続として，準備的口頭弁論（法164条以下），弁論準備手続（法168条以下），書面による準備手続（法175条以下）の3種の手続を用意しており，裁判所は，事件の性質，難易度，当事者の人数，当事者の出頭の容易さなどを勘案して，各手続のいずれによることが，事件の効率的な解決につながるかを判断し，手続を選択する。

　また，裁判所は口頭弁論期日外において，争点の確認，審理計画の策定及び専門家を交えた議論等を行うことにより，その審理を充実させることを目的として，進行協議期日を指定することができる（規則95条1項）。

(4)　審理計画の策定

　裁判所は，審理すべき事項が多数あり又は錯綜している等，事件が複雑な場合等に，適切かつ迅速な審理を行うために必要であると判断したときは，当事者と協議のうえ，争点及び証拠の整理を行う期間や特定の事項に関する攻撃防御方法を提出すべき期間等訴訟手続の計画的進行にとって必要な事項を審理計画として策定することができる（法147条の3第1項）。

　そして，裁判所は，審理計画に定めた攻撃防御方法の提出期間経過後に提出された攻撃防御方法が審理計画に従った訴訟手続の進行に著しい支障を生じるおそれがあるときには，裁判所は却下の決定をすることができる（法157条の2）。

　また，裁判所は，審理の現状や当事者の訴訟追行の状況をふまえ，当事者と協議のうえ，審理計画を変更することができる（法147条の3第4項）。

(5) 専門委員の関与

　裁判所は，医療訴訟，建築関係訴訟及び知的財産権訴訟などの専門的な訴訟において，事案を理解し，適切な進行を図るために，専門分野に関する知識や見識が必要とされる場合，当事者の意見を聴取したうえで，当該分野の専門家を専門委員として，争点整理・進行協議期日に関与させることができる（法92条の2）。

　専門委員を関与させることにより，裁判所は，当事者から提出された証拠の意味内容等について専門委員から説明を受け，それ基づき，必要に応じて，当事者に釈明を求めること等が可能となり，適切な進行を図ることができることとなる。

(6) 釈明権の行使

　裁判所は，当事者の申立てや陳述に矛盾や不明な点がある場合に，申立内容，事実関係及び法律関係を明らかにするために，事実上，法律上の事項について質問し，又は証拠の提出を促す釈明権を行使することができる（法149条1項）。

　裁判所は，釈明権の行使を通じて，争点に関する主張や事実関係を明確にし，あるいは，争点に関する証拠の提出を促すこと等により，争点及び証拠を効率的に整理することができる。

(7) 時機に後れた攻撃防御方法の却下

　裁判所は，当事者が故意又は重大な過失により時機に後れて提出した攻撃防御方法で訴訟の完結を遅延させる場合や趣旨が明瞭でない攻撃防御方法で当事者が必要な釈明をしない場合に，当該攻撃防御方法を却下することができる（法157条）。

　これにより，裁判所は，いたずらに訴訟を遅延させる新たな争点の設定を防止し，訴訟の促進を図ることができる。

〔今井　知史〕

Ⅱ◇争点整理における当事者の役割

❸ 民事訴訟法の定める当事者の役割

(1) 概　説

　民事訴訟における当事者とは，訴え又は訴えられることによって，判決の名宛人になる者をいう[16]。

　民事訴訟は，当事者間の紛争を法的に解決することを目的としており，紛争の主体たる当事者がその重要な役割を担っていることはいうまでもない。もっとも社会の複雑化・高度化に伴い，訴訟も複雑化・高度化し，当事者本人が単独で訴訟法の定める役割を果たすことは困難であり，訴訟代理人たる弁護士の関与が想定されている。したがって，当事者の役割という場合の当事者には訴訟代理人たる弁護士の役割も含まれているものと考える必要がある

　民訴法においては，その一般原則や諸制度を通じて当事者の民事訴訟への主体的関与を求める建前となっており，当事者の果たすべき役割は非常に大きい。以下，当事者の訴訟行為を規律する一般原則と当事者の民事訴訟への主体的関与を求める民訴法の原則，規定を概観する。

(2) 当事者の訴訟行為を規律する一般原則

(a) 処分権主義

　まず，民訴法は，手続の利用について，処分権主義を採用する。処分権主義とは，原告が，審判を求めかつその対象を特定・限定できる権能と，当事者がその意思に基づいて判決によらずに訴訟を終了させることができる権能とを認める原則をいう[17]。民訴法246条は，「裁判所は，当事者が申し立てていない事項について，判決をすることができない。」と規定しており，原告はその意思で審判の対象を特定し限定する権能を有する。また，当事者は，その意思によって，訴えの取下げ（法261条1項），請求の放棄・認諾（法266条1項），及び訴訟上の和解（法267条）により訴訟を終了させることができる。

(b) 弁論主義

---

[16] 新堂・122頁。
[17] 新堂・314頁。

また，審理の内容については，弁論主義が採用されている。弁論主義とは，判決の基礎をなす事実の確定に必要な資料の提出を当事者の権能と責任とする建前をいう☆18。その内容としては，①法律効果の発生消滅に直接必要な事実(主要事実)は，当事者の弁論に現れない限り，判決の基礎とすることはできない，②裁判所は，当事者間に争いのない主要事実については，当然に判決の基礎としなければならない，③裁判所が調べることができる証拠は，当事者が申し出たものに限られる，という3つのテーゼが挙げられる。当事者の訴訟への主体的関与という観点からは第1テーゼが重要であり，第1テーゼから当事者は自分に有利な主要事実はこれを主張しないとその事実はないものと扱われ，不利な裁判を受けることになる(主張責任)。これにより，争点の形成を両当事者の意思に係らせ，争点を限定するとともに，当事者に主張立証活動の指針を与え，攻撃防御の目標を明示することになる☆19。

(c) 信義則

　民訴法2条は，「裁判所は，民事訴訟が公正かつ迅速に行われるように努め，当事者は，信義に従い誠実に民事訴訟を追行しなければならない。」と規定する。

(3) 当事者の訴訟に対する主体的関与の制度

　民訴法には，以下のように，当事者の訴訟への主体的な関与を求める規定が多数設けられている。

(a) 訴状等への主張の具体的記載

　訴状には，請求の趣旨及び請求の原因を記載するほか，請求を理由づける事実を具体的に記載し，かつ，立証を要する事由ごとに，当該事実に関連する事実で重要なもの及び証拠を記載しなければならない(規則53条1項)。また，答弁書についても同様の規定が設けられている(規則80条1項)。さらに，準備書面において相手方の主張する事実を否認する場合には，その理由を記載しなければならない(規則79条3項)。このように，当事者に対し，訴訟の早い段階か

　☆18　新堂・409頁。
　☆19　新堂・413頁。

ら争点を明確にさせる規定が設けられている。
　(b)　主張の提出時期に関する規定
　民訴法は，主張の提出時期に関する規定を設けることにより，当事者の訴訟の誠実な追行を求めている。すなわち，主張の提出に関し，随時提出主義を改め，適時提出主義（法156条）を定めたうえで，裁判長が準備書面の提出期間を定めることができるとされ（法162条・170条5項），時機に後れた攻撃防御方法の却下についての規定（法157条），審理計画が定められている場合の攻撃防御方法の却下についての規定（法157条の2）及びいわゆる詰問権規定（法167条・174条・178条）を設けている。
　(c)　手続の進行における当事者の役割
　手続の進行については，職権進行主義が原則となっているものの，裁判所が訴訟内で手続を選択するときに，「当事者の意見を聴いて」（法168条・175条）あるいは「当事者に異議がないとき」（法195条4号・205条・268条）といった要件が課されている。かかる規定からは，訴訟進行についても当事者意思が尊重され，当事者に一定の役割が課されているといえる。
　(d)　不熱心訴訟追行に対する対策
　民訴法は，訴訟の迅速化（法2条）を図るべく，当事者の不熱心な訴訟追行に対する対策規定を設けている。例えば，欠席による訴え取下げの擬制（法263条），審理の現状に基づく判決（法244条）の規定である。かかる規定も，当事者の訴訟への主体的関与を補完するものとなっている。

〔横　路　俊　一〕

Ⅲ 審理手続の原則と争点整理

❶ 民訴法上の信義則

(1) 民訴法上の信義則

　民訴法2条は，裁判所に対しては，訴訟が公正かつ迅速に行われるように配慮する努力義務を，当事者に対しては，公正かつ迅速な訴訟の運営を妨げることがないよう，信義に従い，誠実に訴訟を追行する義務（信義則）を負わせている[☆1]。条文の構造上，訴訟の公正・迅速な進行はもっぱら裁判所の責務であり，信義誠実に基づく訴訟追行はもっぱら当事者の責務であるかのようにみえるが，裁判所も当事者も相互の協同によってのみ上記責務を果たすことができるのであって，裁判所及び当事者のそれぞれの責務の基礎に，民事訴訟全般を通じての公正迅速の原則及び信義則の適用があると考えるべきである[☆2]。

(2) 民訴法147条の2と民訴法2条の関係

　平成15年の民訴法改正で147条の2が新設され，審理手続における裁判所及び当事者の一般的責務が明確化された。

　民訴法2条によっても審理手続における一般的責務を導くことができたにもかかわらず，あえて民訴法147条の2を設けた理由は，審理手続における当事者が裁判所と同じ公正・迅速な審理における主体であることを明記することによって，民事訴訟事件における適正かつ迅速な審理の実現をより実効的にするためと考えられる[☆3]。

☆1　新民訴一問一答・29頁。
☆2　基本法コンメ1・14頁・16頁〔中野貞一郎〕。
☆3　コンメⅢ・243～244頁，基本法コンメ2・60～61頁〔村田渉〕。

(3) 弁護士職務基本規程が定める信義則

弁護士職務基本規程5条は、真実・信義・誠実・公正を弁護士が職務を遂行するうえでの基本的な要素とし、弁護士に信義則に従うことを義務づけている。さらに、同規程74条では、弁護士と裁判所との関係における信義則として、弁護士が、訴訟代理人として裁判の公正及び適正手続の実現に努めることを明確にしている[☆4]。

(4) 争点整理手続における信義則

このように、弁護士は、訴訟代理人として、適正かつ迅速な裁判の実現に努める信義則上の義務を負っている。そして、適正で迅速な裁判実現のためには、早期に争点を明確にし、争点に焦点を絞った効率的な証拠調べをする手続が必要となる。

そこで、民訴法には、準備的口頭弁論、弁論準備手続、書面による準備手続という3種類の争点整理手続が定められている。争点整理手続のうちどれを選択するかについては、訴訟指揮権の一つであるから、最終的には裁判所が選択するものであるが、訴訟代理人弁護士は詳しい事案の内容を知る立場にあるのだから、当該事案にどの手続が最も適切であるかを検討し、必要に応じて裁判所に意見を述べるなど、積極的主体的に訴訟進行に関わっていくべきである[☆5]。

旧民訴法下にも準備手続という名称で争点整理手続は存在したが、失権効（旧法255条1項）の適用をおそれるあまり、当事者は、準備手続で可能性のあるすべての攻撃防御方法を提出することとなり、かえって争点の複雑化と訴訟遅延を招いていた。そのため、現行民訴法は、計画審理対象事件以外の事件においては争点整理手続終了後に提出した攻撃防御方法に対する失権効をなくし、遅延説明義務を課すに止めている（法167条・174条・178条）[☆6]。

☆4　弁護士職務基本規程・7〜10頁・123頁。

☆5　東京弁護士会編『新民事訴訟法と弁護士業務―民事裁判の大改革とその対応策（別冊NBL39号）』(1997) 23頁。手続選択における当事者意思の尊重について竹下ほか編・研究会新民事訴訟法・197頁・198頁〔福田剛久発言、竹下守夫発言〕参照。

☆6　小林秀之『新民事訴訟法がわかる―初学者からプロまで』（日本評論社、1999）

このような背景をふまえ，弁護士としては，争点整理手続ではいたずらに争点を増やして訴訟が複雑化することのないよう，訴訟の早期段階から争点の絞り込みに努め，争点整理手続終了後は，速やかに集中証拠調べ（法182条）を行うことができるようにする信義則上の義務を負っているといえる。

(5) 主張書面作成における信義則

早期に実質的な審理に入り，充実した審理を実現するためには，訴訟代理人弁護士には，主張書面において，基本的な主張及び立証をできる限り明らかにすることが求められる。

民訴規則53条1項は，訴状には，訴訟物を特定するのに必要な事実だけではなく，要件事実を具体的に記載し，かつ，立証を要する事由ごとに，重要な間接事実及び証拠も記載しなければならないとしている。すなわち，弁護士には，裁判所が早期かつ的確に事案や争点を把握できるよう，なぜ本件の法律行為をするに至ったかとか，どのようなことから紛争が生じたかなどの紛争の背景や，争点となる要件事実の存否を推認させる間接事実，更には，重要な証拠の証明力に関する補助事実などの関連事実を訴状に記載することが求められているのである☆7。

また，民訴規則80条1項は，答弁書の内容として，請求の趣旨に対する答弁，訴状に記載された事実に対する認否及び具体的な抗弁事実だけではなく，立証を要する事由ごとに重要な間接事実及び証拠の記載も義務づけている。さらに民訴規則80条2項では，重要な書証の写しの添付も義務づけている。そして，民訴規則79条3項及び4項は，答弁書又は準備書面で相手方の主張する事実を否認する場合は，積極否認をするほか，立証を要する事由ごとに証拠を記載しなければならないとしている。

このように，民訴規則は，攻撃防御方法を提出する際，又は，相手方の主張に反論をする際には，その根拠となる事実及び証拠の提出を求めている。訴訟代理人弁護士としては，自らが信じる真実に反する主張をしてはならないこと

183～184頁。
☆7　民事弁護の手引・90頁。

は当然であるが，それだけではなく，根拠を有さない主張をすることも信義則上，許されないと考えるべきである。

〔原澤　敦美〕

❷　民事訴訟の理念

(1)　民事訴訟の目的と理念

　民事訴訟の目的に関する議論は，私法的訴権説，権利保護請求権説，私法秩序維持説，紛争解決説，多元説等多々あるが，紛争解決説が通説の地位を占めている☆8☆9。紛争解決という民事訴訟の目的を達成するための民事訴訟の理念としては，適正，公平，迅速，訴訟経済などが挙げられる☆10。

(2)　民事訴訟の理念

(a)　適　　正

　適正とは，裁判所の審判内容に過誤がないこと，つまり，事実の認定が真実に合致し，法規の解釈適用が正当であることを意味する☆11。

　処分権主義及び弁論主義のもとでは，いかなる権利義務について裁判所の審判を求めるか，いかなる事実と証拠に基づきその審判を求めるかは，当事者の判断に委ねられる☆12。権利義務の基礎として主張された事実について，それを争うか争わないかも，当事者に委ねられ，自白は裁判所を拘束する。他方，争いがある事実に関しては，裁判所は，真実発見のため努力しなければならない。できる限り真実に近い事実認定がなされるためには，収集し得る最大限の証拠に基づく必要がある。そのためには，当事者及び裁判所に対して，争いと

☆8　コンメⅠ・1〜3頁。
☆9　伊藤・15〜20頁。
☆10　以上は伝統的な兼子・34〜37頁の分類による。公平及び適正をもって公正とする考えもある。公正の意義については，講座新民訴法Ⅰ・38頁〔鈴木正裕〕及びそこに掲げられている注参照。
☆11　兼子・34頁参照。
☆12　コンメⅠ・23〜26頁。

(b) 公　平

　手続保障自体が民事訴訟の目的になるわけではないが，理念として手続保障を軽視することはできない。当事者は，双方に公平に主張立証の機会が与えられないままに認定された事実を受け入れることはできない。訴訟で認定される事実は，自然科学的事実とは異なり，当事者を媒介とした相対的なものにすぎないからである。裁判所だけでなく，当事者も，自己の主張及び証拠を適時に相手方に提示することによって，相手方の反駁の機会を保障するよう努めなければならない[14]。

　また，当然裁判体の中立性も必要である。裁判は不偏・中正であり，国民から信頼を受けるものでなければならない[15]。

(c) 迅　速

　迅速とは，訴訟の進行及び完結を合理的時間内に実現させるべきことを意味する。

　当事者にとって紛争は，経済的・心理的に負担であり，紛争解決が長引くほど，負担は大きくなる。また，当事者間の社会的・経済的関係は流動的であり，あまりに遅延した判決では，有効な解決機能をもたないことも多い。

　そして，裁判所の人的，物的能力も有限であるため，訴訟の遅延は，他の訴訟を圧迫することになる。さらに，訴訟の遅延は，紛争が長期間放置されるため社会的不安定要因となり，訴訟制度に対する信頼を危うくする。このように，訴訟の遅延は，当事者に対しても，裁判所に対しても，それぞれ不利益を与える。「裁判所の迅速化に関する法律」は，このような考え方に基づき裁判の迅速な終結等を目標として掲げ（裁判迅速化2条1項），その目標を実現するために国，日本弁護士連合会，裁判所及び当事者の責務などを規定している[16][17]。

　☆13　伊藤・22頁。
　☆14　伊藤・23頁。
　☆15　コンメⅠ・23～26頁。
　☆16　コンメⅠ・23～26頁。
　☆17　伊藤・23頁。

迅速な審理を実現するためには、早期に争点の整理がされなければならない。争点整理の結果、争点が圧縮されれば、訴訟上の和解の成立可能性が高まる。和解が成立しない場合であっても、集中証拠調べを容易にし証拠調べに要する時間が短縮され、迅速な判決言渡しが可能になる。

(d) 訴訟経済

訴訟経済とは、訴訟の主体である裁判所及び訴訟当事者が訴訟の審理に必要とする経費、時間、労力の負担を最小限にすることによって、審理の効率性を図ることを意味する。経費と時間と労力の複合的要素から構成される政策的理念である[18]。迅速な審理は、訴訟経済の観点からの要請でもある。

(e) 理念相互間の衝突について

これらの理念は、抽象的には必ずしも矛盾しないが、国家及び個人の財力、労力、知力に限度があることから、相互に反発することを免れない。いずれの理念も相対的なもので、いずれかを無条件に絶対化することは不可能であるから、いずれを強調しまた他といかに調和させるのが合理的かは、慎重に考慮しなければならない[19]。

なお、適正と迅速とは、あたかも矛盾する理念であるかのように説かれてきた。しかし、迅速な審理のためには、両当事者が主張、証拠を早期に開示しあい、争点を整理・圧縮することが必要である。他方、主張事実や証拠があらかじめ明らかになると、相手方もそれに対する反論を準備できるから、裁判所が、当事者の十分な主張立証活動に基づいて真実を発見することが容易になる。このように考えれば、「迅速」と「適正」とは、決して矛盾するものではなく、相互に支えあう関係にあるともいえる[20]。

(3) 当事者主義的訴訟進行と弁護士の役割

現行民訴法は、訴訟進行に関して当事者が主体的に訴訟活動を行うことを強調しており、より当事者主義的な要素を重視していこうとする理念が採用され

---

[18] 梅本・15頁。
[19] 兼子・36頁参照。
[20] 伊藤・24頁。

ている。その背景には，専門家である弁護士による適切な訴訟代理が想定されており，弁護士の役割が極めて大きいといえる[21]。

　もっとも，現段階では当事者主義的な訴訟進行は十分に行われていない。その原因としては，①多くの裁判官の間には伝統的にパターナリズムの考え方が根強く存在すること，②訴訟代理人には依頼者のために行動するという意識が強すぎること，③国民の間に，弁論主義，手続的正義の考え方が十分に理解されていないこと，が挙げられる[22]。

　特に，②については，わが国の弁護士には，訴訟において自主的に依頼者に不利な情報を提供することに対して強い抵抗を示すことが多い。しかし，効果的な争点整理を行い，適正，迅速な審理を行うためには，依頼者に不利な情報であっても早期に提出して同時にそれに対する手当てをすることが有効であり，提供することが望ましいといえる。法律上も，文書提出命令の一般義務化（法220条），当事者照会制度の導入（法163条），主張レベルにおける単純否認の禁止（規則79条3項）などが規定されており，自己に不利な事実や証拠であっても，相手方に開示して反論の機会を与えることが求められている。

　この問題の解決には，国民や法曹の意識改革，法曹の自主的規律の充実が求められるといえる[23]。誠実にすべての情報を提供する方が不利になり，不誠実に提供しない方が有利になるという状況では，十分な当事者主義的訴訟進行は期待できない。国民や法曹が，すべての情報を提供することが当然であるとの意識をもたなくてはならない。なお，アメリカでは，依頼者への忠誠と真実発見の衝突という同様の問題について，真実発見に協力する義務を弁護士の倫理的義務として課する提案がなされている[24]。虚偽の事実の主張，虚偽の証拠の提出については，アメリカ法曹協会(ABA)の法律家職務模範規則（Model Rules of Professional Conduct. 2004 EDITION）ルール3．3で禁じられている[25]。

〔荻　布　純　也〕

---

[21]　山本・当事者主義的訴訟運営・76頁。
[22]　中島弘雅「いま民事裁判に求められているもの」井上治典先生追悼論文集『民事紛争と手続理論の現在』（法律文化社，2008）101〜102頁。
[23]　中島・前掲注（[22]）102頁。

❸ 争点中心主義（争点中心審理）

(1) 争点中心審理の意義

　争点中心審理とは，争点整理手続によって早期に事件の争点を明らかにし，その争点を中心に審理（特に証拠調べ）をできる限り集中して行う審理の在り方である☆26。

　(a) 制度の沿革（従前の制度と平成8年の法改正）

　かつての民事訴訟実務では，口頭弁論における書面の交換と長時間にわたる人証調べ，特に反対尋問は主尋問の調書ができあがった後，別期日に実施されるなど，訴訟が遅々として進まなかったことから，「五月雨審理」と揶揄された。また，争点を把握しないままに人証調べが行われ，その後さらに主張を整理することが行われ，審理がどこに行きつくかわからなかったことから，「漂流型審理」ともいわれていた☆27。

　これらの背景には，①争点が明確ではないため，何で判断されてもいいように主張を広くしがちであったこと，②そのため，人証申請も多数になり，1人当たりの尋問時間も長くなりがちであったこと，③できるだけ証拠は後出しにした方が相手に手の内を見せずにすみ，有利になると考えられていたことなどが挙げられてきた☆28。

　このような問題点を考慮して，迅速かつ充実した審理により適正な判断を可能にするため，民事訴訟の運営を改善する運用とそれをふまえた現行民訴法により，争点指向性の高い集中審理を目指す訴訟構造が形成されたのである。

　(b) 条文上の現れ

☆24　小林秀之『アメリカ民事訴訟法〔新版〕』（弘文堂，1996）81～86頁。
☆25　藤倉皓一郎監修／日本弁護士連合会訳〔アメリカ法曹協会著〕『ABA　法律家職務模範規則―完全対訳』（第一法規，2006）172～179頁。
☆26　中野ほか・260～262頁〔上原敏夫〕，コンメⅢ・450頁，竹下守夫「民事訴訟における事実の確定に関する判例・学説・立法―民事訴訟の改革における位置づけ」司研118号（2008）31頁。
☆27　コンメⅢ・450頁。
☆28　藤田・154頁。

第1章◆争点整理の理論的検討

　争点中心の審理，すなわち充実した訴訟手続を迅速に行うためには，当事者間で事件の争点が十分に明らかにされ，この争点に関して集中した証拠調べがなされなければならない。そこで，民訴法上，①当事者が訴訟活動の事前準備として訴訟資料も含めて事実関係を十分に把握していること，すなわち証拠収集手段が整備・拡張されていること，②争点を含む重要な情報を早期に裁判所及び相手方に提示し，争点形成を早期に可能にすること，③適切に争点とこれに関する証拠を整理すること，④整理された争点に照準を合わせ最良の人証の申出がなされ，集中的に人証調べを実施することが求められている[29]。

　(ア)　**証拠等の収集手続の拡張**[30]　　訴えを提起する前後を問わず，当事者が争点を早期に認識し，裁判所及び相手方当事者に提出するため，証拠が偏在する場合であっても，証拠資料となる情報を入手できることが必要であり，現行民訴法には以下の制度が存在する。

提訴前の証拠収集
　・訴えの提起前における照会（法132条の2・132条の3）
　・訴えの提起前における証拠収集の処分（法132条の4）
証拠保全（法234条）
当事者照会（法163条）
文書提出命令
　・文書提出義務の一般義務化（法220条）
　・文書の特定のための手続（法222条）
　・文書の一部等の提出命令（法223条1項）
　・当事者が文書提出命令に従わない場合及び文書の使用妨害に対する
　　制裁（法224条）

　(イ)　**情報の早期提出**[31]　　審理の充実化のため，当事者が早期に主張及び証拠を提出することが必要である。そこで，攻撃防御方法の提出時期に関し

---

[29]　中野ほか・232頁〔池田辰夫〕，藤田・155頁，コンメⅢ・454〜455頁。
[30]　藤田・155〜156頁，コンメⅢ・454頁。

て，旧来の随時提出主義から適時提出主義（法156条）に法改正がされた。

　さらに，争点形成に関わる重要な情報の早期提出を促すため，訴状に請求の趣旨及び請求の原因のほか，請求を理由づける事実を，具体的に記載し，重要な間接事実及び関連証拠を記載し（規則53条1項），重要な書証の写しを添付すべきものとされ（規則55条），答弁書にも訴状と同様に重要な間接事実及び関連証拠を記載し，重要な書証の写しを添付すべきものとされている（規則80条）。また，相手方の主張事実を認否する場合には，その理由を記載しなければならない（規則79条3項）ので争点が明確になる。

　(ウ)　**争点整理のための手続の整備**　　争点整理手続は，争点整理（法164条〜167条），弁論準備手続（法168条〜174条），書面による準備手続（法175条〜178条）の3種類がある。効率的な争点及び証拠の整理並びに適時提出主義の観点から，争点整理手続において，すべての攻撃防御方法を提出されることが期待され（法167条・174条・178条）☆32，提出時期に関して，準備的口頭弁論及び手続では，同手続が終結した後に攻撃防御方法を提出する場合，説明義務が課されている（法167条・174条・178条）。

　(エ)　**集中証拠調べ**　　争点を整理し終えた後，争点の審理を中心に集中的に証拠調べが行われることで，迅速に争点を中心とした審理が可能になる。そこで，集中証拠調べ（法182条）が採用されており，証人尋問等に使用する文書は，証人等の陳述の信用性を争うための証拠（弾劾証拠）として使用するものを除いて，尋問の相当期間前までに提出することが求められている（規則102条）。

(2)　審理の中心となる争点の意義

　争点とは，裁判手続が最終的には判決を目指していることから，規範適用において意味のある事実についての主張の不一致と解するのが相当である☆33。条文上も，訴状等において，主要事実を軸としたうえで，重要な間接事実の記

　☆31　藤田・156〜157頁，コンメⅢ・455頁。
　☆32　新堂・441頁・476頁。
　☆33　山本・争点整理手続・694〜696頁。

載を求めており（規則53条・79条・80条・81条），争点整理は，基本的に要件事実指向である[34]。

　争点，すなわち規範適用において意味のある事実を具体的に検討するにあたり，訴訟で問題となる対象は，訴訟物以下，下記の図にあるような段階的な構造（訴訟物，法的構成，構成要件，要件事実，間接事実，証拠）になる。そして，各々の対象を連結する要素として，当事者は各aからeの要素（a法適用，b法解釈，cあてはめ，d経験則，e証明力）を主張することになるので，訴訟における最終的な争点は，各aないしeの要素である[35]。

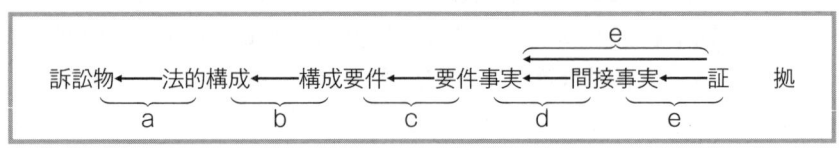

```
                                    e
                           ┌────────────────┐
訴訟物 ← 法的構成 ← 構成要件 ← 要件事実 ← 間接事実 ← 証　　拠
     └─a─┘    └─b─┘    └─c─┘    └─d─┘    └─e─┘
```

（注）　a：法適用，b：法解釈，c：あてはめ，d：経験則，e：証明力。

(3) 争点中心審理の実務

(a) 関係者に求められているもの

　充実した争点中心の審理は，ひとえに争点整理過程に左右される[36]。そこで，争点中心の審理を実現するため，①当事者（訴訟代理人）が，自由に訴訟活動を展開する機会の保障を受けて，主体的に訴訟資料を提出すること，②裁判官が，当事者から提出された訴訟資料を十分に検討し，これに基づき，争点に的を絞った充実した訴訟運営をすることが求められている。また，裁判所書記官は，早く的確な事件の振り分け，争点整理，集中証拠調べの合理的・機能的運営をすることが求められている[37]。

---

[34]　藤田・200頁。

[35]　山本・争点整理手続・104～106頁。
　　　なお，争点整理手続は証拠調べの前に行われるものであるため，e証明力の点は，争いの対象としては潜在的なものにすぎず，結局，争点整理の対象となる争点は，法律問題及び経験則に関する争いのほか，争いのある主要事実及び間接事実ということになると論じられている。

[36]　菅原郁夫「新民事訴訟における審理の実像」加藤新太郎編『民事訴訟審理』（判例タイムズ社，2000）468～473頁。

Ⅲ◇審理手続の原則と争点整理

　特に争点把握の出発点である①訴訟資料の提出にあたり，資料及び事案を最もよく知っているのは，当然，事案に関与している当事者本人であるから，紛争の実態を明らかにする作業も当事者による作業が中心になる。そして，複雑な社会的紛争の実態を的確に整理して効率的に背景事情等を裁判所に伝達する作業は，法曹である代理人が関与することによって初めて可能になる。紛争の実態とその真の争点を早期に的確に把握し，その構造にふさわしい解決方法を探り，訴訟を適切に運営するためには，代理人と裁判所との共同作業が不可欠である☆38。

(b)　争点中心審理（争点整理）の成果

　当事者及び裁判所が争点を把握し，立証すべき対象となる事実を明確にすることで，適切に絞られ集中した人証調べが可能になった。そして，尋問は的確に争点の立証に向けられるので，立証事項に絞られた簡潔な尋問ができるようになり，わかりやすく無駄のない尋問が可能になった。その結果，当事者は，主要な争点について攻防を尽くせることで不意打ち的な認定がされることを回避できる☆39☆40。他方，裁判所は，適切に争点整理をし，争点に照準を当てた証拠調べをすることで，迅速に過不足のない判断を的確にすることが可能になった☆41。

☆37　裁判所職員総合研修所「争点中心型審理における書記官の役割　講義要旨（平成20年度民事実務（訴訟）研究会）」総研所報6号（2009）60〜70頁。

☆38　司法研修所編／篠原勝美ほか『民事訴訟の新しい審理方法に関する研究』（法曹会，1997）71〜72頁。

☆39　菅原・前掲注（☆36）468〜473頁。

☆40　最判平22・10・14判時2098号55頁は，定年規程に基づき退職を求められた原告が，被告との間で原告の定年を80歳とする旨の合意があったと主張して退職を争った事案において，第1審は，本件合意の存否が争点であると確認し集中証拠調べを行い，本件合意の存在を認めずに原告の請求を棄却したのに対し，原審が賃金請求の点について信義則上定年規程による定年退職の効果を主張することができないとしたところ，原審には釈明権の行使を怠った違法があるとして原審を破棄差し戻した（事案について詳しくは本書248頁（☆12）。本判決には，原告被告とも主張していない法律構成である信義則違反の点を取り上げて判断したことは，争点中心審理という現行民訴法の基本理念に照らし，問題があるとのコメントが付されている。

☆41　加藤新太郎「争点中心審理は定着したか」金判1334号（2010）1頁。

(c) 争点整理のための準備書面の工夫例

　争点整理手続において争点把握のために準備書面が果たす役割は大きいが，証拠評価に関する主張とその反論が多くを占めるものや，引用が多いものなど，結果的に準備書面の長大化を招いているとの指摘がある☆42。そこで，分量や枚数の制限のほか，争点などに関する認識を共通化するツール（時系列表，争点一覧表・図，主張対照表，プロセスカードなど）☆43の活用が期待されている☆44。

　また，東京地方裁判所の報告では，準備書面の長大化に関して，間接事実を含む事実関係の詳細を準備書面ではなく，関係者の陳述書に振り分けて書くことで，簡潔かつ明瞭な準備書面とすることができる例もあるとの指摘がある☆45。その他にも，冒頭に目次を付けるとともに本文の項目ごとに表題を付ける工夫例や，準備書面の冒頭に争点並びに主張の概要及び事件の見方等を明示するなどの工夫例が挙げられている。

〔松原　崇弘〕

4　口頭主義

(1) 意義と機能

　口頭主義とは，弁論を口頭で行い，口頭の陳述のみを訴訟資料として判決の

　☆42　河野ほか・民事訴訟の現状と展望(1)主張整理関係・7頁。
　☆43　福岡民事プラクティス研究会は，裁判官と双方代理人が「争点整理プラン」（計画的な争点整理のため，審理期間，進行の目安等を計画するもの）を策定し，争点整理を効果的に進め，無計画に冗長化することを回避することを提言している（藤田正人「争点整理の新しい運用に関する一試案―福岡民事プラクティス研究会の議論を踏まえて」判タ1321号（2010）41〜43頁）。
　　　なお，類似の方法であるプロセスカードについて，裁判官の交代時に引き継がれない場合があった，近年，あまり活用されていない，といった意見もある。
　☆44　審理の迅速化の要請がある一方で，その要請を強調するあまり，真実発見が疎かになるのではないかという懸念がある（福岡民事実務改善研究会・藤田光代ほか「新しい民事訴訟の実現に向けて―現在と将来の訴訟実務をどう考えるか」判タ1316号（2010）35頁）。
　☆45　河野ほか・民事訴訟の現状と展望(1)主張整理関係・7頁。

基礎とする主義をいう。このような主義を採ることで，裁判所は，当事者の形式にとらわれない自然な陳述を，審理及び判断の基礎とすることができ，また，陳述に矛盾や不明瞭な点があれば即座に釈明を求めることができることから，争点の迅速かつ柔軟な整理や心証形成に資することが可能となる。これらの口頭主義の利点は，ひいては訴訟進行を通じた真実の発見にも寄与することになるため，民訴法は，口頭主義を原則としている（法87条1項本文）。

しかしながら，審理が数回の期日にまたがる場合には，各期日においてどのような訴訟行為や証拠調べ等がなされたのかという点について正確に保存することが求められるが，訴訟当事者及び裁判官の記憶は日を経るごとに劣化し，何らかの記録媒体が必須となる。また，事案が複雑な場合には，要件事実論を前提とした争点整理がなされる必要があるが，このようなときに書面を利用することなく口頭でのやりとりでのみ争点の整理をすることを試みようとするならば，論理的・法律的な積み重ねを期待することは困難というほかなく，弁論手続自体が紛糾し，かえって訴訟が遅延することになる。

口頭主義には，訴訟手続の長期化・複雑化に伴って生じるかかる短所があることも否定できないため，民訴法は，口頭主義の長所及び短所を勘案したうえで，短所を補完する意味合いで書面主義を採用していると考えることができる。

(2) 口頭弁論の歴史的経緯

現行法におけるこのような口頭主義と書面主義の関係を理解するためには，その口頭弁論にかかる歴史的経緯を把握する必要がある。

まず，日本では，明治23年に近代的民訴法が制定されて以来，判決のためには口頭弁論が必要とされていた。しかし，この明治民訴法では，陳述に代えて書面を援用することを許さず，準備書面の記載を制限する等，母法たるドイツ旧民訴法よりも厳格な考え方を採っており，事案が複雑等の場合には，口頭による主張で事実を整理することはできず，実質上訴訟審理が不可能に陥っていた。その結果，これら厳格な規定は施行後間もなく空文化することになるが，それまでの反動からか，詳細な事実の主張が書面をもって繰り広げられる等，書面審理主義が台頭し訴訟遅延を招くこととなる。

かかる点への対処を試みた大正15年改正民訴法（旧民訴法ともいう。）では，争

点整理のための準備手続制度の拡充が試みられたものの，弁論期日では準備書面の交換がなされるのみなど極めて形式的に期日が積み重ねられ（五月雨型審理），人証にしても争点が十分に整理されないままでなされることにより，人証調べの結果として争点が動くことも稀ではなかった（漂流型審理）。そこで，旧民訴法のもとでは，実務レベルにおける工夫として，「弁論兼和解」により争点が整理され，事実上集中証拠調べも試みられることになった。

現行民訴法においては，早期段階での争点整理を行い，これに基づく集中証拠調べの手続が設けられている[46]。

このように口頭弁論に関する改正経緯を通覧すると，民訴法は，口頭主義の原則を堅持しつつも，事実や手続経緯を訴訟関係人が正確に認識するために書面は欠かすことができないという前提のもとで，訴訟遅延等を招かない限りにおいて，補充的に書面主義を採用しているものといえる。

(3) 口頭主義と書面主義の適用場面

以上のような口頭主義と書面主義それぞれの長所と短所を考慮し，民訴法は，各主義が採られるべき場面を定めている。

すなわち，訴訟手続が積み重ねられていく中で，法的安定性が重視されるべき場面については，書面によってその事実を明確化することが要請されている。これは例えば，裁判の基礎をなす重要な訴訟行為としての訴えの提起（法133条1項），訴えの変更（法143条2項），控訴の提起（法286条1項），等に現れている。

このほかにも，弁論において準備書面が要求される（法161条1項）ほか，調書の作成が義務づけられ（法160条1項），上訴制度を実効的なものとするために判決書等が作成される（法252条〜254条）が，これらは，原則である口頭主義の短所を補完するための制度である。

(4) 争点整理との関係

民訴法は，以上のように口頭主義の建前を維持しつつ，その短所を補充すべ

---

[46] 中島弘雅「口頭主義の原則と口頭弁論の在り方」鈴木正裕先生古希祝賀『民事訴訟法の史的展開』（有斐閣，2002）。

く書面主義を採用している。このような両主義の併存は，現行法制定前より，前述のように書面主義が前面に出ることにより口頭弁論の形骸化などと呼ばれる事態を招いていた。このような批判に対処すべく，旧法下においては，弁論兼和解期日において，準備書面により法律要件事実を整理し，紛争の実態については陳述書を利用するなどしたうえで，主張の細部の解明や証拠の評価などについて口頭で補完させることにより争点を整理・圧縮するといった試みがなされていた。

　民訴法においては，電話会議システム等の通信技術を積極的に取り入れることにより，口頭主義及び書面主義双方の長所を生かそうとされている。

　そこで，争点整理との関係で口頭主義の意義の検討を試みたい。

　まず，争点整理という事象について考えてみると，紛争の実体や法律要件事実について共通の認識を当事者間で形成し，これを前提に真に争いのある事実がどこかを探る作業であると捉えることができる。すなわち，認識が共通な部分については争点から除外することにより審理のスリム化を図るという作業が，争点整理のうえでは肝要となる。

　このように当事者間の認識の共通化を図るうえで，書面は，当事者の主張した事実を共有し，これを前提として更なる論理を構築することに欠かすことはできない。そして，争点の絞り込みは，裁判所の適切な指揮のもとで当事者による議論によって迅速になされることが理想ではあるものの，訴訟代理人が当事者の意向を逐次確認しながら主張を組み立てる必要上，また，拙速を強いることで真実発見の要請を害さないためにも，実務上は十分になされ得ないものと思われる。しかしながら，口頭でやりとりを行うことで，争点を絞り込む方向性の確認をすることができるから，そのうえで作成される書面は，争点が再び拡散するといったことがなく，次第に争点が整理されていくことが期待される。

　要するに，事実の主張等といった訴訟上重要な価値を有する訴訟行為については，書面により整理し論理的に主張する必要があるが，その主張の方向性は，常に口頭での議論によって導かれるべきものと考えられる。このように考えると，訴訟手続において支柱をなす「争点形成の方向性」は口頭主義によるものであり，同時に，当該方向性を訴訟関係人が適切に判断するための事実が書面

主義により補完されているものと考えられる。

〔伊藤　敬洋〕

5　弁論主義・弁論権

(1) 弁論主義

(a) 弁論主義の内容

弁論主義とは，一般に，判決の基礎をなす事実の確定に必要な資料の提出を当事者の権能及び責任とする建前と定義される☆47。職権探知主義の反対概念である実体法上私的自治の妥当する事項は，その裁判手続における解決内容においても当事者の意思を尊重すべきという思想に基づくと解するのが多数説である☆48。

弁論主義は，3つのテーゼに区分される。

① 裁判所は，当事者間の主張しない事実を判決の基礎として採用してはならない。

② 裁判所は，当事者間の争いのない事実は，そのまま判決の基礎としなければならない。

③ 当事者間に争いのある事実を証拠によって認定する際には，必ず当事者の申し出た証拠によらなければならない（職権証拠調べの禁止）。

明文の規定はないが，民訴法159条・179条，人事訴訟法19条・20条，行政事件訴訟法24条等の規定は，民事訴訟の一般原則としての弁論主義を前提としたものである。

☆47　通説。新堂・409頁，高橋(上)・362頁。

☆48　兼子・197頁，新堂・410頁，青山善充「主要事実・間接事実の区別と主張責任」新堂幸司ほか編『講座民事訴訟④審理』（弘文堂，1985）392頁，高橋(上)・366頁，伊藤・265頁，中野ほか・192頁〔鈴木正裕〕。なお，弁論主義の第1テーゼと私的自治との関係についての近時の文献として，垣内秀介「主張責任の制度と弁論主義をめぐる若干の考察」青山善充先生古稀祝賀論文集『民事手続法学の新たな地平』（有斐閣，2009）75頁。

第1テーゼから，主張責任（ある事実が主張されなかった場合に，その事実に基づき発生する法律効果を自己に有利に援用しようとする当事者が受ける不利益）の概念が生まれるが，第1テーゼは当事者の主張しない事実を判決の基礎とすることを禁止するだけであるから，その主張責任の所在にかかわらず，裁判所は，いずれの当事者から主張されたものでも判決の基礎とすることができる。したがって，ある事実が当事者の弁論に現れる限り，いずれの当事者が主張したかにかかわらず，裁判所がその事実を判決の基礎としても第1テーゼについて違反の問題は生じない（主張共通の原則）[49]。

(b) 弁論主義の機能

弁論主義は，不意打ちを防止する機能を有する（不意打ち防止機能）。すなわち，弁論主義があることによって，当事者から主張されていない事実は判決の基礎にされないのであるから，当事者としては，相手方当事者が主張してくる事実（及び自己が主張する事実）にだけ神経を集中していれば足りることになる。裁判所から不意打ち的に事実が認定され，それに基づいて判決がなされることがないことが保障される[50]。

(c) 事実に関する弁論主義の適用対象

弁論主義の第1テーゼ及び第2テーゼにおける「事実」とは，主要事実を意味し，間接事実・補助事実を含まない，とするのが通説である[51]。

---

[49] 伊藤・265頁。井上治典「手続保障の第三の波」新堂幸司編著『特別講義民事訴訟法』（有斐閣，1988）99頁は，いわゆる「第三の波」理論の立場から，主張共通の原則につき再検討の余地ありとする。

[50] 高橋(上)・372頁。その他に，新堂・413頁は，争点の形成を当事者の意思にかからしめる機能と当事者に対し主張立証活動の指針を与える機能があるとする。

[51] 兼子・198頁，伊藤・268頁。なお，判例がこの命題に忠実であるかについては争いがある。判例は必ずしもこの命題に従っているわけではなく，別の実質的・機能的な法理（「訴訟の勝敗に影響を及ぼす事実」について当事者の攻撃防御の機会を保障する法理）によって動いているとみるべき多数の判例が存在すると評価するものとして，小林秀之『民事裁判の審理』（有斐閣，1987）114頁。これに対し，判例はこの命題を忠実に守っていると評価するものとして，青山・前掲注（[48]）383頁。判例の評価に係る上記対立が，論者自身の解釈論によって左右されるものであることを指摘するものとして，高橋(上)・382頁。

しかしながら，間接事実や補助事実であっても訴訟の勝敗に重大な影響があるものもあり，そのような事実を当事者の主張を待たずに判決の基礎とするならば，相手方に不意打ちを与えることになるとして，「事実」とは主要事実か間接事実かの区別にかかわらず勝敗に影響する重要な事実であるとする説も有力である☆52。

(d) 弁論主義と弁論権

上記のとおり，弁論主義を，資料の提出を当事者の「権能」と「責任」と理解するのが一般的であるが，かかる「権能」を弁論主義の内容に含めない見解も有力である☆53。

すなわち，事実と証拠を提出する権能は，当該手続が訴訟である限り，弁論権として，当事者に保障されており，弁論主義によるか職権探知主義によるかということとは直接の関わりはないと説明する☆54。ここで，弁論権とは，裁

☆52 田尾桃二「主要事実と間接事実にかんする二，三の疑問」兼子一博士還暦記念『裁判法の諸問題(中)』(有斐閣，1969) 269頁，中野ほか・200頁〔鈴木〕，高橋(上)・380頁。

☆53 山木戸克己「弁論主義の法構造」山木戸克己『民事訴訟法論集』(有斐閣，1990) 8頁，山本克己「弁論主義論のための予備的考察―その根拠論と構造論」民訴39号 (1993) 176頁，山本・基本問題・127頁，畑瑞穂「弁論主義とその周辺に関する覚書」新堂幸司先生古稀祝賀『民事訴訟法理論の新たな構築(下)』(有斐閣，2001) 75頁，争点・133頁〔上野泰男〕等。これに対し，当事者の「権能」を判決理由形成関与権として構成するものとして，坂原正夫「弁論主義・試論」白川和雄先生古稀記念『民事紛争をめぐる法的諸問題』(信山社，1999) 162頁。

☆54 山木戸・前掲注（☆53）5頁。山木戸博士は，弁論権の効果を積極的効果（当事者が陳述した主要事実で認定されたものは裁判所が必ず裁判について斟酌すべく，当事者が申し出た証拠は必ず顧慮しなければならないこと）と消極的効果（当事者の提出した訴訟資料のみを裁判の基礎として採用すべきこと）に分け，第1テーゼ及び第3テーゼは，まさに弁論権の消極的効果として考えることができるとし（山木戸・前掲注（☆53）6頁）つつも，通常の用語例としては，弁論権は単に積極的側面の権能を意味するものと解されているように思われるとして，弁論主義を訴訟資料の収集を当事者の「権能」かつ責任とする主義であると規定することは，適当でないとし（山木戸・前掲注（☆53）8頁），「責任」としての弁論主義と「権能」としての弁論権を分離する。また，山本克己教授も，弁論主義を採用するかが法政策的な判断の問題であるとすると，弁論権は憲法上保障された権利であって，単なる法政策的考慮に左右されてはならないことから，弁論主義と職権探知主義の対概念の外に置くべきとする（山本・前掲注（☆53）176頁）。

判の資料を提出する機会を法律上保障されていることをいい☆55，裁判を受ける権利という憲法上の要請（手続保障の理念）に基づくと説明される☆56。

この見解は，釈明権（法149条1項）を，裁判資料提出の機会を確保するための裁判所の当事者に対する働きかけと理解し，弁論権を実質的に確保するための裁判所の協力権（協力義務）として，弁論主義から一応切り離して位置づける☆57。

(2) 弁論主義・弁論権と争点整理

(a) 当事者の争点決定権限

争点整理を主要事実レベルで考えた場合，当事者は，いずれの当事者も主張しない（第1テーゼ），又は，いずれの当事者も主張する（第2テーゼ）という，両当事者の一致した意思に基づき，特定の事実を争点から除外する権限を有していると見ることができる。そして，一方の当事者が主張し他方の当事者が認めない事実のみが争点として決定され，攻撃防御の対象となる。すなわち，弁論主義は，事実レベルでの争点決定につき当事者に支配権を認めている☆58。

証拠レベルにおいても，第3テーゼにより，当事者の申し出た証拠のみが証拠調べの対象となり，いずれの当事者も申し出ない証拠は証拠調べの対象とはならず，したがって攻撃防御の対象ともならないという意味で，弁論主義が争点となり得る証拠の範囲を，その申し出た範囲に限定するという争点限定権限を当事者に認めていると考えることができる。

このように，弁論主義は，当事者間で一致が見られる場合に，裁判所との関係で審理の対象や判決の基礎となる資料の範囲を限定する権限を当事者が有することを内容としており☆59，弁論主義は，事実と証拠レベルにおける争点決

☆55 山木戸・前掲注（☆53）5頁。なお，弁論権の概念は，山木戸克己「訴訟における当事者権」山木戸克己『民事訴訟理論の基礎的研究』（有斐閣，1961）61頁において既に確立されている。弁論権をめぐる議論の歴史については，山本克己「当事者権」鈴木正裕先生古稀祝賀『民事訴訟法の史的展開』（有斐閣，2002）74頁参照。
☆56 山本克己・前掲注（☆53）176頁。注釈(3)・55頁〔伊藤眞〕も同旨。
☆57 争点・133頁〔上野〕，山本・基本問題・127頁等参照。
☆58 注釈(3)・53頁〔伊藤〕。

定権限を当事者に付与したものと見ることができる。
　(b)　弁論主義と審理段階の規律
　上記のとおり，弁論主義は，当事者の争点決定権限を内容とするものと評価することができるが，このことが，判決段階と審理段階においていかなる意味を有するのか。
　3つのテーゼのうち，第3テーゼは，当事者が申し出た証拠以外の証拠について証拠調べをすることを禁止するものであり，まさに審理段階の規律である☆60。
　これに対し，第1テーゼ及び第2テーゼは，裁判所が判決を作成する段階における指図を内容とし☆61，判決段階の規律である。したがって，事実レベルでの争点決定につき当事者に支配権を認めているということは，当事者により争点とされなかった事実（当事者が主張した事実以外の事実及び自白された事実）につき裁判所が判断することを禁止することを意味するに止まり，裁判所は当事者の弁論の結果争点とされなかった事実に関して証拠調べをしてはならない，ということを当然に意味するものではない☆62。しかしながら，現行民訴法のもとでは，弁論を充実させ争点を絞り込んだうえで集中的な人証調べをすることが予定されており（法182条），弁論主義の枠組みで捉えるのがよいかは別として何らかの規律が必要であると考えられる☆63。また，現行民訴法のかかる構造からすれば，当事者及び訴訟代理人に対しては，弁論主義によって与えられた争点決定権限を適切に行使することにより争点整理に積極的に関与することが期待されていると考えられる。
　(c)　争点整理と弁論権

☆59　畑・前掲注（☆53）75頁。
☆60　山本克己・前掲注（☆53）180頁。
☆61　山本克己・前掲注（☆53）179頁。
☆62　畑・前掲注（☆53）90頁は，審理段階の規律については，「ほとんど念頭になかったように思われるし，どちらかといえばあまり厳密には妥当しないことが前提になっていたのではなかろうか。」，「従来は，多くの面で裁判所による訴訟運営に委ねられてきたように思われる。」と指摘する。山本・基本問題・142頁も，「審理段階においては，厳密な意味での弁論主義（国家の介入禁止）は適用にならないものと解される」とする。

弁論主義のもとでは，当事者が主張しなかった事実及び争わなかった事実はそのまま判決の基礎とされ，当事者が申し出た証拠以外の証拠について証拠調べが行われることはない。このような弁論主義適用の結果を各当事者に帰せしめることは，当事者にとって主張が可能であり，かつ，主張（をしないこと）の意味を十分理解していることが前提となると説明される[64]。争点整理段階における裁判所による釈明を通じた弁論権の実質的保障が，弁論主義に基づく当事者の争点決定権限の行使を可能にし，はじめてその行使の結果につき自己責任を問えることとなるとともに，争点決定権限の適切な行使を通じて争点整理における主体的関与を当事者に期待できるようになる。

〔佐藤　幸寿〕

6　真実義務

(1)　当事者の真実義務とは

　当事者の真実義務とは，当事者が，ある事実について真実と信じるところに反する陳述をしたり，虚偽の陳述を基礎づける証拠の提出を禁じ，逆に，真実を基礎づける証拠の提出を要求することを意味する[65]。この当事者の真実義務を法律上の義務と解し，民訴法209条（虚偽の陳述に対する過料）や同法230条（文書の成立の真正を争った者に対する過料）などの規定は，真実義務の存在を前提とした定めであると説明するのが多数説である[66]。そして，真実義務における「真実」とは，当事者の認識を前提とする主観的真実を意味すると解されている[67]。

　民事訴訟においては，事実と証拠の収集を当事者の権能と責任に委ねる弁論

---

[63]　畑・前掲注（[53]）92頁。
[64]　畑・前掲注（[53]）86頁。
[65]　伊藤・267頁。
[66]　加藤新太郎『弁護士役割論〔新版〕』（弘文堂，2000）275頁。
[67]　日本弁護士連合会弁護士倫理に関する委員会編『注釈弁護士倫理』（有斐閣，1996）38頁。

主義を一般原則とするので、真実発見にも限界があるとも思われるが、真実義務は、かかる主観的真実に反する陳述及び証拠の提出を禁止するものであり、弁論主義に矛盾するものではない[68]。

(2) 裁判所の真実義務について

　民事訴訟においては、裁判所は、「訴訟当事者の手続保障に目配りしつつ、事案の実体的真実に可能な限り迫ることを目標とすべきであるとするのが、大方の異論のないところであろう」とされている[69]。このような前提のもとでは、争いとなる事実について、裁判所の真実発見の努力が要請されることは当然のことである。具体的には、証拠に対する適切な評価をなし、また、適切な経験則を適用して、事実の存否の判断を行うことが要請される。

　もっとも、弁論主義のもとでは、証拠の提出は当事者の権能と責任に委ねられている以上、かかる裁判所の真実義務には限界があるとも思われる。しかし、裁判所としては、釈明権の行使を通じて当事者に証拠の提出を促し、真実発見に努めるべきであるのは当然のことである[70]。

(3) 完全陳述義務と弁論主義

　真実義務と関連して、完全陳述義務という概念が説かれることがある。

　完全陳述義務の内容として、当事者は、その有利不利を問わず、知る限りの事実を主張し、証拠の提出をしなければならないことが挙げられる。しかし、かかる内容の完全陳述義務を当事者に課すと、弁論主義及びその内容たる主張責任・証明責任の原則に抵触する[71]。

　しかし、弁論準備手続などの争点整理手続において、裁判所が完全陳述義務を根拠に、当事者に事実や証拠の開示を求めたとしても、その開示は、直ちに口頭弁論における事実の主張や証拠の申出を意味するものではなく、主張責任

　☆68　伊藤・267頁参照。
　☆69　加藤・前掲注（☆66）271頁。
　☆70　伊藤・266頁。
　☆71　伊藤・267頁。

などを負う当事者が、開示された事実及び証拠の中から自己の側にとって有利なものを口頭弁論において主張・提出することになる。この意味で、争点整理手続において完全陳述義務を根拠に裁判所が当事者に対して開示を求めたとしても、弁論主義との矛盾が生じるものではない[72]。

(4) 訴訟代理人である弁護士の真実尊重義務と真実義務

(a) 弁護士の真実尊重義務とは

弁護士職務基本規程5条は、「弁護士は、真実を尊重し、信義に従い、誠実かつ公正に職務を行うものとする。」と規定し、弁護士に真実尊重義務を課している。そして、弁護士の真実尊重義務は、社会正義の実現（弁護1条）という弁護士の一般的責務から弁護士に課されるものである[73]。したがって、訴訟代理人である弁護士が、当事者の真実義務に違反する行為を慫慂し、又はこれに加担することは、許されない[74]。

(b) 弁護士と当事者本人の認識が異なった場合

では、弁護士の認識と、当事者本人の認識が異なった場合は、弁護士は、当事者の真実義務との関係でどうすべきか。

弁護士には、当事者の利益を守り依頼者に対して誠実に職務を遂行する義務があるので、弁護士は自己の認識に拘泥して行動するわけにはいかない。しかし他方、弁護士が擁護すべきは依頼者の「正当な利益」（弁護士職務基本規程21条）であるから、当事者である依頼者が自らの認識に反してあえて争おうとしたり、故意に虚偽の事実を主張しようとする場合には、当事者である依頼者を説得してそれを止めさせるよう真摯に努力すべきである[75]。

〔服部　弘幸〕

---

[72] 伊藤・267頁。
[73] 日本弁護士連合会弁護士倫理に関する委員会編・前掲注（[67]）38頁。
[74] 弁護士職務基本規程・9頁。
[75] 弁護士職務基本規程・9頁、新堂・422頁。

7 当事者間における不意打ち防止

(1) 民事訴訟における「不意打ち防止」の必要性

そもそも，民事訴訟は，当事者間における紛争を相対的に解決するものであるが，訴訟において当事者に十分な主張立証の機会が与えられることなく判決が下されることとなったとすれば，当事者は到底その結果に対して納得をすることはできない。特に，訴訟において，一方当事者が不意打ち的な主張立証を行い，他方当事者がそれに対して十分な主張立証の機会を与えられることなく訴訟が終結し，結局敗訴するというような事態になれば，なおさらである。また逆に，その不意打ち的な主張立証に対して，他方当事者のために主張立証の機会を与え，それらを訴訟中で新たに調べることになれば，訴訟に更に時間がかかることとなる。

そこで，民事訴訟の理念である公平及び迅速を実現するためには，当事者間における不意打ちを防止することが必要となる。

(2) 民事訴訟における「不意打ち」の発生要因

民事訴訟では，原告によって審判対象として設定された訴訟物すなわち権利関係の存否について審理が行われていく。その権利関係については，その存否を直接立証することができないので，当事者はその権利関係の発生・消滅・変更の原因となる主要事実及びその存在を立証するための間接事実及び証拠の提出を行っていくこととなる。

そして，訴訟物である権利関係の基礎をなす事実の確定に必要な裁判資料の収集，すなわち，事実と証拠の収集は，当事者の権能と責任に委ねられている（弁論主義）ので，裁判所は当事者が主張していない事実及び提出していない証拠を判決の基礎とすることはできないという点で制約をうけており，弁論主義は当事者と裁判所との関係においては，不意打ち防止の機能も有している。

しかし，この弁論主義は，事実及び証拠の収集を当事者の権能と責任に委ねたというだけであり，それらを口頭弁論終結までのいつの時点で提出するかについて定めたものではない。そこで，当事者の一方の事実の主張及び証拠の提出の時期によっては，他方当事者にとって不意打ちという状況となることもあ

る。

(3) 争点整理と「不意打ち防止」
(a) 争点整理手続の不意打ち防止機能
ところで，現行民訴法のもと，審理方式として争点整理手続が強調されている。争点整理手続においては，単に請求原因（あるいは抗弁事由）についての主要事実が主張されているか否かだけでなく，特に特定の主要事実の存在について争いがあり，かつその存在を直接立証する証拠がない場合に，その主要事実を推認させる間接事実（あるいはその主要事実の存在の推認を妨げる間接事実）としてどのような事実が主張されているのか，また，相手方が争う事実はどれなのか，さらにはそれらの間接事実を立証する証拠としてどのような証拠があり，また，補助事実としてどのようなものがあるのか等を確定していくこととなる。

このような争点整理手続が，裁判官及び両当事者（訴訟代理人）の協力のもとに的確に行われれば，特に訴訟代理人においては争点整理手続の進行中に，当該訴訟において特定の主要事実に関連する間接事実として主張されるべき間接事実は何かという点を，突き詰めて再検討する機会が得られることから，必要な間接事実はすべて主張されることになろう。そして，人証によって立証されるべき間接事実は何かということが明確になっていることから，証人尋問も効率的に行うことができる。さらに，この争点整理手続において，当該主要事実に関連する間接事実として何が主張されているかが明確になっていることから，判決における主張事実の存否の判断に際して，当事者が十分に認識していなかった間接事実に基づいてその判断がなされるという，いうなれば裁判所による不意打ちという事態も避けられることとなる。

(b) 争点整理においても残る問題点
(ア) このように，争点整理手続が的確に行われれば，かなりの程度に「不意打ち防止」を図ることができるものと考えられる。しかしそれでも，少なくとも問題として以下の点が存在するのではないかと考えられる。

第1に，例えば主要事実Aの存在を推認させる間接事実aの存在を直接に認定し得る証拠がなく，他の間接事実a'の存在によって間接事実aの存在が推認される場合のように，実質的な争点が間接事実a'の存否となっていると

きに，争点整理手続において，その間接事実a'の存否が争点であるというところまで明確に争点整理がなされるかという，争点整理手続の内容に関する問題である。

第2に，証拠の提出について，証人等の陳述の信用性を争う証拠（いわゆる弾劾証拠）として書証等が証人あるいは当事者本人尋問の時点において提出された場合に，不意打ちとならないかという問題である。

(イ) 第1の問題としては，主要事実と間接事実の区別というよりは，どこまで争点整理手続を行うかという問題であり，まさに「争点整理」という文言からも明らかなように，当事者間の主戦場となるべきところがどこかを把握したうえで，その主戦場が当事者双方並びに裁判所に明確になるように整理されるべきであり，その整理によってこそ，不意打ち防止が図られるというべきである。特に，特定の主要事実Aの存在を推認させる間接事実としてa，b，cというように水平方向に複数の間接事実が主張されるだけでなく，間接事実aの存在を推認させる間接事実としてa'，更に間接事実a'の存在を推認させる間接事実としてa"というように垂直方向に複数の間接事実が主張されることもあり，それら水平及び垂直の両方向にわたって争点整理手続が的確になされなければ，相手方からの不意打ちは勿論，裁判所からの不意打ちにもみまわれる危険性は除去できないことになる。

(ウ) 第2の問題としては，例えば，原告が間接事実aの存在を主張し，被告がそれを否認し，被告側で間接事実aの存在を否定するために証人（あるいは被告本人）の尋問を行ったところ，原告がその証人等の陳述の信用性を争うために提出した書証等が，間接事実aの存在を立証するものでもあった場合に，その提出された書証等が被告に対する不意打ちとならないかという問題である。その書証等を提出する原告とすれば，訴訟戦術として証人等にいきなり証拠をぶつけたいと考えるであろうし[76]，その一方では，争点整理手続にお

---

[76] 条解民訴規則・228〜230頁・254頁〜256頁参照。民事訴訟では，証人等の尋問において使用する文書の提出時期をその証人等の尋問を「開始する時の相当期間前まで」と定めているが（規則102条），証人等の陳述の信用性を争うための証拠（いわゆる弾劾証拠）は，その提出時期の制限から除かれている。そして，その文書（等）が証拠調べをしていないものであるときは，質問の前に相手方に閲覧の機会を与える必要が

いて間接事実 a を立証する証拠の一つとして提出されていてしかるべきものであるともいえる。このような場合，被告側ではその証拠に対する調査を行うこともできず，また，その証拠についての評価を主張することもできないのであるから，その書証等が証人等の証言の弾劾という範囲を超えて，間接事実 a の存在を認定するために使用されれば，被告にとって不意打ちとなるものである☆77。しかも，このような書証等は証人尋問期日に突如として提出されるものであって，少なくとも弾劾証拠としての活用が見込めるものであれば，その場では提出が可能となり，その一方で，その証拠の慎重な評価は後日になされることから，その提出時点では予想もされていないような評価がなされる可能性もある。そのため，民訴法が弾劾証拠の提出という手段を残す限り，その反面において生じ得る不意打ちを防止するために，適時提出主義や争点整理手続終了の効果をどのように，また，どの程度働かせるかが課題となると思われる。

〔湯浅　知子〕

❽　適時提出主義

(1)　適時提出主義の採用

　当事者の弁論等は，どの期日に行っても，訴訟資料としては同一の価値を有し，裁判官の心証形成も弁論全体を通じて行われる（口頭弁論の一体性・口頭弁論の等価値性）。そして，かかる口頭弁論の一体性を，攻撃防御方法を提出する当事者の側から見ると，攻撃防御方法は口頭弁論が終結されるまでいつでも提出できることを意味する（随時提出主義）。

　しかしながら，このような随時提出主義をそのまま貫くと，争点がいつまでも定まらず，証明すべき事実を明らかにしないまま証人尋問に入る等，散漫な

あるとされている（規則116条2項）。したがって，弾劾証拠は証人等の尋問当日に，その質問の前に証拠として提出すれば足りることとなる。

☆77　刑事訴訟においては，弾劾証拠は「証明力を争う」ためにのみ証拠とされるものであり，その証拠から仮に裁判官が事実に関する心証を得た場合でも，事実認定のための実質証拠とすることはできない（最決昭28・2・17刑集7巻2号237頁）。

審理に流れ，ひいては当事者の訴訟引延戦術にも手を貸すことになりかねないことが自覚されるに至った。

そこで，平成8年に改正された現行民訴法は，口頭弁論の一体性を維持しつつも，随時提出主義の弊害を考慮して，争点・証拠の整理段階と証人・当事者本人の尋問段階とを区分けし，厳格な失権効を直結させるわけではないが，当事者が攻撃防御方法の提出を前段階において尽くすよう期待し，攻撃防御方法は，「訴訟の進行状況に応じ適切な時期に提出しなければならない」ものとした（法156条）。

(2) 攻撃防御方法提出の時期及び内容

(a) 主張書面提出段階

(ア) 訴状には，争点整理を促進するため，請求原因事実のほか，請求を理由づける事実を具体的に記載し，かつ，立証を要すると予想される事由ごとに，請求を理由づける事実に関連する事実（間接事実）で重要なもの及び証拠を記載し（規則53条1項），証拠となるべき重要な書証の写しを添付しなければならない（規則55条）。

(イ) 答弁書には，請求の趣旨に対する答弁を記載するほか，訴状に記載された事実に対する認否と抗弁事実を具体的に記載し，予想される争点ごとに，重要な間接事実及び証拠を記載する。また，訴状の場合と同様，要件ごとに，重要な書証の写しを添付しなければならない。これらすべてを記載できないときは，答弁書提出後速やかに，これらを記載した準備書面を提出する（規則80条1項・2項）。裁判長は，答弁書その他特定の事項に関する主張を記載した準備書面の提出又は特定の事項に関する証拠の申出をすべき期間を定めて，その提出・申出を促すことも可能である（法162条）。

(ウ) 答弁書に対する反論の準備書面には，答弁書に記載された事実に対する認否及び再抗弁事実を具体的に記載し，立証を要することとなった事由（争点）ごとに，重要な間接事実と証拠を記載し，重要な書証の写しを添付しなければならない（規則81条）。

(b) 争点・証拠整理段階

裁判官と当事者双方がコミュニケートしながら，争点及び証拠を確認し整理

する。この手続の終了段階には，その後の証拠調べにより証明すべき事実が何であるかを明確にする（法165条・170条5項・177条）。この手続が終わるまでに，原則として，すべての攻撃防御方法を提出するように期待されている（法167条・174条・178条）。

(c) 本格的口頭弁論段階

ここでは，争点・証拠の整理手続の結果が確認され（法165条），又は口頭弁論に上程されたうえ（法173条・177条），証人尋問等の証拠調べ段階に入り，証明すべき事実についての証人尋問等を集中して行うことが予定されている（法182条）。

(3) 適時提出主義の内容

(a) 時機に後れた攻撃防御方法の却下（法157条1項）

当事者の故意又は重大な過失によって時機に後れて提出された攻撃防御方法を却下して審理を打ち切る権能を裁判所に与え，これによって弁論の促進を図ろうとするものである。

却下の要件としては，時機に後れて提出されたものであること，時機に後れたことが当事者の故意又はこれと同視できる重大な過失による場合であること，及びこれを審理すると訴訟の完結が遅延する場合であることを要する。時機に後れたとは，より早い時期に提出できるものであり，かつ，提出する適切な機会があったことを意味する。故意・重過失の判定においては，本人の法律的知識の程度，攻撃防御方法の種類等を考慮する必要がある。

(b) 釈明に応じない攻撃防御方法の却下（法157条2項）

時機に後れた攻撃防御方法と同じ要件・手続のもとで却下される。

(c) 争点・証拠整理手続後の新主張の制約☆78☆79☆80

☆78　争点整理手続は，適時提出主義と論理必然的に結びつくものではない。しかしながら，争点整理手続により早期に紛争の焦点が絞り込まれることは，結果的に，攻撃防御方法の適時提出を促すことになる。現行法では，争点整理手続終了後の失権効は採用されず，これに代わって説明義務という緩やかなサンクションが創設された。これは，争点整理手続終了後に新たな攻撃防御方法を提出する当事者について，その相手方に，「なぜ今頃になって提出するのか」という詰問権を与え，これに対して，「後れ

第1章◆争点整理の理論的検討

　準備的口頭弁論，弁論準備手続又は書面による準備手続を経る場合には，その手続を終えるにあたり，その後の証拠調べにより証明すべき事実を確認することとし（法165条・170条5項・177条，規則89条・93条），その後の口頭弁論において攻撃防御方法を提出することを排除するわけではないが，提出する場合には整理の段階で提出しなかった理由を相手方の求め（詰問権）に応じて説明しなければならない（説明義務〔法167条・174条・178条，規則87条・94条〕）。かかる効果は，控訴審にも及ぶ（法298条2項，規則180条）。

　(d)　審理計画による提出期間とその期間に後れた攻撃防御方法の却下[81]

た理由は～である」という説明義務を課すものである。かかる詰問権と説明義務は，相手方当事者に対する信頼関係に基礎を置くもので，民訴法2条に規定された訴訟上の信義則の発現と考えられる。

[79]　当事者が説明義務を十分に尽くせなかった場合には，これにより何らかの法律効果が直接生じるわけではないが，不合理な時機に攻撃防御方法を提出することを抑止する心理的な圧力となるほか，時機に後れた攻撃防御方法として却下する端緒となり得る。

[80]　攻撃防御方法を提出させるための手段として，相手方に対する信義則上の要請としての説明義務に止めた理由としては，わが国では，訴訟代理人の一般的な準備不足の風潮や，その怠慢を当事者本人に帰せしめるのは酷であるという意識や，訴訟の促進も必要だが真実の発見も重視し，これを優先させようとする裁判官気質も強い。さらに，日本の裁判官は自分の心証を披瀝することを避けるため，手探り的な証拠申出が多く，これを却下すると，不十分な審理ではないかとの疑惑を当事者に起こしやすいこともある。却下措置が上訴の原因を作り，上級審で非難される原因を作ることになるのはごめんだという事実審裁判官の心理もある。このように，問題は法曹の体質にまで及ぶものであり，立法とともに，法曹のあり方，そのための指導という面にも十分な配慮をした政策の樹立が必要であるところ，現行法は，当事者，特に訴訟代理人のプロフェッショナルとしての自覚に俟つことを期待したものである。

[81]　平成8年改正では，攻撃防御方法の失権効は規定できず，当事者からの詰問権に止まったところ，その失権効が規定されたものではあるが，条文表現は，立法過程での対立を体現して，晦渋なところがある。裁判所と弁護士会の対立の中での，立法の綾というべきものなのであろう。とはいえ，審理計画を定めるときは，2年以内に判決言渡時期を予定するよう裁判官に圧力がかかり，裁判官は審理計画を断固遂行するように「内発的に」自らを駆り立てるであろう。しかも，当事者との協議の結果をふまえて審理計画を定めると規定されているが，あくまで「結果をふまえて」に止まるから，協議が整わないときにも審理計画を定めることができるというのが，争いのない解釈である。わが国の裁判官と弁護士の力量・見識が問われる立法といえる。

Ⅲ◇審理手続の原則と争点整理

　平成15年改正では，審理の一般方針として，裁判所及び当事者に対して，適正かつ迅速な審理の実現のために，訴訟手続の計画的な進行を図ることを義務づけるとともに（法147条の2），複雑な事件については，近時，審理の遅れが目立つことから，民訴法は，特に審理計画を定めるべき場合，定める方法，計画において必ず定めるべき事項のほか（法147条の3第1項・2項），特定の事項に関する攻撃防御方法の提出期間等，計画的に手続を進めるうえで必要な事項を定めることができるとして（同条3項），計画審理の推進を図ることとした。

　そして，裁判所は，審理計画の中で，特定の事項についての攻撃防御方法の提出期間を定めることもできるが（法147条の3第3項），審理計画に従った手続の進行のために必要と認めるときは，裁判長は，当事者の意見を聴いて，特定の攻撃防御方法の提出期間を定めることができる（法156条の2・170条5項）。

　審理計画に定められた，又は審理計画に従った進行を確保する必要上，裁判長によって定められた，特定の攻撃防御方法の提出期間の経過後に，当事者が提出した場合において，これにより審理計画に従った手続の進行に著しい支障を生じるおそれがあると認めたときは，裁判所は，申立てにより又は職権で却下の決定をすることができる。ただし，その当事者がその期間内に攻撃防御方法を提出できなかったことについて相当の理由があることを疎明したときは却下できない（法157条の2）。

〔丸　山　　輝〕

第1章◆争点整理の理論的検討

Ⅳ 争点整理のための手続

❶ 概　説

(1) 各手続の概要

　民訴法は,「争点及び証拠の整理手続」(第2編第3章第3節。以下「争点整理手続」という。)として,準備的口頭弁論,弁論準備手続及び書面による準備手続の3種類の手続を定めている。また,争点整理を直接の目的とした手続ではないが,民訴規則により進行協議期日が定められている(規則95条)。

■争点整理手続の一覧表

手続の種類	準備的口頭弁論	弁論準備手続	書面による準備手続
開始要件	争点整理の必要性(解釈上+相当性)	①争点整理の必要性②当事者の意見聴取(解釈上+相当性)	①相当性(当事者が遠隔地に居住その他)②当事者の意見聴取
主宰者	受訴裁判所	受訴裁判所受命裁判官も可	裁判長(高等裁判所においては受命裁判官も可)
実施場所	法廷	法廷外の部屋も可	─
公　開	公開	非公開。一定の場合には関係者が傍聴可。	─
なし得る訴訟行為	制限なし(証人尋問も可能)	準備書面の提出,文書の証拠調べ,証拠の申出,釈明権行使等	準備書面の提出書証の写しの提出釈明権行使等
当該手続で実施すべき典型的な事件類型	①当事者・関係者が多数の事件(大規模集団訴訟等)②公開の要請が強い事件(行政事件,労働事件,社会的関心が高い事件等)	①電話会議システムを利用すべき事件②プライバシーや秘密保持に配慮すべき事件	①当事者(訴訟代理人)が遠隔地に居住している事件②当事者が病気等で出頭することが困難な事件

　(注)　特に,大江ほか・手続裁量・101頁以下〔村田渉〕を参照した。

Ⅳ◇争点整理のための手続

(2) 各手続の選択

3種類の争点整理手続（通常の口頭弁論を加えれば4種類の手続）のうち，どの手続を選択して争点整理を行うかは，裁判所の手続裁量に委ねられている（法164条・168条・175条）。

(a) 現在の運用

争点整理手続の中では，約99％の割合で弁論準備手続が用いられていると報告されている[1]。また，争点整理手続を実施せずに，通常の口頭弁論において争点整理を行う事件も，相当程度の割合で存在するようである[2]。大規模訴訟では，通常の口頭弁論と進行協議期日を相互に入れるという方法も活用されている[3]。

(b) 評　　価

弁論準備手続については積極的な評価が多い。具体的には，証拠を見ながら議論するには一番適している，準備室等を利用して裁判所と当事者が忌憚のない意見交換をすることができる，期日の設定に融通性があるといった指摘がなされている[4]。

他方で，弁論準備手続の問題点も指摘されている。例えば，弁論準備手続は口頭弁論と比べて緊張感を保ちにくいこと，当事者間の言い合いに近い応酬が多くなること等から，長時間化しやすいとの指摘がある。そしてこの論者は，口頭弁論における争点整理をできる限り充実させるべきであり，弁論準備手続を安易に用いるべきではないと主張する[5]。

---

[1] 近藤隆司「民事訴訟法改正の計量分析に基づく検証 争点整理手続の分析―弁論準備手続は制度目的を達成しているか？」判夕1307号（2009）31頁。

[2] 菅野・民訴法改正10年・65頁。菅野ほか・アンケート結果(1)主張整理関係・29頁によると，平成19年秋に行われた東京地裁民事部のアンケートでは，「主に弁論準備手続を利用する」が50.2％，「事案によって口頭弁論手続と弁論準備手続を使い分けている」が37％，「主に口頭弁論手続を利用する」が3.7％だった。

[3] 高橋ほか・〈座談会〉民訴法改正10年・14頁〔福田剛久発言，秋山幹男発言〕。

[4] 菅野・民訴法改正10年・65頁，高橋ほか・〈座談会〉民訴法改正10年・13頁以下〔福田発言，秋山発言〕。

[5] 瀬木比呂志『民事訴訟実務と制度の焦点―実務家，研究者，法科大学院生と市民のために』（判例タイムズ社，2006）131頁以下。遠藤ほか・〈座談会〉争点整理(上)・19

なお，新民訴法制定当初は，とりわけ弁護士から，非公開である弁論準備手続を積極的に活用することに対して警戒感が示されていた[☆6]。しかし，現在の運用については弁護士からもあまり異論がないように思われる。これは，大多数の事件においてはあえて公開法廷で行う必要性がなく（関係者の傍聴は弁論準備手続においても可能），他方公開の要請が強い事件については通常の口頭弁論で争点整理が行われていることによるものと考えられる。

(c) 今後の課題

現時点では，主として弁論準備手続と通常の口頭弁論において争点整理が行われているが，両者は優劣の関係に立つものではない。事案に応じた適切な手続選択ができるようにするためにも，手続に当事者本人をどのように関与させるべきか，専門訴訟において専門委員をどのように活用すべきか等，訴訟類型ごとに具体的な場面を念頭に置いて争点整理のあり方を検討する必要がある[☆7]。

〔福島　成洋〕

2　弁論準備手続

弁論準備手続とは，争点及び証拠の整理のために行われる，口頭弁論を準備するための事前手続である[☆8]。

前述のとおり，実務上，争点整理手続の中では約99％の割合で弁論準備手続が用いられており，弁論準備手続が利用されないのは，公開の口頭弁論期日で

　　　頁以下，遠藤ほか・〈座談会〉争点整理(下)・5頁以下も参照。
☆6　竹下ほか編・研究会新民訴法・181頁〔田原睦夫発言〕，秋山幹男ほか「座談会 新民事訴訟法及び新民事訴訟規則の運用について(2)」曹時49巻8号（1997）107頁〔秋山幹男発言〕等参照。
☆7　争点整理を含む訴訟運営について訴訟類型別に検討したものとして，東京地方裁判所プラクティス委員会編『計画審理の運用について』（判例タイムズ社，2004）がある。
☆8　松本＝上野・343頁参照。

Ⅳ◇争点整理のための手続

争点整理を行う必要がある行政事件や労働事件及び多数当事者の大規模訴訟や社会的に注目を集めている事件，争点が単純なため準備書面の交換で争点が明らかになる事件，早い段階で終結が予想される事件☆9や一部の本人訴訟などに限られている。

(1) 開始手続

　裁判所は，争点及び証拠の整理を行うため必要があると認めるときは，当事者の意見を聴いて，事件を弁論準備手続に付することができる（法168条）。

　当事者の意見については，裁判所を拘束するものではないとされており，当事者双方が弁論準備手続に付することに反対しているにもかかわらず，裁判所が職権で弁論準備手続に付することも適法とされているが☆10，その場合にも，当事者双方の申立てがあれば，弁論準備手続は必要的に取り消される（法172条ただし書）。

　なお，訴えが提起された場合に裁判所は速やかに第１回口頭弁論期日を指定しなければならず，これに代えて弁論準備手続に付することができるのは当事者に異議がないときに限られている（規則60条1項ただし書）。

(2) 非公開の手続であること

　弁論準備手続は，一般公開を要しない。

　ただし，裁判所は，①「相当と認める者」の傍聴を許すことができ（法169条2項本文），②「当事者が申し出た者」については，手続を行うのに支障を生ずるおそれがあると認める場合を除き，その傍聴を許さなければならない（同項ただし書。関係者公開と称せられる。）。

　手続を行うのに支障がある場合とは，具体的には①その者が傍聴に止まらず勝手に発言して審理を妨げるおそれがある場合，②傍聴人がいることで相手方当事者が萎縮し，自由な発言が困難になり，争点整理の実効性を欠くおそれがある場合，③裁判所として弁論準備手続に使う通常の部屋を使用する場合にお

☆9　上谷＝加藤編・総括と展望・129頁〔前田順司〕参照。
☆10　コンメⅢ・468頁，講座新民訴法Ⅰ・319頁〔上原敏夫〕参照。

いて，傍聴席が足りない場合などである☆11。

当事者が申し出た者が傍聴不許可になった場合に，申し出た当事者は，傍聴不許可に対して通常抗告（法328条1項）ができるし，相手方当事者は傍聴許可に対して通常抗告ができると解されている☆12。

(3) なし得る訴訟行為

裁判所は，当事者に準備書面を提出させることができ（法170条1項），文書及び準文書の証拠調べをすることができるほか，証拠の申出に関する裁判その他の口頭弁論の期日外においてすることのできる裁判をすることができる（同条2項）。

もっとも，受命裁判官が手続を主宰する場合には（合議事件については，ほとんどの事件で受命裁判官が手続を主宰している。），これらの裁判をすることは許されず（法171条2項かっこ書による除外），訴訟指揮に対する異議の裁判は受訴裁判所が行う（法171条2項ただし書）こととされ，受命裁判官がなし得る裁判は，調査嘱託，鑑定嘱託及び文書送付嘱託についての裁判（同条3項）と文書の証拠調べに限られる。

いずれの場合も，人証の取調べはできない。

なお，平成8年改正当初は，弁論準備手続で陳述書が文書として証拠調べの対象とされると，公開法廷での尋問の形骸化・軽視を招き，ひいては口頭弁論そのものが形骸化してしまうという危惧が指摘されていたが☆13，現在は，人証調べを行うほぼすべての事件において，弁論準備手続で陳述書が証拠調べの対象とされている。

(4) 電話会議の方法による期日の実施

裁判所は，当事者が遠隔地に居住しているときその他相当と認めるときは，

☆11　講座新民訴法Ⅰ・323頁〔上原〕，塚原ほか編・新民訴法の理論と実務(上)・222頁〔加藤新太郎〕。

☆12　コンメⅢ・493頁参照。

☆13　小林秀之ほか「座談会 民訴改正要綱・民訴法案をめぐって」判タ903号（1996）4頁以下。

当事者の意見を聴いて，電話会議の方法によって期日を実施することができる（法170条3項，規則88条2項・3項）。ただし，当事者の一方がその期日に出頭した場合に限られる（法170条3項ただし書。当事者双方の出頭が困難な場合には，書面による準備手続を利用することが考えられる。）。

現行法施行当初は電話会議の方法による期日は，裁判所外にいる当事者が，自己には聞こえないところで（電話外で）出頭した当事者が裁判官と接触して有利な心証を得ようとするのではないかという疑念を抱く可能性があり，手続の公正，対席審理の徹底という面で問題があるという指摘もあった☆14。しかし，実務上は代理人間の信頼関係を前提に問題なく運用されている。

電話会議の方法による弁論準備手続においても，訴えの取下げ，和解，請求の放棄・認諾をすることができる（平成15年改正法により，同改正前法170条5項が削除されたため。）。訴訟代理人としては，書面による受諾和解（法264条）を利用しなくても，簡便に和解を成立させる方法があることに留意すべきである。

(5) 弁論準備手続の終結

裁判所は，弁論準備手続を終了するにあたり，その後の証拠調べにより証明すべき事実を当事者との間で確認する（法170条5項・165条1項）。

裁判長は，相当と認めるときは，弁論準備手続を終了するにあたり，当事者に弁論準備手続における争点及び証拠の整理の結果を要約した書面を提出させることができる（法170条5項・165条2項）。当事者が提出した要約書面は，新たな主張等を記載するものではないから，本来の準備書面とは性格が異なる☆15。

現在の実務上要約書面が提出されることは稀であり，争点が明確でない場合もあるが，裁判官において口頭で確認されている事件が多いように思われる。

(6) 弁論準備手続の効果

(a) 口頭弁論における弁論準備手続の結果陳述

弁論準備手続終結後の口頭弁論においては，当事者は弁論準備手続の結果を

☆14　講座新民訴法Ⅰ・325頁〔上原〕。
☆15　講座新民訴法Ⅰ・328頁〔上原〕。

口頭弁論において陳述しなければならない（法173条）。また，弁論準備手続の結果を陳述するときは，その後の証拠調べによって証明すべき事実を明らかにしてしなければならない（規則89条）。

これらの規定は口頭主義・公開主義の要請を満たす必要から置かれたものであり，現行法施行当初は口頭弁論における証拠調べの目標をその開始時に明確にするため上程手続を実質化することが望まれていた[16]。しかし，この点についても現在の実務上は，明示的になされないことも多く，形骸化しているといえる。

上程手続の実質化は，現実的には，当事者本人，証人，さらには傍聴人との関係で手続の透明性・わかりやすさを確保するうえで重要であり[17]，わかりやすい民事訴訟を実現するための今後の課題といえよう。

(b)　弁論準備手続終結後の攻撃防御方法の提出

平成8年改正前においては，準備手続に失権効が認められており，不必要な主張及び証拠の提出がされることが少なくなかったことなどから，準備手続は実務上あまり活用されていなかった。

そこで，平成8年改正法は，失権効ないし提出制約効を認めず，弁論準備手続終結後に新たな攻撃防御方法を提出する当事者に対し，説明義務を負担させるに止めた[18]。

具体的には，弁論準備手続終了後に攻撃防御方法を提出した当事者は，相手方の求めがあるときは，相手方に対し，弁論準備手続の終了前にこれを提出できなかった理由を説明しなければならず，（法174条・167条）この説明は，期日において口頭でする場合を除き，書面でなすことを要し（規則87条1項），期日において口頭でした場合には，相手方は，説明の内容を記載した書面を交付す

---

[16]　講座新民訴法Ⅰ・329頁〔上原〕。具体的には，当事者双方が，証拠調べにおいて明らかにする事実関係について，請求原因事実・抗弁事実・重要な間接事実の位置づけを意識して説明するとともに，争点となる事実を証明すべき具体的な証拠方法にも言及して述べるという方式を提示する見解などがある（塚原ほか編・新民訴法の理論と実務(上)・228頁〔加藤〕参照）。

[17]　講座新民訴法Ⅰ・330頁〔上原〕。

[18]　塚原ほか編・新民訴法の理論と実務(上)・219頁・229頁〔加藤〕参照。

るよう求めることができるものとされている（規則87条2項）。

　もっとも、訴訟代理人としては、①当事者のする説明の内容は、後に相手方が時機に後れた攻撃防御方法として却下を求めた場合に、民訴法157条の故意又は重過失を立証する重要な資料になること[19]、②合理的な説明ができなければ、弁論準備手続終結後に攻撃防御方法を提出したとしても、裁判所に、そうした態度を弁論の全趣旨として斟酌され、心証形成上証拠の証明力等を減殺する評価がなされ得ること[20]に留意する必要がある。

(7) 弁論準備手続期日の実情と課題

　弁論準備手続期日は、従前行われていた、書面の提出のみに終始する3分間弁論の期日を30分間の期日とし、書面の提出だけではなく時間をとって裁判所と双方当事者との間で議論をし、審理を充実させ、早期に争点を整理するための期日として設けられたという側面がある。

　しかしながら、多くの弁論準備手続期日は、裁判官が中心となって代理人に対して事実関係の質問をし、次回までの宿題を設定して終了する期日となっており、代理人同士の議論や双方代理人と裁判官の三者の議論は少ない。

　その理由として、①当事者に、裁判所の理解や心証形成を課題とする意識が強く、そのために、対話の相手が裁判所となること、②有利不利の判断を前提とするため、率直な議論にはなりにくいこと、③書面中心の意識があること、④代理人のもつ情報の少なさ、不確実さが一体となって、代理人同士などの議論がなされにくいこと、との指摘がある[21]。

　前述のとおり、争点整理の段階では裁判所よりも当事者の方が当該事件の内容等を詳しく知っているのだから、充実した争点整理を行うためには当事者の積極的関与が不可欠である。弁護士が①ないし④の意識を少しずつ改め、弁護士主導の争点整理プラクティスを模索すべきである。

〔永　岡　秀　一〕

---

[19]　コンメⅢ・517頁参照。
[20]　塚原ほか編・新民訴法の理論と実務(上)・230頁〔加藤〕参照。
[21]　以上、山本編・民事訴訟・126頁〔塩谷國昭〕。

❸ 準備的口頭弁論

(1) 意　義

　準備的口頭弁論とは，争点及び証拠の整理を目的として，裁判所が必要と認めたときに行う口頭弁論をいう。

　口頭弁論手続に段階を設け，争点及び証拠の整理を目的とする準備的口頭弁論を行い，そのうえで，本来の口頭弁論（本質的口頭弁論）を行おうというものである。

(2) 開始要件

　準備的口頭弁論は裁判所が，争点及び証拠の整理を必要と認めたときに行う（法164条）。

　弁論準備手続及び書面による準備手続と異なり，当事者双方に意見聴取する必要はなく，もっぱら裁判所の裁量によって開始される。

　もっとも，当事者が準備的口頭弁論によることを要請することは可能であるが，裁判所が必要と認める判断要素の一つを構成するに止まる。

(3) 手　続

　あくまで口頭弁論であるから，公開主義，口頭主義，直接主義及び双方審理主義等の口頭弁論における諸原則が適用され，文書以外の証拠調べも行うことができる点が，弁論準備手続との大きな相違点である。

(4) 手続の終了

　争点及び証拠の整理が整った場合，裁判所の決定により手続は終了する。

　準備的口頭弁論を終了するにあたって，裁判所は，その後の証拠調べにより証明すべき事実を当事者との間で確認する（法165条1項）。

　その場合，裁判所は，相当と認めるときは，裁判所書記官に確認された事実を準備的口頭弁論調書に記載させなければならない（規則86条1項）。

　裁判所は，相当と認めるときは，当事者に準備的口頭弁論における争点及び証拠の整理の結果を要約した書面（要約書面）を提出させることができる（法

Ⅳ◇争点整理のための手続

165条2項)。

(5) 終了後の攻撃防御方法の提出

準備的口頭弁論終了後に未提出の攻撃防御方法を提出した当事者は，相手方が求める場合には，相手方に対し，手続終了前に提出できなかった理由を説明しなければならず，期日以外では書面で説明しなければならない（法167条，規則87条)。

(6) 実施が想定される事件

証人尋問・当事者尋問を要する事件，社会的に関心がもたれている事件，行政事件や労働事件など公開法廷での審理に適する事件等において実施することが想定されているが，実際の実施例は少なく，多くの事件は弁論準備手続によって争点整理が行われている。

もっとも，準備的口頭弁論という手続を採らなくとも，通常の口頭弁論において，争点・証拠の整理を行っている場合もあり，このような口頭弁論は実質的には準備的口頭弁論と変わらない。

弁論準備手続のみではなく，実質的な準備的口頭弁論を積極的に取り入れることで，より効率的な争点整理ができるのではないかとの裁判官の意見[22]もある。

〔髙橋 幸一〕

❹ 書面による準備手続

(1) 意　義

書面による準備手続とは，当事者の出頭なしに準備書面等の提出により争点及び証拠の整理をする手続である。

---

[22] 遠藤ほか・〈座談会〉争点整理㊤・19頁，遠藤ほか・〈座談会〉争点整理㊦・5頁参照。

書面による準備手続が設けられた趣旨は，当事者が遠隔の地に居住している場合など，当事者が裁判所に出頭するについて障害がある事件について，当事者の負担を軽減するとともに，期日の調整が困難となって審理に遅延が生じるのを避け，争点等の早期の整理を可能とするためである。

具体的運用の場面としては，当事者が遠隔地に居住するときその他相当と認められる場合であり，かつ，手続の性質上，争点整理のための討論の密度が低くなることは否めないことから，争点が比較的単純な事案に限られることになると思われる☆23。

(2) 手続の要件

当事者が遠隔地に居住するときその他相当と認めるとき，裁判所は当事者の意見を聴いて書面による手続に付することができる（法175条）。

「当事者」は，原告又は被告と読むのが相当であり，弁護士が代理人となっている事件では，弁護士を基準にして「遠隔の地に居住している」かどうかを判断することになると考えられる。また，「その他相当と認めるとき」に，当事者が多忙であることを理由とすることは相当ではないと思われる☆24。

当事者の意見を聴くものとするのは，この手続によって早期に適切な争点等の整理をすることができるかどうかを見極めるためであると考えられる☆25。

(3) 手続の主宰者

手続の主宰者は，裁判長に限定されている（高等裁判所においては受命裁判官に行わせることもできる〔法176条1項〕。）。これは，当事者の出頭なしに争点を整理するには，豊かな実務経験が必要であると考えられたためである。

☆23　谷口安史＝上坂俊二「書面による準備手続及び進行協議期日（大阪地裁新民訴法研究会報告(7)）」判タ959号（1998）26頁。

☆24　谷口＝上坂・前掲注（☆23）24頁。なお，大江ほか・手続裁量・103頁〔村田渉〕は，訴訟代理人が多忙等の事情で期日が入りにくい事件を実施すべき典型的事件類型として挙げる。

☆25　谷口＝上坂・前掲注（☆23）25頁。

Ⅳ◇争点整理のための手続

(4) 書面による準備手続の内容

書面による準備手続は，準備書面等の交換及び期日外釈明（法176条4項・149条。なお，151条の釈明処分は準用されていない。）と，電話会議の方法による争点整理協議（法176条3項）を内容とする。

裁判長等は，準備書面等を提出すべき期間を定めなければならないとされており（法176条2項），これは，争点整理が漂流することを防止する趣旨である。

電話会議による争点整理協議を行った場合には，裁判長は，裁判所書記官に調書を作成させ，これにその結果を陳述させることができる（法176条3項）。

(5) 手続の終結

裁判所は，書面による準備手続が終結後の口頭弁論期日において，その後の証拠調べによって証明すべき事実を当事者との間で確認するものとする（法177条）。裁判長は，相当と認めるときは，手続を終了するにあたり，当事者に手続における争点及び証拠の整理の結果を要約した書面を提出させることができる（法176条4項・165条2項）。

なお，書面による準備手続においては，主張予定の準備書面と書証申出予定の文書の写しがあるのみなので，上記手続は，これらを訴訟資料化するという性格を有するものであり，準備的口頭弁論及び弁論準備手続の場合と異なる。

(6) 手続終結後の攻撃防御方法の提出

手続が終結し，民訴法165条2項の書面が陳述され，又は同法177条による証明すべき事実が確認された後は，当当事者は新たな攻撃防御方法の提出の際に説明義務を負う（法178条）。

〔海賀 裕史〕

❺ 進行協議期日

(1) 意　義

進行協議期日とは，口頭弁論における審理を充実させる目的で，口頭弁論の

期日外で裁判所と当事者とが口頭弁論における証拠調べと争点との関係の確認その他訴訟の進行につき必要な事項を協議するための期日である（規則95条）。

旧法下においても，裁判所と当事者が計画的な進行を図るため，刑事訴訟規則178条の10を参考に，審理の進め方等につき非公式に協議を行う機会を設けるなどされていた。民訴規則95条はこれを規則において明文化したものである。

(2) 進行協議期日の要件・内容

進行協議期日は，当事者双方が立ち会うことのできる期日として指定する必要がある（規則95条1項1文）が，本来争点整理を目的とするものではないため，新たな訴訟資料が提出されることは予定されていない。他方，訴えの取下げ並びに請求の放棄及び認諾という当事者の意思による訴訟終了行為については，これらを禁止する必要はないことから，特別に認められている（同条2項）。なお，和解の可否については，争いがあるも，和解ができるとの明文はないことなどから，これを行う場合には，和解期日を指定し，和解手続に切り替えたうえで行うべきである[26]。

また，進行協議期日においては，電話会議の方法による協議（規則96条1項），裁判所外での協議（規則97条）が可能である。電話会議の方法による場合には，一方当事者が出頭することが必要であり（規則96条1項ただし書），訴えの取下げ並びに請求の放棄及び認諾をすることはできない（同条3項）。

(3) 活 用 例

前述のとおり，この期日は，本来争点整理を目的とするものではないが，争点整理と密接に関連し，争点整理方式の選択など事件の進行に関わる事項を確定するものである。

すなわち，進行協議期日においては，審理計画を策定したり，知的財産権訴訟，建築工事の瑕疵をめぐる訴訟，医療訴訟等の専門的技術的な問題に関わる事件について専門家を交え，図や模型を用いた説明会を開いたり，争点整理とするか和解とするか進行の方向性を見極めるために協議したりすることが考え

---

[26] コンメⅢ・537頁。

Ⅳ◇争点整理のための手続

られ，これにより争点や今後の進行を把握し，審理の充実を期することができる。

また，進行協議期日は，裁判所が相当と認めるときは裁判所外で行うことができる（規則97条）。建築瑕疵に関する事件，境界確定事件，日照や眺望に関する事件，目隠しの設置等の相隣関係事件などでは，これを活用し，現地見分がなされている。このような現地見分において，事件の現場や係争物等を見ながら，証人尋問・鑑定・検証等の事項・方法を協議し，これらと争点との関係を確認することは，進行協議期日の目的と合致するものである☆27。

他にも，文書送付嘱託，調査嘱託，鑑定嘱託等を実施するための準備や意見聴取のためにも，進行協議期日は利用されている☆28。

(4) 注意点

もっとも，進行協議期日においては証拠調べを実施することができないのであるから，事実上の検証を主たる目的として裁判所外で行うというようなことは，慎重であるべきである☆29。また，この場合，あくまで事実上裁判所が現地を見分するというにすぎず，見分したことは訴訟資料とはならない。

そこで，見分した内容を訴訟資料としたい場合や，裁判官に心証をとってもらいたい場合には，代理人としては，民事訴訟の原則に立ち返り，進行協議期日としてではなく，証拠調手続である検証として行うよう申し出るべきである（法232条・219条）。

〔望月　崇司〕

☆27　コンメⅢ・536頁。
☆28　東京地方裁判所プラクティス委員会「新民事訴訟法・新民事訴訟規則の施行状況に関するアンケート結果の概要」判時1735号（2001）32頁。
☆29　新民訴法大系(2)・384頁〔西理〕。

第1章◆争点整理の理論的検討

❻ 計画審理

(1) 概　説

　民訴法は，すべての民事訴訟において，訴訟関係者に，訴訟手続の計画的な進行を図る責務を負わせている（法147条の2）。それに加え，複雑な事件等について，当事者双方との協議の結果をふまえて，裁判所は，審理の計画を定めなければならないものとする（法147条の3）。

　すべての事件について計画的な審理の進行が求められ，そのためには裁判所と当事者のそれぞれの責務をふまえた必要な協力をすることが求められる。民訴法147条の2は，その趣旨を表している☆30。

　また，民訴法147条の3に基づいて審理計画を定めて行う審理を計画審理という。

(2) 趣旨・沿革

　現行民訴法の施行後も，争点が多岐にわたる複雑なものやその解決のために専門的な知見を要するものが増加の一途をたどっており，これらの紛争を原因とする民事裁判においては，なお，往々にして審理すべき事項が錯綜し，手続の遅滞が生じているとの指摘がなされていた☆31☆32☆33。

　☆30　伊藤・235頁。

　☆31　平成15年改正一問一答・17頁。

　☆32　大阪地裁では，そのような状況にかんがみ，独自に計画的な審理を行うための工夫がなされた（上谷＝加藤編・総括と展望・82頁〔坂本倫城〕，小野洋一ほか「トラック方式による審理促進の試み─大阪地裁第16民事部における訴訟運営の実情から（民事実務研究）（特集　各種民事訴訟迅速化の動向）」判タ1032号（2000）84頁参照。各裁判所の取り組みについては，最高裁判所事務総局民事局監修『計画審理を中心とする複雑訴訟の運営に関する執務資料』（法曹会，2001）25頁以下参照。

　☆33　裁判所から当事者に訴訟の進行に関する情報を提供する書面（「プロセスカード」や「期日連絡表」などと呼ばれている。）を交付する試みも行われた。プロセスカードには，手続の内容・審理の予定・双方当事者が準備するべき事項やその履行状況などが記載され，これによって，手続が透明化されるとともに，手続が迅速化し，計画的に審理が行われるという効果があった（詳しくは，コンメⅢ・249頁，山本編・民事訴訟・35～38頁〔福田剛久＝山本和彦〕参照。

Ⅳ◇争点整理のための手続

　そこで，複雑な事件や専門的な知見を要する事件の審理の充実・迅速化を図るため，これらの事件については，裁判所が当事者双方との協議の結果をふまえて審理の終期を見通した審理計画を定め，それに従って審理を実施しなければならないこととするなど審理計画の策定義務等について規定を設けることとし，計画審理の推進を図ることとされた☆34。

(3) 計画審理の機能・争点整理との関係

　計画審理は，争点整理を目的とした制度ではないが，審理を計画立てて行うことによって争点の整理が促され，審理の充実・迅速化が図られるという機能を有する。

　そのほか，計画審理は，民事訴訟手続を可視化・透明化する効果を有する☆35。

(4) 審理計画の策定義務

(a) 審理計画の内容

　審理計画には，①争点及び証拠の整理，②証人及び当事者本人の尋問を行う期間，③口頭弁論の終結及び判決の言渡しの予定時期を定める必要がある（法147の3第2項）。

　また，特定の事項について，攻撃防御方法を提出すべき期間その他の訴訟手続の計画的な進行上必要な事項を定めることができる（法147条の3第3項・156条の2）。

(b) 計画審理の対象となる事件

　計画審理の対象となる事件は，①大規模訴訟，②類型別審理対象事件（証券取引訴訟，商品先物取引訴訟，土地境界確定訴訟，遺留分減殺請求訴訟，名誉毀損訴訟，火災保険金訴訟☆36），③専門部・集中部の対象になる事件，④既に審理に長期間を

　☆34　平成15年改正一問一答・17頁。
　☆35　コンメⅢ・243頁，山本編・民事訴訟・44～47頁〔福田＝山本〕。
　☆36　なおこれらの類型ごとの計画審理を想定した審理モデルの具体例について，東京地裁プラクティス委員会編著『計画審理の運用について』（判例タイムズ社，2004）33頁以下参照。

費やしている事件，⑤当事者が必要的計画審理を合意した事件[37]などのほか，争点が相互に交錯している事件，前例に乏しい事項が多数内包されている事件[38]などがある[39]。

(5) 審理計画の拘束力

民訴法は，「裁判所は，審理の現状及び当事者の訴訟追行の状況その他の事情を考慮して必要があると認めるときは，当事者双方と協議をし，その結果を踏まえて第1項の審理の計画を変更することができる。」と定めている（法147条の3第4項）。計画審理はその計画を遵守することが目的ではなく，法の定めるような事案につき，適切かつ迅速な審理を実現することがその趣旨である[40]。したがって審理の経過において必要に応じて柔軟に審理計画を変更する運用がなされるべきである[41]。

(6) 計画審理の運用状況・準計画審理

(a) 計画審理の運用状況

計画審理の運用状況については，「きちんとした計画審理は多くはないが，その精神は大いに浸透している」[42]との指摘や，「医療過誤訴訟のような専門的訴訟において，できるだけ変更せずにギリギリやっていくのは難しくひとまず余裕のある計画を訴訟の最後のところ，判決の時点までたててみて，途中で何か変更する必要があればあまり厳しく考えないで変更するやり方で行うのが良い」[43]との指摘がある。

---

[37] 東京地裁プラクティス委員会編著・前掲注（[36]）15頁。
[38] 梅本・535頁。
[39] 立法段階では，計画審理の対象となる事件として，大規模な公害事件や専門的な事項が争点となる困難な医療関係事件，建築関係事件などが想定されていた（平成15年改正一問一答・19頁）。
[40] 梅本・535頁。
[41] なお，民訴法は，失権効についての規定も定め，計画審理の実効性を担保している（法157条の2）。
[42] 髙橋ほか・〈座談会〉民訴法改正10年・20頁〔髙橋宏志発言〕。
[43] 髙橋ほか・〈座談会〉民訴法改正10年・20頁〔福田発言〕。

Ⅳ◇争点整理のための手続

当委員会においても現在では計画審理が実施されているとの報告はなく，民訴法の定める計画審理は制度として破綻している状況にあるといえる。

(b) **準計画審理**

東京地裁の一部では，正式な計画審理ではなく，拘束力が生じない形で計画的な審理を実施しようという試み（このような試みを「準計画審理」という。）が報告されている。これは，審理を当事者との協働作業として位置づけ，当事者の納得のもとに手続を柔軟に運営していこうという考え方に基づくものである[☆44]。

準計画審理の具体的内容としては，①次回期日だけでなく，常に2～3期日先の予定まで定めながら訴訟を進行する方法，②判決言渡しの予定時期までは定めないが，争点整理の終了時期を定めるとともに，可能な限り各当事者の準備書面や書証の提出時期も定めるという方法，③終局までの期間について，6か月，9か月，1年，1年半等の大まかな区分で定める方法（いわゆるコース別審理）等の工夫がある[☆45]。

〔井　上　侑〕

[☆44] 高橋ほか・〈座談会〉民訴法改正10年・20頁〔秋山発言〕。
[☆45] 東京地裁プラクティス委員会編著・前掲注（[☆36]）17頁。

V 諸外国の争点整理

❶ アメリカ合衆国

(1) アメリカの民事訴訟手続の概略

　アメリカの民事訴訟（civil litigation）における争点整理を検討する前提として，アメリカにおける民事訴訟手続の流れについて簡単に触れておく☆1。

　アメリカにおける民事訴訟は，原告（plaintiff）が地方裁判所の判事に訴状（complaint）を提出することによって開始となる。また，原告は訴状の写しを被告（defendant）に送達しなければならない。被告は，答弁（answer）か訴え却下の申立て（motion to dismiss）のどちらかを選択して，その書類を提出する。これがいわゆる訴答手続（pleading）といわれるものである。

　その後，第一審裁判所（trial court）の裁判官は，期日指定命令（schedule order）を下す。そして，トライアル（trial）という正式事実審理の前に，事件審理の準備のために，ディスカバリー（証拠開示手続：discovery）やプレトライアルカンファレンス（pretrial conference）などのプレトライアル（pretrial procedure）という手続に入る。このディスカバリーやプレトライアルカンファレンスの制度については後述する。実際には，プレトライアルの段階で和解（set-

---

☆1　アメリカには50の州があり，それぞれが異なったローカルルールを設けているだけでなく，連邦裁判所と州裁判所の2種類の裁判所があり，両者は独立かつ並立の関係にあるなど，アメリカの民事訴訟制度は極めて複雑である。本書はそのような詳細なアメリカの民事訴訟制度を解説することを目的とするものではないので，あくまでも一般的なアメリカの民事訴訟制度の説明に止めるものとする。なお，各州の民事訴訟手続も基本的にはアメリカ連邦民事訴訟規則（Federal Rules of Civil Procedure，以下「連邦民訴規則」という。）の方式によっていることから，本書でも主として連邦民訴規則を念頭に置いて説明する。

tlement）や裁判官のサマリ・ジャッジメント（summary judgment[☆2]）によってほとんどの事件が終結している。

プレトライアルの後にはトライアルという正式事実審理の手続に入るが、このとき陪審審理（jury trial）による場合と裁判官のみの審理による場合（非陪審審理：bench trial）の2とおりの審理方法がある。当事者のいずれかが陪審審理を求めれば、基本的には陪審審理となる。トライアルは各当事者の弁護士による冒頭陳述（opening statement）により開始し、証人尋問や証拠提出終了後、各当事者の弁護士による最終弁論（closing argument）が行われ、陪審審理であれば、陪審員による評決（verdict）がなされ、判決（judgment）が言い渡される。非陪審審理であれば、単に裁判官が判決を言い渡すことになる。

以上が大まかなアメリカの民事訴訟手続の流れである。

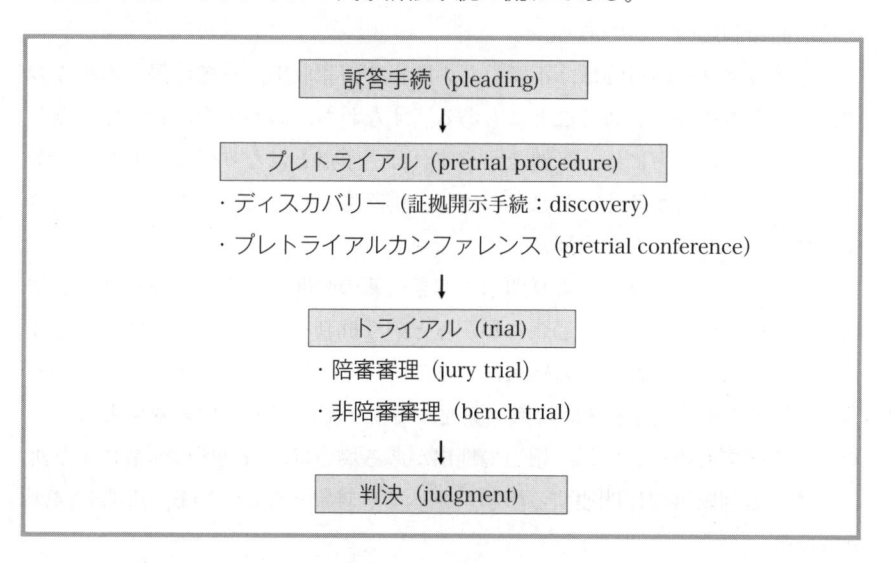

```
訴答手続 (pleading)
      ↓
プレトライアル (pretrial procedure)
 ・ディスカバリー（証拠開示手続：discovery）
 ・プレトライアルカンファレンス (pretrial conference)
      ↓
トライアル (trial)
 ・陪審審理 (jury trial)
 ・非陪審審理 (bench trial)
      ↓
判決 (judgment)
```

☆2 略式判決などと訳されるもので、プレトライアルの段階であっても、ディスカバリーによって得られた証拠によって、重要な事実に関する真正な争点がないことが立証された場合には、トライアルでの事実認定を行う必要がないので、当事者の申立てに基づき、裁判所が終局判決を下すものであり、訴訟全体を終結することもあれば、部分的な争点についてのみ確定的判断を下す場合もある（浅香吉幹『アメリカ民事手続法〔第2版〕』（弘文堂、2008）95頁）。

(2) アメリカの民事訴訟手続における争点整理

(a) 概　　説

アメリカの民事訴訟手続における争点整理は主にプレトライアルにおいて行われる。

具体的には，当事者間においてディスカバリーが行われた後に，和解等が成立しない場合には，プレトライアルの途中段階又は最終段階において，審理すべき争点を整理し，提出予定の証拠・尋問予定の証人等を確認する。

(b) ディスカバリー

(ア) **ディスカバリーの目的**　　ディスカバリーとは，トライアルの準備のために，一方当事者の要求によって，相手方又は第三者が事実や証拠を開示する手続をいうとされ，「証拠開示手続」などと訳されるアメリカ民事訴訟手続の特徴的な制度の一つである。

ディスカバリーの目的は，不意打ちの防止や情報収集，証拠の保全のみならず，真の争点をつきとめることにもある。すなわち，訴答書面において争点とされているものの中には，証拠上からすれば，争点とはなり得ないものまでが含まれていることが多く，それらの主張を排除することで，トライアルを真の争点に集中させることを可能にしている☆3。

(イ) **ディスカバリーにより開示すべき情報の範囲**　　ディスカバリーが濫用的に利用され，コストが過剰にかかるという批判を受けた形で2000年に連邦民訴規則が改正された。その結果，ディスカバリーによって開示すべき情報とは，「他の当事者の請求又は防御に関連する事項で，秘匿事項の対象となっていないすべてのもの」とされ，相当の理由がある場合は，裁判所の命令により訴訟の主たる判断事項に関連する事項のすべても対象となっている（連邦民訴規則26条(b)(1)）。

(ウ) **ディスカバリーの方法**　　ディスカバリーの具体的な手続としては，①証言録取（depositions☆4），②質問書（interrogatories☆5），③文書提出（pro-

---

☆3　丸山英二『入門アメリカ法〔第2版〕』（弘文堂，2009）77頁。

☆4　証言録取とは，当事者又は第三者を証人として召喚し，宣誓させたうえで交互尋問を行うものをいう。

ducing documents ☆6），④現場検証（entering onto land, for inspection），⑤身体検査又は精神検査（physical and mental examinations），⑥自白要求（requests for admission ☆7）などがある☆8。このうち①証言録取，②質問書及び③文書提出が実務上主要なものとされている☆9。

ディスカバリーの要求は，当事者の主導権に基づいて行われ，裁判所による事前の承認などは原則として不要である☆10。

(c) プレトライアルカンファレンス

プレトライアルカンファレンスは，当事者又はその訴訟代理人及び裁判官との間で行われ，争点整理の場としての機能を予定している☆11。

すなわち，具体的なプレトライアルカンファレンスの運営方法については，各州や各裁判官によって異なるものであるが☆12，一般的には，最初のプレトライアルカンファレンスは，スケジュール設定のために，訴訟の開始後間もなく行われ，何回か協議を重ねて，争点や証拠等を絞り込み☆13，最終のプレトライアルカンファレンスを経て，その協議結果はプレトライアルオーダー

☆5 一方当事者が他方に書面で質問をし，その回答を求めるという手続であり，日本の当事者照会制度（法163条）のモデルとなった手続である。

☆6 文書提出は，一方当事者が相手方に対し，提出すべき書類等を記載した要求書を送達することによって行う。

☆7 自白要求とは，一方当事者が自らの主張について認めるよう他方に書面で要求するものであり，回答書は，自白又は否認をしなければならず，不知という答弁が許されないのが原則である。

☆8 デジタル・フォレンジック研究会監修／町村泰貴＝小向太郎編著／藤村明子ほか『実践的eディスカバリ―米国民事訴訟に備える』（NTT出版，2010）33頁。

☆9 司法研修所編『アメリカにおける民事訴訟の運営』（法曹会，1994）174頁。

☆10 ジェフリー・C・ハザード・ジュニア＝ミケーレ・タルッフォ（谷口安平監修／田邊誠訳）『アメリカ民事訴訟法入門』（信山社出版，1997）126頁。

☆11 丸山・前掲注（☆3）86頁。

☆12 園尾隆司「アメリカの州裁判所における民事訴訟の実情」判タ985号（1998）4～30頁参照。

☆13 例えば，マサチューセッツ州連邦地方裁判所では，最終のプレトライアルカンファレンスにおいて，トライアルで審理すべき争点の確定，尋問予定証人及びその証言内容の開示，提出予定の証拠の交換，不要な証拠の排除，トライアルの所要時間の制限等が協議され，最終のプレトライアルカンファレンスの5営業日前までに，提出予定

(pretrial order) に記録されることになる。このプレトライアルオーダーに記載された内容は明白な不正を防止するような場合を除き修正が認められない（連邦民訴規則16条(e)）。

このプレトライアルオーダーの主要な目的は、トライアルを効果的に進行させることやプレトライアルオーダーに記載されていない証拠や証人の追加を原則として認めないことで不意打ち防止を図ること、トライアルで審理される争点を定め、絞り込むことにあるとされている☆14。

(d) 争点整理における裁判官及び当事者（又は訴訟代理人）の役割

アメリカの民事訴訟手続においては、当事者主義（adversary system ☆15）を基本理念としている☆16。アメリカの民事訴訟手続における当事者主義とは、自己の勝訴のために積極的かつ攻撃的に訴訟活動を展開する対立当事者及びその代理人の活動を軸に訴訟が進行し、対立当事者の間にいる受動的な裁判官や陪審員らがその勝敗を決定するという基本原理といわれる☆17。1980年代以降、真実発見の見地から、裁判所の訴訟運営権限を強化する形での連邦民事訴訟規則の改正が行われているが、争点整理を含めた訴訟進行全般にわたって当事者が主導するという建前自体が変わるものではない。

その結果、ディスカバリー等を通じて当事者において主張立証の整理や争点の確認を完了させることが当事者間の役割として期待され☆18、裁判官はあく

の証拠の簡潔な要旨、争いのない事実と争いのある事実、法律上の争点、トライアルの見込み期間、尋問予定証人の氏名、提出予定の証拠等を記載した双方代理人作成の共同プレトライアルメモ（joint pretrial memorandum）を提出しなければならないとされている（齊藤暁子「アメリカ合衆国マサチューセッツ州の民事訴訟における争点整理」判タ1268号（2008）83頁）。

☆14　モリソン・フォースター外国法事務弁護士事務所『アメリカの民事訴訟〔第2版〕』（有斐閣、2006）128頁。

☆15　adversary system は「当事者主義」と和訳されることが一般的であるため、本書でもそのように表記するが、正確には、日本の民事訴訟において通常用いられる当事者主義という概念とアメリカにおける adversary system という概念とはやや異なる概念である。

☆16　モリソン・フォースター外国法事務弁護士事務所・前掲注（☆14）2頁。

☆17　小林秀之『アメリカ民事訴訟法〔新版〕』（弘文堂、1996）74頁。

V◇諸外国の争点整理

までも事件の進行全体を管理するという役割を担っているとされる[19]。

(3) 日米の民事訴訟手続おける争点整理の比較

　日本とアメリカの民事訴訟手続における争点整理についてかんがみるに、国も法律も違う以上、様々な違いが存在すること自体は当然としても、大きな違いとしては、アメリカの方が日本よりも当事者主義を貫徹していることとプレトライアルの存在が考えられる。

　アメリカは当事者間の直接のやり取りを重視しており、実質的な争点整理も当事者間の協議によってなされ、裁判所は間接的な関与に止まる傾向が強いのに対して、日本においては裁判官が争点整理を主導することもあり、どちらかといえば、争点整理は裁判所と当事者の共同作業というイメージである[20]。

　また、アメリカでは、プレトライアルとトライアルという形で手続が明確に区切られ、争点整理についてはプレトライアルで行うということで確立しているが、日本においては、随時争点整理が可能であり、アメリカのような明確な手続上の区切りは存在しない[21]。

〔鈴木　俊〕

---

[18]　宇田川公輔「世界の司法―その実像を見つめて(76)アメリカにおける裁判所の民事事件処理手続について―カリフォルニア州サクラメント郡上位裁判所を拠点として」判タ1189号（2005）85頁。

[19]　齊藤・前掲注（[13]）84頁。

[20]　日本の争点整理は職権主義的な運営ではなかろうかという問題意識も提示されているところである（山本・当事者主義的訴訟運営・65頁）。

[21]　日本においてもプレトライアルカンファレンスを徹底して、訴訟の効率的な運営を図っていくべきとする考えもある（三宅弘人「民事訴訟法施行100周年記念国際シンポジウム『国際化時代における民事司法』―セッションⅡ『民事訴訟法改革の比較法的検討』における口頭報告」判時1456号（1993）6頁）。

❷ イギリス[☆22]

(1) イギリスの裁判制度の概略

　イギリスの民事第一審裁判所は，高等法院（High Court of Justice）と県裁判所（County Court）である。高等法院は無制限の第一審管轄を有する裁判所であり，県裁判所は比較的簡単な事件を扱うなど管轄上の一定の制限がある[☆23]。

　高等法院には，①損害賠償や契約法等の通常事件を扱う女王座部（Queen's Bench Division），②不動産，信託，倒産等の事件を扱う大法官部（Chancery Division），③人事訴訟事件を扱う家事部（Family Division）に分かれている。以下では，高等法院の女王座部の一般的な手続を紹介する[☆24]。

　まず，訴訟は，召喚令状[☆25]の発令によって開始される。召喚令状とは，訴訟の開始を被告に告げる公文書である。原告の請求を争う意思のある被告は，答弁書（アクノリッジメント：acknowledgment of service）に争う意思のある旨を記入して返送する。

　争う意思のある旨記入された答弁書が提出された場合には，当事者による争点整理の段階に進む。争点整理が終結すると，当事者双方は証拠開示を行う。その後，正式公判の申込み（セットダウン：set down）を行い，正式公判（トライアル：trial）が行われる。トライアルは，通常，原告側が冒頭陳述・立証を行い，被告側の反証を経て，被告側最終陳述，原告側最終陳述と進められることにな

[☆22]　イギリスの民事裁判制度に関する参考文献として，最高裁判所事務総局編『外国の民事訴訟の審理に関する参考資料』（法曹会，1993），司法研修所編／菅野博之ほか『イギリスにおける民事訴訟の運営』（法曹会，1996），菅野博之「英国の民事訴訟」法曹会編著『ヨーロッパにおける民事訴訟の実情(上)』（法曹会，1998）1頁，司法研修所編『イギリス，ドイツ及びフランスにおける司法制度の現状』（法曹会，2000）1頁，我妻学『イギリスにおける民事訴訟の新たな展開』（東京都立大学出版会，2003），柴田憲史「世界の司法—その実像を見つめて(89)イギリスにおける民事司法改革の成果—イギリス式計画審理の実情」判タ1221号（2006）81頁。

[☆23]　司法研修所編／菅野ほか・前掲注（☆22）5頁。

[☆24]　司法研修所編／菅野ほか・前掲注（☆22）48頁。

[☆25]　従来は，「writ of summons」という用語が使用されていたが，後述する新民事訴訟規則施行後は「claim form」と呼ばれている。

る。正式公判の終了後，判決が言い渡される。

(2) 従来の争点整理手続と新たな民事訴訟規則の制定
(a) 従来の争点整理手続

イギリスにおける争点整理手続は，正式公判そのものではなく，当事者による正式公判のための準備と考えられている。したがって，争点整理手続は，第一次的には，当事者に委ねられている。当事者間で手続を進めていくうえで意見の対立が生じ，当事者だけでは解決できないときに初めて裁判所が関与するというのが基本的な姿勢となっている☆26。

イギリスの従来の争点整理手続は，プリーディング（Pleading）と呼ばれ，当事者同士で事実の主張を記載した書面（プリーディングズ：Pleadings）を送達し合うことになる☆27。このプリーディングの手続は，わが国における準備書面の交換と似ているが，この手続の段階においては，裁判所が関与しない点が大きく異なる。したがって，各種プリーディングズは，争点整理手続の段階では裁判所に提出されず，セットダウンの際になって初めて裁判所に提出されることになる。

このように，プリーディングは当事者のみで行われることから，訴訟の遅延の原因になることが懸念された。そこで，プリーディングズの通数の制限や，訂正の制限，プリーディングズの送達・訂正等の期限等が規定されている。期限を遵守しなかった場合には，原告が遵守しなかった場合には訴えの却下，被告が遵守しなかった場合には請求認容判決を求めることができる☆28。

☆26 司法研修所編／菅野ほか・前掲注（☆22）79頁。
☆27 まず，原告は，請求を基礎づける事実を記載した書面であるステイトメント・オブ・クレイム（statement of claim）を提出する。被告は，ステイトメント・オブ・クレイムに記載された事実について認否し，被告の主張を基礎づける事実を記載した書面であるディフェンス（defence）を提出する。ディフェンスの送達された後，原告から被告に対して，ディフェンスに記載された新たな事実についての認否及び反論を記載した書面であるリプライ（reply）を送達することがある。司法研修所編／菅野ほか・前掲注（☆22）49頁・86頁。なお，後述するように，新民事訴訟規則施行後は，プリーディングズに代えて「statement of case」が用いられている。
☆28 司法研修所編／菅野ほか・前掲注（☆22）81頁。

第 1 章◆争点整理の理論的検討

　上記のとおり，イギリスにおける争点整理は，当事者による手続なのであるが，当事者だけでは解決できないときには裁判所が関与することになる。この場合に関与することになるのは，トライアルを担当する正判事ではなく，中間手続を専門とするマスター等の補助裁判官である。マスターの権限としては，プリーディングズの提出期限の延長，プリーディングズの訂正の許可，プリーディングズの訂正の命令，事実の釈明の命令，プリーディングズの却下等がある☆29。

(b)　新民事訴訟規則制定後の争点整理手続

　1999年に新民事訴訟規則（Civil Procedure Rules）が施行され，上記の手続を基本原則としつつも，争点整理を充実させるため，裁判所がより積極的にケースマネジメントに関与していくという考え方が導入された。

　そこでまず，裁判所は，事件をその軽重に応じて少額裁判手続，迅速コース(fast track)，マルチ・トラック（multi-track）という3種類の手続に配分し，ケースマネジメント担当の裁判官が，事案に応じた審理計画を策定して，裁判の進行を管理していくことになる☆30。具体的には，①当事者が互いに協力して訴訟追行するようにすること，②早期に争点を特定すること，③トライアルで審理すべき争点を迅速に絞り込むこと，④裁判所が適切かつ促進すべきと考えた場合には，ＡＤＲを当事者に奨励すること，⑤当事者が事件の全部又は一部について和解できるように援助すること，⑥事件の進行計画表を決めること，⑦事件の進行をコントロールすること，⑧トライアルが迅速かつ効率的に進行するように指示を与えることなどである☆31。

　また，従来のプリーディングに代えて，請求の原因及び事実の陳述書（state-

☆29　司法研修所編／菅野ほか・前掲注（☆22）99頁。

☆30　原則として，請求金額が5000ポンド以下の事件は少額訴訟手続，請求金額が5000ポンドを超え，1万5000ポンド以下の事件は迅速コース，1万5000ポンドを超える事件はマルチトラックとなる。例えば，迅速コースでは，当事者が正式公判の申込みを行うのではなく裁判所が正式公判期日を設定し，正式公判期日も最大1日のみであり，証人については原則陳述書の提出によることとしている。詳細については，我妻・前掲注（☆22）146頁以下。

☆31　我妻・前掲注（☆22）142頁。

ment of case) を導入している。この導入の目的は，当事者間で情報を交換し，トライアルでの不意打ちを防止すること，争点整理を行い，トライアルで必要な証拠を明らかにすること，裁判所にも争点を示すことである。従来のプリーディングが請求原因あるいは抗弁に重点が置かれ，あまりにも詳細なものになったため，かえってわかりにくくなった点を修正することが期待されている[32]。そして，請求の原因及び事実の陳述書の内容が何ら合理性のない場合や裁判手続を濫用している場合等の一定の場合には，裁判所は，職権又は当事者の申立てに基づいて訴えの全部又は一部について却下することができるなど，裁判所のケースマネジメントを担保する手段が講じられている[33]。

なお，争点整理手続後，トライアルの前に行われる証拠開示手続は，従来のディスカバリーに代えて，ディスクロージャーという手続へと変更された。ディスクロージャーは，文書のリストを作成し，当該文書の開示を認める手続であり，文書の開示手続と閲覧・謄写手続双方を規定するものとなった。従来，証拠開示の対象となる文書が膨大な量となることによって，訴訟遅延や訴訟費用の高額化を招いていたため，新民事訴訟規則では，当事者が開示するべき文書の範囲を，①当事者が自らの主張を裏づけるために依拠する文書，②当事者の主張に不利益な影響を及ぼすか，あるいは相手方の主張を裏づける文書，③通達によって開示すべき文書に限定している[34]。

〔森 田 芳 玄〕

---

[32] 我妻・前掲注（[22]）162頁。
[33] 我妻・前掲注（[22]）143頁。
[34] 我妻・前掲注（[22]）163頁。

第1章◆争点整理の理論的検討

❸　フランス[35]

(1)　フランスの裁判制度の概略

　フランスの民事第一審裁判所は，大審裁判所（Tribunal de grande instance）と1万ユーロ以下の少額事件を扱う小審裁判所（Tribunal d'instance），4000ユーロ以下の少額事件を扱う近隣裁判所（Juridiction de proximité）のほか，特定の事件のみを扱う例外裁判所として，商事裁判所（Tribunal de commerce）や労働裁判所（Conseil de prud'hommes）等がある。以下では，大審裁判所の一般的な手続を紹介する[36]。

　訴訟は，原告がわが国の訴状に相当する召喚状（assignation）を被告に送達し，いずれかの当事者が裁判所書記課に召喚状の写しを提出することにより，事件が裁判所に係属することになる。なお，被告は弁護士選任後，原告の弁護士に弁護士選任通知をし，裁判所書記課に被告弁護士選任届の写しを提出することになる。

　次に事前手続（instruction）が行われることになる。事前手続は，弁論のための準備にすぎず，口頭弁論期日ではない。まず，事前の進行についての打合せの期日である協議期日の指定が行われることになり，その後，各当事者の弁護士間で，準備書面（conclusion）の送達や書証（pièces）の伝達が行われる。この準備書面の送達等は当事者間で自発的に行われるものであり，裁判所は関与しない。書証は閲覧後，相手方に返還する。その後に，第1回協議期日が行われる。この期日は事件の進行の協議を行うものである。最大2回の協議期日で判決に適する状態にまで整わない場合には準備手続に付される。準備手続も事前手続内の一手続という位置づけである。準備手続に付さない場合は，直ちに

☆35　フランスの民事裁判制度に関する参考文献として，最高裁判所事務総局編・前掲注（☆22），司法研修所編／山下郁夫ほか『フランスにおける民事訴訟の運営』（法曹会，1993），野山宏「フランス共和国における民事訴訟の実情について」法曹会編著『ヨーロッパにおける民事訴訟の実情(下)』（法曹会，1998）1頁，司法研修所編・前掲注（☆22）『イギリス，ドイツ及びフランスにおける司法制度の現状』189頁。

☆36　最高裁判所事務総局編・前掲注（☆22）3頁，司法研修所編／山下ほか・前掲注（☆35）18頁。

事前手続終結命令をし，弁論期日の指定が行われる。

　準備手続は，準備手続裁判官により行われる。準備手続では，準備手続裁判官の監督下で当事者間による準備書面の送達，書証の伝達等が行われる。準備手続裁判官は，判決に適する状態になったと判断すると，事前手続終結命令を行う。事前手続終結命令後は，新たな主張や新たな証拠の提出ができなくなる。なお，証人尋問や鑑定等の証拠調べは事前手続において行われるが，フランスでは，証人尋問はほとんど行われない。

　事前手続が終了すると，弁論期日（débats）が指定される。なお，弁論開始の段階まで，裁判官が書証を見る機会はない。弁論期日においては，双方の弁護士が，口頭で事件の概要及びそれぞれの主張等について弁論を行う。内容としては，わが国の刑事訴訟手続における論告，弁論に近いものである。

　弁論期日後に，裁判官の合議が行われ，判決（jugement）がなされることになる。

　なお，フランスにおける特徴的な手続として，レフェレ（référé）というものがある[37]。レフェレとは，端的にいうと双方審尋に基づいて行われる保全訴訟であり，わが国の仮の地位を定める仮処分に比較的類似するものである。レフェレでは，双方審尋主義のもと，公開の口頭弁論を開いて審理されること，一回の期日だけで終わることが多いこと，レフェレの命令については仮の性格を有するにすぎず，本案訴訟の結論を拘束しないこと等の特徴がある。レフェレで請求される内容としては，債務の仮の履行を求めるものや建物の明渡しを求めるもののほか，鑑定等の証拠調べを命じるものもある。そのため，本案提起前の証拠保全機能も有している。

(2)　**争点整理手続**

　フランスにおいては，上記の準備手続において争点整理が行われることになるが，原則として弁護士が，準備書面と書証の準備をすることにより行われることになる。

　上述のとおり，準備手続は，協議期日が開かれ，そこで準備手続に付する決

---

[37]　司法研修所編／山下ほか・前掲注（[35]）198頁。

定がなされ，準備手続裁判官が指名されることによって開始される。当事者は，準備手続裁判官の監督のもとで準備書面の送達，書証の伝達を行う。準備書面の送達は，弁護士間で行われ，送達した準備書面の写しを裁判所書記課に提出することになる。書証の伝達とは，書証の原本を相手方に送付して閲覧の機会を与えることである。相手方は，閲覧後に提出者に返還する。準備手続の段階では，書証を裁判所書記課に提出することが義務づけられていないため，裁判所は書証の内容を知り得る立場にはない[38]。

　以上のとおり，裁判官は争点整理や証拠の整理を行わない。これは，一般的に裁判官は，事前手続の段階において，双方の弁護士に自由に主張させ，弁護士の主張内容に対して主張の必要性のないことや主張自体理由のないものであること等を理由に撤回や修正の勧告等をすべきではないと考えられていることによるものである[39]。しかしながら，準備書面の送達や書証の伝達をなすべき期限を定めることは，かなり積極的に行われている。そして，合理的理由の説明なく当事者の一方が期限内になすべき行為を行わない場合には，職権又は相手方の申立てにより，事前手続終結命令をなして事件を弁論に送付することになり，事前手続終結命令後に送達された準備書面や伝達された書証は弁論では援用できず，当該訴訟の審理から排斥される。また，当事者双方が期限内になすべき行為を行わない場合には，裁判官は抹消命令を発することができる[40]。ちなみに準備手続裁判官は，事案の解明や証拠調べを命じる裁判等の権限を有しているものの，上述のとおり当事者主義の考え方が根強いため，ほとんど行使されていないといわれる[41]。

　このようにフランスでは，裁判官が争点整理を行わない一方で，準備書面や書証の提出期限を定め，期限を遵守しないことによる制裁を規定することによって，準備書面や書証の提出遅延による訴訟の遅滞が生じないような仕組みになっている。ただ，このような制度においては，裁判官は当事者のいかなる主

---

[38] 司法研修所編／山下ほか・前掲注（[35]）56頁。
[39] 司法研修所編／山下ほか・前掲注（[35]）39頁。
[40] 司法研修所編／山下ほか・前掲注（[35]）68頁。なお，抹消の裁判がなされると，当該事件を進行中の事件から除去する効果を有する。
[41] 司法研修所編／山下ほか・前掲注（[35]）59頁。

張についても主張内容の整理を行わず、当事者に主張の機会を与えるため、主張自体失当の場合においても準備書面の交換が続けられてしまうという欠点があると指摘されている[42]。

〔森田 芳玄〕

4 ドイツ

(1) ドイツの裁判制度の概略

(a) 裁判所制度[43]

民事・刑事の通常事件については、基本的に、地方裁判所（Landgericht：LG）－上級地方裁判所（Oberlandesgericht：OLG）－連邦通常裁判所（Bundesgerichtshof：BGH）の三審制である[44]。少額事件は区裁判所（Amtsgericht：AG）－地方裁判所（LG）の二審制、家事事件は区裁判所（AG）－地方裁判所（LG）－上級地方裁判所（OLG）の三審制となる。なお、上訴については、上訴理由や訴額によって様々な制限がある。

これとは別に、行政・社会（社会保障関係事件）・労働・財政（租税事件）の各分野については、縦割りで独立した系統の特別裁判所が置かれている。例えば、行政事件については、行政裁判所（Verwaltungsgericht）－上級行政裁判所（Oberverwaltungsgericht）－連邦行政裁判所（Bundesverwaltungsgericht）の三審制である。

通常裁判所も、各種特別裁判所も、「連邦」の名が冠せられる最上級裁判所が連邦司法省の管轄であり、その他の裁判所は各州の司法省の管轄である。

なお、特許関係事件のうち審決取消訴訟及び特許無効訴訟については、連邦特許裁判所（Bundespatentgericht）－連邦通常裁判所（BGH）の二審制である[45]。

憲法問題については、連邦憲法裁判所（Bundesverfassungsgericht）が取り扱う。

---

[42] 司法研修所編／山下ほか・前掲注（[35]）40頁。
[43] 全体につき、北村一郎編『アクセスガイド外国法』（東京大学出版会、2004）167頁以下。
[44] OLGについては高等裁判所、BGHについては最高裁判所とも訳される。
[45] 法曹会編著・前掲注（[22]）238頁。

(b) 法曹制度[46]

　法曹養成制度は裁判官・検察官・弁護士で共通している。すなわち，大学で法学を履修した後，その卒業に際して「第1国家試験」（合格率50～70％程度）を受験する。これに合格すると，2年間の司法修習がある。なお，司法修習生は準国家公務員であり，月額1000ユーロ弱の給与が支払われる。その後，「第2国家試験」（合格率80％程度）に合格すると，法曹資格（Volljurist(in)）が付与され，任官ないし弁護士登録が可能となる。

　裁判官及び検察官は，基本的にはいわゆるキャリア官僚である。ただし，裁判官も検察官も基本的には，各裁判所ないし検察局の募集に応じることで任用の対象となるシステムであり，日本のような形での異動や昇進は一般的ではない。なお，職業裁判官以外の市民が，名誉職裁判官（ehrenamtliche(r) Richter(in)）ないし素人裁判官（Laienrichter(in)）として，裁判に参加する場合がある。刑事裁判における参審制もその一つである。

　弁護士の訴訟代理権は，伝統的には単一の裁判所についてのみ認められていた。例えばヘッセン州の通常地方裁判所に登録した弁護士は，同州のその他の地方裁判所・上級地方裁判所や他の州の裁判所では訴訟代理権をもたなかった。しかし，近時の複数回にわたる規制緩和の結果，現在は，上級地方裁判所レベルまでであればどの裁判所でも訴訟代理人となることができるようになっている。

　法曹の役割の一つとして公証人が非常に重視され，いわゆる成績優秀者が就任することが多い。もっとも，例えばヘッセン州では法曹としての一定年数の経験を要し，バイエルン州では別途の公証人試験（俗に「第3国家試験」といわれる。）に合格しなければならない。

(2) ドイツの民事訴訟手続の流れ

(a) 日本との共通点

日本の民訴法の母法国であり，基本的には日本と近似する。

---

[46] 全体につき，村上淳一＝守矢健一／ハンス・ペーター・マルチュケ『ドイツ法入門〔改訂第7版〕』（有斐閣，2008）239頁以下。その他，ドイツ弁護士 Daphne Axtmann 氏のご教示に多くを負っている。

すなわち，訴状の提出によって訴えが提起されると，被告がこれを争う場合は答弁書を提出して反論し，その後，各当事者がそれぞれ準備書面や書証を適宜提出し，その中で裁判所が争点整理や和解勧試を行い，そのうえで必要があれば人証調べ等に進み，終局判決に至る，というのが通常の流れである。

ちなみに，伝統的には，弁論と証拠調べは分離されずに一体的に行われ（証拠結合主義），攻撃防御方法は随時提出できるものとされていた（随時提出主義）。しかし，訴訟遅延対策から，1977年の法改正により，弁論（及びこれをふまえた争点整理）と証拠調べは原則的に区分けされ，攻撃防御方法は適時に提出すべきものとなり（適時提出主義），現在に至っている。

(b) 日本との相違点

争点整理に関しては後述するが，そのほか日本と大きく異なる点としては，弁護士代理の強制，一般的和解前置主義，人証調べの方式及び控訴審の性質が挙げられる。

(ア) まず，弁護士代理についてであるが，日本と異なり，地方裁判所以上の裁判所では弁護士代理が強制される。したがって，本人訴訟が許されるのは区裁判所のみである☆47。

(イ) 次に，2001年の民訴法改正により，すべての民事訴訟事件について，当事者及び裁判官の義務として，口頭弁論に先立ち，訴訟上の和解の勧試がなされなければならないものとされた（一般的和解前置主義☆48）。

この一般的和解前置主義に対して，弁護士からは，訴訟が遅延する，あるいは裁判を受ける権利の侵害につながりかねない☆49などといった批判が強く，非常に不評のようである。

なお，これとは別に，州によっては，訴額が750ユーロ以下の少額事件について，裁判外の和解所における和解の勧試が義務づけられている。これも弁護士には不評で，支払督促と異議による通常訴訟への移行の組合せによる潜脱が

☆47 村上＝守矢／マルチュケ・前掲注（☆46）243頁。

☆48 八田卓也「2001年ドイツ民事訴訟法改正について—概要の紹介と若干の検討を兼ねて」法政研究70巻3号（2003）151頁以下。

☆49 裁判所による和解勧試がかなり強力に行われる実務の現状（後述）とあいまっての批判であると思われる。

横行しているとのことである。

　(ウ)　人証調べについては、申請は当事者が行うものの、期日では裁判所による尋問がメインであり、各当事者ないし訴訟代理人による尋問は補充的である。

　なお、伝統的には、訴訟代理人が証人予定者と事前接触することは弁護士倫理上不適切な行為とされ（証人汚染禁止の原則）、証人の公正中立性の担保が図られていた[☆50]。かかる事前接触が判明した場合、裁判所は当該証人の証言の信用性を低く評価する傾向がある。しかし、最近では、訴訟代理人が裁判所や相手方に知られないように、密かに証人予定者と事前接触を行うことも少なくないようである[☆51]。

　(エ)　控訴審については、2001年の民訴法改正により、事後審化・法律審化が進み、新たな訴訟資料の収集（当事者の立場から見れば新たな攻撃防御方法の提出）や原審の事実認定の変更には、厳しい制約が課されるようになった[☆52]。

(3)　争点整理の規律と運用

(a)　二つの方式[☆53]

　ドイツ民訴法には、第一審の訴訟手続として、①早期第1回期日方式（275条）と②書面先行手続方式（276条）という2つの方式が定められている。

　まず、①早期第1回期日方式とは、訴え提起後できるだけ早い時期に、争点整理を目的とした第1回期日を指定し、裁判所と各当事者（訴訟代理人）との間の討論によって争点整理を行ったうえで、証拠調べを目的とした「主要期日」を指定し、集中証拠調べを行うというものである。

　次に、②書面先行手続方式とは、訴え提起後、期日指定をしないまま、各当事者に準備書面や書証を適宜提出させて争点整理を進め、そのうえで「主要期日」を指定して集中証拠調べを行うというものである。

☆50　法曹会編著・前掲注（☆22）212頁。
☆51　前掲注（☆46）のAxtmann弁護士のご教示による。
☆52　八田・前掲注（☆48）157頁。
☆53　法曹会編著・前掲注（☆22）170頁。

Ⅴ◇諸外国の争点整理

裁判官は，上記2つの方式を，個別の事件の性質に応じて事件単位で選択するというのが建前であるが，実務では，合議体ごとに選択する方式をほぼ固定していることが多い。また，一方の方式を選択しながら，他方の方式を混合するような運用をすることも少なくないようである。

(b) 求 釈 明[54]

ドイツの民事訴訟手続における争点整理を特徴づけるのは，裁判所による求釈明を駆使した強力な訴訟指揮である。要件事実論に忠実に，主要事実はもちろん間接事実まで，それらの立証方法も含めて，具体的かつ厳密に整理される。さらに，近年では，2001年の民訴法改正において求釈明義務が明文化されたことにより，従来は少なかった積極的求釈明や請求の趣旨に対する求釈明も盛んに行われるようになった[55]。

争点整理においては，かかる求釈明が，期日前もしくは期日間に書面で，又は期日において口頭で，盛んに行われる。なお，書面による求釈明は（求釈明対象ではない当事者にも送付されたうえで）記録に編綴され，期日における口頭による求釈明は調書に記載される。

釈明命令の例[56]

原告は，民事訴訟法273条により，本命令の送達後4週間以内に，次の釈明に対して回答しなければならない。

(a) 請求に係る損害賠償額は，付加価値税徴収前の額（税込額）で計算されているが，この額から付加価値税の額を控除すべきかどうかにつき，説明せよ。

(b) 1990年1月10日付及び同年3月22日付書面において述べられている損害場所及び損害対象物を明らかにするような，写真を提出せよ。各写真には，相応した符号（書証番号）を付さなければならない。

---

[54] 法曹会編著・前掲注（☆22）202頁。
[55] 前掲注（☆46）のAxtmann弁護士のご教示による。
[56] 法曹会編著・前掲注（☆22）202〜203頁。

(c) 1990年3月22日付書面において述べられている材料費用支出額の増加について，対応する購入代金領収書のコピーを提出せよ。専門技能者の従事時間報酬が計算されている点につき，誰が，いつからいつまでの日時どのような内容の修理作業を行ったのかについて，証拠を提出して説明せよ。外国人労働者については，賃金請求書のコピーを提出しなければならない。

(c) 期日の準備―出頭命令・証人呼出し・鑑定[57]

ドイツの民事訴訟においては，事情聴取や和解勧試を目的として，当事者本人の裁判所への出頭（期日への出頭の場合もあれば，期日外の場合もある。）がしばしば求められる。

また，「主要期日」において集中証拠調べを実施するためには，事前に証人を呼び出しておくことが不可欠である。なお，実務では，証人の採用決定を事前に行わず，各当事者から申請されたすべての証人を呼び出し，期日の中で必要に応じて採用決定をすることが多いので，結果的に無駄足を踏む証人予定者も少なくない。

鑑定をする場合には，裁判所は，期日前又は期日間に，鑑定人から提出された鑑定書を各当事者に交付し，準備書面等で意見を述べさせる。そのうえで，必要に応じて，「主要期日」に鑑定人を呼び出し，鑑定人質問を行う。

(d) 期日における争点整理―要約説明・求釈明・事情聴取[58]

期日においては，その冒頭，裁判所が事件の事実関係及び争点について要約説明を行う。

この際，事実認定上の問題点や法律上の問題点について裁判所の認識・見解が具体的に示され，それに即して当事者に前述のような詳細な求釈明がなされたり，当事者本人が出頭している場合には直接に事情聴取がなされたりする。

これらに対しては，訴訟代理人からその場で即座に回答・反論がなされ，活発な討論が行われることがしばしばである。

---

[57] 法曹会編著・前掲注（[22]）204頁。
[58] 法曹会編著・前掲注（[22]）208頁。

(e) 和解勧試[59]

一般にドイツの民事訴訟における裁判所による和解勧試は，具体的な和解案を提示したうえで行われることが多い。和解勧試を主宰する裁判官は判決手続を主宰する裁判官と同一であり，和解案の内容は基本的にその時点での裁判所の心証に準拠する。

争点整理手続中の和解勧試は，各当事者の主張立証の展開等に応じて，期日前・期日間に書面で行われることもあるようだが，多くの場合は期日において口頭で行われる。このとき，裁判所は，前記の「要約説明」（一種の心証開示である。）を前提として，かなり強力に和解ないし訴えの取下げを勧告する。

(f) 争点整理の終了

争点整理手続中に和解が成立し，また訴えの取下げがあれば，争点整理は終了し，訴訟も終了することはいうまでもない。

和解も取下げもない場合は，各当事者が，それぞれ訴状・答弁書に基づいて，「申立て」（ドイツ民訴法297条）を行う。これにより，争点整理は終了し，既に心証が確定的な場合は終局判決がなされ，そうでない場合は証拠決定（例えば証人の採用決定）がなされて証拠調べ（例えば証人尋問）に入る。

〔山岸　泰洋〕

---

[59] 法曹会編著・前掲注（[22]）226頁・209頁。

第 2 章

争点整理の実務上の検討

I 訴状・答弁書・準備書面の作成

　争点を早期に確定し，争点に焦点を絞った集中証拠調べを実施することにより，迅速な紛争解決を図るべく，平成8年の民訴法改正はなされた。

　かかる理念のもと，訴状・答弁書・準備書面の各書面における争点整理を主眼とした実質的記載事項の規定が，民訴規則に新設されている。

　以下では，訴状・答弁書・準備書面の各書面における実質的記載事項及び添付書類について説明し，書面作成に有用な実務上の工夫につき紹介する。

❶ 訴　　状[☆1]

(1) 実質的記載事項

(a) 具体的な請求を理由づける事実（規則53条1項）

　訴状には，請求の趣旨及び請求の原因の記載が要求される（法133条2項）が，これに加え，「請求を理由づける事実」を記載することが求められている。

　「請求を理由づける事実」（規則53条1項）とは，いわゆる主要事実のことである。請求の根拠（理由）となる事実であるから，これについての主張がなければ請求は認容されず，欠席判決もあり得ない[☆2]。

　したがって，具体的事案に応じて当該訴訟物についての要件事実（＝主要事実）に漏れがないように訴状を作成することは訴訟代理人の役割として最低限必要なことである。

　要件事実については，典型的な紛争の法律要件についてはマニュアル類が充実しており，それらを参照することによって把握することができることは改め

☆1　訴状の記載について論じた文献として，①新民訴法大系(2)・32～41頁〔宗宮英俊〕，②講座新民訴法Ⅰ・250～254頁〔秋山幹男〕。

☆2　講座新民訴法Ⅰ・250頁〔秋山〕。

ていうまでもないことであろう。特殊な法律に基づく請求では，各法律のコンメンタールの類を個別に検討するなどして解釈することになるが，過去の裁判例にあたり判決の事実摘示などから把握することが簡便である。

典型的な事案でも，司法研修所で扱われるものは限られており，初めて扱う事案では文献などで個々の要件事実を確認することが望ましい。

(b) **当該事実に関連する重要な事実**（規則53条1項）

実際の訴訟においては，主要事実の主張立証だけで訴訟の決着がつくことはまれであり，主要事実を推認させる事実（間接事実）の存否が争点となることが大半であって，紛争の実態を把握するためには，間接事実の早期把握は必須である。

そのため，平成8年の民訴法改正では訴状作成の段階で，早期に，立証を要する事由ごとに重要な間接事実の記載を求めることにした。

「立証を要する」事由と限定されているのは，主要事実の存在を被告が争わないと予想される場合には間接事実の主張立証は不要だからである。

また「事由ごとに」記載が必要とされるのは，当該主要事実との対応関係がわかるようにする趣旨である。

なお，事実を記載するにあたっては，常に相手方の行う認否の容易さを念頭に置き，なるべく細かく項を分けるべきであろう（体裁についての工夫は後記(d)及び❹(2)参照）。

(c) **立証を要する事項ごとの証拠の記載**（規則53条1項）

主要事実や間接事実に関する証拠についても立証を要する事由ごとに記載する。

具体的な記載の仕方としては，主要事実や間接事実の項目ごとに括弧書等によって対応する証拠を示すのが一般的である（甲第○○号証など）。

(d) **主要事実と間接事実の区別**（規則53条2項）

できる限り，請求を理由づける事実についての主張と当該事実に関連する事実についての主張とを区別して記載する。これは請求の根拠が明確になるように区別させるものである。

従来は，主要事実と間接事実の区別が行われずに雑然と記載がなされることが多く，真にどのような事実が請求を理由づける事実として主張されているの

かが明らかでない場合や，主要事実の記載忘れなどが見受けられた。そこで，主要事実と間接事実を区別して記載することにより，請求を基礎づける事実を明確にするとともに，錯綜した事実を整理し，何がどの主要事実に対応する間接事実になるのかを明らかにすることができるようにした。

ただし，事案によっては，主要事実と間接事実を区分することが容易ではないこともあり，当事者からの情報が十分でない場合（特に証拠偏在型）など，訴状作成段階では適切な整理が困難な場合もあるため，「できる限り」との文言を付した規定となっている。

訴状においては，常に形式的に主要事実と間接事実を区分した記載が求められているのではなく，実際上どの部分が主要事実でどの部分が間接事実かがわかればよい☆3。

主要事実と間接事実の区分の仕方としては，次の3とおりが考えられ，事案に応じた使い分けがなされている☆4。

① 主要事実だけで主張を完成させ，節を改めて別途間接事実をまとめて記載する方法 → 別途，間接事実のみを記載する節の見出しは「関連事実」「事情」などと記載されることが多い。
② 個々の主要事実を記載するごとに間接事実を付加して記載する方法 → 見出し，小見出しによる区分，字体などによる区別をしながら，項目立てをして記載されることが多い。
③ 両者を混合して記載する方法

(2) 添付書類

被告が欠席した場合には擬制自白（法159条3項本文・1項）により欠席判決で終結するため，書証の取調べの余地がなくなることから，添付書類として基本書証等の提出を求めることにはたいして意味がないように思われるが，訴状審査の際に，訴状の記載内容を添付書類と照合して点検することにより，誤った判決や認諾・和解調書などの作成が防止され，迅速な権利実現に資する。

☆3 条解民訴規則・117頁。
☆4 講座新民訴法Ⅰ・251～252頁〔秋山〕。

第2章◆争点整理の実務上の検討

(a) **基本文書の添付**（規則55条1項など）

従来，実務上提出を求められてきた文書であり提出が定着しており，平成8年の改正時に明文をもって規定された。

① 不動産に関する事件では，登記事項証明書（規則55条1項1号）
② 手形又は小切手に関する事件では，手形又は小切手の写し（規則55条1項2号）
③ 人事訴訟事件では，戸籍謄本（人訴規13条）

> ◀ **留意点** ▶
>
> 上記「基本文書」として添付された書面は書証の申出の際に提出すべき文書の写し（規則137条1項）とは理論的に別物である。
> そこで，書証の写しとしても提出する場合には，訴状に添付するにあたり当該書面に書証番号（甲第○号証）を付して，書証の写しを兼ねることを明示することが最低限必要である☆5。
> 訴状添付書面とは別に改めて同じ書面を書証として提出することもあり得る。

(b) **重要書証の添付**（規則55条2項）

上記(a)の基本文書のほかに，立証を要する事項関する重要な「書証の写し」の添付（規則55条2項）が必要とされる。

例えば，借用証書や保証契約書などの基本的な文書は，訴状段階で添付されることにより，被告代理人としても実情が把握しやすくなり，争点の早期顕在化が図られ，ひいては書証が提出されることにより争う余地がないことが判明することすらあり，早期に書証を提出することは争点整理・把握に大変有用である☆6。

(c) **証拠説明書の提出**（規則137条1項）

書証の申出の際に文書の記載から明らかな場合を除いて，文書の標目・作成者及び立証趣旨を明かにした証拠説明書を提出するものと規定されている。

☆5　条解民訴規則・123頁。
☆6　京都シミュレーション新民事訴訟研究会『シミュレーション新民事訴訟〔訂正版〕』（信山社出版，2002）11～12頁。

この規定は書証の申出の際（書証は，申出をする期日前に提出，すなわち裁判所と相手方に送付しなければならない。）に，当該文書の標目・作成者及び立証趣旨が明らかになっていれば，裁判所及び相手方にとって，書証の内容やその証拠価値の評価や確認，取調べの必要性の検討のために有益であることから，その定着を図るために規則において明文化された。

なお，文書の標目，立証趣旨等が「文書の記載から明かな場合」とは，戸籍謄本や登記事項証明書などを書証として提出する場合をいうと解される☆7。

2 答弁書☆8

答弁書も準備書面の一種であるが（法161条，規則79条1項），被告が最初に提出する準備書面であって，応訴の方向性を定めるという重要性にかんがみ，特に「答弁書」と呼称されている。

争点整理の材料となる事実と証拠を早期に裁判所及び相手方に知らしめ，争点整理を行うことができるようにするためには，当該訴訟における争点は何であるのかを答弁書の段階で明らかになっている状態が望まれる。

(1) 実質的記載事項

(a) 請求の趣旨に対する「答弁」（規則80条1項）

通常は，次のような答弁となる。

「1　原告の請求を棄却する。
　2　訴訟費用は原告の負担とする。
　　との判決を求める。」

訴えが訴訟要件を欠く場合は，本案の答弁をする前に本案前の答弁をする。

(b) 訴状に記載された事実に対する認否及び具体的抗弁事実（規則80条1項）

事実上の主張に対する認否の態様としては「認める」（自白），「否認」「不知」の三種類があり，法律上の主張に対する答弁の態様としては「認める」

☆7　条解民訴規則・291頁。
☆8　答弁書の記載について論じた文献として，①新民訴法大系(2)・42～61頁〔吉村悟〕，②新民訴法大系(2)・62～88頁〔森勇〕，③講座新民訴法Ⅰ・255～256頁〔秋山〕。

「争う」のいずれかである。

「否認」とは，相手方の主張事実が真実ではない，又は存在しないという趣旨の事実上の陳述をいう。

「不知」は自白でも否認でもない態度であるが，民訴法はこの陳述を否認として扱う（法159条2項）[☆9]。

認否は，端的かつ明快に記載するべきである。

原告の主張する事実を否認する場合には，その理由を記載しなければならない（積極否認〔規則79条3項〕）。

「否認」には，相手方主張につき理由を示さないで否定する陳述である「消極否認」と，相手方の事実主張と異なる事実を陳述して争う「積極否認」とがある。

平成8年改正前の旧法下では，とりあえず消極否認をしておいて，後日積極的に争うということが広く行われていた[☆10]。

しかし，当事者が相手方の主張事実を否認する場合には，これと両立し得ない事実があるなど，何らかの理由があることが通常であり，この理由を明らかにすることによって初めて争点が浮かび上がることが多い[☆11]。

そこで，平成8年改正において積極否認義務を訓示規定として明文化した[☆12]。こうして請求を理由づける事実の存在に関する具体的事実が提示されることになり，争点が早期に明確になり，また根拠のない否認をしにくくなった[☆13]。

なお，文書の成立を争う場合にも，その理由を明らかにしなければならないことにも留意されたい（規則145条）。

(c) **立証を要する事由ごとの当該事実に関連する事実で重要なもの**（規則80条1項）

前記訴状の項で述べたとおりである（◆(1)(b)参照）。

☆9 　基本法コンメ2・96～97頁〔上村明広〕。
☆10 　上田・296～297頁。
☆11 　条解民訴規則・173頁。新民訴法大系(2)・49頁〔吉村〕。
☆12 　新民訴法大系(2)・64～65頁〔森〕。
☆13 　講座新民訴法Ⅰ・255頁〔秋山〕。

Ⅰ◇訴状・答弁書・準備書面の作成

　(d)　立証を要する事項ごとの証拠の記載（規則80条1項）
　前記訴状の項で述べたとおりである（◆(1)(c)参照）。
　(e)　できる限り抗弁事実と間接事実を区別して記載すること（規則79条2項）
　前記訴状の項で述べたとおりである（◆(1)(d)参照）。答弁書は準備書面の一種であるから，準備書面の規定（規則79条）が適用される。

(2)　**添付書類**

　答弁書には，立証を要する事項につき，重要な書証の写しを添付しなければならない（規則80条2項）。
　訴状の際に添付書類の提出が求められることと同趣旨であり，早期の争点把握に資する。

(3)　**やむを得ない事情により具体的主張がなし得ない場合**（規則80条1項・2項各後段）

　訴えは原告のイニシアティブにより提起されるため，被告としては，訴状を受け取ってから調査しなければ正確な認否をなし得ないという場合が想定されるうえ，第1回口頭弁論期日は訴え提起の日から原則30日以内に被告の都合を考慮せずに設定されるところ，第1回口頭弁論期日前に作成する答弁書に具体的な事実を記載することが困難なことも少なくない。
　そのため，わかる範囲のことを記載した答弁書を提出したのち，速やかに準備書面を提出すれば足りるものとされている。
　この場合，実務上，「詳細は，追って主張」と記載することが多い。

―――留意点―――

　この「追って主張」であるが，厳密にいえば，請求原因事実を争う旨の記載がなければ，被告（ないし訴訟代理人）が第1回口頭弁論期日に欠席すると，擬制自白が成立してしまう（法158条・159条1項・3項）。実務では，訴訟委任を受けた弁護士（訴訟代理人）が「追って主張」と記載をしている場合には，次回期日までに事実に関する準備書面が提出されることが期待されるので，終結せずに次回期日が指定されている。
　ただ，直接の当事者であり調査事項がないと推認される被告本人までかかる

記載をした答弁書を提出して第1回口頭弁論期日に臨むこともあり，これは早期争点把握の点からも訴訟経済からも好ましいものではない☆14。

可能な限り，答弁書の段階で具体的な事実を記載し得るよう，被告側は調査を行い，争点の早期把握，訴訟上の顕出に資するべきである。

❸ 準備書面☆15

口頭弁論は，書面で準備しなければならない（法161条1項）。

複雑な事案について事実に関する詳細な主張をし，これについて裁判所の理解を得ようとする場合や，周到かつ精緻な法律上の主張をし，これについて裁判所の理解を得ようとする場合には，期日の事前に書面により準備することが適当である。

この点，簡易裁判所の訴訟手続では口頭弁論期日での陳述を準備書面で準備することは義務づけられていない（法276条1項）。

(1) 答弁書に対する反論の準備書面の実質的記載事項

平成8年改正では，前述のとおり訴状・答弁書の記載を充実させることによって当事者の基本的な主張立証関係ができる限り早期に明らかになるよう図った。

さらに，原告において被告の答弁に反論を要することになった場合には，速やかに訴状及び答弁書と同様に充実した「答弁に対する反論の準備書面」を提出することにより，早期の争点整理が行えるように，あえて訴状，答弁書に続き，裁判所に提出される第3の書面である被告の答弁書に対する原告の反論の準備書面につき，その実質的記載事項及び添付書類を定めた新設規定を設けた。

ただし，民訴規則81条により定められた内容は，典型的な場合（答弁書に実質的な反論の記載がある場合）を想定したものであって，実際は，被告の答弁内容に応じて，必要な範囲で記載すれば足りる☆16。

☆14　基本法コンメ2・106頁〔園尾隆司〕。
☆15　準備書面の記載について論じた文献として，①新民訴法大系(2)・42〜61頁〔吉村〕，②講座新民訴法Ⅰ・256〜258頁〔秋山〕。

(a) 答弁書に記載された事実に対する認否及び具体的再抗弁事実（規則81条）

答弁書に記載された事実（重要な間接事実も含む。）に対し，認否を記載する。

認否をする場合には，その理由を，具体的に記載しなければならない（積極否認〔規則79条3項〕）。

また，答弁書に記載された被告の主張する法律効果発生の事実（抗弁事実）に対し，その障害原因事実・消滅原因事実（再抗弁事実）を主張する場合も，その具体的な事実を記載しなければならない。

(b) 立証を要することとなった事由ごとの当該事実に関連する事実で重要なもの（規則81条）

訴状及び答弁書（規則53条1項・80条）における「立証を要する事由」と民訴規則81条の「立証を要することとなった事由」とは，前者が原告（被告）が争って立証を要することになると予想する事実（予想される争点）を指すのに対し，後者は被告の答弁により現実に立証が必要となった争点（現実の争点）を意味しており，原告が当初予想していたものとは異なった事由（争点）が含まれ得る。

民訴規則81条の「立証を要することとなった事由」とは「立証を要する事由」を含んだより広い概念である☆17。

各主要事実との対応関係を明確にするために「事由ごと」に記載が必要なことや，常に相手方の行う認否の容易さを念頭においてなるべく細かく項を分けるべきであることは，訴状の項で述べたとおりである（◆(1)(b)参照）。

(c) 立証を要する事由ごとの証拠の記載（規則81条）

前記訴状の項（◆(1)(c)参照）で述べたとおりであるが，訴状の項では，書証の具体的記載方法例として「甲第〇〇号証」を挙げたが，この他，よく用いられる証拠には人証がある。人証により得られた証言を証拠として用いる場合の記載方法としては，尋問調書の該当箇所を引用する「原告本人尋問調書〇頁」「証人〇〇証人尋問調書〇頁」等の記載が一般的である。

☆16　以上，条解民訴規則・177頁。
☆17　以上，条解民訴規則・178頁。

> **留意点**
>
> もちろん、この人証の引用がなされる準備書面は、人証を経た後に起案される、いわゆる「最終準備書面」である。

　(d)　できる限り再抗弁事実と間接事実を区別して記載すること（規則79条2項）

　前記訴状の項で述べたとおりである（❶(1)(d)参照）。

(2)　**以降の準備書面の実質的記載事項**

　被告の再反論・原告の再々反論以下について、直接の規定は存しないが、当然ながら、以上述べてきた実質的記載事項を遵守するべきである。

　(a)　できる限り主要事実と間接事実を区別して記載すること（規則79条2項）

　前記訴状の項で述べたとおりである（❶(1)(d)参照）。

　(b)　立証を要する事実ごとの証拠を記載すること（規則79条4項）

　前記訴状の項で述べたとおりである（❶(1)(c)参照）。

　(c)　相手方の主張する事実を否認するに場合には、その理由を記載すること（積極否認〔規則79条3項〕）

　前記答弁書の項で述べたとおりである（❷(1)(b)参照）。

❹　記載の体裁・形式について
　　　～書面の読みやすさについて、一考～

(1)　**書面全般について**

　(a)　見出し・小見出しの利用

　以上の実質的記載事項を記載するにあたり、節、章、項ごとに見出し、及び要件事実ごとに小見出しをつけることは、裁判所や相手方が記載内容を速やかに把握するのに資するばかりか、作成者自身の記載内容の把握と矛盾・重複の有無のチェックにおおいに資する。記載内容を端的に示す適切な見出し、小見出しを付すべきことはいうまでもない。

(b) 装飾文字の利用

多用するとかえって読みづらい書面になってしまうため，使い手のセンスにもよるが，見出しの文字の大きさ（フォント）・字体（明朝・ゴシック）を変えたり，文中においても強調文字等の装飾文字を使用することにより視覚に訴える工夫も有用である。

ただし，平成13年1月1日から全国の裁判所において実施された裁判文書のA4判横書化の際に，最高裁判所事務総局より提供された参考書式では，文字の大きさにつき12ポイントを基本とするとされていることに留意されたい。

(c) 図や表の添付

関係当事者の多い事件における人間関係や，不動産物件の多い事件における各不動産の位置関係等について，人物関係図や説明図等のビジュアルな資料を使用した準備書面は，実質的弁論に有用であると考えられる[18]。

(d) 目次の作成

長い書面には，適宜，はじめに目次を設けて読みやすく工夫することも，有用である。

(2) 「認否」の工夫[19]

訴状において，主要事実と間接事実とが区別され，事実を記載するにあたっては，常に相手方からの認否の容易さを念頭に置き，なるべく細かく項を分ける努力がなされていることから，答弁書における「認否」は，留保する部分を除き訴状記載の事実（重要な間接事実も含む。）について，対応させながら認否を行うのが通常である。

以下では，事案に応じて工夫された「認否」の体裁につき紹介する。いずれも，一覧性が高く，実質的な弁論を通じての争点整理・把握に有用であるうえ，後の記憶喚起にも資する。

(a) 事実経過が重要でかつ詳細にわたるような事件の場合の一例

相手方の準備書面のコピーに，争いのない部分に線を引くなどして争いのあ

---

[18] 京都シミュレーション新民事訴訟研究会・前掲注（[6]）46頁。
[19] 京都シミュレーション新民事訴訟研究会・前掲注（[6]）46頁。

る部分と区別して自己の提出する準備書面に添付する。

　争いのある部分に付した番号を引用して理由づき否認の主張を記載する。

　こうすることにより，認否漏れや認否箇所の齟齬も防止できる。

(b)　主張や事実経過が多岐にわたる事件の場合の一例

　当事者が相手方の準備書面のデータを受け取り，相手方の主張を上段に記載し，それに対応する認否・主張をそれに対応させて下段に記載する（左右に分ける方法もある。）。

　こうすることにより，対応関係が明確になる。

〔寺　﨑　　京〕

Ⅱ 法律構成の選択

❶ 主要事実の意義

(1) 民事訴訟における事実

(a) 主要事実と要件事実

　民事訴訟においては，原告が訴訟物として主張する一定の権利（又は法律関係）の存否は，実体法に定められている当該権利の発生・変更・消滅等という法律効果の存否により判断される。

　そして，このような権利の発生・変更・消滅等の法律効果を導くために必要な構成要件として実体法に定められているものが，要件事実といわれ，その要件事実に該当する具体的事実（請求を理由づける事実）が主要事実といわれている[☆1]。

　例えば，XがYに対して貸金返還請求権に基づいて100万円の返済を求める訴訟を提起した場合，このXのYに対する貸金返還請求権が認められるためには，民法587条により，XとYとの間で消費貸借契約が成立したこと，すなわち①金銭の返還の合意をしたこと，②金銭を交付したことの，2個の事実が必要とされている。この民法587条により定められている①及び②の要件が要件事実である[☆2]。しかし，実際の訴訟では，この消費貸借契約の成立については，「XはYに対し，平成○年○月○日，弁済期を同年○月○日と定めて100万円を貸し付けた。」というような具体的事実によって主張されており，これを主要事実という。

　☆1　争点〔第3版〕・182頁〔加藤新太郎〕。
　☆2　貸金返還請求権の要件事実として，弁済期の到来も必要とされるか否かについては争いがあり，司法研修所では要件事実であるとされている（司法研修所編『民事訴訟における要件事実第1巻〔増補〕』（法曹会，1986）276頁）。

第2章 ◆ 争点整理の実務上の検討

ただ，法的概念と事実的・経験的概念とを常に截然と区別して表現できるとは限らないことを理由に，司法研修所では，講学上の要件事実と主要事実を区別せず，同義と解している☆3。

このように，主要事実と要件事実との関係をどのように解するのかについては，争いのあるところであるが，便宜的に以下においては主要事実と要件事実とを区別することとする☆4。

(b) **間接事実及び補助事実**☆5

他方，間接事実とは，主要事実の存否を推認するのに役立つ事実である。上記の貸金返還請求権の例でいえば，YがXから100万円を借りた直後に，甲から借りていた100万円を返済している事実等が，間接事実にあたる。

また，補助事実とは，証拠の信用性に影響を与える事実である。同様に例えば，契約書に押印されたYの印鑑の印影が，普段使用されているものと異なるという事実は，補助事実にあたる。

☆3 司法研修所編・前掲注（☆2）3頁。

☆4 実際の訴訟では具体的事実が主張され，また，特に争点整理においては具体的事実が整理の対象となることから，争点整理との関係では，主要事実と要件事実との区別を論ずること自体，あまり意味のないことではないかと考えられる。

　また，いわゆる過失，正当理由，正当事由等の一般条項については，何を主要事実とするかについて，問題のあるところである。

　なお，要件事実と主要事実を使い分けている判例として，東京地判平22・6・25（平成20年（ワ）第27374号），宇都宮地栃木支決平21・5・12判タ1298号91頁がある。

　前者の判決は，保証債務請求事件において，争点の一つとして債権譲渡の存否が問題となった事案であるが，その中で「債権譲渡は，その原因行為（その要件事実）が要件事実と考えられるから，原因行為を売買とするときには，債権移転の対価として金銭支払が約されているという抽象的事実が要件になる。……当該抽象的事実に当たる具体的事実（主要事実）が主張されるべきと考えられる。」というような使い分けがなされている。

　また，後者の決定は，解約予告効力停止及び賃金仮払仮処分申立事件において，争点の一つとして民法536条2項の「責めに帰すべき事由」の立証責任が問題となった事案であるが，「第3　主要な争点に対する当裁判所の判断 1 争点(1) (民法536条2項の「責めに帰すべき事由」の立証責任)について」の中で同様に使い分けがなされている。

☆5 中野ほか・195頁〔鈴木正裕〕。

(2) 法的構成における主要事実

　民事訴訟で主張される権利（又は法律関係）は，実体法を基礎としたものであり，弁護士は依頼人から聴取した様々な事実から，訴訟の対象となるにふさわしい法的構成をしなければならない。

　ところで前述のように，民事訴訟では，原告が訴訟物として主張する一定の権利の存否は，実体法に定められている当該権利の発生・変更・消滅等の法律効果の存否により判断される。すなわち，民事訴訟では，当該訴訟の対象となった権利の発生・変更・消滅等の法律効果を導くために実体法上に構成要件として定められている事実である各要件事実の存否，より具体的には各要件事実に該当する具体的事実（主要事実）の存否が審理の核心となる。

　それに加えて，主要事実には弁論主義の適用があり，当事者は自己に有利な主要事実についての主張立証責任があるので，ある特定の権利を主張しようとする場合，その権利の主張に必要な要件事実に該当する具体的事実（主要事実）を必要かつ十分に主張しなければ，裁判所からは主張自体失当といわれ，あるいは十分立証をしなければ最終的に自分が主張している権利そのものが裁判所から認められないこととなる。

　したがって，例えば，弁護士が原告訴訟代理人として民事訴訟を提起するにあたっては，法的構成の最初の作業として，的確な訴訟物を選択することはいうまでもないが，依頼人から聴取した様々な事実の中から，その訴訟物の存在を裁判によって確定させるために必要かつ十分な主要事実を抽出することが，重要な作業となる。また，依頼人から聴取した事実のなかには，間接事実あるいは補助事実に該当する事実もあるが，それらの事実が間接事実あるいは補助事実であるということ自体も，主要事実が抽出されてはじめて定まることとなる。このように，法的構成における主要事実の的確な把握は，民事訴訟提起の第一歩となるものである☆6。

　☆6　司法研修所編『問題研究要件事実―言い分方式による設例15題〔改訂版〕』(法曹会，2006) 9～10頁。

(3) 争点整理における主要事実

　民訴法においては，争点中心審理及び集中審理の実現のために，争点及び証拠の整理手続が定められ（法164条以下），実務的には弁論準備手続が実施されることによって，争点及び立証すべき事実等を絞り込み，その後集中証拠調べ（法182条）が行われる。その争点整理手続では，請求原因事実及び抗弁事実に該当する主要事実を中心として，主要事実に関連する間接事実，主要事実及び間接事実についての証拠，証拠についての補助事実等により，最終的に争点及び立証すべき事実が絞り込まれることとなる。実際の訴訟においては，学問上の議論のように，ある具体的事実が請求原因事実として主張されるべきなのか，それとも抗弁事実として主張されるべきなのかで争われることは，ほとんど考えられない。それよりは，特定の主要事実の存否について，更には特定の主要事実に関連する間接事実の存否，あるいはその間接事実が特定の主要事実を推認させる力の強弱についての争いとなることが多い。そのため争点整理においては，単に主要事実の主張の有無やその認否を確認するに止まらず，相手方の認めていない主要事実についての証拠の有無，あるいはその主要事実に関する間接事実の主張としてどのような主張がなされているのか，そして，その間接事実のうち，争いとなっているのはどれか，また，その争いとなっている間接事実についての証拠の有無等を明確化して，証人尋問において聞くべき焦点を絞り込んでいくこととなる。

　民事訴訟の判決は法律効果の存否により判断され，その法律効果を導くために必要な構成要件に該当する具体的事実が主要事実である以上，存否について争いのある主要事実についての裁判所の判断が訴訟の帰趨を決するものであることは間違いないものの，実質的な争点はその下位に位置する間接事実の存否であることが多いことから，主要事実は争点整理手続における整理のための対象であるとともに，その指標となるものといえる[7]。

〔湯浅　正彦〕

---

[7]　訴状については，任意的記載事項として，請求を理由づける事実（権利取得原因等などの主要事実）を具体的に記載し，かつ，立証を要する事由ごとに，当該事実に関連する事実（間接事実）で重要なものを記載しなければならず，訴状の事実の記載に

Ⅱ◇法律構成の選択

❷ 法律構成についての当事者の責任

(1) 処分権主義

　私的自治の原則のもと，いかなる権利関係について，いかなる形式の審判を求めるかは，訴訟法上当事者の判断に委ねられている（法246条：処分権主義）☆8。その意味で，民事訴訟における法律構成についての当事者の責任は，まず，原告が審判の対象となる権利関係，すなわち訴訟物を特定するところにある（法133条2項）☆9。

(2) 弁論主義と法律構成について

　このように訴訟物が特定されて訴訟係属した後，各当事者はそれぞれ適切と考える法律構成に基づいて，それにあてはめるべき事実について主張することになる。

　裁判所は当事者の主張しない事実を判決の基礎にすることができない（弁論主義第1テーゼ）。この意味で，訴訟の場への事実の提出については各当事者が責任を負っている。この裁判所による不意打ち的な事実認定を禁止する弁論主義第1テーゼにより，各当事者は，「事実」の面に関しては相手方の主張にのみ神経を集中すれば足りることとなる☆10。

　　ついてはできる限り主要事実と間接事実とを区別して記載するよう定められている（規則53条1項・2項）。そしてこれらのことは，答弁書，準備書面でも要求されている（規則79条2項・80条）。ところが，特に準備書面段階になると，ある間接事実がどの主要事実と関連するのか明らかでないとか，更にはその記載された事実が本当に間接事実といい得るものであるのかさえ明らかでないような事実が記載されることがある。
　　　そのため，訴訟代理人としては，その主張している事実が単なる事情ではなく間接事実となり得るものか，また，その間接事実がいかなる主要事実と関連しているのか，更には，その間接事実の推認力はどの程度か（1個の間接事実だけでは主要事実の推認に足らず，複数の間接事実を主張立証する必要があるのか）等を常に意識する必要があるといえる。
　☆8　伊藤・180頁。
　☆9　本項目では，訴訟物の特定の基準につき，旧訴訟物理論に従い論述する。
　☆10　高橋(上)・372頁。

他方,「法律構成」については,「我に事実を語れ,されば汝に法を与えん」との法格言にみられるとおり,裁判所が責任を負うこととなる☆11。

　法律構成について弁論主義が及ばないことを前提にすると,裁判所が相手方の主張しない独自の法律構成をとるおそれも生じ☆12,当事者は相手方の主張する法律構成に集中しているだけでは足りないこととなる。

　ある事実が主張されていたとしても,それに関する法的観点（法律構成）が異なれば,それに応じて説明の仕方や反論において異なる主張が考えられるから,このような主張の機会を与えられない判決がなされれば,やはり当事者の手続保障という観点からは重大な問題となる。

　上記不意打ちの問題は,①弁論主義の対象となる「事実」について,当事者が法律要件に該当する部分を選択・抽出して構成した「法的に構成された事実」☆13ではなく,「生の事実」であると理解するのが判例その他一般的な理解

☆11　最判昭28・4・30民集7巻4号461頁。
　　　山本和彦『民事訴訟審理構造論』（信山社出版,1995）96頁以下は,ドイツ法における「裁判所は法を知る」の原則の発生過程について詳しく紹介したうえで,これが当然の原則ではなく,結局法律構成については裁判所が責任を負うことについて,法に無知な当事者の保護に実質的根拠があるとされる（山本・同上書199頁）。
　　　このように考えると反対当事者からみれば裁判所による「釈明のしすぎ」とみえる場合も生じかねない。しかし,訴訟が国家機関たる裁判所により営まれ,これが実質的平等の理念のもとにあることからすると,少なくとも弁護士強制のような条件が整備されない限り,上記問題もある程度はやむを得ないものと考える。
　　　なお,自己に有利な法的観点・法律構成を提示することについての負担,責任を当事者に負わせる可能性を論じるものとして山本編・民事訴訟・180頁以下〔八田卓也〕。また,事実主張に関してであるが,裁判所の中立性を重視する方向での検討の必要性に触れるものとして,園田賢治「判決による不意打ちとその救済に関する一試論―弁論主義の『仕訳論』の検討を通じて」井上治典先生追悼論文集『民事紛争と手続理論の現在』（法律文化社,2008）252頁。
☆12　裁判実務は旧訴訟物理論によっているとされるが,そのもとでも裁判所が法律上の判断については当事者の陳述には拘束されないという態度をとっていたことについて,山本・前掲注（☆11）178頁以下。
☆13　北秀昭「弁論主義下における『生の事実』と『法的に構成された事実』との関係についての一考察―最一小判平成14年9月12日判タ1106号81頁を素材にして」判タ1209号（2006）34頁。

であること[14]，また②黙示の意思表示といった概念を利用して，事実面でも厳格な弁論主義が緩和されてきている現状などからすれば，よりいっそう切実なものとなっているといえる[15]。

そこで，このような不意打ちを防止するため，学説上は，憲法32条の裁判を受ける権利等から導かれる弁論権[16]や裁判所の釈明権・釈明義務（法149条）を基礎として，裁判所に法的観点（実体法による事件の法律構成の仕方）指摘義務を認める考え方が有力であり，判例上も判決において不意打ち的に法律構成がとられた場合には釈明義務違反による不服申立てが広く認められるようになっている[17]。

(3) 法律構成に関する当事者の責任及び審理における態度について

以上のように，訴訟の当事者には，法律構成に関する主張責任はない。

しかし，法律構成や法律解釈に関する争いも，当然に争点整理手続における争点となるのであるから[18]，当事者としても自己の主張する法的解釈の根拠となる判例・学説について充分な資料を提出し，主張の明確化に努めるべきである[19]。

---

[14] 最判平14・9・12判時1801号72頁・判タ1106号81頁，高橋(上)・401頁等。なお，北・前掲注（[13]）46頁は，上記判決について，「当事者から『事実』の主張があったとみることができたのかどうか疑問が残る判決と言わざるを得ない」として，弁論主義緩和論の影響を受けた判決と位置づけている。

[15] 山本・前掲注（[11]）214頁。例えば東京高判昭51・9・21判時838号43頁。さらに，契約に関する解釈の場面を例にとって考えてみても，その解釈の作業は事実問題とみるべきか法律問題とみるべきか，区別が困難な場合がある（山本克己「契約の審理における事実問題と法律問題の区別についての一考察」民訴41号（1995）26頁）。

[16] 山本克己「弁論主義論のための予備的考察—その根拠論と構造論」民訴39号（1993）176頁。

[17] 最判昭51・6・17民集30巻6号592頁・判時825号45頁・判タ339号256頁，最判平22・10・14判時2098号55頁，最判平17・7・14判時1911号102頁・判タ1191号235頁に関する山本和彦発言（遠藤ほか・〈座談会〉争点整理(下)・10頁）。行きすぎた判決による釈明につき論じるものとして，園田・前掲注（[11]）248頁以下。

[18] 上谷＝加藤編・総括と展望・157頁〔植草宏一〕。

[19] 上谷＝加藤編・総括と展望・138頁〔前田順司〕。

特に，今日的な複雑で高度な判断を要するような，新たな法律問題に即した場面など，判例により新たな法律構成が創造されるような場合においては，当事者としても当該法律構成に関する自らの見解について，最も利害関係を有する者の立場から，これを積極的に論じていくことが不可欠である[20]。

また，不意打ち的判決は，釈明義務違反により結果として上訴審において是正される可能性が与えられるとしても，上訴にかかる時間や労力，司法資源の損失は著しい。

当事者としては，当該訴訟において考えられる法的観点（法律構成）については上述のとおり充分に検討する一方，法的観点は出尽くしているかという点について争点整理の段階で，裁判所も交え，積極的に議論し，確認を行うべきであると考える。

例えば，当事者が主張していない公序良俗や権利濫用，信義則といった一般条項による判断には弁論主義が適用されず，証拠資料から事実認定ができる場合，裁判所はこれに基づき判決できるものとされる[21]。また，職権により過失相殺の判断をする場合，当該過失を構成する事実主張の要否については争いがあるが[22]，いずれにせよ事実が当事者から主張されていれば，裁判所は過失相殺して判決できることとなる。これらの法律構成が考えられる場合，これにより不利益を受ける側（例えば権利濫用を主張されかねない側）からその法律構成を持ち出して議論することはやぶ蛇となる危険もあり，現実には困難であるが，裁判所も交えた議論の中で法律構成についても争点はすべて出尽くしているか否かの確認を試みることは可能であろう[23]。

これに対し，法律構成について責任を負う裁判所においては，その段階における自らの考え方について，より積極的な開示を行い，当事者の充実した主張

---

[20] 伊藤滋夫『要件事実の基礎―裁判官による法的判断の構造』（有斐閣，2000）26頁。
[21] 最判昭36・4・27民集15巻4号901頁。
[22] 高橋(上)・406頁。
[23] 釈明義務違反を認めた前掲注（[17]）最判平22・10・14では，弁論準備手続期日において争点が確認されたことや，弁論準備手続期日の結果が陳述されたことなどが認定されている。

Ⅱ◇法律構成の選択

を促し，当事者間の無駄な議論を省くようにすることが望まれる[24]。

〔町田　健一〕

❸　法律構成の主張のあり方

(1)　弁護士業務における法的構成の位置づけ

(a)　法律構成の前提

弁護士業務は，おおよそ，①事情聴取，資料収集，事実調査，②法律構成の検討，③具体的措置の選択，④依頼者に対する説明と承諾の取得，⑤職務遂行と依頼者との連絡，⑥委任事務の終了に伴う措置等という流れになる[25]。そして，上記①から②の流れからもうかがわれるように，弁護士が適切な法律構成をする前提としては，まず，弁護士は，依頼者から事情を聴取し，依頼者の持参した資料と照らし合わせて検討するとともに，さらに依頼者に対して不足する資料の収集を指示するほか，自ら資料の収集を行い，場合によっては依頼者以外の者からの事情聴取，現場見分等による弁護士自身による事実調査を行うことが必要となる。弁護士は，このような活動を通して，依頼者の意図（依頼の趣旨）はもちろんのこと，事実関係，事案の全体像を把握する必要がある。特に，事案が複雑であれば，事実の経過に即した表（時系列表）を作成し，これに収集済みの証拠の標目を記入して要証事実と証拠との一覧表に仕上げることが必要になろう[26]。

---

[24]　上谷＝加藤編・総括と展望・146頁〔前田〕，上谷＝加藤編・総括と展望・171頁〔植草〕。
　　　阿多麻子「民事実務研究　法的観点指摘義務―裁判官の行為準則として」判タ1004号（1999）40頁以下は，裁判所の法的観点指摘義務の行為準則を詳細に検討している。
　　　争点整理における法律上の見解表明についての裁判所の手続裁量について論じるものとして，大江ほか・手続裁量・251頁以下〔加藤新太郎〕。
[25]　加藤新太郎『弁護士役割論〔新版〕』（弘文堂，2000）151～161頁，坂口公一「判例展望民事法(31)弁護過誤をめぐる裁判例と問題点」判タ1235号（2007）67～69頁。
[26]　民事弁護の手引・23頁。

(b) 事実関係に基づく法律構成

次に，弁護士は，前述のような活動を通して自ら把握した事実関係に基づき，依頼者の意図をふまえて，法律構成を行うことになる[27]。この法律構成の仕方に弁護士の弁護士としての力量が端的に表れるのであり，この法律構成が適切であるか否かによってその後の訴訟の結末のかなりの部分が左右されるといっても決して過言ではない[28]。

(2) 法律構成にあたっての考慮要素

(a) 事案の実体に即していること

弁護士が法律構成を考える場合は，依頼者の意図（訴訟で勝訴すること）を実現するために，どのような法律構成がより適切かということになろうが，複数の法律構成が考えられるときには，もっとも事案の実体に即した法律構成によるべきと考えられる。なぜなら，実体とかけ離れた法律構成は，口頭弁論において釈明を求められたり，立証が円滑に進まず，かえって解決の遅延をもたらしかねず[29]，依頼者の意図にそぐわない結果となるからである。実際，筆者が被告の代理人として経験した事案の中に，原告の採用した法律構成（詐欺，錯誤）が実体とかけ離れていたことから，裁判所から何度も主張の整理を求められ，立証の難点を指摘されるなどして，最終的には被告の勝訴的和解で解決したものがあるが，この場合も，実体に即した適切な法律構成によらなかったことがその一因であると思われる。

(b) その他の考慮要素

さらに，適切な法律構成にあたっては，立証の容易性，抗弁に対する再反論の成否，経済的な有利性，訴訟進行の迅速性，裁判管轄の有利性などの諸々の

---

[27] 弁護過誤に関し，弁護士の依頼者に対する善管注意義務ないし誠実義務の具体的場面における発現として，弁護士が依頼者から事情聴取を行い調査した事実について，法的観点から吟味・検討する段階では，弁護士は，平均的弁護士としての技能水準に照らして，およそ考え得るあらゆる面から，当該事象を法的に吟味・検討すべき義務があるとされる（加藤・前掲注（[25]）152頁，坂口・前掲注（[25]）67～68頁。

[28] 民事実務読本Ⅱ・24～25頁。

[29] 民事弁護の手引・23頁。

Ⅱ◇法律構成の選択

観点も視野に入れて，どのような法律構成が依頼者の意図を達成するのに適合するのか，総合的に考量して決定する必要がある[30]。

(3) 具 体 例

(a) 建物明渡請求訴訟における法律構成の検討

例えば，建物を所有し，かつ賃貸している依頼者の依頼内容が，建物を占有する賃借人から建物を取り戻してほしいというものであった場合，依頼を受けた弁護士は，法律構成として，①所有権に基づいて建物の明渡しを求める構成と，②建物賃貸借終了に基づく目的物返還請求権としての建物明渡しを求める構成を考えるであろう。

この場合，上記①の構成では，依頼者が建物所有者であることは建物の登記事項証明書からほぼ争いがなく，また立証できると判断したとしても，建物賃借人から賃借権の抗弁が主張されることが容易に想定される。そこで，再抗弁として，建物賃借人に建物の占有権原がないこと，すなわち建物賃貸借契約の終了原因を主張することになる。

他方，上記②の構成では，建物賃貸借契約書の存在により，賃貸借契約について立証が容易であれば，建物賃借人との間で予想される争点は，賃貸借契約の終了原因の有無（債務不履行に基づく解除の可否）等であることが予想される。

そうすると，上記①の構成の場合，相手方から建物賃貸借契約の抗弁が主張され，さらに再抗弁として終了原因を主張することになる以上，迂遠であり，端的に，上記②の構成を採った方が，適切といえよう[31]。

(b) 賃貸借が認められない場合における使用貸借の可能性

仮に，事実調査の結果，建物所有者と建物占有者との間で賃貸借契約の成立

---

[30] 法律構成の主張のわかりやすさ，立証の可能性・容易性・確実性の観点から，例えば，実社会においては混合契約が存在するところ，混合契約よりは典型契約の方が裁判所に理解されやすい傾向があるとして，典型契約としての主張が可能であるならば，初めから典型契約として主張することが望ましいとされる。また，自筆証書遺言としては無効とされるおそれがある場合には，遺言書ではなく死因贈与契約書として捉えて，死因贈与契約として主張を構成することが挙げられる（民事実務読本Ⅱ・25頁）。

[31] 加藤新太郎編『民事訴訟実務の基礎：解説篇〔第2版〕』（弘文堂，2007）47～48頁。

時期，内容等が不明確であり，そもそも両者の間に賃貸借契約は存在せず，又は賃借権の抗弁が主張されても，それが認められる可能性が極めて低い場合には，前記①の構成で訴訟を提起することも考えられよう。もっとも，その場合であっても，これまでの事実調査の結果，判明している事実から，抗弁として使用貸借という法的評価を加えることが可能かどうかを検討する必要があると思われる☆32。

(c) 選択的な請求原因の主張

次に，前記②の構成を採るとして，事実調査の結果，例えば，㋐賃借人が建物を改造するにつき賃貸人に立会いの機会を与えなかったこと，㋑賃貸人の予期しなかった改造を行ったこと，㋒賃貸人に対して建物の補強工事をすると約束したのにその完全な履行をしなかったことを把握し，主張できるとした場合，賃貸借契約終了原因については，どのような法律構成（請求原因）が考えられるであろうか。

この場合，上記㋐㋑㋒のような改造の方法，程度及びその後の補強工事の仕方は，賃貸借における信頼関係を破壊するものとして，賃借人の用法義務違反の債務不履行を理由とする賃貸借契約解除の主張をすることが考えられるであろうし，又は，上記㋐㋑㋒の事実から，借地借家法28条の正当事由を備えているとして同条の正当事由に基づく解約申入れの主張をすることも考えられるであろう☆33。

☆32　東京高判昭47・2・23高民集25巻1号132頁。同判決は，土地の占有権原が争われている事案において，被告が主張する賃貸借の抗弁が，契約成立時期，内容等の点で不十分であるのに，これを明確にさせないまま，当事者間に使用貸借契約が成立した事実を認定して請求を棄却することは，釈明権の行使を怠り，原告に再抗弁提出の機会を与えない審理不尽の違法があると判示したものであり，釈明権の不行使が違法とされた事例であるが，訴訟代理人の法的構成という観点からみれば，事実関係から賃貸借契約が認められない場合であっても，使用貸借として構成する可能性があることを示唆するものといえよう。

☆33　最判昭52・5・27裁集民120号607頁・金判548号42頁。同判決は，本文㋐㋑㋒の事実につき，被告のこのような改造の方法，程度及びその後の補強の仕方は，賃貸借における当事者間の信頼関係を破壊するものであるから，賃貸借契約を解除するとの原告の主張は，被告の賃借家屋の用法義務違反を理由とする契約解除の主張であって，

II ◇法律構成の選択

そして，このように複数の法律構成が考えられる場合に，諸々の点を考慮しても，いずれの構成によるのが適切であるのか判断しかねるときは，いずれかの請求原因に基づく主張が認められれば，依頼者の意図を実現することにつながること，その反面，どちらか一方の請求原因を選択した結果，請求棄却となるおそれがあることにかんがみて，選択的な請求原因として両方の主張を行うことも，選択肢の一つとして考えられよう。

〔堤　禎〕

このような場合に，裁判所が借家法1条の2の正当の事由に基づく解約申入れ及び正当の事由の存在を認定して原告の家屋明渡請求を認定したのは，当事者の主張しない事実を認定した違法があると判示したものであるが，訴訟代理人の法的構成という観点からみれば，規範的要件事実のように，主要事実が一義的に決定していない場合に，法律構成が容易でない面があることを示唆するものであるといえよう。

III 主張に対する認否

❶ 認否の意義

(1) 弁論主義と認否

　弁論主義のもとでは，当事者間に争いのない事実は，そのまま裁判の基礎としなくてはならない（法179条）。そこで，主張立証責任を負う当事者から主張がなされたときは，相手方当事者は，主張された事実につき，争うか否かを明らかにするために認否することが求められる[1][2]。すなわち，弁論主義のもとでは，当事者が裁判所によりその存否が確定されるべき事実の範囲を示す責任を有しているところ，当事者は，相手方当事者が主張する事実につき，どの事実を認め，どの事実を争うかにつき，早期に認否をすべき責任を負うこととなる[3]。

(2) 認否の態様

　当事者の主張事実に対する相手方当事者の認否の態様には，「自白（認める）」，「否認」，「不知」及び「沈黙」がある。

　当事者が相手方の主張する主要事実を認めたときは，裁判上の自白として，当該主要事実は証明することを要しないものとなり（法179条），裁判所は，これに反する事実認定をすることができなくなる。これに対し，当事者が否認した事実は，原則として証明することを要する。当事者が相手方の主張する主要

---

[1] 新民訴法大系(2)・62頁〔森勇〕。
[2] 民訴法159条1項本文により，当事者が口頭弁論において相手方の主張した事実を争うことを明らかにしない場合には，その事実を自白したものとみなされることとなる。
[3] 上谷＝加藤編・総括と展望・41頁〔田島純藏〕。

事実を否認する場合，単純に否認するというだけでなく，その理由を記載しなければならないとされるが（規則79条3項），この点については後述する。

不知の陳述は，その事実を争ったものと推定され（法159条2項），当該事実は証明することを要する。自分が関係したことについて不知の陳述をすることは信義則上（あるいは事案解明義務に反し），許されないと解される。当事者が相手方の主張する事実につき何も認否せず沈黙している場合は，弁論の全趣旨からその事実を争っていると認められるとき以外は，これを自白したものとみなされる（同条1項）。

(3) 弁論主義における認否の意義

以上のとおり，相手方によって否認された事実及び不知とされた事実が，証明することを要する事実（要証事実）となる。このように，当事者による否認の陳述又は不知の陳述は，裁判所による証拠調べ及び事実認定の必要を生じさせるものであるところ，その法的性格は，当該事実につき，裁判所による証拠調べ及び事実認定を求めるという訴訟上の意思表示であるということができる[☆4]。そして，このような認否は，後の証拠調べによって明らかにすべき要証事実を限定して争点を明確にする機能を有している。このように争点整理の起点となって要証事実を設定する点で，当事者による認否は，裁判所の判断資料を形成する重要な役割を有するものである。

❷ 認否の対象

(1) 原則（主要事実の認否）

認否は，権利の発生，消滅等の法律効果を発生させる事実である主要事実についてなされるのが原則である。

(2) 間接事実の認否

もっとも，①当事者間に争いのない間接事実については，弁論の全趣旨として，証明を要しない事実としてそのまま斟酌されるのが通例であり，②当事者

☆4　新民訴法大系(2)・68頁〔森〕。

間に争いのある主要事実については，証拠から認定された複数の間接事実からその存否が推認されることが通例であって，間接事実の存否が実質的争点となることが実務上多いことから☆5，裁判所による事案の的確な把握及び早期の争点整理を可能にし，迅速な審理を実現するためには，間接事実についての認否も実務上は重要である。すなわち，証拠による認定が不要となる争いのない間接事実を，事実認定のための一連の長い推理の道しるべとして据えることで，争点整理を迅速化することができる☆6。

(3) 訴訟代理人の心得

訴訟代理人としては，上記のような間接事実についての認否の重要性をふまえて，たとえ主要事実以外の細かい事情であっても，少しでも自己の主張と違う点があるならば，その点についてはきちんと意見を示しておく，あるいは積極的に反論をしておくことが必要であるとの認識をもって訴訟に臨むことが重要であろう☆7。

❸ 認否の方法

(1) 答弁書における認否

現行法は，答弁書の記載事項及び添付書類に関して，「答弁書には，請求の趣旨に対する答弁を記載するほか，訴状に記載された事実に対する認否及び抗弁事実を具体的に記載し……なければならない。」と規定し（規則80条1項），答弁書においては，原告の主張事実に対する認否が具体的に記載されなくてはならないとする。これは，被告が最初に提出する書面である答弁書によって被告の主張に初めて触れる裁判官が，早期に事案の内容を把握し，迅速な争点整理を可能にする趣旨であるとされる。

すなわち，第1回口頭弁論期日では，争いのある事件と争いのない事件との

☆5 裁判所職員総合研修所監修『民事実務講義案Ⅰ〔4訂版〕』（司法協会，2008）107頁。
☆6 加藤編・事実認定と立証活動Ⅱ・365頁〔村田渉発言〕。
☆7 加藤編・事実認定と立証活動Ⅱ・370頁〔馬橋隆紀発言〕。

Ⅲ◇主張に対する認否

振分けが行われることが期待されているところ，被告が最初に提出する書面である答弁書について，原告が最初に提出する書面である訴状と同様，被告側の基本的な主張立証関係ができる限り明らかになっていることが必要とされるのである[8]。

(2) 答弁に対する反論における認否

また，被告の答弁に対する原告の反論の準備書面についても，当事者の基本的な主張立証関係を早期に明らかにするという民訴規則80条の趣旨が妥当するところ，現行法は，原告による当該準備書面につき，「被告の答弁により反論を要することとなった場合には，原告は，速やかに，答弁書に記載された事実に対する認否及び再抗弁事実を具体的に記載し……なければならない。」と規定し（規則81条），答弁書に対する反論の準備書面においては，被告の主張事実に対する認否が具体的に記載されなくてはならないとする。

もっとも，請求原因事実に関する認否以外については，事情的な主張について細部にわたる認否をしてもそれほど大きな意味はないことが多く，むしろ原告の側からの積極的主張に力を注いだ方がよいことが多いことから，被告の主張に対する認否は簡潔でよいとも指摘される[9]。

(3) 書面による認否

なお，認否は，法律上は口頭で行うこともできるが，十分に検討したうえでの正確な認否を行い，裁判所及び相手方の誤解を防止する等の観点から，実務上は書面で行われている。

具体的な認否の記載方法については，相手方の主張事実を細分する等して対象の事実の範囲を明確にしたうえで事実ごとに認否を行う等，わかりやすく記載することが必要である。もっとも，事案によっては，相手方の主張事実を全体として否認したうえで，自己の主張の項において，自己が主張する事実の全

☆8　条解民訴規則・175頁。
☆9　瀬木比呂志『民事訴訟実務と制度の焦点―実務家，研究者，法科大学院生と市民のために』（判例タイムズ社，2006）215頁。

経過を積極的に主張した方が理解しやすいこともあることから，具体的事案に応じて，裁判所に理解してもらいやすい方法を選択し，適宜工夫するべきであろう[10]。

(4) 主張認否一覧表による認否

具体的事案によって，細部にわたる詳細な認否が必要となる場合には，一方当事者がその主張する事実にかかる情報を一覧表形式で入力したフロッピーディスク等を相手方に交付し，他方当事者が当該一覧表中の各主張に対応する空欄に認否及び反論を記載して，当事者双方において，主張及び認否の一覧表を完成させる方法が採用されることも多い（建築関係訴訟における瑕疵一覧表，医療関係訴訟における診療経過一覧表，知的財産関係訴訟における販売一覧表等。規則3条の2）。このような当事者双方の共同作業による主張及び認否の整理の手法は，さながら当事者双方が同じ書面で主張を整理する，米国におけるジョイント・ブリーフのようであるが，将来的にはそのような双方同じ主張書面による主張整理を理想としている旨の裁判官による指摘もある[11]。

(5) 認否のための求釈明

なお，認否の対象である相手方の主張の内容が不明確なこともしばしばあるが，そのような場合には，弁論準備期日などにおいて相手方に対して積極的に釈明を求め（法149条1項），その内容が明確になってから認否を行うべきである。相手方の曖昧な主張を放置したまま相手方の主張を自己の判断で推測したうえで認否することは，かえって争点を拡大させたり不明確にしたりすることとなり，妥当でない[12]。

---

[10] 民事弁護の手引・105頁。

[11] 中田昭孝ほか「民事訴訟の審理方法に関する一試論―争点整理の深化と証拠調べの実質化へ向けて（大阪地裁民事集中審理勉強会報告（第2回））」判タ914号（1996）23頁。

[12] 司法研修所監修『4訂民事訴訟第一審手続の解説―事件記録に基づいて』（法曹会，2001）30頁。ただし，不適切な求釈明について本書34頁〔松本光一郎〕。

Ⅲ◇主張に対する認否

❹ 積極否認義務

(1) 積極否認の原則

　現行法は,「準備書面において相手方の主張する事実を否認する場合には,その理由を記載しなければならない。」と規定する（規則79条3項）。本規定は,当事者が相手方の主張を否認する場合には,単純な否認では足りず,積極否認が原則である旨規定するものである。

　これは,早期に争点を明らかにするために,認否を行う当事者に対し,自己に主張立証責任のない事実の主張義務を認めることが妥当であるとして,訴訟当事者の信義誠実に訴訟を追行する義務（法2条）を根拠に認められるものである☆13。すなわち,主張立証責任の観点からは,立証責任を負わない当事者は,相手方が主張する事実を単に否認すれば足りるはずである。しかしながら,当事者が相手方の主張する事実を否認する場合には何らかの理由があるのが通常であるところ,主張立証責任とは別に,当該否認の理由を明らかにする積極否認を原則とすることによって,当該事実に係る争点をより明確にする趣旨であるとされる☆14。前述のとおり,当事者の主張する事実に関する証拠調べ及び事実認定の必要は,否認の陳述又は不知の陳述により生じるが,その際,主張された事実の存在を否定する単純否認に止まらず,当該主張と両立しない事実の主張を伴った積極否認がなされることにより,証拠調べ及び事実認定の対象・範囲はより限定されることとなる☆15☆16。

☆13　塚原ほか編・新民訴法の理論と実務(上)・194頁〔難波孝一〕。
☆14　司法研修所監修・前掲注（☆12）29頁,塚原ほか編・新民訴法の理論と実務(上)・193頁〔難波〕。
☆15　新民訴法大系(2)・64頁〔森〕。
☆16　民訴法は,「争うことを明らかにしないとき」に擬制自白の成立を認めるものとしており（法159条1項本文）,これは,旧民訴法140条1項が「明ニ争ハサルトキ」に擬制自白の成立を認めていたことと比して,擬制自白の成立を阻止するためには,より積極的に争う姿勢を明確にすることが必要とするものであって,積極否認原則とも軌を一にするものであり,当事者がより積極的な攻撃防御を主体的に行うことを予定しているとの指摘がある（民訴法講義案・134頁）。

(2) 否認の具体化について

　前述したとおり，否認の陳述は積極的・具体的なものでなくてはならない。この点につき，被告は，当初から無条件に積極的・具体的な認否を求められるわけではなく，あくまでも争点整理に必要な範囲で認否を行えば足りるといわれることがある[17]。確かに，具体的な否認は，具体的な原告の主張を前提とするものであるから，そのような意味においては，原告の主張の具体化を受けた形で進められればよいであろう。すなわち，否認の具体化が必要となるのは，原告が訴訟当事者として信義誠実に訴訟を追行する義務を果たす形でその主張を十分に具体化した後であり，原告の主張の具体化の程度に応じて否認もまた具体化されればよいであろう。

　しかしながら，原告が訴訟当事者として信義誠実に訴訟を追行する義務を果たしていないような場合にあっては，被告は，原告の主張が十分具体化されていない段階においても，原告に対して，その主張を具体化するよう積極的に釈明を求めることが可能である。すなわち，被告の側からも，早期に積極的・具体的な認否を行うための基礎を自ら設定することにより，より迅速な争点整理を実現することが可能なのである。したがって，被告としては，具体的事案に応じて，原告が信義誠実に訴訟を追行する義務を果たし，その主張を具体化するよう積極的に求めるべきであろう。

　そして，原告の主張が十分具体化された場合には，被告においても，相応した積極的・具体的な認否をなすべきである。例えば，医療関係訴訟において，診療経過等をよく知り，カルテやレントゲンフィルム等の証拠資料を所持している被告が，正確でわかりやすい診療経過一覧表を作成した場合には，原告は，カルテ等をよく検討したうえで被告の主張に対する具体的な認否をなし，否認する事実については積極否認の具体的な事実を主張するべきであろうし[18]，知的財産権侵害訴訟において，原告が損害論に関して具体的な数量の主張をなした場合には，被告は，単に「否認する」「争う」という認否をするべきでな

---

[17]　新民訴法大系(2)・79頁〔森〕。
[18]　東京地方裁判所プラクティス第一委員会「医療過誤訴訟の運営について（特集 専門訴訟の迅速化）」判タ1018号（2000）34頁。

く，原告の主張を争うのであれば，被告の側から，販売数量，販売額，利益額等を，個別の被告製品ごと，販売時期の年度ごとに分けて集計した一覧表を作成して提出するべきであろう[19]。

(3) 反対事実の主張における具体化

他方，被告による積極的な反対事実の主張については，被告が反対事実を知り又は知り得べきであり，当該反対事実を秘匿すべき正当な理由がなく開示を期待できる範囲において，可能な限り個別具体的に，被告が描く反対事実像を明らかにするべきであろう[20]。この点に関し，実際の裁判においては，自己の攻撃防御方法が相手方に有利に働くことをおそれ，自己の主張を自制することも想定されるところであるが，当事者双方において，主張立証責任を超えた事実の主張あるいは立証活動をなし，真実解明のための努力と協力をしてもらいたい旨の裁判官の指摘も存在するところであり，参考になるものと思われる[21]。

〔八 木 哲 彦〕

---

[19] 日本弁護士連合会知的所有権委員会／飯村敏明ほか「座談会 知的財産権訴訟の最近の実務の動向―東京地裁知的財産権部との意見交換会（平成13年度）」判タ1095号（2002）12頁。
[20] 新民訴法大系(2)・79頁〔森〕。
[21] 加藤編・事実認定と立証活動Ⅱ・423頁〔村田発言〕。
　　なお，一方当事者の代理人である弁護士において，依頼者の利益を害するおそれがあるにもかかわらず，主張立証責任を超えた主張立証活動を行うことには，自ずと限界がある。当事者主義のもとでの裁判において真実解明を追求するというのであれば，むしろ，相手方のもとに存する証拠に対する証拠開示の制度を整備する等して，証拠の偏在による当事者間の実質的不平等を治癒することにより，当事者が真実解明を前提とした主張立証活動をなし得るための基礎を制度的に保障する必要があろう。

IV 弁論準備手続概説

❶ 争点整理手続の流れ

　原告の請求（訴状）に対して，被告が実質的に争う答弁をした事件では，以後，裁判所における判決に向けての審理が進められることになる。

　当事者にとって民事訴訟の審理は，「裁判所が請求について最終判断（終局判決）をするための資料（訴訟資料・証拠資料）を裁判所に提出する過程である」[1]。

　原告被告は，自己の主張を裁判所に認めてもらうために，自己の主張，相手の主張に対する反論，更にはこれらを裏づける証拠を提出する。審理の過程において，通常は，裁判所が判決を導くために，当事者によって提出された訴訟資料・証拠資料を整理する作業が行われる。この整理の手続として，現在の実務では，第1回口頭弁論期日等で被告の主張が明らかになった段階，あるいは当事者双方からある程度，主張・証拠が出た段階で，弁論準備手続に付され，そこで主張及び証拠の整理がなされている。

　弁論準備手続において原告被告は，それぞれ準備書面を提出して自己の主張及び相手方の主張に対する反論をし，人証以外の証拠が提出され，最終的に人証調べが必要な争点を絞り込むことによって，集中証拠調べ（法182条）が実施される。

　弁論準備手続の中で和解の機運が高まれば，和解手続に移行することもある。

❷ 弁論準備手続で弁護士が行っていること

　争点整理手続における弁護士の活動については，司法研修所の『民事弁護の

---

[1]　新堂・396頁。

Ⅳ◇弁論準備手続概説

■争点整理手続の流れ

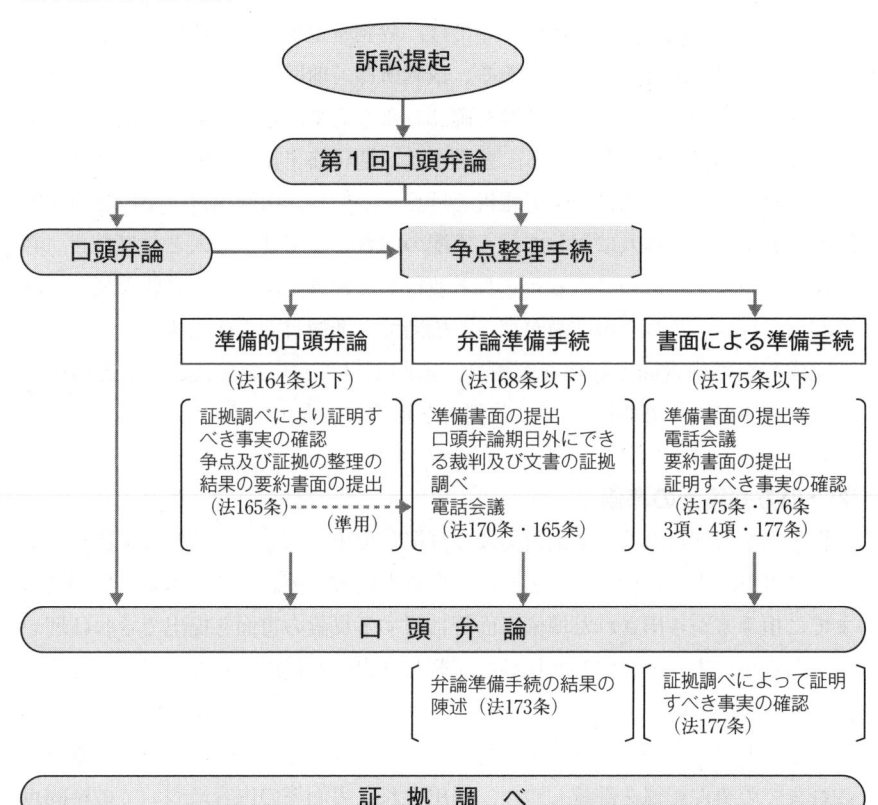

```
                        ┌─────────┐
                        │  訴訟提起  │
                        └─────────┘
                             │
                        ┌─────────┐
                        │第1回口頭弁論│
                        └─────────┘
                         │       │
              ┌──────┘       └──────┐
         ┌────────┐              ┌────────┐
         │ 口頭弁論 │─────────────→│争点整理手続│
         └────────┘              └────────┘
              │              ┌───────┼───────┐
              │              ↓       ↓       ↓
              │       ┌─────────┐┌─────────┐┌──────────┐
              │       │準備的口頭弁論││弁論準備手続 ││書面による準備手続│
              │       │(法164条以下)││(法168条以下)││(法175条以下)  │
              │       └─────────┘└─────────┘└──────────┘
              │        証拠調べにより証明す  準備書面の提出      準備書面の提出等
              │        べき事実の確認      口頭弁論期日外にで   電話会議
              │        争点及び証拠の整理の  きる裁判及び文書の証 要約書面の提出
              │        結果の要約書面の提出  拠調べ           証明すべき事実の確認
              │        (法165条)‑‑‑‑‑‑‑‑ 電話会議          (法175条・176条
              │                (準用) (法170条・165条)   3項・4項・177条)
              ↓              ↓           ↓           ↓
         ┌──────────────────────────────────┐
         │              口 頭 弁 論              │
         └──────────────────────────────────┘
                        弁論準備手続の結果の    証拠調べによって証明
                        陳述(法173条)       すべき事実の確認
                                        (法177条)
         ┌──────────────────────────────────┐
         │              証 拠 調 べ               │
         └──────────────────────────────────┘
```

手引』にも記述はなく,争点整理手続において弁護士が何をすべきかについては,実務修習や実務についてから他の弁護士のやり方を見たり聞いたりしながら,それぞれの考えることを実践している場合がほとんどと考えられる。

現在の実務において,弁護士が,弁論準備手続の準備及び弁論準備手続期日において行っていることは,概略以下のとおりである。

(1) 準備書面等の作成

まず,弁論準備手続期日の前においては,前回の期日に提出された相手方の準備書面と証拠に対する反論さらに自己に有利な結論を導くために必要な主張

を述べる準備書面を作成し，証拠を用意する。

　提出すべき準備書面・証拠については，裁判所や相手方から釈明を求められた事項への対応が必要な場合がある。裁判所は，前回の期日において訴訟代理人に対し次回期日までの準備期間を確認したうえで，通常1か月程度の期間を空けて次回期日を指定している。弁護士は，期日終了後，依頼者である当事者本人に対して当日の期日の経過報告を行うとともに，次回期日までに必要な準備の手配をする。本人に対して行う手配の内容としては，本人との打合せ，必要な証拠の収集の依頼である。それと並行して弁護士側でも，必要な調査，証拠収集を行い，それらの準備が調った段階で，準備書面を作成する。

　完成した準備書面と必要な証拠は，前回期日において合意された提出期限（通常は次回期日の1週間前）までに裁判所と相手方に提出する。

(2)　他方弁護士の準備

　相手方から期日の前に準備書面及び証拠が提出されると，それらを依頼者である当事者本人に送付するとともに，自らも内容を確認する。本来，次回期日までに相手方から出された準備書面等に対する反論の書面を提出できれば理想的であるが，内容の充実した反論を記載した書面を提出することは，時間的に困難なことが多い。

　通常，期日までの間に弁護士が行うことは，提出された書面や証拠を確認し，これまでの事件記録を確認しつつ，提出された書面等の内容についての疑問点を拾い出し，必要に応じて本人に確認するなどして解消できる疑問点は解消し，次々回以降すべきことをまとめ，場合によっては次回すべき書面の作成のために相手方に確認すべき事項を整理することである。

(3)　弁論準備手続期日で行われること

　弁論準備手続期日においては，基本的に事前に書面等が提出されていることを前提に手続が進められる。

　まず，裁判所は，提出された準備書面・証拠の形式的な確認を行う（相手方に提出されているか，提出された証拠の脱漏などがないかなど）。書証については，取調べが行われる（法170条2項。ただし，多くの裁判所では，証拠説明書の提出と同時

書証の取調べが行われており，書証と同時に証拠説明書が提出されていない場合には，書証の取調べは次回以降になされる。）。

そのうえで，提出された準備書面等の内容について口頭で確認が行われる。ここでは，まず裁判所から，前回期日で宿題とされた事項について対応がなされているかの確認や，書証の趣旨・内容についての疑問点の指摘・確認がなされる。裁判所の確認の後，あるいは裁判所から特になければ相手方の方から疑問点などを指摘する等の内容の確認がなされる（これらには厳密には求釈明にあたる事項も含まれるが，単純な記述間違いの確認などの軽微なものなども含む。）。

この際，裁判所と当事者双方との間で，問題となった点（争点など）について議論して，成り立たない主張や判断に必要のない主張（証拠）について撤回させるなどの，いわゆる争点の絞込みをするかについては，裁判官や訴訟代理人の個性，事案・個々の問題点によって異なる。

多くの事件では，次回期日に何をすべきかを協議し（裁判所から求められることもあれば，弁護士から意向が述べられることもある。），その点の認識を関係者間で共通にしたうえで，次回期日が定められる。

(4) 派生的な事項

次回期日以降は，基本的には以上の繰り返しである。

弁論準備手続期日においては，付随的ないし派生的に以下のようなことも行われる。

証拠の関係で，文書送付嘱託，調査嘱託，文書提出命令，鑑定，検証の申出（法180条）に対して，必要性とその必要性が認められた場合に実際に行うべき程度・内容についての議論がなされる。

また，和解についての当事者双方の意向ないし和解成立のための条件等の確認，あるいは更に進んで実質的には和解に向けての話し合いが行われることもある（法89条参照）。

(5) 弁論準備手続の終結

当事者双方からの主張立証が出尽くした段階で，人証調べの必要な点については人証調べを行うことが，裁判所及び当事者双方との間で確認（人証の採否，

尋問時間，尋問事項等の確認）され，弁論準備手続が終了する。

このとき人証調べの前提として，裁判所が最終的に判決において結論を出すべき争点が決まることになるが，その点について，証拠調べにより証明すべき事実の確認をどのように行うか，当事者双方において要約書面を提出するかどうか（法170条5項・165条）は事案による。現在，ほとんどの事件においては，争点の確認は裁判所が口頭で要約して行われ，要約書面は提出されていない。

人証調べが必要なときには，次回期日以降の口頭弁論期日において行われる。

❸ 弁論準備手続の目的

(1) 争点及び証拠の整理

実務上，弁論準備手続において行われていることは，以上のとおりであるが，弁論準備手続は，「争点及び証拠の整理を行うため必要があると認めるとき」（法168条）に開始されるのであるから，弁論準備手続は，争点整理及び証拠の整理を行うことを目的としている。

(2) 争点整理

争点整理の内容には，①争点の深化・展開と，②争点の減少・絞込みがあるとされる☆2。

(a) 争点の深化・展開

争点の深化とは，争点整理の過程で当事者間で主張が対立する表見的な争点とは別の真の争点が浮かび上がってくる場合である。

争点の展開とは，裁判所が当事者の前提とは異なる法的見解や経験則を指摘することにより，それまで重視されてこなかった新たな事実が争点に浮上する場合である。

(b) 争点の減少・絞込み

争点の減少・絞込みには，関連性テストと立証可能性テストの2つの内容がある。

関連性テストは，一定の争点について，法の解釈・適用・あてはめ又は経験

☆2　山本・争点整理手続・699頁，コンメⅡ・456頁。

則適用の結果，その事件の裁判には関連性がないとして，争点から排除される場合である。この関連性テストは，争点整理の中心ともいえる重要な点で，法律問題や経験則をめぐって裁判所と両当事者との間で十分な議論がなされることが望ましいとされる。

立証可能性テストは，一定の争点について，裁判所の立証の見通しに基づき立証の可能性がないとして，争点から排除される場合である。

争点の減少・絞込みは，複数ある主張を常に1つに限定することを強いるものではないとされる☆3。当事者が攻防のポイントとしたい争点を明確にすることによって主張に優勢順位をつけることも，それをしない場合と比較すれば，審理を充実させ，集中証拠調べの実施に有益である「審理の充実＝証拠調べの実効化」に資する。争点の縮小・絞込みは，争点整理の次に控える集中証拠調べとの関連において，攻防のポイントにしたい争点＝立証事項（証明テーマ）の確定という目的的な機能を果たすことに意義があると考えるべきである☆4。もっとも，この点については，後述するとおり訴訟の関係者間において共通の認識は必ずしもできていない。

(3) 証拠の整理

争点整理には，「証拠として価値が乏しいと予想されるものについては，適宜撤回するなどして，証拠調べの対象を限定してゆく」作業も含まれる☆5。

☆3　コンメⅡ・457頁。
☆4　塚原ほか編・新民訴法の理論と実務(上)・214頁〔加藤新太郎〕，コンメⅡ・457頁。
☆5　講座新民訴法Ⅰ・310頁〔上原敏夫〕，中野ほか・267頁〔上原敏夫〕。
　　昭和25年の「民事訴訟の継続審理に関する規則」においても既に，「当事者は，あらかじめ証人その他の証拠について事実関係を詳細に調査し，裁判所の釈明を待つまでもなく，主張及び立証の義務を尽くさなければならない。」と規定され（2条），「当事者責任主義」が説かれていた。そこでは，当事者間による協議の重要性が強調され，ここでいう協議の意義については，「継続審理を円滑容易にするために，枝葉末節にわたる争点はできるだけ圧縮し，また不必要な証拠は，提出しないように整理する必要がある」とされている（関根小郷「継続審理を中心とする民事訴訟法の改正と最高裁判所規則の制定」曹時3巻1号（1951）41頁）。高田裕成「争点および証拠の整理手続終了後の新たな攻撃防御方法の提出」鈴木正裕先生古稀祝賀『民事訴訟法

民事訴訟では原則として証拠能力の制限がないことから、時に不必要な書証が提出されることがある。

「裁判所は、当事者が申し出た証拠で必要でないと認めるものは、取り調べることを要しない」（法181条1項）のであり、争点整理においては、立証趣旨との関係において証拠の必要性をより厳密に検討して、証拠も整理する必要がある。

(4) 口頭の議論による争点・証拠の整理

弁論準備手続においては、以上の争点及び証拠の整理を、裁判所と当事者双方の関係三者が、口頭での議論（討論）によって行うことが予定されている☆6。

小山稔弁護士は、かつて弁論兼和解が行われていた時代に、「訴訟が開始したら、原・被告の代理人弁護士は出来るだけ早く主張と証拠を出し合った上、『争点整理期日』を設けて裁判官と三者で争点について大いに議論しよう」という結論の論文を発表されている☆7。そこで述べられていることは「弁論兼和解」の修正版として定められた弁論準備手続においてもそのまま引き継がれている。弁論準備手続は、本質的に口頭で実質的な議論をする場なのである☆8。口頭で手続を行うことにより裁判所と原告被告の三者間の認識を共通にすることが可能となる☆9。

の史的展開』（有斐閣、2002）372頁）。

☆6 口頭での議論については、口頭主義の要請と述べられることもある（上田・264頁）。もっとも、弁論準備手続は、あくまで口頭弁論の準備手続であり、口頭弁論における原則である口頭主義がそのまま妥当するかは検討を要する。民訴法も、口頭弁論における弁論準備手続の結果の陳述を定めている（法173条）。いずれにせよ、弁論準備手続は口頭で議論が行われることを前提とする手続として設計されている。口頭主義については、中島弘雅「口頭主義の原則と口頭弁論の在り方」鈴木正裕先生古稀祝賀『民事訴訟法の史的展開』（有斐閣、2002）311頁。

☆7 小山稔「争点整理管見―民事弁護実務からの体験的考察」木川統一郎博士古稀祝賀『民事裁判の充実と促進(上)』（判例タイムズ社、1994）506頁（初出：判タ815号〔1993〕43頁）。

☆8 藤田光代ほか「新しい民事訴訟の実務に向けて―現在と将来の訴訟実務をどう考えるか」判タ1316号（2010）38頁。

☆9 伊藤ほか・〈研究会〉改正民訴法の10年(1)・135頁。

Ⅳ◇弁論準備手続概説

　弁論準備手続における口頭での議論に関連して，当事者本人及び訴訟代理人の発言と自白の問題が議論されることがある。弁論準備における発言が裁判上の自白と扱われることを懸念して自由な討論ができないというのである☆10☆11。

　裁判上の自白が成立する場合を厳密に考えれば，弁論準備手続における当事者本人又は代理人の発言がそのまま自白につながることは少ない。

　そのことはともかく，自戒を込めて述べれば，弁論準備手続も，勝つか負けるかの真剣勝負の場である。したがって，訴訟代理人の本来の姿勢としては，弁論準備において自信をもって自己に有利な発言ができるように，あらかじめ十分に準備して期日に望む必要がある。

☆10　高橋宏志ほか「新民事訴訟法の10年―その原点を振り返って（特集　新民事訴訟法の10年〔現代民事法研究会〕」判タ1286号（2009）12頁・19頁・20頁，伊藤ほか・〈研究会〉改正民訴法の10年(1)・136頁）

☆11　この点については，弁論準備手続期日の出席者等の発言内容を立証するとして提出された訴訟代理人作成の報告書の証拠適格を欠くとした東京地判平13・8・27判タ1086号181頁が参考になる。同判決はその理由を次のように述べる。「第一に，民事訴訟法は，弁論準備手続において当事者及び裁判所が自由闊達な議論を行い，その法律的主張の当否や証拠の意味合い等について種々の角度から吟味しあい，主張・証拠（争点）を整理し，事案の理解を深めつつ，充実した審理を進めることを目的としており，上記報告書の提出は，当事者間の片言隻語に基づき，揚げ足をとる類いのものであって，不公正であるばかりか，弁論準備手続の本来の目的を達することができなくなるおそれがあるものである。すなわち，裁判所は，弁論準備手続期日において，訴訟代理人及び当事者に対し，さまざまな質問をし，あるいは一定の立場から他の立場の言い分を検討するなどし，そのやり取りを通じて関係者はいずれも事案に対する理解を深めていくことになるが，一回の期日はその限定された一コマであって，中途段階のやり取りにすぎない。また，裁判所が，同期日において，和解の気運を探ることもあるが，これまた中途段階での調整の一コマにすぎず，上記報告書の提出は，これらを逐一意味のあるものの如く取り上げるものであって，それ自体不相当であることは，経験ある法律実務家にとっては多言を要しないところである。第二に，必要であれば弁論準備手続調書に記載を求めるべき事柄を後日正確性の担保されない私製の報告書に記載し，外形上その事実が存したかのように作出する点において訴訟当事者間の訴訟法上の信義則にも悖るものである。第三に，相手方にもその対応を余儀なくさせ，無用の負担を強いるのみならず，紛争を一層深刻にし，拡大する契機となりかねない。」。

(5) **証拠の整理について**

　弁論準備手続では，前述のとおり証拠の整理も行われる必要がある。

　この点，「証拠を見ながら議論することによって，争点が煮詰まっていく」ところ，旧民訴法では「主張と証拠を分離して争点を考えていたというところに問題があった」☆12。民訴法は，書証を見ながら争点整理をすることを明確にするため，第2編第3章第3節に「争点及び証拠の整理」の規定を設けている（刑事訴訟法にも同様の規定がある。）。そして，争点整理とは，争点及び証拠の整理のことをいうと説明されるのが通常である☆13。

　しかし，争点整理に，証拠の整理を含ませたことにより，実務上，争点整理としては主張の整理が中心となり，証拠の整理が十分になされずに，膨大な証拠が提出されたまま審理が続けられていることが多いように思われる。

　ある主張が成り立ち得るものか否かは，証拠に照らし合わせることによって判断されることになるため，証拠の整理が争点の整理と密接な関係を有する。しかし，証拠の整理は，争点整理とは別の作業を観念し得るのであり，概念的も別に考えることは可能である☆14。

　争点整理を充実させるには，裁判所・当事者双方ともに，証拠の整理についても意識的に行うことが必要と考える。

4　充実した争点整理のために

(1) **現状の問題点**

　弁論準備手続における一般論は以上のとおりであるが，近時，争点整理について，主に訴訟代理人の積極的な活動を前提とする争点整理の充実が求められている。それは，弁論準備手続における以下のような現状の問題が背景にある。

　実務上，弁論準備手続においてなされることの中心的な作業が，次回期日において行われるべきことの確認だとすると，弁護士において次回までにやるべ

　☆12　山本編・民事訴訟・6頁〔福田剛久〕。
　☆13　中野ほか・267頁〔上原〕，コンメⅡ・455頁。
　☆14　コンメⅡ・467頁等は，「証拠の整理」について，「証拠の申出，申出の撤回，申出の採否等を行う」としている。

きことがわかっていれば（提出された書面に対する反論が必要な場合に反論することなど），弁論準備手続においてはあえて特別な議論をするは必要なく，書面の交換で終わるということもある。

また要約書面の提出，弁論準備手続の結果の陳述も，実務上明確に意識してなされることは少ない。

口頭での議論（討論）が行われず，書面の交換だけに終わっている弁論準備手続の現状については，「弁論準備手続の形骸化」として指摘されることもある[☆15]。

さらに，弁論準備手続期日における弁護士の意識として，裁判所が事件についてどのような認識を有しているかをうかがうために，まずは裁判所が何を述べるかを聞いたうえで，発言しようとする傾向が強いと思われる。このような弁護士の傾向に対しては，裁判所へのもたれかかり，裁判所依存との批判がなされている。

(2) 争点（整理）の範囲

争点整理の現状の課題について検討する前提として，弁護士として争点（整理）をどのように考えるか確認しておく必要がある。

争点整理については，どこまでを「争点」として考えるかという争点整理の範囲と，争点整理において何をすべきかという争点整理の程度の問題に分けられる。

まず，争点整理の範囲については，民訴法の定める「争点及び証拠の整理」における「争点」ないし「争点整理」の意義をどのように考えるかによって，広がりに差が生じ得る。

「争点」ないし「争点整理」の意義については，伊藤眞教授の以下の定義がもっとも端的に捉えられており妥当である。

すなわち，「争点」とは，「訴訟物についての判断を行うために論理的に不可欠で，かつ，当事者間で争いとなる事実」であり，「争点整理」とは，「争いとなる事実の確定，すなわち証拠調べの対象となる事実を確定すること」をい

☆15　伊藤ほか・〈研究会〉改正民訴法の10年(1)・128頁。

う[16]。

　この点については，本書においても既に別に検討されているところであり(本書44頁，77頁)，詳しくはそちらに譲るが，その捉え方は民事訴訟の目的とも関連して，弁論準備手続で実務上行われていることに少なからず影響を与えていると考えられる。

　実務上は，厳密な意味での「争点」を考え「争点整理」が行われているとは限らず，個々の裁判官や弁護士において捉え方は様々である。現状は，争点整理の意義についての見解のすべてを取り込むべく，比較的広い範囲で争点を捉え運用されているといえる。

(3) 争点整理の程度

　争点整理の内容をどのように考えるかによって，争点整理で何をすべきかという争点整理の程度についての考え方に違いが生じ得る。

　争点整理の内容については，一般的には次のように説明される[17]。

　「争点整理とは，第一には，当事者の事実の主張について，それぞれの認否を明らかにして，その対立点，したがって証拠調べによって確定すべき事実を明らかにする作業である。しかしそれだけでは争点整理をしたためにかえって争点が増えることにもなりかねないのであって，当事者と裁判所が率直に意見を交換して，訴訟の勝敗に直接かかわらないような枝葉末節にわたる事実については主張を撤回したり自白することで，証拠調べで判断すべき真の争点を明らかにする（その意味で争点を絞りこむ）ことも，この作業の重要な使命である。」[18]

　このような理念的な争点整理と現在の弁論準備手続の実務を比較した場合，実務で行われている争点整理は，ここでいう対立点を明らかにする作業が中心であり，真の争点を明らかにする作業，とりわけ各当事者が議論を重ねること，

---

　[16]　伊藤・239頁。
　[17]　講座新民訴法Ⅰ・310頁〔上原〕，中野ほか・267頁〔上原〕。
　[18]　上谷＝加藤編・総括と展望・140頁〔前田順司〕，大江ほか・手続裁量・98頁〔村田渉〕，山本編・民事訴訟・57頁・58頁〔福田〕。

主張・証拠を適宜撤回すること（前述の争点整理の内容における争点の縮小・絞込み〔❸(2)(b)〕）は，ほとんど行われていないといってよい。

後述する争点整理の役割についての議論の本質は，理念的な争点整理として争点の縮小・絞込みについてどのように評価するかが問われているといえる。端的にいえば，弁護士が，争点整理における口頭の議論を通じて，議論に負けた争点については主張を撤回すべきである，ということを認めるかどうかである。

(4) **立場の違いと争点整理への影響**

弁論準備手続において実際に裁判所と弁護士が考えているであろう争点整理の捉え方には，両者の立場の違いが少なからず影響しているものと考えられる。

一方で，裁判所は，民事訴訟において実体的真実発見を目標とする[19]。そしてそれは，紛争の終局的解決を目指すものである。このため裁判所にとっては，和解による解決も目的に含まれ得る。

他方，訴訟代理人たる弁護士は，民事訴訟の担い手として，紛争の解決，実体的真実発見とは無関係ではないものの，それらは依頼者本人の利益と合致する限りのものである。したがって，弁護士は通常，勝訴判決を得ることを第1に考えており，勝訴判決を導くために必要な限度において事実の主張・証拠の提出を行うことになる[20]。

このような立場・役割の違いは，争点整理に次のような影響を及ぼしていることが考えられる。

まず，争点整理が，一つの紛争解決の結果である，和解をも念頭において行

---

[19] 加藤新太郎『弁護士役割論〔新版〕』（弘文堂，2000）・271頁，伊藤・21頁，伊藤眞「争点整理手続再論」木川統一郎博士古稀祝賀『民事裁判の充実と促進(上)』（判例タイムズ社，1994）428頁。

[20] 中島弘雅「いま民事裁判に求められているもの―『審理の充実・迅速化』から『わかりやすく満足・納得のいく民事訴訟』へ」井上治典先生追悼論文集井上追悼『民事紛争と手続理論の現在』（法律文化社，2008）102頁は，当事者主義的訴訟運営の定着を妨げている要因の一つとして，訴訟代理人に依頼者のために行動するという意識が強すぎる点を挙げる。

われるとすると，必ずしも判決のために必要でない事情・証拠も争点整理の場で議論されることになる。これは弁論準備手続が長期化する結果を招きやすい。

また，争点整理手続を促進するために，当事者に付与されるインセンティブとして，「争点整理をきちんとすることにより，審理が充実・促進し，早期に事件が解決することである」と主張されることがある[21]。しかし充実した争点整理の結果は，敗訴する側には，敗訴の可能性を高めるものにほかならない。そのため，争点整理の結果不利な点が生じれば，かえってその点の補強を充実させようする場合も生じるだけでなく，審理の過程で敗訴を自覚している弁護士は争点整理に消極的になることも予想される。

このような立場の違いからくる争点整理の捉え方の違いは，構造的に存在するものであり，両者の認識をまったく同一にすることは通常は不可能である。実務上もそれらの違いが存在することを暗黙の前提として，争点整理が進められていると考えられる[22]。

❺ 争点整理における当事者の役割

(1) 役割についての議論

争点整理については，各地の弁護士会と裁判所のと協議会において，たびたび，争点整理は誰が主宰するのか，裁判所と当事者の誰が主導権を有するのか，裁判所と当事者でどちらが主体的に行うべきか，あるいは裁判所と当事者のどちらが争点整理の責任を負うべきか，という問題提起がなされ，協議されてきている[23]。

しかし，それらの議論の多くは争点整理について，前述した各自が捉える争

---

[21] 加藤新太郎『手続裁量論』（弘文堂，1996）28頁，コンメⅡ・464頁。

[22] 弁護士においては，訴訟を攪乱することによってあわよくば自己に有利な判決や和解を導こうとの思惑を有して審理に望んでいると思われる場合もないとはいえず，その場合には裁判所と当事者とが考える争点整理の認識の食い違いはさらに広がることになる。なお，和解については，当事者の側に無理な和解への思惑が強い場合もあり，その場合は裁判所との認識が逆点することもあり得る。

[23] 一般に刊行されているものとして，福岡地裁における藤田ほか・前掲注（[8]）37頁。

点整理の意義を前提として，主宰者，主導権，主体的，責任などという抽象的な問題提起についてなされていることが多いと思われる。その協議の結論としては，争点整理における主要な役割を，他方に押しつけるような形となり，協議がその後の争点整理の充実・改善のために生かされることは少ない。

(2) 争点整理の役割分担

　民事訴訟の審理における裁判所と当事者の役割について民訴法の基本書では，次のように説明される[24]。すなわち，訴訟の審理は段階的に見ると，当事者の弁論（攻撃防御方法の提出）と裁判所による争点及び証拠の整理をする手続段階と証人等を集中的に調べる段階とに分けることができるが，「前者は，まず，訴状と答弁書の応酬に始まり，当事者が各自の主張を戦わせ，争点はどこかを明らかにしていくとともに，事実の存否をめぐる争点については，証拠の申出をして，裁判所による証拠調べに備える（請求，攻撃防御方法の提出）。このような当事者の攻撃防御方法の提出を受けながら，裁判所は，釈明権を行使しつつ，当事者の主張を正確に受け止め，争点を最小限に絞り込み，取り調べるべき証人等を選定していく（争点・証拠の整理作業）。」。

　ここで述べられているように，争点整理を行うのは，最終判断（判決）を下す裁判所である。当事者は，請求，攻撃防御の提出という面で，裁判所の争点整理に関わることになる。

　したがって，「当事者は，争点整理の場において，当事者間の議論を通して自ら争点整理を行っていく責任がある」とする見解[25]には，表面的に捉えると違和感を感じざるを得ない。

　争点整理を当事者に任せる[26]ことは，効率的な争点整理とはならず訴訟の遅延を招くおそれが高い。ある程度裁判所の心証開示を前提とした関与がなければ，当事者だけでは円滑な争点整理は行われない[27]。

---

[24]　新堂・396頁。
[25]　上谷＝加藤編・総括と展望・139頁〔前田〕。
[26]　山本編・民事訴訟・28頁〔福田〕，講座新民訴法Ⅰ・221頁〔今井功〕。
[27]　伊藤・前掲注（[19]）432頁，吉野正三郎「争点整理手続の導入と弁論主義の変容」木川統一郎博士古稀祝賀『民事裁判の充実と促進(上)』（判例タイムズ社，1994）460頁。

争点整理は，本来，裁判所の責務であり裁判所が主体として行うべき手続である。そのことを前提としたうえで，当事者，訴訟代理人として，いかに「迅速に」攻撃防御方法を提出するか，さらにいえば，「適切な」攻撃防御方法を提出すべきかが検討されなければならない。「当事者が，第一次的に争点整理の責任を負っている」[☆28]とはこの意味において理解すべきと考える。

❻ 弁論準備手続における裁判所の心証開示[☆29]

(1) 弁護士の裁判所依存ついて

前述のとおり，争点整理手続は裁判所のある程度の心証開示を前提とした関与がなければ効率的・適切に行われない。他方，弁護士が，争点整理において裁判官を見て，裁判官の心証をうかがう姿勢は，弁護士の裁判所依存，裁判所へのもたれかかりとして，近時，裁判官や研究者から批判的な意見が述べられているところである。

例えば福田剛久判事は，「当事者が裁判官の心証抜きに，お互いやり合うことができていない」，「いわば裁判所に寄りかかっている訴訟になっている」と指摘する[☆30]。

このような裁判所依存については，加藤新太郎判事の，「これから弁護士の数が飛躍的に増えてくことを背景としつつ，こうした裁判官依存型審理から脱却すべき時期を迎えつつあるのではないか」という発言[☆31]に象徴されるように，将来的には転換していくことを予想する意見が述べられている。

しかし，弁護士は，裁判官に自分の側が勝つ内容の判決を書いてもらうために主張立証するのであり，弁護士が裁判所の発言に神経をとがらせ，裁判所の発言や顔色から，裁判所の心証を推し量りつつ，自己の弱い点については，補強するなどして主張立証を重ねることになる。したがって，弁護士が裁判所に依存するのはある意味当然のことであり，たとえ今後，弁護士が増えてもその

☆28　上谷＝加藤編・総括と展望・139頁〔前田〕，中島・前掲注（☆20）99頁。
☆29　裁判官の立場からコミュニケーションとしての心証開示を論じたものとして，加藤新太郎編『リーガル・コミュニケーション』（2002，弘文堂）162頁。
☆30　山本編・民事訴訟・28頁〔福田〕。
☆31　山本編・民事訴訟・230頁〔加藤新太郎〕。

傾向が変わることはないであろう。

(2) 裁判官の心証開示と争点整理

争点を絞り込むためには，裁判官の心証開示がなければ困難である[32]。争点整理段階における裁判官の心証については，判決における心証との違いが指摘され，暫定的心証と呼ばれることもある。しかし，暫定的であったとしても弁護士としては，裁判官から示された心証に反応せざるを得ない。

弁護士も成り立ち得ない主張について，ある程度認識して主張している場合も多いと思われる。それは，主たる争点を提示するにあたって論理的に前提となっている場合もあるであろうし，当事者本人の意向を汲むと主張せざるを得ない場合もあろう。そのような主張について，争点整理の場で口頭で議論して形勢が不利であることがわかったとしても代理人としてはそれだけで主張を撤回しようとは考えない。主張の撤回は裁判所のある程度の心証開示がなされて，当事者本人の納得が得られて初めて可能となる。

もっとも，そのように裁判所の心証を開示されても，なお成り立ち得ない主張を維持せざるを得ない場合も残る。しかし，この段階では，争点の軽重は明らかになっていることも多く，そこまでの争点整理でも十分に意味があることである。

❼ 弁論準備手続への当事者本人の同席

(1) 当事者本人の弁論準備手続出席

通常，比較的大きな会社が当事者の訴訟においては，弁論準備手続に，会社の担当者の方から同席を求めることが多い。しかし，一般の個人や中小企業では，特に弁護士の方から求めなければ期日への出頭を希望することは少ない。通常は仕事などの関係でできれば出席したくないという当事者が多いと思われる。したがって，弁論準備手続に当事者本人を同席させるかどうかは，訴訟代理人である弁護士の判断によることが多い。

---

[32] 河野ほか・民事訴訟の現状と展望(1)主張整理関係・12頁は，争点の拡散を回避するなどのために，一定限度の暫定的な心証開示が有用な手段となるとする。

(2) 当事者本人を同席させる理由

　弁護士は，事件の性質，当事者本人との関係において，当事者本人を弁論準備手続に同席させるかどうかをそのつど判断して決定している。

　弁護士が当事者本人を同席させる理由としては，まず当事者本人に訴訟手続を見せるということが挙げられる。すなわち当事者本人に弁論準備手続に同席してもらい，裁判官がどういう人か，裁判所においてどのようなことが行われているか，裁判所が当該事件についてどのように考えているかを直接見てもらうのである。人証調べでは，尋問時間，立証趣旨の関係で，質問する予定のない事項などについて当事者本人において裁判官に伝えたいことがある場合に，同席してもらって直接裁判官と話をしてもらうこともある。

　弁護士としては，さらに，裁判所の判断に有利となるかどうかということを戦略的に検討して判断している場合もある。具体的には，次のような点が挙げられる。

(a) 争点整理のため

　医療や建築，特許，ソフトウェア開発関係などの専門的な訴訟においては，準備書面あるいは書証について関係者の同席を求め，技術的な点などを担当者から直接説明してもらうことがある。これにより円滑な争点整理が図られ有益なことが多い。

(b) 裁判官に当事者本人の人柄を知ってもらうため

　弁護士としては，尋問前に裁判官と当事者本人に会ってもらいその人柄を知ってもらうことを意図して同席してもらうことがある。実際に弁論準備手続の場で裁判官に当事者本人の誠実な人柄を知ってもらうことが，どの程度，裁判官の心証形成に影響するかは不明であるが，裁判官も人であるから，まったく影響はないとは言い切れない。

(c) 本人尋問と同様の効果を期待して

　さらに理論的には問題となるところであるが，端的に当事者の口から事件について話してもらい，事実上人証調べと同様の結果（心証）を得ることを期待して，同席してもらうこともある。当事者本人が争点整理に立ち会って発言する機会がある以上，争点整理と人証調べとの境界を厳密に設けることは困難である☆33。そうである以上，弁護士としては必要に応じてそのような効果を狙

って当事者本人を同席させることは考えざるを得ない。

(3) 当事者本人を同席させない理由

逆に，あえて当事者を同席させない事案も存在する。多くは当事者本人の個性によるが，感情的になり冷静な話し合いが難しい人は，争点整理が議論の場ではなく，ときには罵り合いの場になるということも起こり得るので，あえて同席は求めないことが多い。

当事者本人が不利なことを発言するおそれがある場合は，あえて同席を求めないことが通常であろうが，人証調べにおいても不利なことを発言するリスクは存在するのであるから，同席させるかどうかの判断にあたって重要な要素ではない。

(4) 裁判所から同席を求められた場合の対応[34]

裁判所から当事者本人の同席を求められることがある。和解のためであることが多いであろうが，争点整理を目的とする場合もある。専門的・技術的な点については，前述のとおりむしろ弁護士の側から同席を求めることが通常と考えられるが，裁判官から求められたときに拒否する理由は少ないであろう。

事実関係の確認のために当事者の同席を求めるのは，裁判所は暗に弁護士の準備不足を指摘しているのであるから謙虚に自覚する必要がある。そのうえで，実際に同席させるかどうかは，訴訟を有利に進めるために必要かどうかという観点から，弁護士の判断で決する必要がある。「裁判官が，当事者本人を連れてきてくださいといっているので，本人を同席させる」という姿勢はとるべきではない。

☆33 山本・争点整理手続・709頁も，争点整理における当事者・参考人の陳述で事実上心証がとられるおそれを指摘する。

☆34 福岡地裁においては，「当事者同行方式の実施」の実務運用の提言がなされている（藤田正人「争点整理の新しい運用に関する一試案―福岡民事プラクティス研究会の議論を踏まえて」判タ1321号（2010）48頁，提言の前提の議論として，藤田ほか・前掲注（☆8）39頁。しかし，当事者を同席させるかは，個々の弁護士が事案に応じて判断すべきことであり，裁判所から求められて決めるべきことではない。

❽ 弁論準備手続と和解[35]

　民訴法が弁論準備手続を定めた経緯は，旧民訴法下における弁論兼和解という争点整理と和解手続を同時に進めていた実務運用の問題点を整理し，争点整理と和解手続を明確に区別したうえで，争点整理手続の実質化を図るためであった。したがって，弁論準備手続と和解手続は作業として峻別すべきであると解されている[36]。

　しかし，実務上は，弁論準備手続において和解の話し合いがなされることは少なくない[37]。争点ないし争点整理の意義が厳密な意味での民訴法上の争点ないし争点整理より広く捉えられていることから，審理から人証調べを除いたほとんどが争点整理手続で行われている。そのため，裁判所は，争点整理においてある程度の心証を形成することになり，その心証が何らかの形で当事者に示唆され，弁論準備期日において実質的に和解の話し合いが平行して行われる。

　かつての弁論兼和解手続では，「和解に重点を置いてなされた当事者の陳述が裁判官の心証形成に大きな影響を与えるほか」，交互面接方式が多いため，手続の公正さが確保できないという問題があった[38]。

　実務上は，このような問題点を意識して，和解期日に切り換えることなく弁論準備手続において和解を進める場合には，あらかじめ和解を行うことを当事者に宣言したうえで行い，また交互面接方式は，争点整理がある程度終了した段階で行われることが多い。

　弁護士としても，弁論準備手続と和解手続との峻別を意識しつつ，争点整理が十分でない段階では，基本的に交互面接方式の和解に応じるべきではなく，また交互面接の場においては裁判所の心証を引きつけるような主張は慎むこと

---

　[35]　弁論準備手続が行われた事件では和解率が高く，「弁論準備手続が和解の機運を高める機能をあわせもつもの」と報告されている（近藤隆司「民事訴訟法改正の計量分析に基づく検証　争点整理手続の分析―弁論準備手続は制度目的を達成しているか？」判タ1307号（2009）31頁，上谷＝加藤・総括と展望・154頁〔前田〕）。
　[36]　大江ほか・手続裁量・37頁〔山本和彦〕。
　[37]　河野ほか・民事訴訟の現状と展望(1)主張整理関係・12頁。
　[38]　松本＝上野・337〜338頁。

Ⅳ◇弁論準備手続概説

が望まれる[☆39]。

❾　争点整理手続の課題

(1) 司法改革と弁護士業務の変貌

　従来，弁護士は比較的少人数で事務所を構え，訴訟事件を中心とした業務形態が多かったと思われる。しかし，最近では，弁護士の急激な増加により，わが国にも巨大法律事務所が複数存在するようになり，大都市では少人数の事務所は少なくなりつつある。

　多数の弁護士を抱える法律事務所では，優秀なパラリーガルなどを含むスタッフも充実させ，一つの訴訟案件について，それらのスタッフが作業を分担することにより，より質の高いサービスを提供できる体制を組み得る。当然それに要するコストも膨大になってくる。

　このように費用と人材を多数投入することができれば，当然訴訟の結果にも少なからず影響を与えることになることは避けられない。

　すなわち，今後の訴訟には，費用をかけた当事者が自己に有利な判決を得ることができるような事態も懸念される。

　このような体制にある相手方を想定すると，端的にそれに対抗するには，同じようにお金をかけるしかないことになろうが，そのような社会は国民が望むものとは考えられない。国の運営する司法制度として公正な民事訴訟を実現するためには，高い費用をかけなくても自己の権利を実現できるような制度を考える必要がある。

　弁護士としても，これまでのように延々と期日を重ね，そのつど，記録を読み返すような非効率なやり方では，到底事務所を維持していくことは困難となろう。

　今後は，訴訟の促進，効率化のために，弁護士自身が積極的に動かざるを得ないのであり，多くの事件では，短時間でより集中的に争点整理をすることが必要になってくる。

　司法改革による弁護士の大幅な増員は，必然的に弁護士業務を大幅に変貌さ

☆39　竹下ほか編・研究会新民訴法・214頁〔田原睦夫発言〕。

(2) 当事者主義的訴訟運営に対して

近時，民事訴訟手続の進行ないし運営について，「当事者主導型訴訟進行」[40]，「当事者主義的訴訟運営」[41]ということが提唱され，本書においても既に多くのところで紹介されている。争点整理手続，和解手続が職権主義的な運用によっているのではないか，「民事訴訟運営の在り方についてより当事者主義的な（当事者主義を重視した）方向に軸足を移していく必要がある」[42]というのである。

このような問題意識には，主に2つの理由が挙げられる。一つは，民訴法理論上の理由である。民事訴訟については，当事者主義が適用され，現行民訴法は，当事者主義をより重視した改正がなされているというのである（改正の内容については，本書44頁参照）。

しかし，民訴法が当事者主義的になっているというのは改正前との比較においての程度の問題ともいえる。このため民訴法は，「運用によっては当事者主導にも裁判官主導にもなり得ることに注意する必要がある」ことが指摘されている[43]。

もう一つは，裁判所の負担の問題である。今後，弁護士数の増大は必然的に将来の訴訟事件数の増大をもたらすことから，これまでのように裁判所の後見的介入は困難になるというのである[44]。

---

[40] 福田剛久「当事者主義と職権主義の間で」判タ1317号（2010）44頁。
[41] 山本・当事者主義的訴訟運営・61頁。中島・前掲注（[20]）95頁。
[42] 山本・当事者主義的訴訟運営・61頁。なお，当事者主義的訴訟運営にあたっては，両当事者に法律専門家である弁護士の訴訟代理が付いていることが前提とされている（同76頁）。この点については，従来は明確に意識されていないところであるが，本人訴訟において主体的訴訟進行を求めることは非現実的であり，当事者主導型訴訟進行などの提唱の先には弁護士強制制度の問題があることは否定できない。今後，弁護士強制制度の採用についての十分な議論・研究が不可避になるものと考えられる。
[43] 中島・前掲注（[20]）96頁。
[44] 例えば，次のような発言である。「かねてから，代理人である弁護士の力量不足を，裁判所が，真実発見に向けた後見的な介入で補完して当事者本人を保護し，正しいス

このような考えは，結果として実体的正義より手続的正義を重視する方向に向かうものといえる。このような方向は，「勝つべき者が勝つ」という訴訟運営から「努力した者が報われる」訴訟運営に転換すべきとの指摘につながる[45]。

しかしそのような当事者主義的な方向により不利益を受けるのは当事者本人であり，国家の司法制度のあり方としては批判もあり得る。裁判官からも「裁判には事案の真相解明が期待されている，弁護士の訴訟技術の巧拙で訴訟の結論が決まるのは相当でない」[46]との意見が述べられている。

このように当事者主義的訴訟運営には，以上のような批判も強いところである[47]が，現実の運用において，裁判官が対応できない場合もあるとすれば，弁護士としてはそのことを想定した訴訟活動を考えていく必要がある。

前述のとおり，弁護士が争点整理において積極的な活動を求められるのは，むしろ弁護士の弁護士業界内部における自由競争の中での生き残りという切実な事情があることを認識する必要がある。

ジの判決をする，そのために裁判官が一生懸命頑張るという図式が見られ，いまでもこの図式は相当の割合で当てはまるように思います。しかし，民事訴訟がますます複雑になり，事件数も増えてくるということになると，現在のレベルでの裁判所の努力のキャパシティを超えるのはそう遠くないのではないかと思います。司法制度改革による法律家の数の増加は，裁判官よりは弁護士の数の増加として現れるでしょうから，裁判所への『もたれかかり』は徐々に姿を消し，代わって，数が増え，十分な執務体制を整えた代理人である弁護士の『頑張り』による当事者主義的な実務運用に，制度全体として傾斜せざるを得ないことになりましょう。」（松下淳一「民事訴訟法―来し方行く末（法学教室 創刊30周年記念 特集 有斐閣法律講演会2010 これからの法学を語る）」法教361号（2010）44頁）。

[45] 争点・55頁〔山本和彦〕，山本・民訴法10年・97頁，高橋ほか・〈座談会〉民訴法改正10年・41頁，須藤典明「実務からみた新民事訴訟法10年と今後の課題」民訴55号（2009）106頁。

[46] 最高裁判所事務総局「裁判の迅速化に係る検証に関する報告書（分析編）」（平成21年7月10日公表）10頁。

[47] 山本和彦教授も，前提要件の整備を前提としている（山本・民訴法10年・98頁，山本・当事者主義的訴訟運営・74頁）。

(3) 集中的な争点整理手続へ

　司法改革による弁護士の大幅な増員が必然的にもたらすであろう弁護士の民事訴訟における意識改革が浸透すれば，争点整理手続の様相も，より弁護士が積極的に争点整理に関わる運用に変わることが予想される。

　そこではより効率的な争点整理が求められるが，効率的な争点整理とは，必要な証拠収集の前倒しにより必要な証拠を訴訟の早い段階で入手できることを前提に，早い時期における集中的な争点整理を行うことである。

　そのためには，少ない期日にまとめて主張と人証調べ以外の証拠調べを行うこと，例えば実務の運用として，当事者双方が希望する場合には争点整理期日の回数制限が検討されてよい。

　従来，弁護士会は，民事裁判の迅速化については，ラフジャスティスにつながることを理由に反対の意見が強かった。しかし，事案の性質上長期間の審理・争点整理が必要な事件は別にして，多くの事件においては，時間をかけることが必ずしも充実した審理につながるわけではない。1回の審理においても充実した審理，すなわち当事者が主張すべきことをすべて主張し，提出すべき証拠をすべて提出して手続保障を尽くすことは十分に可能なはずである。

　今後は弁護士が新たな訴訟運営を提言していくことが求められている。

(4) わかりやすい争点整理への課題

　弁護士の側の問題とは別に，今後の争点整理の課題として，弁論準備手続における心証開示のあり方についても，開示の要否，方法などの明確な基準が研究される必要があるように思われる☆48。

　平成8年の現行民訴法は，「民事訴訟を，国民に利用しやすく，わかりやすい」ものすることを目的として改正された。民訴法が国民にわかりやすいとはどのようなことかについて，新堂幸司博士は，「手続進行が具体的な形となって関係者によく見え，そのために手続に参加するプレイヤー達が各自の役割を

☆48　争点整理における心証開示については，大江ほか・手続裁量・250頁〔加藤新太郎〕。現在の心証開示の実務は，個々の裁判官の判断に委ねられ，必ずしも公平・適切に行われているか疑問がないわけではないように思われる。

掴みやすいこと」，そして「敗者にとっても，裁判官の前で，相手方と公平に扱われ，自分の気持ちを十分に伝えたし聞いてもらったという，あきらめにも似た満足感を与える手続」と述べている[49]。

　そうだとすると，敗者には，裁判官がどのようなプロセスを経て，自分に不利な判断を下したのか，心証形成のプロセスが明らかになっていることが重要なことといえる。争点整理の過程において，裁判官と弁護士が法的な難しい議論を交わして，いつのまにか自分の弁護士が，自分の主張を撤回しているような手続は到底わかりやすい手続とはいえまい。争点整理で争点の縮小・絞込みをより進めようとするのであれば，事案に応じて争点整理における暫定的心証の形成過程についてより当事者にわかるような形で示すような方法が研究される必要があろう。

〔大　坪　和　敏〕

[49]　新堂・7頁（はしがき）。

V 争点整理への訴訟代理人の関与

❶ 当事者からの争点の提出

(1) 争点整理と集中証拠調べ

　事前に争点及び証拠の整理手続を実施することで，何がその事件の争点であり証拠調べの対象であるかを十分絞り込み，続いて集中証拠調べ（法182条）を実施する。これにより審理の充実・迅速が図られるというのが平成8年改正法の理念・目標であった[☆1]。その意味において，争点整理は集中証拠調べと裏表の関係で，争点・証拠が整理されていなければ，集中証拠調べが十分に機能しないと考えられている。

(2) 争点整理において当事者が提出すべきものは何か

(a) 争点整理とは何を行う手続か

　争点整理とは，訴訟物について十分な主要事実が主張されているか，主要事実の推認に関連する間接事実としてどのような事実があるか，補助事実は何かを確定し，これら事実に関連する証拠を挙げ，書証の認否の予定を相互に確認したうえで，相手方が争う事実と争わない事実とを区別し，証拠調べの対象を限定する作業である[☆2]。具体的には，法律効果を発生させる法律要件に該当する具体的事実（主要事実）の存否を詰めていくことにより，さらに主要事実の存否を推認させる間接事実が争点となったり，証拠の信用性に関わる補助事実が争点となる，といった具合に主要事実から間接事実，補助事実のレベルまで掘り下げ，これらを証拠と関連づけながら行っていく。

　　☆1　高橋ほか・〈座談会〉民訴法改正10年・7頁〔高橋宏志発言〕。
　　☆2　コンメⅢ・455頁，争点・140頁〔福井章代〕。

(b) 争点整理において当事者が提出すべきもの

　民事訴訟における訴訟物についての判断は，権利の発生，変更，消滅等の法律効果の要件に該当する具体的事実（主要事実）の存否によって決せられるが，その存否に争いがあれば，当事者は，間接事実，補助事実，証拠によって主要事実を基礎づけていくことになる。

　そうすると，争点整理の期日において当事者が提出すべきは，上記の定義にある，主要事実，間接事実，補助事実等の主張及びこれらを基礎づける証拠ということとなろう。当事者としては，法律要件に示された要件事実ないしは，これに該当する具体的な主要事実の存否に向け，その主張立証責任を意識した訴訟活動を常に心掛けるべきであり，それが争点整理の充実に資する☆3 と考えられる。

　いい換えれば，事実については，規範適用において意味ある事実が争点整理の対象ということができるであろう。もっとも，対象がこれだけに限定されるかという問題はある。多数説はこれに限定されるとする（厳格説）が，和解などに役立つ背景事情・周辺事情なども含まれるとする説など，緩和して考える説も有力である☆4。

(c) 証拠の整理について☆5

　また，争点整理期日においては，主張だけでなく証拠の整理も行われる。各主張に対応する証拠の有無，提出の可否（例えば，所持人が当事者，相手方，あるいは第三者かなどを確認すること）・方法なども整理する必要がある。逆にいえば，証拠の整理を伴わない争点整理は，主張の繰り返しとなってなかなか終わらなくなってしまうであろうし，そうだとすれば，争点整理においては主張に対応する証拠をどうするかという議論をすべきではないかと考えられる。その中で，人証調べの気運が生まれ，あるいは和解に進むきっかけにつながることもあると考えられる。

　これに対し，証拠の整理を伴わない争点整理をして集中証拠調べに入ると，

☆3　田原・民訴法改正10年・56頁。
☆4　コンメⅢ・458頁。
☆5　高橋ほか・〈座談会〉民訴法改正10年・13頁〔福田剛久発言〕。

突然重要な（弾劾証拠ではない）証拠が人証調べの途中で提出されたり，当日尋問の予定されない別の証人が必要になるという事態にもなりかねない。そうすると，せっかく実施した争点整理手続が意味をなさないことになってしまうのである。

(3) 争点整理手続の効果

争点整理手続の終了時に，その後の証拠調べにより証明すべき事実を当事者・裁判所間で確認し（法165条・170条5項・177条），それにもかかわらず新たな攻撃防御方法を提出する場合には，当事者にその理由を説明する義務を課する（法167条・174条・178条）。十分な説明がなされない場合，時機に後れた攻撃防御方法として却下する可能性が付与されている（法157条）。こうした規定によって，争点整理の実効性の制度的担保がされているといえるが，実際には，控訴審との関係（結局控訴審で提出されて審理判断されるなら，審級の利益の観点からも第一審でやっておいた方がいいであろうという考慮）で，特に審理の遅延を招くと考えられるような主張でないものについては，期日続行によって対処するケースもあるようである☆6。

(4) 争点整理期日において当事者はどのように関与していくべきか

争点整理は，主張や証拠の具体的な内容について意見を交換しながら，事実関係を整理し，争点を圧縮することを通じて，その後の審理の進め方について裁判所と両当事者との間にできる限り共通の認識を形成する作業☆7である。そして，その中で最も多く実施されている弁論準備手続については，本来，期日において裁判官と双方代理人が口頭で議論を行いながら争点・証拠を煮詰めていくことが想定されていた。もっとも，口頭のみの議論は現実には難しいので，実務においては，当事者が期日前に事前に準備書面を出し（裁判所が提出期

☆6 遠藤ほか・〈座談会〉争点整理(上)・29頁〔瀬木比呂志発言〕。

☆7 伊藤ほか・〈研究会〉改正民訴法の10年(1)・132頁〔伊藤眞発言〕。また，争点整理の機能は，争点の範囲の絞込み（争点の範囲の縮小）と争点の対象を主要事実から間接事実，補助事実へと展開していくこと（争点の深化・展開）にあるといわれる（コンメⅢ・456頁）。

限を定める。)，これを基に議論をする形式が採られる。弁論準備手続を機能させるためには，期限を決めての書面の事前提出を守ること及びこれを予習して臨むことが重要である☆8。

(5) 弁論準備手続の実情

前述のように手続を実施することが予定されていた弁論準備手続であるが，しかし，実情としては，これも形骸化の傾向がみられ，期日が単なる書面の交換に終わり，口頭の議論がなされないことが少なくないという指摘がされている。以前からいわれてきたことでもあるが，書面の提出期限が守られないことが多く，期日当日になって書面が出されるケースが少なくないという☆9。

そうなると，期日において，相手方当事者と裁判所は書面を読むだけで時間の多くを費やし，最後に裁判所から次回期日までの反論の指示があるのみで期日が終わってしまうことになる。そうすると実質的な議論が行われず，争点整理の実効性が発揮されなくなってしまうであろう。

(6) 当事者と裁判所のいずれが争点整理を主導すべきか☆10

また，争点整理手続全体に関わる点であるが，手続の進め方について，現状，

☆8 遠藤ほか・〈座談会〉争点整理(上)・22頁〔二宮照興発言〕。

☆9 伊藤ほか・〈研究会〉改正民訴法10年(1)・128頁〔林道晴発言，矢尾渉発言〕，高橋ほか・〈座談会〉民訴法改正10年・18頁・19頁〔秋山幹男発言，福田剛久発言〕，東京地方裁判所＝東京弁護士会＝第一東京弁護士会ほか「新民事訴訟法施行後の訴訟運営をめぐる懇談会(1)」判時1735号（2001）20頁〔田代雅彦発言，萩尾保繁発言〕。

☆10 山本・民訴法10年・97頁。伊藤ほか・〈研究会〉改正民訴法の10年(1)・100頁〔清水正憲発言〕。その他，当事者による主体的な関与に触れたものとして，矢尾ほか・〈研究会〉改正民訴法の10年(2)・98頁・101頁〔林道晴発言，矢尾渉発言〕，山本・当事者主義の訴訟運営・102頁など。本文のような指摘に対しては，例えば，以下のような指摘や意見が出されている。「争点整理期日の意味は，事前に提出された書面を前提として，両当事者の認識の違いはどこにあるのか，その理由は何かについて，当事者と裁判所の間での口頭のやりとりがなければ意味がない」（伊藤ほか・〈研究会〉改正民訴法の10年(1)・136頁〔伊藤発言〕）。「当事者の関与については，これまで以上に当事者が主導的に期日間の書面の交換や期日での議論をすることにより争点整理を行っていくことが望ましいのではないか」（矢尾ほか・〈研究会〉改正民訴法の10年(2)・

第2章◆争点整理の実務上の検討

裁判所が主導しすぎ，あるいは当事者の側が裁判所に依存しているのではないか，との指摘がされている。争点整理の場でも裁判所が積極的に釈明を行い，当事者はやや受動的にそれに応えている場面が見受けられるというのである。

このような指摘に関しては，争点整理は裁判所と訴訟代理人の共同作業であるとか，争点整理の段階においては裁判所と当事者はいわば水平的な協働関係とみるべきではないか，との意見がある。

本来民事訴訟は，当事者主義により，当事者が主導して主張立証していく建前であるし，当事者は対立関係にあるとはいえ，訴訟において両当事者の協力は不可欠と考えられる（法2条「信義に従い誠実に民事訴訟を追行しなければならない」）。そもそも，訴訟の結果につき最終的に利害関係をもつのは当事者であり，処分権主義，弁論主義ということからも，手続への裁判所の関与が必要としても，前提としての争点設定作業は当事者の責任で行うのが本来的なあり方ではないかと考えられるし，そうだとするならば，争点整理について当事者がより主体的に関与していくような運用を考えていくべきではないだろうか。

〔木下　貴博〕

❷　争点の絞り込み

(1)　争点整理の実際

はじめに，争点整理のあり方として第一線の裁判官が述べるところを紹介する。

101頁〔矢尾発言〕）。「当事者においても受動的ではない，裁判所の働きかけを前提にするのではなく，むしろ当事者の方で土俵を設定して，書面を裁判所から言われなくても出す，言われなくても相手方当事者に直接質問をぶつけていく，求釈明までではなくとも裁判所に聞いてもらいたいことをつっこんでいくという形はどうか」（伊藤ほか・〈研究会〉改正民訴法の10年(1)・136頁〔林発言〕）。また，裁判所の関与については，当事者主導といっても，争点整理であれ和解であれ，裁判所が必要な場面で心証を開示するなどして一定の役割を果たすことにより，ある程度対応は可能ではないか（山本・当事者主義の訴訟運営・102頁），との指摘がある。

「争点整理は，単に当事者の主張を対比して要件事実に基づいて整理することにとどまるものではない。代理人が契約書等の物的証拠を中心として，準備書面で双方の主張をストーリーの形で提示し，代理人相互間で，あるいは代理人と裁判所との間で率直に議論する。そして，裁判所が，人証調べ前の手続段階であることから要求される謙抑と自制を守りつつ，議論，検討の結果を踏まえて，可能な限り争点についての暫定的な判断，心証を開示し，代理人と認識を共通にさせ，ときには，明らかに無理と見込まれる主張については，その当事者を説得して，撤回してもらう。このような作業を通して，仮性争点を排斥して真の争点を浮かび上がらせ，人証により証明すべき事項の絞り込みを行うことが争点整理の実質である」☆11。

(2) 「争点の絞り込み」とはいかなる作業か

争点整理手続では，まず①訴訟物に関して必要十分な主要事実が主張されているか，を確認し，次に②主要事実を推認させる間接事実あるいは推認を妨げる間接事実にはいかなるものがあるか，補助事実は何か，を確定する。さらに③相手方が争う事実と争わない事実とを区別するとともに，書証の提出及び検討を通じて争点の絞り込みを行い訴訟における真の争点を確定してその後の人証調べによって証明すべき事実を限定すること，が志向される。

ここで争点の「絞り込み」とは，「当事者及び裁判所が，書証による主要事実及び間接事実の証明の程度やその後の証拠方法の有無などについて議論を重ね，明らかに書証によって証明されていると考えられる事実に関しては，争いをなくして争点からははずし，反対に，書証によって証明できず，その他の証拠方法によっても証明が困難と考えられる事実についても，主張を撤回して争点からはずす」☆12という作業をいうものと一般に理解されている。

(3) **争点の絞り込みの機能・目的**

現行民訴法は，審理の充実・促進によって適正かつ迅速な紛争解決を図るた

☆11　塚原朋一『新民訴法実践ノート』（青林書院，1999）56〜57頁。
☆12　上谷＝加藤編・総括と展望・145頁〔前田順司〕。

めの審理方法として,「争点中心審理」を採用した。

争点中心審理とは,訴訟手続の早期の段階で争点及び証拠の整理を行って争点を絞り込み,争点に焦点を合わせた効率的な人証調べを集中的に行う審理方法であり,争点整理手続と集中証拠調べをその中核とする。

争点整理手続において争点の絞り込みが的確に行われることによって,初めて真の争点に焦点を合わせた充実した審理による適正かつ迅速な裁判が可能となり,また和解による解決も促進される。その意味で争点の絞り込みの適否が争点中心審理の成否を決する。

このように争点の絞り込みが争点の縮小を目的として行われることは疑いないが,争点の絞り込みは「それ自体が自己目的となるものではなく」,争点整理手続の後に行われる集中証拠調べにおける「証明テーマの確定という合目的的な機能を果たすところに眼目がある」☆13ことに留意しておく必要がある(争点の縮小は,裁判所には便宜に,いずれか一方の当事者には有利に働くから,争点の絞り込みが自己目的化する危険は常に存する。)。

(4) 争点の絞り込みの法的性格

前述のとおり,争点の絞り込みとは,一方の当事者が「争いをなくし」あるいは「主張を撤回する」ことにより「争点からはずす」作業であると一般的に表現される。しかし,それは文字どおり相手方の主張事実の「自白」や自らの主張事実の「撤回」を意味するものではない。争点の絞り込みは,集中証拠調べにおいて攻防のポイントになる事項を確定するための作業であるから,その目的の達成に必要な範囲及び方法で行われれば足りるからである。

すなわち争点の絞り込みとは「仮性争点を排斥して真の争点を浮かび上がらせ,人証により証明すべき事項の絞り込みを行う」☆14作業であるから,「仮性争点」と整理されることの具体的効果は,判決書の摘示において「前提となる事実」あるいは「争いのない事実等」としての取扱いを受けること☆15と理解

☆13 塚原ほか編・新民訴法の理論と実務(上)・214頁〔加藤新太郎〕。
☆14 塚原・前掲注(☆11)57頁。
☆15 東京地方裁判所=東京弁護士会=第一東京弁護士会ほか「新民事訴訟法施行後の訴

すれば足りるであろう（ただし，自白や撤回とまでは扱われないとはいえ「前提となる事実」と整理されることにより，控訴審等において改めて争点化することは事実上困難となるから，安易な対応はすべきではない。）。

(5) 争点の絞り込みへの裁判所及び訴訟代理人の関わり方に対する評価

(a) 訴訟代理人が協力的でないことに対する批判的な見解

裁判官の立場からは，訴訟代理人が争点の絞り込みに必ずしも協力的ではないことに対する批判的な見解が従来からしばしば示されてきた。

例えば，前田順司判事は，争点整理のあるべき姿は「相手方から提出された主張，証拠の情報を共有し，お互いの検討と議論を通して，主張の一致点と不一致点を相互に認識し合うとともに，相手方の主張や証拠，さらには自己の主張や証拠に対する意見の検討を通じて，自らの主張に反省を加えて，その不必要な主張を撤回し，また争いのある部分を争いがない状態にするなど争点の絞り込みと深化を行っていく」ことであるにもかかわらず，「訴訟代理人である弁護士には，依頼者の立場を考え，書証によって争う必要がない事実を指摘されてもこれを撤回することが期待できず，実質的な争点でない枝葉の争点でも争うという傾向があることが指摘されている」ことについて批判的に言及している☆16。

(b) 裁判所の過度の介入に自制を求める見解

他方，田原睦夫弁護士（現最高裁判所判事）は，「第一線の裁判官の一部に，裁判所の権能に対する過度の自信がみられることがある」が「裁判官は，事実の前では，あくまで謙虚であるべきである」としたうえで，「争点整理においては，当事者が処分権主義の下，依頼者との信頼関係に基づいて主張をしているのであり，代理人が就いている事案で，代理人の主張内容に，他の関連事実と矛盾する事実が認められ，あるいは確立したとみられる判例法理に相反する主張が認められても，それは指摘するに止めるべきであり，それを超えて後見的権能を行使することは控えるべきである」とする☆17。

訟運営をめぐる懇談会(2)」判時1738号（2001）6頁〔山浦善樹発言〕。
☆16　上谷＝加藤編・総括と展望・140頁〔前田〕。

(6) 訴訟代理人としての争点の絞り込みへの対処のあり方

　前記の評価を踏まえ，訴訟代理人としての争点の絞り込みへの対処のあり方を考える。

(a) 協働的訴訟運営の必要性

　争点整理手続なかんずく争点の絞り込みが本来の機能を果たすためには，裁判所と各当事者とが，その目的を正しく認識し共有したうえで，書証等を踏まえた真摯な議論を通して事案についての共通の認識を築くことが必要であるから，裁判所と当事者（訴訟代理人）との「協働」が不可欠とされる。

　また弁護士は，訴訟代理人として依頼者の実体的利益を代弁し依頼者に有利な紛争解決を図るべき役割を担う（弁護3条）とともに，法律専門家として社会正義の実現という公益的な役割をも担っている（弁護1条）こと，あるいは民訴法2条に当事者の信義誠実訴訟追行義務が定められたことなどを踏まえて，訴訟代理人（弁護士）は司法の適正な運用につき裁判所に協力する義務を負うとする考え方（協働的訴訟運営論）が，一般的になりつつある[18]。

　それゆえ，訴訟代理人が，もっぱら依頼者の利益への配慮から（さらにいえば，自らのメンツにこだわり）争点の絞り込みに応じないのであれば，それは争点整理の趣旨を正解しない対応であるから，争点整理の本来の目的に立ち返って改めるべきは当然である。

(b) 争点の絞り込みのあり方

　(ア) しかし，訴訟代理人たる弁護士が絞り込みの可否について裁判所と見解を異にするのは，裁判所が「暫定的な心証」の根拠とする書証の解釈やその証明力についての裁判所と訴訟代理人の認識あるいは評価の違いに由来することも少なくない，と思われる。

　その典型的な場合としては，例えば成立に争いのない処分証書が存在すると

---

[17] 田原・民訴法改正10年・56頁。

[18] 石川明「弁護士の基本的性格に関連して」『民事法の諸問題』（一粒社，1987）394頁所収，加藤新太郎「協働的訴訟運営とマネジメント」原井龍一郎先生古稀祝賀『改革期の民事手続法』（法律文化社，2000）151頁など，なお争点整理手続における裁判所との「協働」のあり方については「❸　裁判所の争点整理への対処のあり方」で考察する。

しても，当該文書が税務申告のために形だけ作成した売買契約書であるとか，あるいは親戚を信用させるために必要だと友人から依頼されて書いた借用証書であるという事情がある場合[19]や，当該文書に使用された文言が当事者間では一般的な用法とは異なる特殊な意味で用いられ，あるいは当事者間に一般的な経験則があてはまらない特別の事情が存する等の場合が考えられる。そのような事案にあっては，一定の文書が存在しても，それにより通常は認定できる事実を当該当事者間では認定できない「特段の事情」の有無こそが「真の争点」として人証調べによって証明すべき事項とされなければならない。かかる「特段の事情」は，その性質上人証による立証が中心となるからである。

(イ) そのためには，争点整理手続では，裁判所には，心証の開示に際しては，あくまでそれが提出済みの証拠のみに基づく暫定的な心証であることを明示するとともに，その判断（心証）の根拠を可能な限り具体的に当事者に説明したうえで，当事者にも意見を求めるという姿勢が期待される[20]。

これに対し訴訟代理人は，成立に争いのない文書が存在しても，その作成の趣旨や目的等に特別の事情が存することなど「何かその通りではないという事情」[21]があるときは，その事情を主要事実との関連性を含め可能な限り具体的に主張して，その存否を争点化することに努めなければならない。

(ウ) 従前，争点の絞り込みをめぐっては，訴訟代理人の側からは，裁判所の争点整理段階での心証開示に対し「（人証調べを経ていないにもかかわらず）予断あるいは偏見に基づくものである」という不信感が表明されることがあり，他方，裁判所の側からは，訴訟代理人が争点の絞り込みに応じないのは「代理人的立場」に固執するものであるという批判的な見方が表明されることが少なくなかった。しかし争点の絞り込みについて意見が対立する場合の多くは，裁判所と訴訟代理人の一方又は双方の説明が必ずしも十分ではなく，あるいは書証の証明力や経験則をめぐる実質的かつ具体的な議論が十分に行われなかったこ

---

[19] 加藤編・事実認定と立証活動Ⅱ・367〔須藤典明発言〕頁で須藤典明判事が挙げる例。
[20] 加藤編・事実認定と立証活動Ⅱ・427〔須藤発言〕頁。
[21] 加藤編・事実認定と立証活動Ⅱ・370〔馬橋隆紀発言〕頁。

とに由来するものではなかったかと思われる。争点の絞り込みは集中証拠調べの土俵を設定する作業であるから，その対応いかんによっては訴訟の勝敗をも左右しかねないものである。訴訟代理人としては安易な対応は禁物である。

〔岡野谷　知広〕

❸　裁判所の争点整理への対処のあり方

(1)　争点整理手続の運営

(a)　協働的運営の必要性

およそ民事訴訟の運営は裁判所と当事者（実際には訴訟代理人）との協働作業といい得る。ことに民訴法が標榜する争点中心審理（早期に争点及び証拠の的確な整理を行って立証の対象となるべき事実を明確にし，これに焦点を合わせた効率的な人証調べを集中的に行う審理方法）の実現には，当事者（訴訟代理人）の理解と協力（協働）が不可欠であることに異論はみられない。

(b)　当事者主義的運営論とその評価

(ア)　近時はさらに歩を進めて，争点整理を当事者主義的に運用すべしとする見解も有力に説かれている。

例えば，①前田順司判事は，民訴法が事案の解明について弁論主義を採用するとともに，争点整理手続については，当事者による争点整理の結果についての要約書面の作成や弁論準備手続の結果の陳述等の規定を設けて当事者の主導のもとに争点整理が行われるように規律していることから，「当事者が，第一次的に争点整理の責任を負っていることは明らか」であり「当事者は，争点整理の場において，当事者間の議論を通して自ら争点整理を行っていく責任がある」[☆22]とし，②矢尾渉判事も「訴訟の結果について最終的に利害関係を持つのは当事者ですし，処分権主義，弁論主義ということからも，その前提としての争点を設定する作業は当事者の責任でやっていただくというのが本来的な姿ではないか」と述べ[☆23]，③山本和彦教授も「当事者主導で争点整理を行うの

☆22　上谷＝加藤編・総括と展望・139頁〔前田〕。

Ⅴ◇争点整理への訴訟代理人の関与

が基本になるべきではないか」[☆24]とされる。

　(イ)　しかしながら，かかる見解の根底にある理念あるいはその意図は別論として，現実の問題としては，当事者主導の争点整理ではその実効性は期待し得ない。

　なぜなら，争点整理なかんずく争点の絞り込みは，実質的には，いったんは争った相手方の主張の一部を認め，あるいは自らの主張の一部を撤回するに等しく，それは集中証拠調べの攻防対象を限定する「土俵の設定作業」であって，訴訟の勝敗を左右する効果を招来し得るものであるから，相争う当事者（訴訟代理人）間の「議論」に委ねては，その「譲歩」を期待することは現実的ではない[☆25]からである。このことは必ずしも訴訟代理人の「依頼者の利益代表的性格」のみに由来するものではない。当事者間で争点の絞り込みについての見解が一致しないのは，当事者（訴訟代理人）間に，書証として提出された文書の解釈やその証明力に対する評価の隔たりがあり，事案あるいは争点について共通の認識に達していないことに由来することが少なくない（一定の文書が存在するにもかかわらず紛争が裁判所に持ち込まれ，かつ争点整理の必要があると判断される事案にあっては，同一の文書をめぐっても各当事者にそれぞれの言い分があることが少なくない。）。かかる場合にその隔たりを当事者（訴訟代理人）間の「議論」で埋めることは実際上容易ではない。

　さらにいえば，当事者主義的運用を徹底すれば，裁判所は当事者が行った争点整理（争点の絞り込み）の結果に拘束されることになろうが，裁判所がその存在に疑問をもつ重要な間接事実について，当事者間で争点としない（その存在を認める）こととされた場合には，裁判所は当該間接事実の存在を前提として判断するのであろうか[☆26]。

　(ウ)　それゆえ，裁判主体である裁判所が，争点整理手続において暫定的で

☆23　矢尾ほか・〈研究会〉改正民訴法の10年(2)・101頁〔矢尾発言〕。
☆24　山本・民訴法10年・98頁。
☆25　東京地方裁判所＝東京弁護士会＝第一東京弁護士会ほか・前掲注（☆15）6頁〔山浦善樹発言〕，矢尾ほか・〈研究会〉改正民訴法の10年(2)・101頁〔清水正憲発言〕。
☆26　間接事実の自白が裁判所を拘束しないことは最判昭31・5・25民集10巻5号577頁・判時77号20頁・判タ59号62頁。

あれ書証等に基づく心証を積極的に開示して主導的に整理することなくしては，争点について当事者間で共通の認識に達することは期待できず，「簡単な事件であればともかく，真剣に争点を整理しなければならない事件であれば，筋道が明らかになるまでは，やはり裁判官が中心となって整理していくのが現実的」☆27というべきであろう。

　(エ)　もともと当事者主義的運営論は，争点整理手続における訴訟代理人たる弁護士の受動的な（さらにいえば裁判所に対する依存的な）「姿勢」を問題とし，その転換を迫ることに実践的意図があったものであろう☆28。その意味では，「誰が弁論準備手続の主宰者たるべきか，あるいは主体的地位に立つべきかという論点よりは，むしろそれぞれが主体的関与をするためにはどうするべきかという観点の方が重要」☆29というべきである。

(2)　争点整理への対処のあり方──総論

　争点整理手続が本来の目的を達するためには，裁判所と当事者（訴訟代理人）との協働が不可欠である。また訴訟代理人たる弁護士は，依頼者の利益を代弁する役割（弁護3条）とともに社会正義の実現という公益的役割（弁護1条）をも担っていることから「弁護士は，およそ司法の適正な運用につき裁判所に協力する義務を負う」☆30とか，さらには「弁護士は裁判所のオフィサーであって裁判運営に協力しなければならない」☆31などと説かれることがある。

　しかし，他方で弁護士の裁判所への協力（協働）義務の過度の強調は「弁護士が，裁判所の意を迎え，あるいは，無意識の内に裁判官と気脈を通じて，当事者本人の真意を歪め，裁判所の都合の良いように当事者本人を納得せしめて黙らせる，という危険」☆32を生起する可能性をも内包する。

　☆27　須藤典明「実務からみた新民事訴訟法10年と今後の課題」民訴55号（2009）116頁。
　☆28　山本・当事者主義的訴訟運営・60頁。
　☆29　加藤編・事実認定と立証活動Ⅱ・429頁〔村田渉発言〕。
　☆30　石川・前掲注（☆18）394頁。
　☆31　小島武司『弁護士─その新たな可能性』（学陽書房，1981）109頁。
　☆32　伊東乾「裁判における裁判所と弁護士とのあり方」新堂幸司ほか編集代表『講座民事訴訟(1)民事紛争と訴訟』（弘文堂，1984）329頁。

V◇争点整理への訴訟代理人の関与

　もとより争点整理の目的は審理の充実・促進による適正かつ迅速な紛争解決を図ることにあるから，その限りでは（被告が敗訴を覚悟のうえで引延しを図るような特殊な場合を除き）裁判所の立場と当事者の立場とが原理的に対立することはない。ただ現実の問題として，争点整理手続の具体的局面において，裁判所との協働が弁護士の代理人としての立場と緊張関係に立つ場面も想定されないではない。

(3)　**争点整理における訴訟代理人の対応につき指摘される問題点とあるべき対処――各論**

　争点整理手続を整備した現行民訴法が施行されて10余年を経た。その間争点整理の運用をめぐって行われた各種のアンケートや座談会において繰返し指摘された訴訟代理人に関わる運用上の問題点を取り上げて，具体的な局面における訴訟代理人としての「争点整理への対処のあり方」を考えることとしたい。

　(a)　争点整理段階での事件の把握が十分でない場合がある（人証段階にならないと十分な事情聴取や整理をしない。）

　争点整理を実効あらしめるためには，訴訟代理人があらかじめ当事者及び関係者からの事情聴取や関係証拠の収集・検討により事案の事実関係を把握しておく必要がある。民訴規則は，当事者の事実関係の調査義務を明記するとともに（規則85条），争点整理手続を経た事件についての口頭弁論期日は事実及び証拠についての調査が十分に行われていないことを理由としては変更されないことを定めている（規則64条）から，事実関係の調査は，遅くとも争点整理手続の終結時までに行っておくべきである。

　しかし，自省を込めて顧みるに，本格的な事情聴取や証拠の収集・検討は，陳述書の作成提出段階（争点整理終了段階で人証申請と併せて提出を求められるのが通例である[33]。）に至って，初めて真剣に取り組むというのが平均的な（？）弁護士像といえるかもしれない。この点は，意識改革とともに執務方法の見直しが必要となろう。具体的には争点整理に臨むにあたって，要件事実と重要な間接事

---

[33]　藤下ほか・アンケート結果(2)証拠調べ関係・45頁。

実を記載し各事実に対応した証拠を記載した「争点整理メモ」を作成することや，陳述書の作成に（提出時期にかかわらず）より早い段階で着手することが効果的であろう[34]。ただし，一般的傾向として依頼者が当初から自らに不利益な事情を積極的に述べることは少ないから，相手方からの反論が提出された段階での事情聴取の際に新たな事実関係や証拠が判明することは少なからず生じる。かかる事態は不可避であり，陳述書の早期の提出には一定のリスクが伴うことに留意すべきである。

(b) 相手方のあらゆる主張に対し，訴訟上の重要度に関係なく枝葉な点まで逐一反論が繰り返されることにより，争点がむしろ拡大していくことがある

(ア) 訴訟代理人たる弁護士はその立場上，相手方の主張の中に是認できない部分があれば，事案における当該主張の重要性のいかんにかかわらず反論せざるを得ない。また，反論の要否を自ら判断しその必要が乏しいと考える場合には反論を控えるという対応を訴訟代理人に期待することも現実的ではない。当該主張の重要度の評価を裁判所と異にした場合のリスクを考えると，安全をとって逐一反論せざるを得ないからである[35]。

したがって，事案の解決に重要ではない枝葉な点について反論のための反論が繰り返される事態が予想されるときは，裁判所が積極的に当該争点の重要性についての自らの見解を示して，議論（反論）の収束を両当事者に促すべきである[36]。

(イ) ただし，一見すると枝葉・些細に思える事実が事案との関係で重要な意味をもつことはあり得る[37]から，そのような事実については，当該事実の

---

[34] 上谷＝加藤編・総括と展望・155頁・164頁〔植草宏一〕，なお争点整理メモについては菅野雅之ほか『「争点整理メモ」の活用に向けて—東京地方裁判所民事第50部（合議係，単独イ係）におけるささやかな取組と実践例』判タ1237号（2007）94頁が参考になる。

[35] 加藤新太郎「金融機関関係訴訟と裁判官の印象・心証」金法1903号（2010）1頁は，裁判官の立場から「反論の漏れも心証形成に影響する……（相手方の主張に対し）反論しない部分があるのは，それができない事情があるのかも知れないと思う」という。

[36] 東京地方裁判所＝東京弁護士会＝第一東京弁護士会ほか・前掲注（[15]）7頁〔山浦善樹発言〕。

Ⅴ◇争点整理への訴訟代理人の関与

存否についての明確な認否を相手方に求め，争いが残るときは争点として顕在化することに努めるべきである。

(c) 争点の絞り込みに協力的でないことがある

この指摘については「❷争点の絞り込み」を参照されたい。

(d) 証拠の適時提出が遵守されず，弾劾証拠とはいえないものが人証調べ時まで提出されないことがある

(ｱ) 争点整理手続とは「争点及び証拠の整理手続」であり，争いのない事実と文書等の客観的証拠を前提とした率直な議論を通じて裁判所と両当事者が事案に対する共通の認識を築き，人証により証明すべき事項の絞り込みを行うことをその目的とする。

それゆえ文書等の証拠が争点整理手続の早期に提出されることが争点整理の実効性を確保するうえでは有益である（なお，争点整理手続終結後の文書の提出が一切許されないわけではないが，証人等の尋問において使用する予定の文書は，証人等の陳述の信用性を争うための証拠（いわゆる弾劾証拠）を除き，尋問開始の相当期間前まで提出しなければならない〔規則102条〕。）。

(ｲ) しかるに，訴訟代理人の一般的と思われる書証の取扱いは，訴状あるいは答弁書の提出に際して重要な書証を添付するが（規則55条2項・80条2項），それは受任に際して依頼者から預った関係書類のうち処分証書など明白に有利な証拠書類に限られ，その時点では争点との関係が明確となっていないものや諸刃の剣というべき有利・不利が混在する文書は，とりあえず手元に残してその後の相手方の主張内容や裁判所の心証を推し測りつつ提出の要否の検討を継続し，さらに当初預った文書以外の関係書類が陳述書作成段階での事情聴取の際に見つかることも少なからずある，というものではないかと思われる[38]。

(ｳ) このうち，陳述書作成のためのより細密な事情聴取によってその存在が明らかになる文書の早期提出については，前述した陳述書の早期作成によって対処していくべきであろう。

他方，依頼者に有利な文書であっても，その早期の提出が相手方の（真実を

---

[37] そのような例として，加藤編・事実認定と立証活動Ⅱ・368頁・355頁〔須藤発言〕。
[38] 上谷＝加藤・総括と展望・164頁〔植草〕。

反映しない方向への)ストーリー修正を誘発する事態を招くことにならないよう,その提出のタイミングを計ること(具体的には,相手方のストーリーがある程度固まった段階で,それと相容れない文書を提出すること)は許されよう☆39。

　(エ)　諸刃の剣型の文書については,相手方の主張内容をも考慮しつつ,依頼者にとって有利な解決を導くために,効果的な提出のタイミングを計りあるいは最終的に提出を見合わせることも許される☆40。

　この点は,効果的な争点整理と真実の発見のためには,事案に関するすべての情報が早期に裁判所に提出されるべきであるとの考えをもつ裁判官☆41との間で,軋轢が生じ得る。少なからぬ裁判官は,訴訟代理人が書証を「選択」し「小出し」にすることを,「小細工」と受けとめ真実の解明に非協力的な態度と感じているのではないか,と思われる。もとより,「弁護士は,真実を尊重し,信義に従い,誠実かつ公正に職務を行う」(弁護士職務基本規程5条)ことは当然であり,また民事訴訟における当事者の真実義務を肯定するのが,近時の多数説でもある。しかし,訴訟代理人が自ら「真実」と考える事実を裁判あるいは和解の内容に反映することを目的として,証拠の効果的な申出に腐心することは,それ自体非難されることではない。実際にも証拠の取扱いの巧拙が訴訟の推移に影響を及ぼすことは,多くの弁護士の体験するところであろう(団藤重光博士も「事実認定の関係では,……どういう証拠をどういうふうに出したらいいか,これは多分に戦略的なものでありまして,上手にやるかどうかで結果が変わって来ることがいく

☆39　いわゆる書証の「後出し有利論」については様々な評価があり,近時はどうせ提出するのであれば裁判官が一定の心証をもつ前に有利な証拠を率先して提出する方が効果的であるとする「先出し有利論」も語られている。もとよりいずれが効果的であるかは事案(ことにそれぞれの手持証拠)により区々であり抽象的に論じることに意味があるとは思われない。私見はあくまで,その判断を一定の範囲で訴訟代理人に委ねることを許すべきであるというに尽きる。

☆40　東京地方裁判所＝東京弁護士会＝第一東京弁護士会ほか・前掲注(☆9)24頁〔松本伸也発言〕,塚原ほか編・新民訴法の理論と実務(上)・264頁〔豊田愛祥〕。

☆41　加藤編・事実認定と立証活動Ⅱ・414頁〔村田〕は,「ベテランの裁判官は,取りあえず証拠があるのは出してほしい,自分が信用性を判断したり関連性を判断したりするから,何はともあれ,裁判官の前に出して,それらを見せてもらわないと困るという意識をおもちではないかと思います。」という。

らでもあります。……弁護士の有能か無能かということで，勝敗がわかれることはよくあることであります」という☆42。）。

また，当事者の真実義務の内容は，自己が真実（客観的真実ではなく当事者が真実と考える主観的真実をいう。）に反すると知りながら，事実を主張したりそれを裏づける証拠を申し出ることは許されず，また相手方の主張事実を争ったり反証を提出することは許されない，というに止まる☆43。これを超えて，当事者はその有利不利を問わず，知る限りの事実を陳述しあるいは関連する文書等をすべて提出しなければならない，という「完全陳述義務」を課せられるものではない☆44。完全陳述義務を肯定することは，弁論主義に抵触するのみならず，当事者を裁判所に対する単なる情報提供者と取り扱うに等しくその主体性の喪失を招くからである。さらに，事案によっては，訴訟追行上は有利な証拠であっても特別の配慮（取材源の秘匿の要請など）からあえてその提出を控えることもある。その意味で，民事訴訟の目的は真実の解明それ自体にあるわけでもない。

(e) 争点整理の期日が書面の交換だけに終わることが多く，口頭による議論が行われず手続が形骸化している

(ｱ) 争点整理手続において口頭での議論が求められるのは，それが事実関係の立体的な把握に資し，ひいては裁判所と両当事者が事案に対する共通の認識を築くうえで有効であるからであろう☆45。

しかるに，弁論準備手続において，裁判所が口頭で訴訟代理人に釈明や質問をして議論を促しても訴訟代理人は「次回書面で明らかにする」として口頭での議論に応じず，また相手方が質問しても「釈明を求めるなら書面で」とのやりとりに終始するなど，期日における口頭での議論が深まらないとの指摘があ

☆42　団藤重光「裁判における主体性と客観性」『実践の法理と法理の実践』（創文社，1986）160頁。

☆43　その意味では「誠実義務」と称すべきものと思われる（伊東乾「真実義務の再吟味」『民事訴訟法研究』（酒井書店，1968）382頁）。

☆44　中野貞一郎「民事訴訟における真実義務」『過失の推認〔増補版〕』（弘文堂，1987）155頁以下など。

☆45　山本・当事者主義の訴訟運営・104頁は，その効用を「口頭での即応的なやりとりによる認識の深化・実質化」と表現する。

第2章◆争点整理の実務上の検討

る。

　(イ)　従前，弁論準備期日における口頭での議論が低調であったのは，訴訟代理人が争点整理段階で事案を十分に把握できていないこと，あるいは端的に不慣れであったことが一因をなすことは明らかである。ただ，より本質的な原因が「争点が明確になっていない段階で，勝敗を左右するかもしれない微妙な点について迂闊な発言をして，裁判所や相手方に言質をとられたくない」という訴訟代理人の心情に潜むことも弁護士の多くが経験上感じていることであろう。この障害を除去して口答による議論を活性化するためには，争点整理手続の進行（中途）段階における発言は自由に撤回，変更ができることとし，自白とは取り扱わないこと（いわゆる議論の暫定性）を制度的に保障する必要がある☆46。

　さらに，仮に発言の撤回等の自由が保障されたとしても，弁論準備手続における訴訟代理人の発言（陳述）が裁判官の心証に与える影響までは払拭できないことは心得ておくべきである☆47。

　(ウ)　上述のとおり，争点整理手続がその本来の目的を達するうえで口頭による自由闊達な議論を行う意義は極めて大きいものの，その制度的な基盤が必ずしも整備されていない状況においては，訴訟代理人としては，その回答（発言）が訴訟の帰趨に影響を及ぼす可能性のある釈明や質問に対しては慎重に対応せざるを得ない。具体的にいえば，提出ずみの書証の記載内容と整合しないことや，後に予定される人証調べでの証言，陳述と矛盾する可能性がある事項は軽軽に口にすべきではなかろう。ただし，その場合には裁判官の釈明・発問の意図を十分に把握したうえでそれに的確に応える内容の準備書面をできるだ

　☆46　東京地方裁判所＝東京弁護士会＝第一東京弁護士会ほか・前掲注（☆15）8頁〔山浦善樹発言〕，上谷＝加藤編・総括と展望・171頁〔植草〕，伊藤ほか・〈研究会〉改正民訴法の10年(1)・101頁〔清水発言〕。この点に関連して，原告訴訟代理人が弁論準備手続期日における被告担当者の発言の記録であるとする「報告書」を作成してこれを書証として提出した事案につき，当該文書は証拠適格を欠くものとして却下すべきとした東京地判平12・11・29判夕1086号162頁の姿勢は評価に値するが，同判決も出席者の発言内容を弁論準備手続調書に記載するよう求め得ることは否定しない。

　☆47　門口正人編集代表『民事証拠法大系(1)総論Ⅰ』（青林書院，2007）289頁〔谷口安史〕は，弁論準備手続に現れた事情も「弁論の全趣旨」（法247条）に含まれるという。

け速やかに提出すべきである☆48。そのためには，裁判官の釈明（質問）の意図あるいは問題意識を正しく認識し共有するための議論を弁論準備期日で尽くしておく必要がある。

(4) 当事者本人等を同行する場合の留意点

弁論準備手続の期日に当事者本人や担当者を同行することは，争点ひいては訴訟そのものの帰趨を理解させて本人の納得を得ることにつながり，また後に予定される証拠調べに先立ち，裁判所の雰囲気に慣れさせ担当裁判官の人柄に触れておくうえでも有益である。

他方，裁判官は出頭した当事者等に直接発問することが間間ある☆49ことにも留意しておく必要がある。裁判官が当事者本人等に対し直接発問するのは，あるいは，当事者本人の発言こそが訴訟代理人のバイアスがかかっていない率直な発言として事案の解明に有益なものと考えてのこととも推察できる。しかし経験上は，裁判官から突然に質問を受けた当事者本人や担当者が，質問の意味や意図を正しく理解したうえで的確に回答していると思われる事例は決して多くはない。むしろ裁判官からの質問には何らかの回答をしなければならないと思うあまりか，記憶が定かでないことや直接体験していない事項についてまで実質的な内容を回答してしまう傾向も見受けられないではない。本来，争点整理手続においては争いのある事実について心証をとることは予定されず，その際の当事者本人等の発言は宣誓を経たものでもないが，現実には，弁論準備手続における当事者本人や担当者の発言や対応が裁判所の心証に影響を与えることも否定できない☆50から，当事者本人等の回答が誤解に基づくものである

☆48　伊藤ほか・〈研究会〉改正民訴法の10年(1)・129頁〔矢尾発言〕は，弁論準備手続の期日において口答での議論を深めないまま次回期日を迎えると，裁判所が期待する的確な内容の準備書面が提出されないことが多いことを指摘する。

☆49　菅野ほか・アンケート結果(1)主張整理関係・32頁によれば，弁論準備期日に出頭した当事者本人，準当事者に対し，口頭説明を求めることが時々ある，あるいは頻繁にあるとの回答は合わせて80％を超える。

☆50　加藤・前掲注（☆35）1頁は，弁論準備期日に出頭した法務担当者の裁判官の質問に対する応答ぶりが心証に影響を与え得ることを認めたうえで「弁論準備期日も口頭弁論期日と同様に真剣勝負の場であると心得るべき」という。また，加藤編・事実認

と判断したときは，即座に訂正させる必要がある[☆51]。

〔岡野谷　知広〕

❹ 専門委員等の争点への関与への対処のあり方

(1) 専門知識が必要な事件における争点整理

　医療事件，建築事件及び知財事件など，いわゆる専門訴訟や，また，通常の訴訟であってもITなど高度な科学・技術が背景にある事件においては，裁判官及び訴訟関係人が事件の内容を的確に理解し，争点を整理することを可能にするためにも，また事実認定を適切に行うためにも当該分野における経験則や知識（専門的知見）が必要となる。しかし，これらは，裁判官が通常備えておくべき常識の範囲からはずれるものであり，訴訟関係人においても，通常，そのような知見の具備を期待できるものではない。そこで，裁判官及び訴訟関係人が裁判の過程において，必要な専門的知見をいかにして獲得するか，獲得した知見をいかに評価して当該事案のために取捨選択するか，が問題となる。

　従来からの実務において，裁判官の判断能力を補充するために専門的知見を獲得する方法として，証拠調べとしての鑑定（法212条～218条）が利用されているが，鑑定人の選任及び鑑定には長時間を要し，そのうえ鑑定書の評価も困難であり，補充鑑定書の提出や鑑定人尋問にも長時間を要し，訴訟遅延の原因となっている。争点整理の段階において利用できる釈明処分としての鑑定[☆52]（法151条1項5号）が制度として用意されているものの，訴訟の比較的早期の段階においては，補充するべき専門的知見の範囲も不明確なことも多く，証拠調べの場合よりもさらに鑑定人の選任が容易でないことのほか，意見陳述の方法が

　　　定と立証活動Ⅱ・12頁及び18頁〔須藤発言〕も参照されたい。
　☆51　本来は訴訟代理人を通じたやりとりを求めるべきとも考えられるが（東京地方裁判所＝東京弁護士会＝第一東京弁護士会ほか・前掲注（☆15）9頁〔松森宏発言，小原健発言〕，そのような対応自体を「バイアス」と感じる裁判官も存在するであろう。
　☆52　高橋(下)・117頁（注123）は，争点・証拠整理の段階から鑑定人を関与させることは，法律構成としては，釈明処分としての鑑定ということになろう，と述べる。

Ⅴ◇争点整理への訴訟代理人の関与

証拠調べの規定によるため機動性に欠けることから，理論的にはともかく，実際にはあまり利用されてこなかった[53]。

これに対し，争点整理の段階で事件を調停に付し，専門家調停委員の協力を得ながら争点整理を進めること（民調20条・6条・5条・8条）は，かなり利用されており，特に建築事件の争点整理に関しては，「事件の性質及び内容，複雑性，専門性の程度からみて，調停手続を活用して争点整理を行うのが相当であるときは，争点整理目的で調停に付することを検討する」[54]，との主張もあり，実際にも争点整理のために付調停とされた建築事件は，相当数に上っているようである[55][56][57]。なお，医療事件においても，その実例は建築事件に比べると少ないものの，争点整理のために付調停が利用されているようである。

また，知的財産事件においては，裁判所法に規定されていた裁判所調査官（裁57条）が，裁判所において裁判官を補助する機関の位置づけで，東京高等裁判所，東京地方裁判所及び大阪地方裁判所に知的財産関係の裁判所調査官とし

---

[53] 大江ほか・手続裁量・202頁〔村田渉〕。

[54] 東京地方裁判所建築訴訟対策委員会編著『建築訴訟の審理』（判例タイムズ社，2006）56～57頁。なお，本文献は，専門委員制度導入後のものであり，調停に付するのが不適切な事件，調停不成立となった事件についても，専門委員の指定が適切となる例があるとする。

[55] 坂本宗一「東京地方裁判所調停・借地非訟・建築部の実情と課題」NBL824号（2006）18頁，小久保孝雄「大阪地方裁判所建築・調停部の実情と課題」NBL832号（2006）50頁。

なお，これらの文献はいずれも専門委員制度の導入後のものであるが，その記述から制度導入前においても付調停がなされていたことがうかがえる（大阪地裁においては平成11年度から平成17年度までの付調停事件数が記載されており，専門委員制度が導入された平成16年度以前において付調停事件数が多い。）。

[56] 専門委員制度導入前の文献として，前田順司ほか「専門的な知見を必要とする民事訴訟の運営」司法研究報告書52輯1号（司法研修所，2001）75～77頁。

[57] 付調停により争点整理を行うことについて，笠井正俊「専門委員について」曹時56巻4号（2005）829頁は，「付調停を専ら争点証拠整理のために利用することは，本来，当事者間の互譲と合意による解決のために用いられるべき（民事調停法1条参照）民事調停の手続を目的外に使用するいわば邪道であって，民事訴訟における争点整理の在り方という面からも，調停の在り方という面からも問題があり，望ましいことではない」とする。

て配置され，これらの裁判所や他の裁判所において，知的財産関係の訴訟事件に関し，科学・技術に関する専門的知識を活かして，必要な調査をし，裁判官に意見を述べるなど，専門分野において裁判官の争点整理を支援する役割の一端を担っていた。

(2) 専門委員制度の導入

このような状況下において，専門委員制度は，司法制度改革審議会意見書（平成13年6月12日）における「専門的知見を要する事件の対応強化」において提案された。そこでは，専門的知見を要する事件の審理期間をほぼ半減することを目標とし，民事裁判の充実・迅速化に関する方策に加え，いくつかの方策が提案され，その一つとして，「各種専門領域における非法曹の専門家が，専門委員として，その分野の専門技術的見地から，裁判の全部又は一部に関与し，裁判官をサポートする新たな訴訟手続への参加制度（専門委員制度）については，裁判所の中立・公平性を確保することなどに十分配慮しつつ，それぞれの専門性の種類に応じて個別に導入の在り方を検討すべきである」とされた。

その後，法務大臣の諮問に基づき，法制審議会は，民事・人事訴訟法部会において審議を行ったが，専門委員の権限の範囲，選任する事件の範囲，裁判所の中立性・公正を確保するための手続的手当てなどが主たる検討課題であった。この審議において，医療事件における専門委員の導入については，弁護士からの反対意見が多かった[☆58][☆59]。その理由は，専門委員になるのは医師であり，

[☆58] 平成15年改正法で導入された専門委員制度は，平成8年の新民訴法制定時に，司法委員制度の充実の一環として提案されたものの，日弁連の反対で結局導入が見送られた制度である。日弁連の反対の理由は，当事者の反対尋問を経ることなく，専門知識が，あたかも中立・公平なものとして裁判官に伝えられることに対する危惧であって，本文に掲げられた反対の理由と類似の趣旨であった。

[☆59] これに対し，建築事件においては，それほど反対が強くなく，専門委員の導入は有益であるという意見が多かった。その理由としては，注（☆54）及び注（☆55）に述べているように，建築事件では，付調停が利用されており民事調停委員による争点整理が一定の成果を上げていたこと（注（☆57）にあるような批判もあったが），また，医療事件に比べて，専門委員の職業的地位が訴訟の一方当事者に不利に働くおそれが少ないことなどが挙げられる。

裁判所が専門委員の説明及び意見によって心証を抱くことが考えられ，その結果患者側に不利な結論となるおそれがあるというものであった。こうした議論を経て同部会は，平成15年2月5日に民事訴訟の一部を改正する法律案要綱を決定した。

内閣は，同要項に沿った法律案を通常国会に提出し，同法律案は，両院で可決され平成15年民訴法改正（平成15年法律第108号）により専門委員制度が導入された（同改正法の公布は平成15年7月16日，施行は平成16年4月1日）。

ところで，裁判所調査官については，その重要な役割にもかかわらず，上記のとおり裁判所法に根拠規定[60]があったのみで，訴訟手続上の権限や関与の仕方について民訴法には具体的な規定がなかった。そこで，専門委員制度が導入された後の，裁判所法等の一部を改正する法律（平成16年法律第120号）によって，知的財産に関する事件における裁判所調査官の訴訟手続における権限や手続への関与の要件が民訴法に明記（法92条の8・92条の9）され，その権限が一定の範囲で拡充され，加えて除斥及び忌避の規定が設けられることとなり，同改正法は，平成17年4月1日から施行された。

(3) 専門委員制度とその留意点

(a) 専門委員制度

(ア) 専門委員は，裁判所が職権で訴訟手続に関与させるものであり，基本的に裁判所の補助者として非常勤の裁判所職員の性質を有する（法92条の5第3項・4項）。専門委員を関与させる裁判所の判断は，決定によって示される（法92条の2各項）。専門委員には中立性が求められるため，裁判官の除斥及び忌避に関する規定が準用される（法92条の6，規則34条の9）。

---

[60] 裁判所法57条2項は，本文に記載の裁判所法等の一部を改正する法律（平成16年法律第120号）による改正前は，「裁判所調査官は，裁判官の命を受けて，事件（地方裁判所においては，工業所有権又は租税に関する事件に限る。）の審理及び裁判に関して必要な調査を掌る。」とあったところ，同改正法により「裁判所調査官は，裁判官の命を受けて，事件（地方裁判所においては，知的財産又は租税に関する事件に限る。）の審理及び裁判に関して必要な調査その他の法律おいて定める事務をつかさどる。」と変更された。

第2章◆争点整理の実務上の検討

　(ｲ)　専門委員が関与することのできる事件の種類については，特に限定されていない。

　(ｳ)　専門委員制度は，訴訟資料や証拠資料を直接収集するためのものではなく，また，争点等について専門委員の意見を求めるものでもない。裁判官が訴訟資料や証拠資料を正確に理解するために，専門委員の説明を聴く制度である。

　(ｴ)　裁判所は，専門委員の指定にあたり，必ず当事者の意見を聴かねばならない（法92条の5第2項）。

　(ｵ)　当事者双方の申立てがあるときは，裁判所は，専門委員を手続に関与させる決定を取り消さなければならない（法92条の4ただし書）。

(b)　専門委員が手続に関与する類型と関与の要件

　専門委員が手続に関与する類型として，民訴法は3つの類型[61]を設け（法92条の2各項），それぞれの類型ごとに関与の要件（当事者の意見の反映）に差を設け，専門委員の関与における公正さ，透明さの確保に意を用いている。

　(ｱ)　争点整理や進行協議にあたり，訴訟関係を明瞭にし，又は訴訟手続の円滑な進行を図るため必要があると認めるときに，専門的な知見に基づく説明を聞くために，専門委員を手続に関与させる場合（法92条の2第1項）

　訴訟関係を明瞭にするため必要があると認めるときとは，裁判所が当事者の主張する事実及び当事者の申し出た証拠による立証趣旨等を理解するために専門的知見が必要である場合のほか，裁判所がこれらの事項を明確にするために事実上及び法律上の事項に関して当事者に釈明するにあたって専門的な知見が必要となる場合をいう[62]。具体例としては，書証（カルテ，設計図書，専門書，私的鑑定書その他専門的技術的内容を有するもの）の意味内容を明らかにしたり，そこに記されている内容が当該分野における経験則として承認されているものか否かについて説明を受けたりすることは，裁判所が事案に対する理解を深め，

☆61　3つの類型とは，本文において続いて説明するように，①争点整理や進行協議への関与，②証拠調期日への関与及び③和解手続への関与に係る類型をいうが，本項目は，争点整理をその主題とするので，②及び③については，問題点の指摘やその分析までには立ち入らず，要件の概要に止めるものとする。

☆62　平成15年改正一問一答・52頁（Q35）。

V◇争点整理への訴訟代理人の関与

適切な進行を検討するうえで不可欠といえ，これらの場合は，「必要であると認めるとき」に該当するであろう[63]。このように必要があると認められる場合において，専門委員の関与が許容される要件として，当事者の意見を聴く必要はあるが，当事者の同意は必要でない[64]ものとされている（法92条の2第1項）。

専門委員の説明や発言は，書面又は期日における口頭説明により開示され，当事者にこれらを知る機会が付与されていることも，この場合に上記のように比較的緩やかな要件が設定された根拠となっているものと解される[65]。

(イ) 証拠調期日において，訴訟関係又は証拠調べの結果の趣旨を明瞭にするため必要があると認めるときに，専門委員を手続に関与させる場合（法92条の2第2項）

証拠調べ期日において，訴訟関係を明瞭にするために専門委員の関与が必要とされる場合とは，例えば，「証人尋問において，ある証言がなされた場合に，それに基づいて新たな主張がされる可能性があるのか，それとも，従前の主張に関連するものにすぎないのかが不明であるような場合において，裁判所が，その点について，補充尋問等によって明確にする際に専門的知見が必要となる場合」[66]が考えられる。

証拠調べの結果の趣旨を明瞭にするため必要があるときとは，「証拠調べの手続によって証人や鑑定人等から得られた証言や鑑定意見について，裁判所が，

---

[63] 民訴法講義案・174頁。

[64] 平成15年改正一問一答・55頁（Q37）は，「具体的な事件において，裁判所がこの制度〔筆者注：専門委員制度をいう。〕を利用するか否かについて適正に判断するためには，当事者の意向も十分に配慮する必要があると考えられます。しかし，他方で，裁判所が専門的な知見を補充する必要があると判断しているにもかかわらず，当事者の一方がこれに反対しさえすれば，その補充が認められないというのでは，かえってこの制度の趣旨を没却してしまうおそれがあります」といい，「争点整理手続や証拠調べ手続において，専門委員に関与を求めるか否かの決定をするに当たっては，当事者の意見を聴かなければならないものとして」いるが，当事者の同意までを求めることにはならなかった理由について述べている。

[65] 民訴法講義案・175頁。

[66] 平成15年改正一問一答・53頁（Q35）。

補充尋問等によってその意味内容を明確にする際に専門的な知見が必要となる場合」☆67をいう。なお，ここにいう証拠調べの結果とは，いわゆる証拠資料を指し，証拠調べによって，具体的な証拠方法（証人，当事者本人，鑑定人，書証，検証物）から得られた内容（証言，当事者本人の供述，鑑定意見，書証の内容，検証結果）をいう☆68。

専門委員の証拠調べへの関与が許容される要件は，上記(ｱ)と同様，当事者の意見を聴くことで足りる（法92条の2第2項前段）☆69。もっとも，専門委員が証拠調べにおいて証人等に対し直接発問をすることが認められるのは，当事者の同意を得た場合に限られる（同条2項後段）☆70。

　(ｳ)　和解を試みるにあたり，必要があると認めるときに，専門的な知見に基づく説明を聴くために，専門委員を手続に関与させる場合（法92条の2第3項）

この場合は，当事者の同意が要件とされている（法92条の2第3項）。和解手続においては，そもそも当事者の意思に反してまで専門委員を関与させるとしても，専門委員を交えて合意形成に向けた協議を充実させることはできないと考えられる☆71からである。

(c)　専門委員制度の留意点

専門委員制度を実効的なものとして機能させるため，留意すべき点として，以下の事項等が挙げられている☆72。

　(ｱ)　専門委員は，民事訴訟手続に専門的知見を導入する手続であることから，専門委員の説明は証拠とはならない。すなわち，専門委員の説明それ自体

☆67　平成15年改正一問一答・53頁（Q35）。
☆68　平成15年改正一問一答・53頁（Q35）。
☆69　注（☆64）参照。
☆70　平成15年改正一問一答・55頁（Q37）は，「証拠調べ手続においては，専門委員が裁判長の許可を得て証人等に対して発問することも認められていますが，この場合は，当事者及び裁判官以外の者である専門委員の質問の結果が証拠となることから，当事者の意向への配慮をより強めて，当事者双方の同意を得なければならないこととされています」と説明している。
☆71　平成15年改正一問一答・55頁（Q37）。
☆72　コンメⅡ・242～243頁参照。

は証拠原因にならないし，また当事者が発信する情報ではないから，弁論の全趣旨にもあたらない。したがって専門委員の説明が裁判官の心証に影響を与えないよう留意する必要がある。また，専門委員の説明が証人の証言に影響を及ぼさないため，証人の退廷その他適正な措置を執ることができる（規則34条の4第1項）。さらに，当事者は，裁判長に対し適切な措置を求めることができる（同条2項）。

(イ) 専門委員の関与手続の透明性の確保及び手続保障が要請される。具体的には，①専門委員の説明は，書面又は当事者双方が同席する場合に限られ（法92条の2第1項後段，期日外に書面を提出した場合は，規則34条の3第2項），②専門委員のした説明について，裁判所及び当事者がその理由を質問する機会を設けるべきであり，③専門委員のした説明について，当事者が反論を述べる機会を付与しなければならない（規則34条の5）。

(d) 専門委員と裁判所調査官との役割分担[73]

専門委員と裁判所調査官との役割分担について，どのように考えるべきであろうか。専門委員と，裁判所調査官とは，いずれも専門的知識を訴訟手続に導入するための裁判所の補助機関という立場にあるが，制度的位置づけは，専門委員が裁判所と区別された手続上の補助機関で非常勤職員あるのに対し，裁判所調査官は，常勤職員であって裁判所の内部的補助機関であるという差異がある。その差異から，専門委員の手続関与については，その関与の形態に従い，当事者の意見聴取又は当事者の同意を要するのに対し，裁判所調査官の利用は，裁判官の独自の判断によるという違いが導かれる。もっとも，地方裁判所においては，裁判所調査官の専門領域としては，知財関係及び租税関係に限られているので（最高裁判所及び各高等裁判所においては，専門領域の限定はない。），そのような限定のない専門委員との重複が生じるのは，知財及び租税関係の分野のみということになる。そこで，この重複が生じる専門領域において，初めて，専門委員と裁判所調査官の役割分担及び許容要件の差異が問題となる。

---

[73] コンメⅡ・244頁。

(4) 専門委員等の関与がある場合の訴訟代理人の対処

　争点整理の段階で，利用し得る専門的知見の獲得方法としては，(1)で指摘した，①釈明処分としての鑑定，②付調停，③裁判所調査官の関与及び④専門委員の関与が挙げられる。これらは，いずれも裁判所（長）が判断するのであって，当事者に申し立てる権利はない。

(a) 釈明処分としての鑑定

　弁論主義のもとでは，当事者から申し出られた証拠方法のみが証拠調べの対象になる。補充的な職権証拠調べの規定であった旧民訴法261条[74]は，当事者主義徹底の見地から昭和23年に削除された。その後も旧民訴法下では，職権鑑定を認める有力説があったところ，現行民訴法への改正作業においても職権鑑定を認めることが検討事項に掲げられていたが，その採用が見送られたこともあり，現在は，鑑定が職権ではできないことが通説となっている[75]。しかし，現行法においても，なお職権で調べることができるとする規定がいくつか残っており[76]，そのうちの一つとして釈明処分としての鑑定（法151条1項5号）がある。

　釈明処分としての鑑定が職権でできるとする以上，裁判所から鑑定を命じられた訴訟代理人・当事者としては，それに従うべきこととなろうが[77]，審理を効率的・機動的に行うため専門委員の関与など鑑定に替えて他の手段を提案することは許されるものと考える。

　なお，釈明処分は証拠調べではなく，釈明処分の結果得られた資料は証拠資料ではないが，釈明処分の結果が文書化されていれば（鑑定書），当事者がそれを書証として援用すれば，証拠資料になることに留意しておくべきである。

(b) 付　調　停

---

[74] 「裁判所ハ，当事者ノ申出タル証拠ニ依リテ心証ヲ得ルコト能ハサルトキ其ノ他必要アリト認ムルトキハ職権ヲ以テ証拠調ヲ為スコトヲ得」という規定であった。
[75] 基本法コンメ２・219頁〔信濃孝一〕に詳細が記されている。
[76] 釈明処分としての鑑定のほか，当事者尋問（法207条），調査の嘱託（法186条），鑑定の嘱託（法218条）などである。
[77] 釈明処分に対しては，独立した不服申立てはできず，手続違背として，異議の申立てができるにすぎない（法90条）。

Ⅴ◇争点整理への訴訟代理人の関与

　争点整理のための付調停について裁判所から意見を求められた場合，訴訟代理人は，注（☆57）に掲げたような反対意見も考慮し，当該事件において当事者間の対立が激しく，そもそも互譲が期待できないようなケースでは，調停にそぐわないとして付調停に応じないことも考えられる☆78が，調停の成立が期待できる場合には，応じてもよいものと考える☆79。

　ところで，民事調停法20条1項によれば，争点整理が完了していない間は，当事者の合意が得られなくても，裁判所は職権で調停に付すことができることになっている☆80。しかし，実務は，当事者の意思に反して職権で調停に付しても調停が成立する可能性が少ないことを考慮してか，争点及び証拠の整理の完了の有無を問わず，当事者双方少なくとも一方の積極的な意思ないし希望の表明に基づいて調停に付することが多いようである☆81。

　裁判所から争点整理目的の付調停について同意を求められ，これに応じようと考えた場合であっても，代理人は，非効率的な長時間を要する調停手続を避け，また不本意な調停解決を押しつけられることがないよう，以下の事項を付調停に応じる前提として事前確認し，その旨上申書等に記しておくことが望ましいといわれている☆82。すなわち，①その調停は争点整理目的のためにするものであること，②必ず裁判官が調停に立ち会い，仮にも調停委員に判断を丸

☆78　大江ほか・手続裁量・35頁〔山本和彦〕は，調停を利用した争点整理について，「専門委員制度導入前はいわば緊急避難的措置としてそのような運用も認められる余地はあったが，改正法の下では，争点整理を主目的とした付調停は違法となったものと解される」とする。

☆79　調停の成立を期待して付調停とされた以上，調停が不調に終わった場合でも，調停の過程で行われた争点整理等を訴訟手続において利用することは許されるものと解される。

☆80　民事調停法20条1項は，「受訴裁判所は，適当であると認めるときは，職権で，事件を調停に付した上，管轄裁判所に処理させ，又はみずから処理することができる。但し，事件について争点及び証拠の整理が完了した後において，当事者の合意がない場合には，この限りでない。」と定めている。

☆81　石川明＝梶村太市編『注解民事調停法：民事調停規則〔改訂〕』（青林書院，1993）311〜312頁。

☆82　日本弁護士連合会消費者問題対策委員会編『欠陥住宅被害救済の手引〔全訂3版〕』（民事法研究会，2008）93〜94頁。

投げするがごとき進行はしないこと，③調停の回数を極力限定すること，④争点整理の目的を達するも，なお解決の糸口が見出せない場合には，速やかに調停手続を打ち切り，訴訟手続を進行させること，である。

(c) 裁判所調査官の関与

裁判所調査官を審理に関与させることは，裁判官の独自の判断でできるので，裁判所（長）が当事者に事前にその意向を確認することはないと思われる。そうすると，当事者・代理人は，裁判所が裁判所調査官の利用を開始することについて，あらかじめ知り得ないのが通常で，その時点においての代理人の対処は問題にならない。

(d) 専門委員の関与

専門委員を争点整理の審理に関与させるには，裁判所は当事者の意見を聴いて決定で，証拠調べ手続において専門委員が証人等に質問を発することを許すには裁判長が当事者の同意を得たうえで，専門委員を和解手続に関与させるときは裁判所が当事者の同意を得て決定で，それぞれ行うことができる。したがって，裁判所等から意見を聴かれ同意を求められたとき，代理人は，それに対処することとなる。

争点整理の段階では，未だ事件の内容，事実関係，必要な専門的知見の範囲等も明らかになっていないことが多く，その段階における専門委員の説明は，通常，有益であると期待されるので，代理人の側に専門家が存在し争点整理のために専門委員を関与させる必要がないときや関与させることが不利になるなど特段の事情がない限り，代理人は，その関与を認めることとすればよいと考える。

これに対し，証拠調べにおける発問や和解手続における関与について同意を求められたときは，そのような手続への専門委員の関与は，裁判所の心証に影響を与えたり，当事者の合意形成に影響を与えたりするおそれがあるので，関与が望まれる事情が存在するときにのみ同意する，という方針がよいと考える。

(e) 専門的知見獲得後の対応[83][84]

☆83　大江ほか・手続裁量・216頁〔村田〕参照。

☆84　コンメⅡ・248～250頁参照。

Ⅴ◇争点整理への訴訟代理人の関与

　裁判所主導の専門的知見の獲得補充の手続が進行するにつれて，訴訟代理人は，それまでの主張や立証方針を変更しなければならない必要に迫られることがあると考えられる。具体的には，当該手続で明らかになってきた経験則や知見の内容が，当事者・代理人が考えていた主張と相容れないおそれが生じた場合の対応である。このような場合に，代理人は自己の側の専門家とも相談し，関連する文献等にあたるなどして再調査のうえ，①新知見は妥当でないとして，従来の主張を維持し，それに対応する立証活動を進めるか，②新知見を正しいものとして，従来の主張を変更して，新知見に沿った別の事実を主張立証するか，③新知見には疑問があるとして，従来の主張を維持しつつも，別の事実をも追加的に主張立証するか，などの訴訟活動を取捨選択して展開することになる。

〔佐々木　俊夫〕

VI 裁判上の自白

❶ はじめに

　「裁判上の自白」とは，「口頭弁論（準備的口頭弁論を含む）又は弁論準備手続においてなされた，相手方の主張する自己に不利益な事実を認めて争わない旨の陳述」[☆1]と，一応定義しておく。

　一応としたのは，「裁判上の自白」については，その成立につき何をもって自己に不利益とするのか（すなわち，上記でいう「自己に不利益な」の意義），どのような行為態様を自白とするのか（すなわち，上記でいう「陳述」の意義），また，自白の対象をどこまでとするのか（すなわち，上記でいう「事実」の意義）について，さらには，その主な効力たる撤回禁止効についても，それぞれ判例・学説が一致していないからである。本項目は，民事訴訟手続における争点整理との関係で「裁判上の自白」を論じようとするものであるところ，これら各見解により「裁判上の自白」の争点整理機能は異なり得ると考えられる。

　そのため，本項目では，まず，「裁判上の自白」の成立，態様，効力と撤回及びその対象についての見解の相違について概観する。次に，各論者の見解を整理し，それら見解による争点整理機能の相違について述べたうえで，結局，訴訟代理人としては，争点整理を目指した「裁判上の自白」をするにあたりどのような点を考慮すべきかをまとめてみる。

　なお，「裁判上の自白」が「口頭弁論又は弁論準備手続においてなされる」ことについて見解の相違はない。すなわち，「裁判上の自白」は，口頭弁論又は弁論準備手続外でなされる「裁判外の自白」とは区別される。例えば，訴訟前の交渉において相手方がある事実を認めていたとしても，訴訟において相手

　☆1　民訴法講義案・182～187頁。

方がその事実を争っていた場合には、訴訟外で当該事実を認めていた事実（裁判外の自白）は、訴訟上では間接事実となり、これについて、訴訟上後述のような自白の効力が生じることはないのである。

　また、先に自己に不利益な陳述が行われ、後から相手方当事者がこれを援用した場合にも自白は成立し、これを「先行自白」という[☆2][☆3]。

❷　自白の成立

　上述のとおり、自白が成立するのは「相手方の主張する自己に不利益な事実」とされるところ、この不利益をどうみるかについて見解が分かれている。

　この「自己に不利益な事実」とは、相手方に証明責任がある事実であるとする証明責任説に対し、この証明責任説よりも自白の成立範囲を広くし、自己が証明責任を負う事実であっても、その事実に基づく判決が自白当事者にとって全部又は一部の敗訴を意味する場合であるとする敗訴可能性説がある。これに対し、利益・不利益は訴訟の経過等によって異なり得るのであるから不利益性を自白の要件とすべきではない、とする非要件説がある。

　判例は、基準の明確性のほか、証明責任の所在と齟齬し首尾一貫しない陳述をした場合には撤回を認めるのが相当であること、裁判所としても釈明権の発動について明確な指標が得られることなどから、証明責任説をとっている[☆4]。

❸　自白の態様

　上述のとおり、自白の行為態様は、事実の「陳述」とされるが、これは、口頭弁論等で、明示的に相手方主張を「認める」「争わない」と陳述すること（「認める」「争わない」と記載した準備書面等を期日において「陳述する」ことを含む。）を

　☆2　先行自白は、相手方の援用がなされてはじめて成立するが（大判昭8・9・12民集12巻2139頁）、自己に不利益な事実主張について、相手方がこれを援用しなくても、主張共通の原則によって訴訟資料となり、裁判所はこれを判決の基礎とすることができるという「等価値陳述の理論」がある（中野ほか・292頁〔春日偉知郎〕）。等価値陳述については、松本＝上野・303頁
　☆3　大判昭8・2・9民集12巻397頁。
　☆4　前掲注（☆3）大判昭8・2・9、大判昭11・6・9民集15巻1328頁。

指すのか，それとも相手方の主張する事実と一致する事実を主張することで足りるのかという点で見解が分かれる。すなわち，自白当事者の意思的要素を強調する見解と，当事者相互の事実認識の一致に焦点をあて意思的要素を捨象する見解がある。自白を観念の表示とする後者の説が通説とされているようである☆5。

　ここで「裁判上の自白」は，当事者が，口頭弁論（準備的口頭弁論を含む。）又は弁論準備手続において，相手方の主張した事実を争うことを明らかにしない場合に，その事実を裁判上自白したものとみなされるという「擬制自白」（法159条1項本文・170条5項）と区別される。弁論の全趣旨によりその事実を争ったものと認めるべきときは自白の成立は否定され（法159条1項ただし書），その成否は事実審の口頭弁論終結時を基準として判断されるため，「裁判上の自白」とは異なり，後述のような撤回禁止効は問題とならない。

❹　自白の効力

(1)　証明不要効

　自白の対象となった事実は証明することを要しない（法179条）。このため，その事実について証明責任を負う当事者はその証明責任から解放され，裁判所は，これをそのまま判断の基礎とすることができる。

　この点，刑事訴訟とは異なり（刑訴319条参照），民事訴訟では，自白は証拠ではなく事実主張の一種である。すなわち，自白は，立証の前段階において，当事者による事実主張につき，裁判所がそのまま裁判の基礎としなければならないか否かをふるい分ける機能を担うといえる☆6。

(2)　審判排除効（裁判所拘束力）

　裁判所は，自白の対象たる事実をそのまま判決の基礎としなければならず，万一，証拠調べの結果反対の心証を得たとしても，これに反する事実を認定す

　☆5　斎藤秀夫ほか編著『注解民事訴訟法(7)〔第2版〕』（第一法規出版，1993）253頁〔小室直人＝吉野孝義〕。髙橋(上)・420頁。
　☆6　基本法コンメ2・153頁〔髙地茂世〕。

ることはできない（弁論主義の第2テーゼ）☆7。

　これは，理論的には裁判上の自白が弁論主義を基礎におくからであり，実質的には自白内容が自白当事者に不利益であることゆえに同内容が真実に合致する蓋然性が高いからであるといわれる。

(3) 撤回禁止効（当事者拘束力）

　自白当事者は，自白内容に矛盾する内容を主張することはできず，その陳述の撤回を制限される。

　これは，理論的には，自白当事者の自己責任と禁反言を根拠とするものであり，実質的には，いったん自白して相手方に訴訟上有利な地位を与えておきながら自由に撤回できるとするのは，証拠を散逸させ審理の混乱をもたらすおそれがあるからである。

❺　自白の撤回

　上述のとおり，「裁判上の自白」には撤回禁止効（当事者拘束力）が生じるが，例外として以下の3つの場合には撤回が許されるとされる。

(1) 相手方当事者の同意がある場合

　これは，自白によって訴訟上有利な状態を得た相手方当事者がこれを放棄することを禁止する必要はないからである。この相手方当事者の同意は，明示なものと黙示なものとを問わないとされる。例えば，自白の撤回がなされたときに，相手方がこれに異議を述べず，かえってそれについての答弁をしている場合には，自白の撤回について同意があったものと解されている☆8。

(2) 刑事上罰すべき他人の行為によって自白がなされた場合☆9

　これは，判決確定後に，刑事上罰すべき他人の行為（例えば，詐欺，脅迫など）

☆7　最判昭30・9・27民集9巻10号1444頁・判夕53号34頁・金法126号28頁。
☆8　最判昭34・9・17民集13巻11号1372頁・判時202号26頁，最判昭34・11・19民集13巻12号1500頁。

により自白がなされたことが発覚した場合は再審事由になる（法338条1項5号）が，判決確定前にこれが発覚したときでも再審の訴えによらなければならないとするのは迂遠であるという，訴訟経済の観点からである。なお，この場合，民訴法338条2項の要件を具備する必要はない[10]。

(3) 自白内容が真実に反し，かつ錯誤に基づく場合

これは，反真実の場合には，その不利益性のゆえに真実に合致する蓋然性が高いという自白の基礎が失われるからであり，錯誤の場合には，自白の根拠たる禁反言ないし自己責任原則に反しないからである。

なお，反真実の証明があった場合には，錯誤に基づくことが事実上推定されるとするのが判例である[11]。

しかし，この反真実と錯誤の要件（以下「撤回要件」という。）についても見解が分かれている。判例の反真実錯誤証明説のほか，錯誤を不要とし，反真実の証明だけで自白の撤回を認める説（反真実証明説）と，逆に反真実を不要とし，錯誤，すなわち自己責任の観点から自白の撤回を検討する説（錯誤説）がある。

6 自白の対象

自白の対象となるのは具体的事実に限られ，法規，経験則，法規の解釈は対象とならないとされている。もっとも，訴訟上の事実には，主要事実，間接事実，及び補助事実があり，その事実のうちどこまでが自白の対象となるのか，また，公知の事実や，訴訟物の前提となる権利義務関係[12]も自白の対象となるのか（権利自白）については，見解が分かれている。これは結局，どの範囲に自白の拘束力を認めるのか，という問題である。

---

[9] 最判昭33・3・7民集12巻3号469頁・判時147号20頁。
[10] 最判昭36・10・5民集15巻9号2271頁。
[11] 最判昭25・7・11民集4巻7号316頁・判タ5号38頁。
[12] 自白の対象が訴訟物自体の場合には，請求の放棄又は認諾となる（法266条）。

Ⅵ◇裁判上の自白

(1) 事　　実

　主要事実の自白に，上記3つの効力を認めることに異論はない。

　間接事実の自白について，証明不要効を認めることに異論はないが，拘束力（審判排除効と撤回禁止効）が認められるかという点において学説が分かれており，両方の拘束力を否定・肯定する見解のほか，撤回禁止効（当事者拘束力）だけを認める見解もあるようである。判例は，間接事実は主要事実を推認させる機能を有する点で証拠と同じ機能を有するものであり，自由心証主義のもと，裁判官にできるだけ自然で合理的な判断をさせるのが望ましいとの配慮からか，間接事実の自白には審判排除効も撤回禁止効も認めていない[13]。

　補助事実の自白にも，証明不要効を認めるべきことを前提に，さらに拘束力（審判排除効・撤回禁止効）を認めるべきか否かという点で見解の相違があり，これについても2つの効力を否定・肯定する見解のほか，撤回禁止効（当事者拘束力）だけを認める見解もあるようである。判例は，補助事実の自白（書証の成立を認める陳述）の審判排除効を否定しており[14]，撤回禁止効についても，現在では否定しているとされている[15]。

　さらに，顕著な事実に含まれる公知の事実については，そもそも証明不要であるため（法179条），この自白については，もっぱらこれに拘束力（審判排除効と撤回禁止効）を認めるべきか否かにつき肯定・否定の両見解があるようである[16]。

(2) 権利自白

　訴訟物たる権利関係の前提となる権利・義務関係についての自白（権利自白）についても，拘束力（審判排除効と撤回禁止効）を認めるか否かで見解の相違がある。

---

[13] 最判昭31・5・25民集10巻5号577頁・判時77号20頁・判タ59号62頁，最判昭41・9・22民集20巻7号1392頁・判時464号29頁・判タ198号129頁。
[14] 最判昭52・4・15民集31巻3号371頁・判時857号75頁・判タ352号180頁。
[15] 民訴法講義案・185頁。
[16] もっとも，実際に主要事実が公知の事実であることは少ないため，この議論の実益は，間接事実に自白を認める立場にしかないとされる（高橋(上)・439頁）。

判例は，相手方当事者はその権利主張を理由づける必要がないという点で証明不要効は一応生じるものの，権利自白の審判排除効及び撤回禁止効を否定しているようである[17]。

❼ 各見解とそれによる争点整理機能について

「裁判上の自白」の成立・態様・効力（撤回要件）・対象については，上述のとおり見解が分かれているが，筆者の結論を先取りしてしまえば，これらの諸見解の差異は，当事者の意思及びそれによる自己責任と，裁判所による実体的真実に基づく裁判という理想のいずれをどの程度重視するか，両者のバランスをどのように図るかの差異であると考えられる[18]。一概に分類することは難しいが，当事者の意思及びそれに基づく自己責任を重視する立場は，自白を広く認めることにより争点整理を促進すべきであると主張するのに対し，裁判所による実体的真実に基づく裁判を重視する立場は，自白の範囲を狭く解し，当事者主導による争点整理機能をそれほど重視しないということになろうか。

(1) 山本和彦教授の見解[19]

山本和彦教授は，まず，自白の成立については，当事者の意思・処分権を重視して，敗訴可能性説を相当とする。すなわち，自白について争点排除の意思表示を重視する立場から，当該事実の意義の十分な認識に基づき争点から排除する意思が認められるか否かを自白の成否の基準とすべきであるとする。そして，それは自己に証明責任があったとしても同様であるし，自己に有利な事実等を訴訟の場から排除する自由（処分権）に基づく弁論主義からすれば，自白も同様に，自白者の利益となるような事実についてはそれを審理対象としない処分権を認めるべきであり，敗訴に繋がらない事実については撤回も認めるべきであるとする[20]。

---

[17] 最判昭30・7・5民集9巻9号985頁・判タ51号36頁・金法91号27頁。
[18] 髙橋(上)・441頁。
[19] 山本・基本問題・151〜172頁。
[20] 山本・基本問題・162頁。

次に，自白の態様としては，一定の事実を訴訟における争点から排除する旨の当事者の明確な意思表示として位置づけられるとする[21]。そして，この手続には透明性が求められるとし，具体的には，準備書面の弁論準備期日等における陳述段階での主張の一致でよしとせず，争点整理手続の中で，裁判官による法律問題や経験則の指摘等を前提に，その事実の当該事件全体の中での位置づけの認識を共通として，なお不利益を受ける当事者がその事実を争点としないとの意思を表示する場合に，初めて自白が成立するとする[22]。

このように，自白の態様として当事者の明確な意思表示が必要とするのであれば，その意思表示をする自白当事者が，その事実が訴訟で有している意味を十分に認識している必要があり，そのような認識なくしてなされた自白は効力を生じないものと解される。そのため，自白の撤回要件については，撤回要件という問題の立て方ではなく，錯誤無効等の意思表示の一般理論を適用すればよいとする[23]。

そして，このような争点排除意思という自白の位置づけから，その対象を広い範囲で認めるとする。すなわち，法適用，権利関係（権利自白），経験則，公知の事実，間接事実，補助事実についても，当事者の意思の真正が担保される限り，自白の拘束力を認めてよいとするのである[24]。

山本教授は，自白制度を，争点整理作業のうちの証拠調べの対象から争いのない事実を除外する作業の中核と捉える。この背景には，民事訴訟運営はルールに従った一つのゲームであるという認識があるという。すなわち，裁判に対して，過剰に真実・正しさを求めることは，裁判の迅速性や柔軟性とトレードオフの関係に立つ場合があることは否定できないというのである[25]。

(2) 新堂幸司教授の見解

新堂幸司教授はまず，自白の成立については，敗訴可能性説をとり不利益性

---

[21] 山本・基本問題・158頁。
[22] 山本・基本問題・170頁。
[23] 山本・基本問題・169頁。
[24] 山本・基本問題・163頁・164頁・166頁。
[25] 山本・基本問題・165頁。

を広く解している[26]。

次に、自白の態様については、自白によって不利益を受ける当事者の、その事実を認めて争わないという意思的な要素を強調する[27]。

さらに、自白の撤回要件についても、判例を前提としながら[28]、自白当事者の自己責任を中心に考えようとするようである[29]。

最後に、自白の対象については、間接事実についても自白の成立を認める（ただし、裁判所は別の間接事実から主要事実の存否を自由心証によって認定することは妨げないとする。）[30]。また、権利自白も認める[31]。しかし、公知の事実に反する自白は、裁判所の威信を害し、一般の信用を失墜しかねないとしてこれを認めない[32]。

新堂教授は、自白の拘束力の根拠を、自白によって不利益を受ける自白当事者の意思に求め、不撤回効の根拠を、その意思を信頼して行動した相手方当事者の保護に求める。そのため、自白の成立や錯誤の成否については、常に、自白当事者に上記の意思があったとみるのが合理的か否か、が問われ、そのうえでそのような自白当事者の意思にどれだけの法的効果を付与すべきか、が問われるとするのである[33]。

(3) 春日偉知郎教授の見解

春日偉知郎教授は自白の成立については、自白の効力の根拠を弁論主義から派生する自己責任の原則と相手方の信頼保護に求めることから、敗訴可能性説を採る[34]。

そして、自白の対象については、主要な間接事実には自白は成立するとする。

---

[26] 新堂・509頁。
[27] 新堂・508頁。
[28] 新堂・513頁。
[29] 新堂・508頁。
[30] 新堂・511頁
[31] 新堂・515頁。
[32] 新堂・512頁。
[33] 新堂・508頁。
[34] 中野ほか・287頁〔春日〕。

Ⅵ◇裁判上の自白

これは，主要事実にしか自白が成立しないとすると，裁判所に対して事実認定の広範な裁量権を与えてしまい，訴訟運営の合理的な範囲を逸脱せしめるだけではなく，当事者の怠慢により首尾一貫性のない主張を誘発する結果にもなるからである。万一，裁判所において自白されたある間接事実の存在について疑いがあったとしても，別の間接事実からこれを反駁する余地がない以上は，自白された間接事実に基づいて主要事実の心証形成をすることは何ら自由心証に反しないし，民訴法が，重要な間接事実についても訴状や答弁書に記載することを要求している点からも（規則53条1項・80条1項），重要な間接事実を主要事実と類似の取扱いとすべきであるとする☆35。

また，補助事実のうち，処分証書の成立の真正については，それが法律関係の存否の判断に直結するし，また，証書真否確認訴訟（法134条）の対象になり得ることから，自白と対象となるべきであるとする☆36。

他方，権利自白については，想定される場面を分析したうえで，結局は否定せざるを得ないと結論づけている☆37。

繰り返しになるが，春日教授は，自白の拘束力の根拠を弁論主義から派生する自己責任の原則と相手方の信頼保護に求めている。

(4) **松本博之教授の見解**

松本博之教授はまず，自白の成立については，自白があれば，争点が絞られ証拠調べも不要となり結果訴訟の完結が早められるので，これを広く認める必要があるとして，非要件説を提唱する。そして，成立において不利益要件を不要とするため，自白の態様については，事実陳述に一致がある場合に当事者双方に自白が成立するとする☆38。

他方，自白の成立を広く認めることから，それとのバランスにおいて，撤回要件については反真実の証明だけで自白の撤回を認めるとする☆39。

☆35　中野ほか・291頁〔春日〕。
☆36　中野ほか・291頁〔春日〕。
☆37　中野ほか・294頁〔春日〕。
☆38　松本博之『民事自白法―判例・学説の再検討』（弘文堂，1994）32頁・46頁。
☆39　松本・前掲注（☆38）62頁。

自白の対象については，顕著な事実（公知の事実）に反する自白について否定する☆40が，論理的に有用な間接事実の自白☆41及び補助事実（文書の真正）の自白☆42を認める。

松本教授は，自白について，証明を要する事実と証明を要しない事実を分別して前者に訴訟の審理を集中することによって，訴訟の促進と審理の充実を可能にするという重要な意義を有する制度とする☆43。そして，自白の審判排除効の根拠は，私益に対する裁判所の中立的立場，当事者の自己責任及び訴訟経済の考慮に基づいているとする☆44。

(5) 伊藤眞教授の見解

伊藤眞教授はまず，自白の成立については，証明責任説を採る。自白の成立可能性を広く認めることで争点整理を促進するという，敗訴可能性説や非要件説が主張する点については，かえって当事者にとって予測可能性が失われ円滑な争点整理が妨げられる，又はかえって審理の硬直化を招くとする☆45。

次に自白の態様については，通説のいう単なる陳述内容の一致に加え，相手方主張の事実を「認める」又は「争わない」という意思の表示も含めるようである☆46。

さらに，自白の撤回要件については，錯誤説を採るようである。もっとも，この錯誤は，一般原則による錯誤ではなく，真実に反するにもかかわらず，真実と誤信した場合（真実誤信）とすることから，結果として，錯誤主張のためには反真実の証明が要求されるとする☆47。

そして，自白の対象については，間接事実・補助事実の自白，公知の事実の自白，及び権利自白もその拘束力が認められないとして，主要事実のみを自白

☆40 松本・前掲注（☆38）47頁。
☆41 松本・前掲注（☆38）94頁。
☆42 松本・前掲注（☆38）109頁。
☆43 松本・前掲注（☆38）1頁・114頁。
☆44 松本・前掲注（☆38）41頁。
☆45 伊藤・311頁。
☆46 伊藤・306頁。
☆47 伊藤・313頁。

の対象とする。間接事実・補助事実の自白については，これを認めると，弁論主義に基づいて主要事実についての相手方の証明の負担を免除し争点を圧縮するという自白制度の趣旨及び自由心証主義に反することを理由にこれを否定する[48]。権利自白については，結局は事実自白に含まれ得るとするようである[49]。公知の事実については，自白が理論的に証明対象たる事実を前提にしているのであるから，不要証事実たる公知の事実をこれに含めるのは背理とする[50]。

伊藤教授は，自白の効力の根拠を弁論主義とし[51]，自白の不撤回効の根拠は，主として相手方当事者の利益保護，付随的に争点整理という公益保護に求めている[52]。

(6) 高橋宏志教授の見解

高橋宏志教授はまず，自白の成立については，敗訴可能性説によりながら，「先行自白を争わない意思の再確認で調整する説」を採る。すなわち，純粋な敗訴可能説とは異なり，相手方当事者の援用による先行自白を否定したうえで，自白当事者への争わない意思であったかという再確認により先行自白を成立させる見解を採るようである[53]。

自白の態様については，意思的要素を重視する。当事者は，その事実が真実であると思った場合だけではなく，訴訟運営上エネルギーを費やすのは賢明ではないと判断した場合にも自白することも重視し，これを排斥し得る観念の表示ではなく，これを包含し得る説を採るのが相当であるとするのである[54]。

次に，自白の撤回要件については，自白の態様について自白当事者の意思を中核に考えるため，錯誤をその要件とする[55]。

---

[48] 伊藤・309頁。
[49] 伊藤・315頁。
[50] 伊藤・309頁。
[51] 伊藤・306頁。
[52] 伊藤・312頁。
[53] 高橋(上)・427頁。
[54] 高橋(上)・421頁。

そして，自白の対象については，自白された間接事実からの主要事実への推論が別の間接事実の認定により妨げられることがあり得るという点，及び自白された事実を打ち消すに足る別の間接事実が認定できる場合は別であるという点を留保したうえで間接事実の自白を☆56，柔軟に対応できるとして権利自白を☆57，さらに補助事実の自白を☆58も，すべて肯定するが，公知の事実についての自白は否定する☆59。

高橋教授は，自白の拘束力の根拠を弁論主義に，不撤回効の根拠を相手方の信頼保護に求める☆60。

❽ 訴訟代理人からみた「裁判上の自白」の争点整理機能について

以上のとおり「裁判上の自白」の成立・態様・効力（撤回要件）・対象については諸説分かれており，筆者としては，どの見解が適切であるという結論が出ているものではないが，訴訟代理人として，実際の訴訟手続において「裁判上の自白」による争点整理機能を活かすためには，どのような点を考慮すべきかについて最後に付言しておく。

(1) 「裁判上の自白」の成立

まず，訴訟代理人が「裁判上の自白」を行う場面としては，自己の作成する答弁書，準備書面等において相手方が主張した事実等に対し「認める」「争わない」と認否したり，相手方主張の事実等と一致する事実等を主張したりして，それら書面が口頭弁論期日等で「陳述」される場合か，あるいは，口頭弁論期日等において，裁判所による釈明に対して，ある事実等について「認める」「争わない」と陳述することが考えられる☆61。これに対し，欠席した期日にお

☆55　高橋(上)・441頁。
☆56　高橋(上)・435頁。
☆57　高橋(上)・449頁。
☆58　高橋(上)・437頁。
☆59　高橋(上)・439頁。
☆60　高橋(上)・420頁。
☆61　弁論準備手続における口頭による活発な議論を保障するために，弁論準備手続にお

Ⅵ◇裁判上の自白

ける擬制陳述による事実や，相手方主張事実のうち，自己の主張書面において明確に認否しないだけでなくこれに関する事実主張をしない事実については，「擬制自白」は成立し得るが「裁判上の自白」は成立しない。

　しかし，相手方主張事実等と一致する事実等の主張と，「擬制自白」との区別は実際には困難な場合が多いであろう。そのため，「裁判上の自白」の争点整理機能を重視するのであれば，訴訟代理人としては，単に相手方主張事実と一致する事実等を主張するのではなく，準備書面等において「認める」「争わない」と明示的・意識的に認否を行うべきことになる。

(2)　「裁判上の自白」の対象

　また，訴訟代理人は，いったん「認める」「争わない」と陳述すれば，原則として撤回できないことを認識していることから，筆者の経験からも，一般的に「認める」「争わない」と陳述することに慎重になり，結局は，証拠により立証された事実，又は現在の証拠から立証されていないとしても今後立証されると確信できる事実，すなわち，真実であると確認できる事実についてのみ，「裁判上の自白」がなされることが多いと思われる。もっとも，実務上，そこで「認める」対象が，主要事実であるか，間接事実であるか等については明確に意識することなく，相手方の主張するすべての事実に対して認否しているように思われる。

　しかし，「裁判上の自白」の争点整理機能を重視するのであれば，まず，「認める」「争わない」対象が，主要事実（要件事実）なのか，主要事実の存在を推認する間接事実なのか，さらには，権利義務関係についての法律上の主張なのかを峻別する必要があることになる。

　次に，その事実が自己に不利益な事実であるのか否か，すなわち，相手方が証明責任を負う事実なのか，又は自己の敗訴に結びつき得る事実なのかを確認

いては，当事者や訴訟代理人等の発言を自白と扱うことは慎重であるべきとの議論がなされることがある。
　もっとも弁論準備手続での口頭の発言が，必ずしも理論的に「裁判上の自白」としての陳述にあたるケースは少ないと考えられる。なお，本書180頁，216頁参照。

しておく必要があるであろう。

　さらに，当該訴訟における各事実等の位置づけ，すなわち，その事実等が当該訴訟における争点に関わる事実等であるのか，それとも，争点とはなっていない法律関係等に関わる事実等であるのか，事件の背景事情に関わる事実等であるのかを峻別する必要がある。

　そして，以上のような区別の組合せにより，争点整理としての「裁判上の自白」を行うか否かが判断されることになると考える。すなわち，当該訴訟の争点に関わる主要事実・間接事実や権利義務関係であれば，「裁判上の自白」には慎重にならざるを得ないが，他方で，争点に関わらない主要事実・間接事実や前提となる法律関係等であれば，広く「裁判上の自白」をすることにより，これらについての相手方当事者の主張立証の負担を軽減し，両当事者間で争点についての主張立証活動に集中すべきことになる。

〔髙木　加奈子〕

Ⅶ 裁判所の釈明権行使

❶ 釈明権の意義

　釈明権とは，当事者の申立て及び陳述の欠缺・矛盾・不明瞭・誤謬に注意を喚起して，これを完全にするため訂正・補充あるいは除去の機会を与え，また証拠方法の提出を促すことを内容とする裁判所の権能である☆1。釈明の対象には，事実上の事項のみならず，法律上の事項も含まれる。民訴法149条1項は「当事者に対して問いを発し，又は立証を促すことができる。」と規定しているが，裁判所の権能のみならず，裁判所の責務でもあるとされている☆2。なお，当事者には，釈明に応じる法的義務はないが，釈明に応じないことにより自己の主張立証が正しく理解されないなどの不利益を被る可能性は十分にあるうえに，必要な釈明をしない場合には，釈明の対象たる事項に係る攻撃防御方法が却下され得る（法157条2項）。

❷ 釈明権の行使方法

　釈明権は，口頭弁論期日のみならず，弁論準備手続期日（法170条5項）においても行使される。また，後記❸のとおり，期日外（書面による準備手続を含む〔法176条4項〕。）においても行使される。口頭弁論期日及び弁論準備手続期日における釈明は，通常は口頭により行われる。

　合議体においては，釈明権は裁判長によって行使されるが（法149条1項），陪席裁判官も，裁判長に告げたうえで，釈明権を行使することができる（同条2項）。当事者は，相手方に直接釈明を求めることはできず，裁判長を通じて発

☆1　コンメⅢ・265頁。
☆2　梅本・427頁，伊藤・276頁など。

問してもらうこととされている（求問権〔同条3項〕）。

❸ 期日外釈明

　釈明権及び求問権の行使は，期日外で行うことも可能である（法149条1項・3項）。この期日外釈明は裁判所書記官に命じて行わせることが可能である（規則63条1項）。方法についての制約はないため，電話連絡によるほか，ファクシミリや電話会議システムなどの方法によることも可能である[3]。例えば，訴状の補正に近いような形式的な事項に関する釈明であれば，書記官からの電話連絡によって行われている。逆に，訴状，答弁書及び準備書面の具体的な記載を引用しながら行う「訴状記載の請求原因第五項1，2，3の事実は，実体法上どのような意義を有するのか，明らかにされたい。」などの釈明は，期日外釈明命令書を送付する方法によって行われる[4]。

　もっとも，期日外釈明においては，相手方の手続保障の観点から，攻撃防御方法に重要な変更を生じ得る事項について釈明をした場合には，裁判所書記官がその内容を訴訟記録上明らかにするとともに（規則63条2項），これを相手方に通知しなければならないものとされている（法149条4項）。「攻撃防御方法に重要な変更を生じ得る事項」とは，例えば，主要事実の追加又は変更を生じ得る事項や新たな証拠が追加される可能性がある事項をいう[5]。相手方への通知とは，具体的には，一方当事者に対する釈明であっても，相手方にも同じ書面をファクシミリ等で送付する方法や，主張整理案を双方の代理人に送付し，その書面において釈明をする方法などがあり得る[6]。

❹ 釈明権と当事者の関係

　裁判所の主導で争点整理を行うにあたって，釈明権は，裁判所にとって極め

---

[3]　条解民訴規則・138頁（注3）。
[4]　木川統一郎＝吉田元子「新民事訴訟における期日外釈明規定の運用について」判タ925号（1997）5頁。
[5]　新民訴一問一答・153頁。
[6]　小林昭彦＝太田朝陽「争点整理の準備（大阪地裁新民訴法研究会報告1）」判タ931号（1997）79頁。

て重要なツールとなっている。もっとも，民事訴訟においては，訴訟資料の収集及び提出を当事者の責任と権限に委ねるという弁論主義が採用されていることから，訴訟代理人としては，釈明権と弁論主義との関係を理解しておく必要がある。

まず，判例上は，「釈明の制度は，弁論主義の形式的な適用による不合理を修正し，訴訟関係を明らかにし，できるだけ事案の真相をきわめることによって，当事者間における紛争の真の解決をはかることを目的として設けられたものである」と示したものがある☆7。学説上は，釈明権の目的について，①事案の真相に合致した適切・妥当な解決を目的とするという見解☆8のほかに，②実質的当事者平等原則の実現を目的とするという見解☆9や，③裁判所と当事者の情報ギャップの差及び当事者間の力の格差の双方の補完であるとする見解☆10などがあるが，いずれの見解を採るにせよ，釈明権は，弁論主義を修正ないし補完するものとなる。裁判所と当事者の役割分担に関しては，釈明権の範囲が問題となる。

(1) 釈明権の不行使

釈明を裁判所の責務でもあると理解する限り，裁判所が釈明権を行使すべきであるにもかかわらず，それを怠った場合には，釈明義務違反となる。釈明義務違反は，高等裁判所との関係では相対的上告理由（法312条3項）となり，最高裁判所との関係では上告受理申立理由（法318条1項）となり得る。そして，上告審において「判決に影響を及ぼすことが明らかな法令の違反があるとき」（法325条1項後段・2項）と評価されれば，原判決が破棄される。

釈明権の不行使の違法性に関する判例は，時代とともに変遷しているが，近時の判例は，釈明義務を比較的広く認める傾向にある☆11☆12。

☆7　最判昭45・6・11民集24巻6号516頁・判時597号92頁・判タ251号181頁。

☆8　奈良次郎「訴訟資料収集に関する裁判所の権限と責任」新堂幸司ほか編『講座民事訴訟(4)審理』(弘文堂，1985) 131頁。

☆9　上田徹一郎「当事者の訴訟上の地位―当事者平等原則の展開」新堂幸司ほか編『講座民事訴訟(3)当事者』(弘文堂，1984) 11頁。

☆10　大江ほか・手続裁量・21頁〔山本和彦〕。

第2章◆争点整理の実務上の検討

釈明義務の範囲に関する学説には各種のものがあるが，代表的な考え方としては，釈明について，裁判官の役割内容の観点から，①消極的釈明（当事者が積極的に特定の申立て・主張等を提出しているが，それらに不明瞭・矛盾・欠缺・不用意がある場合における補充的な釈明）と②積極的釈明（当事者のなした申立て・主張等が事実

☆11　最判平17・7・14判時1911号102頁・判タ1191号235頁は，XがYに対して元本債権及びこれに対する遅延損害金を要求し，これに対してYがいずれの債権についても同時にXに対する滞納処分としての差押えがされYが第三債務者としてその全額を支払ったと主張する一方，遅延損害金債権のみが差押債権として記載された債権差押通知書並びに差押債権受入金として上記各債権の全額を領収した旨の記載がある領収証書を書証として提出していたという事案において，裁判所が元本債権に対する差押えについて釈明権を行使することなく元本債権に対する弁済の主張を排斥したことについて，「釈明権の行使を怠った違法がある」と判断した。本件は特殊な事案ではあるものの，当事者側に不手際があったといい得る事案であるにもかかわらず，釈明義務違反を認定している。

☆12　最判平22・10・14判時2098号55頁は，定年を満65歳とする大学Y〔上告人〕の定年規程により解職されたX〔被上告人〕が，Yに対して，XY間で定年を80歳とする旨の合意（本件合意）があったと主張して雇用関係の存在確認及び賃金等の支払を求めた事案において，原審が，Yには，実際には70歳を超えて勤務する教職員も相当数存在しており，当該実態をふまえ，Yの理事1名がXに対し，定年は実際はなきに等しく，80歳くらいまで勤務することが可能であるとの趣旨の話をしたため，Xは，80歳くらいまでYに勤務することが可能であると認識していた，という事実を認定したうえで，「Yには，少なくとも，定年退職の1年前までに，Xに対し，定年規程を厳格に適用し，かつ，再雇用をしない旨を告知すべき信義則上の義務があったというべき」であり，「具体的な告知の時から1年を経過するまでは，賃金支払義務との関係では，信義則上，定年退職の効果を主張することができないというべきである」と判断して当該期間にかかる賃金請求を認容したことについて，原審において，Xが上記認定事実を本件合意の存在を推認させる間接事実としては主張していたものの，当事者双方ともYが定年規程による定年退職の効果を主張することが信義則に反するか否かという点については主張していなかったなどの経過のもとにおいては，裁判所が適切な釈明権を行使してXに対して信義則違反の点について主張するか否かを明らかにするように促すとともに，Yに対して十分な反論及び反証の機会を与えたうえで判断すべきものであったとし，「釈明権の行使を怠った違法がある」と判断した。

なおこの判決には，内容的には，学説のいう法的観点指摘義務の考え方（裁判所が当事者の気づいていない法的観点に基づいて判断しようとするときは，その法的観点を当事者に示し，当事者との間でそれについて十分な議論をすることが求められるとする。）を採り入れたものとも考えられるとの判例時報のコメントが付されている。

Ⅶ◇裁判所の釈明権行使

について不当又は不適当である場合，あるいは，当事者が適当な申立て・主張等をしない場合に，裁判所が積極的にそれを示唆・指摘してさせる，是正的釈明），に分類したうえで，消極的釈明権の不行使は問題なく違法とし，積極的釈明権の不行使については，個別的な事案において，多面的な利益考量によって義務の範囲を決すべきであるとする見解がある。具体的には①判決における勝敗転換の蓋然性（適切な釈明権の行使があれば訴訟の〔予測される，あるいは上告審の立場からいえば原審での〕勝敗が逆転しあるいは判決主文に重要な変更を生ずる蓋然性が濃い場合には，釈明義務を認める方向に働く。），②当事者の申立て・主張等の法的構成の不備（主張又は証拠によりその訴訟に現れた事実からみて，法的性質決定の選択が不適当であったり，適用されるべき実体法規についての法的見解が裁判所と当事者との間で食い違っている場合には，是正のための釈明義務を認める方向に働く。），③期待可能性（当事者が裁判所から釈明されなければ，適切な申立て・主張・立証ができないようであれば，釈明義務を認める方向に働く。）☆13，④当事者間の公平（その事項を釈明させることが当事者間の公平を著しく害することになる場合には，積極的釈明義務は認められない。），⑤その他（積極的釈明によってより根本的な紛争解決を招来し再訴を防止することができるといった事情は，釈明義務を認める要素となるし，反対に，釈明させることによって訴訟の完結を著しく遅滞せしめることになる場合には，釈明義務を認めない要素として作用する。）という事情を考慮して，積極的釈明義務の存否を決定するのである☆14☆15。

☆13　期待可能性については，本人訴訟であったか，それとも訴訟代理人がついていたかということが，重要な事情となり得る（新堂幸司ほか編『講座民事訴訟(3)当事者』（弘文堂，1984）128頁。

☆14　中野貞一郎『過失の推認〔増補版〕』（弘文堂，1987）220頁・223頁～225頁，民事実務読本Ⅱ・152頁。

☆15　なお，山本和彦教授は，釈明権の意義について❹冒頭の学説③の理解を前提としたうえで，①裁判所がある法的観点から重要と考える事実の主張がされていないような場合，②裁判所が得ている心証から重要と考える立証がされていないような場合，③当事者間の形式的平等を貫くと，実質的に不平等な結論になる場合，には，裁判所の介入が必要とされ，裁判官に釈明権が認められるとともに，釈明義務も認められるとしている（大江ほか・手続裁量・20頁〔山本〕）。

(2) 釈明権の行使の限界

前記(1)とは逆に，弁論主義と正面から衝突する問題として，行き過ぎた釈明権の行使がある。

裁判所に行き過ぎた釈明権の行使があった場合，まず当事者から異議が出され，場合によっては裁判所の決定により釈明権の行使が事後的に排除される可能性があるが（法150条），裁判官の忌避などの形で裁判官の公平が問われることは別として，釈明権行使に基づく当事者の主張などが無効とされることはないと解されており☆16，事案と適合している限りにおいては，訴訟法的には違法とはなし得ない☆17。そのため，当該問題に関する上告審の判断もほとんどなく☆18，具体的な評価規範も見当たらない。

☆16　伊藤・276頁。

☆17　髙橋(上)・395頁。

☆18　前掲注（☆7）最判昭45・6・11は，XがY₁・Y₂に対する請求の原因としてX・A間の木箱納入契約に基づく代金債務につきなされた連帯保証契約を主張してきたのに対し，裁判所が「本件取引において木箱の納入はY₁名義でなし，Xに対する代金の支払債務はY₁が負担する約束であり，Y₂は右債務につき連帯保証をした」旨を釈明させ，しかもXの訴訟代理人としては「その通りである」と陳述したに止まるのは，著しく不公正で権限を逸脱した釈明権行使であるとY₁・Y₂が上告した事案において，「原告の申立に対応する請求原因として主張された事実関係とこれに基づく法律構成が，それ自体正当ではあるが，証拠資料によって認定される事実関係との間に喰い違いがあって，その請求を認容することができないと判断される場合においても，その訴訟の経過やすでに明らかになった訴訟資料，証拠資料からみて，別個の法律構成に基づく事実関係が主張されるならば，原告の請求を認容することができ，当事者間における紛争の根本的な解決が期待できるにかかわらず，原告においてそのような主張をせず，かつ，そのような主張をしないことが明らかに原告の誤解または不注意と認められるようなときは，その釈明の内容が別個の請求原因にわたる結果となる場合でも，事実審裁判所としては，その権能として，原告に対しその主張の趣旨とするところを釈明することが許されるものと解すべきであり，場合によっては，発問の形式によって具体的な法律構成を示唆してその真意を確めることが適当である場合も存するのである。」と判示した。

東京高判昭60・12・19東高民時報36巻10～12号190頁は，本人訴訟において，裁判所が被告本人のために抗弁として消滅時効を援用するか否かにつき釈明を求めた事案において，「本件のように裁判所が当事者の一方に対し，消滅時効を援用するか否かにつき釈明を求めることについては弁論主義との関係で裁判所の釈明権の範囲をこえ

❺ 争点整理における釈明権の具体的な活用事例

　東京地方裁判所の民事通常訴訟事件を担当している36か部を対象とするアンケート調査結果[19]では、主張整理における釈明権の活用事例として、以下のようなものが挙げられている。迅速な争点整理との関係では、期日間における釈明権行使の意義が大きいものと考えられる。

（主張整理の方法として）
① 通常は準備書面を踏まえて、口頭で次回までの主張、立証の準備を確認し、その中で釈明を求めたい事柄について言及するが、特に必要な事項等については期日間で書面で釈明することもある。
② 主張整理の具体的な方法として、複雑な事件については、形式を指定して、あるいは、罫線を引いた表を作って、一部に書き込み、空欄部分を埋めてもらうとか、当該書面に記載した釈明事項に対する答を書き込んでもらうなどの方式を採ることもある。

（大型事件における主張整理についての工夫例として）
③ 主張整理案は、期日間に釈明事項を入れて当事者双方に準備させ、期日では意見を聞く。その意見に採り入れるべき内容があれば、次の期日間に意見書の形で提出させ、主張整理案を修正して双方当事者に送付し、次の期日に確定する。

❻ 実情と課題

　前記❹のとおり、判例上釈明義務の範囲が比較的広く認められ、また、釈明権の行使の限界に関して明確な評価規範が存在しない中で、現在、実務的には、釈明は広く用いられているようである[20]。このような現状に対して、一

るかどうか議論がない訳ではないが、本件がいわゆる本人訴訟であって、不法行為後約9年4か月経過した後の訴え提起であることにかんがみると、原審裁判所が右のような釈明をしたとしても必ずしも違法となるものではなく、またそれによってなされた被控訴人の消滅時効を援用するとの主張が違法無効となるものではないと解するのが相当である。」と判示した。

[19] 菅野ほか・アンケート結果⑴主張整理関係・29頁。

部の専門家の間には，裁判所があまりに主導しすぎているのではないかという問題意識があり，当事者主導を軸とした訴訟運営へ転換していく必要があるのではないかとの指摘がなされている[☆21]。

また，弁護士からも，「争点整理においては，当事者が処分権主義の下，依頼者との信頼関係に基づいて主張をしているのであり，代理人が就いている事案で，代理人の主張内容に，他の関連事実と矛盾する事実が認められ，あるいは確立したとみられる判例法理に相反する主張が認められても，それは指摘するに止めるべきであり，それを超えて後見的権能を行使することは控えるべきである」との主張がなされている[☆22][☆23]。

❼ 訴訟代理人として

訴訟代理人としては，裁判所から相手方に対する釈明を促すために，適切なタイミングで求問権を行使することが重要である。一方で，裁判所による釈明権の行使があった場合には，迅速かつ誠実に回答し，また，明確な釈明権の行使でなくとも，常に裁判所の些細な発言に気を配り，自己の主張や法的構成を

☆20 背景的な事情として，弁護士は，依頼者との関係においても，相手方との関係においても，主導的に主張を絞り込んで争点を整理することが難しい立場にあることが多く，第三者である裁判官が，当事者に対して，その訴訟において客観的に重要と考えられる争点は何かを示し，その点についての活発な意見交換を促すとともに，不要と考える争点や主張については，その必要性についての慎重な検討を促し，説明を求めるなどの積極的な関与を行わなければ，争点整理が実質的に進行せず，長期化することになりかねない実情にあるとの指摘もある（最高裁判所平成21年7月10日公表「裁判の迅速化に係る検証に関する報告書 分析編」13頁）。

☆21 山本・民訴法10年・97頁。

☆22 田原・民訴法改正10年・56頁。

☆23 他方で，このような考え方に対しては，優秀な弁護士に高いお金を払って依頼できる当事者，あるいは弁護士でも自分の能力に自信がある場合は，裁判所があまり肩入れすることはアンフェアであるという感覚が出てくるかと思うが，そういういわば自己責任という形で割り切れる当事者本人の層というのが，現実の日本社会でどれくらい想定できるのかというと，個人の場合はもちろん，企業であっても疑わしい場合が少なくない，との指摘もなされている（遠藤ほか・〈座談会〉争点整理(下)・11頁〔垣内秀介発言〕）。

Ⅶ◇裁判所の釈明権行使

柔軟に見直すことが必要である[24]。

〔川 口 舞 桂〕

---

[24] 瀬木比呂志判事は，釈明権行使の相当性が微妙であるようなケースにおいては，「極力和解を勧め，それができない場合には，最後に，釈明権を行使するか否かを決断する。」「こうした微妙な事案では和解が成立しやすいので……最後の決断に至った例は実際にはほとんどないのであるが……このような場合の釈明権の行使には，当事者間の公平の観点からいささか躊躇を覚えることが多い。」という見解を示しており（瀬木比呂志『民事訴訟実務と制度の焦点―実務家，研究者，法科大学院生と市民のために』（判例タイムズ社，2006）173頁），裁判官が遠回しに主張の再構成を促している例も多いものと考えられる。

VIII 訴訟代理人による求釈明・当事者照会

1 争点整理段階における求釈明・当事者照会の機能

　民事訴訟における争点の多くは，裁判所にとっては証拠による心証形成の対象であり，訴訟代理人にとっては立証命題である。したがって，審理を効率的に進めると同時に立証を見据えた有効な訴訟活動を行うためには早期かつ適切な争点整理が必要になるが，訴訟代理人が認否・主張を行って争点を明確化しようとしても，反対当事者の主張が不明瞭であったり手持ちの情報が不足していたりして，認否・主張すら十分に行うことができないことがある。争点整理段階において，求釈明は主に反対当事者の主張が不明瞭な場面で，当事者照会は主に手持ちの情報の不足を補おうとする場面で，機能する。

2 求釈明の意義

　民事訴訟の一方当事者が民訴法149条3項に基づいて裁判長に発問を求めることを，実務上，求釈明と呼んでいる☆1。

　求釈明は，準備書面等に記載されることが多く，その文言上反対当事者に対してなされることが多いが，訴訟法上，訴訟の一方当事者が反対当事者に直接問いを発することが認められているものではなく，裁判長に対して発問を求めるものと解されている（求問権）☆2。

☆1　民事訴訟における求釈明は，訴訟の一方当事者（の訴訟代理人）が反対当事者に対し，一定の事項について「求釈明をする」，「釈明を求める」，「回答を求める」，「明らかにされたい」などと述べたり，一定の証拠資料について「提出を求める」などと述べたりする態様で行われることが多い。そのため，民訴法149条3項に基づく求問権の行使と，事実上の求釈明（反対当事者に対する民訴法上の根拠のない質問）とが混然一体となっていることもあり注意を要する。

求問権が行使された場合において裁判長が発問の必要があると認めるときは，その発問は釈明に関する民訴法の規定（法149条1項・4項）によって行われる。ただし，実務的には，訴訟の一方当事者が求釈明を含む準備書面等を陳述した場合には，裁判所の明示的な発問（釈明権の行使）を待たずに反対当事者が回答の要否を判断して口頭又は準備書面等で求釈明に対する回答を陳述する場合もしばしば見受けられる☆3。反対当事者が，回答の必要がない旨のみを陳述する場合も多い。

❸ 求釈明の範囲

求釈明の根拠となるべき一方当事者の求問権が裁判長に対して発問（釈明権の行使）を求めるものであることから，求問権の範囲も，裁判長の釈明権の範囲（法149条1項）の制約を受ける。

裁判長による発問（釈明権の行使）は「訴訟関係を明瞭にするため」にすることができるとされ（法149条1項），「当事者の申立てや陳述に不明瞭な点がある

☆2 　基本法コンメ2・79頁〔山本克己〕は，民訴法149条3項が一方当事者が他方当事者に対して直接質問するのではなく裁判長を通じて質問する旨を定めているのは，民訴法の公法性に基づくものであるとする。刑事訴訟における刑事訴訟規則208条3項も，訴訟関係人が裁判長に発問を求める形式をとっている。

☆3 　釈明権は適切な範囲で行使しなければならないとされその範囲が問題となり得るから，訴訟の一方当事者の求釈明があっても，裁判所が他方当事者に対し明示的に釈明権の行使たる発問をすることは少ない。特に，訴訟代理人が行う当事者照会との比較において，裁判長が行う釈明には，訴訟の初期段階において裁判官の有する情報量の制約に起因する限界があることにつき，争点・142頁〔山浦善樹〕。また，山本編・民事訴訟・181頁〔八田卓也〕は，「パターナリズムを排していった場合，釈明はコミュニケーションギャップを埋めるためのものに純化されていくように思われる。」と指摘している。以上のように，求釈明に過度の期待をすることはできない。しかし，通常は行き過ぎた釈明権の行使であっても直ちに違法の問題はないとされており（争点・164頁〔川畑正文〕），いったん裁判所が正当に釈明権を行使したとなると，釈明に応じない訴訟当事者に不利益が科せられ得る（法157条2項）。一般に，裁判長の釈明があっても応じる義務はないと解されているが，釈明に対し陳述義務があると解すべき場合があることについては，上谷＝加藤編・総括と展望・63頁〔山浦善樹〕。釈明権と訴訟代理人の役割については，最新判例からみる民事訴訟の実務・305頁〔大坪和敏〕が詳しい。

場合などに，訴訟関係を明瞭にするために，事件に関連する事実問題または法律問題について質問し，あるいは申立てや攻撃防御方法の提出を促すことを通じて，事案の解明などに裁判官が協力する」のが釈明であるとされる☆4。つまり，処分権主義及び弁論主義が妥当する通常の民事訴訟において請求の定立は当事者の判断に委ねられ，主張・証拠の提出の最終的責任も当事者にあるが，当事者の法律知識の不足などの様々な原因からこれらが適切になされない場合に，処分権主義及び弁論主義の欠点を補完するため，釈明による裁判所の後見的配慮を働らかせることが期待されているのである☆5。訴訟当事者（の訴訟代理人）として求釈明（発問権の行使）をする際も，そのような釈明権の趣旨に配慮することを要する☆6。

具体的には，相手方当事者のなした申立て・主張が不明確・不明瞭であり，かつ，その申立て・主張が認否・主張その他以後の訴訟活動を行ううえで重要であり，その点を明瞭にしておくことが不可欠であると考えられる場合などに

☆4　基本法コンメ2・76頁〔山本〕。

☆5　最判昭45・6・11民集24巻6号516頁・判時597号92頁・判タ251号181頁は，釈明の制度を弁論主義の形式的な適用による不合理を修正して訴訟関係を明らかにするものと位置づけ，訴訟当事者がある主張をしないことにつき誤解又は不注意があると認められるときは，発問の形式によって具体的な法律構成を示唆してその真意を確かめることが適当である場合も存するとした。他方，新堂幸司＝青山善充編『民事訴訟法判例百選〔第2版〕』（別冊ジュリ76号）（有斐閣，1982）169頁〔竹下守夫〕は，釈明権の意義を，口頭弁論審理ないし対審構造の目的，つまり当事者の訴訟主体としての地位を尊重してその意思に基づく攻撃防御を通じて真実を発現させ，訴訟の結果に対する当事者の納得・受容を確保することに求め，これを弁論主義と切り離している（高橋(上)・397頁も，釈明権を弁論主義から相対的に切り離して弁論権の角度から見直すのが建設的であるとする。）。求釈明との関係でいえば，求釈明が多くの場面で訴訟当事者の訴訟主体としての地位の尊重ないし弁論権の確保とは異なる目的で行われていることに問題がある。

☆6　基本法コンメ2・107頁〔田原睦夫〕は，求釈明は当事者が主張立証準備のための資料を収集するための手段ではないとする。もっとも，本来は裁判長による釈明権の範囲に属さない事項についての求釈明（積極的な釈明を求めるものや，事実上の求釈明）であっても，反対当事者が任意に回答（申立て又は主張）をする可能性があり，求釈明をすることがあながち無駄とはいえない。しかし，他により適切な手段がないかなど，事前に十分な検討を要するであろう。

Ⅷ◇訴訟代理人による求釈明・当事者照会

は，訴訟代理人としては，求釈明事項を吟味したうえで，争点を浮き彫りにする有効な手段として求釈明を用いるべきである☆7 ☆8。

❹　当事者照会の意義

訴訟当事者は，訴訟の係属中☆9，反対当事者に対し，主張又は立証を準備するために必要な事項について，相当の期間を定めて，書面で回答するよう，書面で照会をすることができる（当事者照会〔法163条〕）☆10。

当事者照会は，裁判所が関与することなく当事者同士で行われる☆11。

❺　当事者照会の範囲

当事者照会によって照会できるのは，「主張又は立証を準備するために必要な事項」であり，その範囲は広範である☆12。

☆7　基本法コンメ2・76頁〔山本〕。

☆8　『弁護士と裁判所との適切な協働関係の形成を目指して』（NIBEN Frontier 別冊版）（第二東京弁護士会，2004）14頁。ただし，同書において「枝葉末節の求釈明は，むしろ審理を混乱させる。証拠が足りないときも，釈明でなく，その旨最終準備書面等で指摘する方が効果的ではないだろうか。」，「不必要な求釈明は相手を困惑させたり，いたずらに期日を重ねたりする原因になりかねない。」などの指摘がなされていることもまた看過することはできない。ただ情報を得たいからとか，質問をするだけならリスクがないから質問するだけしておけばいいとかいう安易な考えで求釈明をするのではなく，その求釈明をすることで争点整理が進むのかについて事前に十分吟味することが必要となろう。

☆9　民訴法上，訴えの提起前に照会をする途が開かれているが（法132条の2・132条の3），実施例は少ない。

☆10　当事者照会全般については，最新判例からみる民事訴訟の実務・273頁〔濱口博史=松森宏〕，上谷=加藤編・総括と展望・49頁〔山浦〕，東京弁護士会民事訴訟問題等特別委員会編著『当事者照会の理論と実務』（青林書院，2000）が詳しい。

☆11　基本法コンメ2・107頁〔田原〕。民訴法の公法性にかかわらず，民訴法が当事者間の訴訟上の法律関係を直接に規律する稀な例であるとされる（基本法コンメ2・76頁〔山本〕）。当事者照会及び回答の書面の送付先について，民訴規則84条1項。書面の記載事項について，民訴規則84条2項〜4項。照会及び回答そのものに裁判所は関与しないが，事後的に書証として証拠申出されることは多い。

☆12　広範であるといっても無制限ではないのであり，各当事者の具体的主張などとの関

ただし，①具体的又は個別的でない照会，②相手方を侮辱し又は困惑させる照会，③既にした照会と重複する照会，④意見を求める照会，⑤相手方が回答するために不相当な費用又は時間を要する照会，⑥証言拒絶の事由と同様の事由のある事実についての照会は，できないとされる（回答拒絶事由〔法163条ただし書〕）。

具体的には，訴訟において認否・主張その他の訴訟活動を行うための具体的情報が不足しており，その情報を他の訴訟当事者☆13が所持していると考えられる場合などには，当事者照会の活用によって間接事実をも含めた的確な主張整理と効率的な証拠整理を行うことができるとされているから☆14，当事者照会の活用を検討すべきであろう。

❻ 文書提出命令，文書送付嘱託の申立て等との関係

訴訟当事者間の情報や証拠の偏在を補完し得る手続として，文書提出命令，文書送付嘱託の申立てなどがある☆15。

文書提出義務については，自己使用文書（法220条4号ニ），必要性（法221条2

連でその必要性が否定されることもあり得る。この必要性に関する議論の状況については，門口正人ほか編『民事証拠法大系(5)各論Ⅲ鑑定その他』（青林書院，2005）251頁以下〔志知俊秀〕が詳しい。

☆13　当事者照会の相手方は，補助参加人なども含まれると解されている（基本法コンメ2・108頁〔田原〕）。

☆14　基本法コンメ2・107頁〔田原〕。当事者照会がその要件を満たしていなかったり，回答拒絶事由（法163条ただし書）があったりする場合は別として，主張立証責任の所在にかかわらず，訴訟法上の義務として当事者照会に対する回答義務があるとされる。回答拒絶事由がある場合の回答方法については，民訴規則84条3項。上谷＝加藤編・総括と展望・51頁以下〔山浦〕では，当事者照会は立法により回答義務が課せられており，弁論主義を理由に回答しないとすることはできないし，依頼者に対し十分な説明をすることなくその拒絶意思にそのまま従うというような安易な行動も許されないとされる。当事者照会に対する回答義務が法律上措定されたことについて，山本編・民事訴訟・180頁〔八田〕は，「そもそも，『敵に塩を送る義務はない』という公理が絶対的公理として存在したのか，疑問である」と指摘している。

☆15　民訴法上，文書送付嘱託などを訴えの提起前に行う途が開かれているが（法132条の4），実施例は少ない。

項）などの制約がある。文書送付嘱託は，訴訟当事者でない者を嘱託先として申し立てられることが多いが，文書提出義務を負っている者に対しても認められると解されている☆16。

　一般に文書提出命令，文書送付嘱託の申立て等は証拠収集手段と捉えられており，その前提として争点（訴訟当事者の立場からいえば，立証命題）がはっきりしていることが前提である。しかし，訴訟において認否・主張を行うための具体的情報や立証を行うための証拠資料が不足しており，その情報が記載された文書やその証拠資料となるべき文書が存在すること及びその文書の所持者が一定の確実さをもって判明しており，求釈明や当事者照会をして回答があってから改めて文書提出命令，文書送付嘱託の申立て等をするよりもその文書の提出を求めることが事案解明への近道であると考えられる場合などは，できる限り特定した立証命題により文書提出命令や文書送付嘱託の申立てをした方が，かえって早期の争点整理に寄与することもあろう☆17☆18。

〔楢崎　礼仁〕

☆16　基本法コンメ２・247頁〔土屋文昭〕。

☆17　証明責任を負う訴訟当事者が，事実経過の詳細を知り得ず証明主題すら明らかでない場合に，証拠調べの中で主張立証の材料を得るために，本来特定すべき証明主題を一般的抽象的な事実の主張に止めたままでする証拠申請を模索的証明といい，ことに事実や証拠が訴訟当事者の一方に偏在する場合の他方当事者の救済手段として検討されるとされる。ただし，不明確な証拠申請による相手方当事者の防御権の侵害のおそれも考慮する必要がある（上田徹一郎『当事者平等原則の展開』（有斐閣，1997）47頁）。

☆18　争点整理にあたっては，証拠保全，求釈明，当事者照会，文書提出命令申立てなどによって訴訟関係人から情報を得ることも重要であるが，弁護士法23条の２に基づく照会，文書送付嘱託の申立て，調査嘱託の申立てなどによって早期に第三者から情報を得ておくことが有効な場合も多い。利害関係のない第三者と比較して，利害が相反する訴訟関係人からの情報取得は不誠実な回答や遅滞の問題があり，それが済んでから（不奏効に終わってから）第三者に情報を求めていたのでは，時間を要するからである。

IX 争点整理手続の結果に関する拘束力

1 はじめに

　争点整理手続の結果について一定の拘束力[1]を認めるか否か，拘束力を認めるとしてどのような内容のものとするかについては，平成8年改正の際に大きな争点となった。そして，同改正の際には，争点整理手続終了後の攻撃防御方法の提出について説明義務を課すことで調整が図られた。しかし，昨今，争点整理手続の結果に関する拘束力の強化が必要ではないかとの議論が改めてされるようになっている。

　本項目は，争点整理手続の結果に関する拘束力のあり方について，主として訴訟代理人弁護士の立場から，問題分析と私見の提示を試みるものである。

2 旧法における失権効

　平成8年改正前旧民訴法255条1項は，準備手続において主張しなかった攻撃防御方法が準備手続終了によって原則として失権することを定めたものと解されていた[2]。失権の効果を定めることにより間接的に訴訟資料の提出を当事者に促すものであって，準備手続における争点整理を端的に志向すれば，当然の方策とも考えられよう。

　しかし，実際の運用は，法が想定するようなものとはならなかった。すなわち，失権をおそれる当事者は，準備不足も重なり，不必要に多くの攻撃防御方

☆1　この拘束力のうちある種のものを「失権効」と呼ぶこともある。平成8年改正前旧民訴法255条の効果は「失権効」ないし「失権」と呼ばれることが多いが，新法167条の効果はそう呼ばれないことが多い。

☆2　斎藤秀夫編『注解民事訴訟法(4)』(第一法規出版，1975) 314頁。

法を提出するため，争点が多岐にわたり，当事者及び裁判所の負担が増大し，訴訟の錯雑を招いた☆3。また，準備手続では証拠調べが一切できないものと解されていたため☆4，裁判官が自信をもった整理をできず，強い失権効の発動に躊躇を生じ，失権の規定は次第に厳格に適用されないようになっていった☆5。その結果，争点整理及び集中審理を目指した準備手続であったが，かえって使いづらいものとの評価が固まり，結局は利用されなくなっていったのである。

❸ 現行法の規定

(1) 平成8年改正時の議論

平成8年改正において，争点整理手続の結果に拘束力を与えるか否かは，以上に概観した旧法時の運用も背景に，大きな論点の一つとして激しく議論された☆6。その際，訴訟促進を図るため失権効を強化する動きもあったが，①訴訟代理人の一般的な準備不足の風潮，②その怠慢を当事者本人に帰せしめるのは酷であるという意識，③訴訟の促進も必要だが真実の発見も重視しこれを優先させようとする裁判官気質，④裁判官が心証を披瀝することを避けるため，手探り的証拠申出が多く，これを却下すると，不十分な審理ではないかとの疑惑を当事者に起こしやすい，⑤却下措置が上訴の原因となり上級審で非難され

☆3　上田・261頁，三木浩一「報告(1)日本の民事訴訟における裁判官および弁護士の役割と非制裁型スキーム（国際シンポジウム　現代の民事訴訟における裁判官および弁護士の多重的な役割とその相互関係）」民訴50号（2004）97頁，中島弘雅「口頭主義の原則と口頭弁論のあり方」鈴木正裕先生古稀祝賀『民事訴訟法の史的展開』（有斐閣，2002）346頁．

☆4　斎藤編・前掲注（☆2）288頁，中野貞一郎ほか編『民事訴訟法講義―基礎的理論と判決手続』（有斐閣，1976）254頁．

☆5　新堂・475頁，三木・前掲注（☆3）97頁，中島・前掲注（☆3）347頁．

☆6　山本・争点整理手続・707頁及び当時の議論状況をとどめるものとして同書963頁(5)掲記の各文献，新民訴法大系(2)・254頁以下〔山本和彦〕，加藤新太郎「争点整理手続の構想（民事訴訟法改正研究(4)）」判タ823号（1993）21頁，講座新民訴法Ⅰ・66頁〔鈴木正裕〕．

る原因を作りたくないという事実審裁判官の心理などがあり，失権効の制裁がかえって準備手続の円滑な運用を妨げるとの見解が有力であった[7]。

そこで，現行法では，旧法下における「弁論兼和解」の実務運用も背景として，失権効を強化するのではなく，裁判官と双方当事者相互間のコミュニケーションを濃密化して争点・証拠の整理の実を挙げることを志向し，以下の方策が採用された。

(2) 現行法の規定

現行法は，争点整理手続終了による拘束力として，直接的な失権的効果を定めなかった。その代わり，争点整理手続終了後に攻撃防御方法を提出した場合には，相手方の求めがあるとき，同手続終了前にこれを提出できなかった理由を説明しなければならないこととされた（法167条・174条・178条，規則87条・90条・94条）[8]。

つまり，現行法は，一次的には当事者及び訴訟代理人たる弁護士の誠実な訴訟活動に期待したものと評価できる[9]。他方で，争点整理手続終了後の攻撃防御方法の提出に対しては，民訴法157条を厳格に適用することによって時機に後れた攻撃防御方法として却下される可能性を示し，また，争点整理手続終了後の攻撃防御方法の提出について相手方から説明を求められたにもかかわらず合理的説明が伴わない場合には，弁論の全趣旨として評価され，または故意等により時機に後れたものとして却下されることがあることを示すことによって，不誠実な訴訟活動を牽制するという折衷的な態度を採用したものといえよう[10]。

---

[7] 新堂・445頁。伊藤・247頁。

[8] 民訴規則の定めにより，この説明は，期日において口頭でする場合を除き書面でしなければならない。また，期日において口頭で説明した場合にも，相手方は説明をした当事者に対し，当該説明の内容を記載した書面の交付を求めることができる。

[9] 新民訴法大系(2)・264〔山本〕頁は，「問題は弁護士倫理に投げ返されることになった」と評している。また，三木・前掲注（☆3）は，現行法の争点整理手続を「非制裁型スキーム」であると評し（95頁），「基本的に当事者およびその弁護士の誠実性に依存する制度」が多く導入されたと指摘する（97頁）。

Ⅸ◇争点整理手続の結果に関する拘束力

しかし,実務の運用としては,争点整理手続終了後の攻撃防御方法の提出について,比較的寛大に許容されているようであり,また,争点整理手続終了後の攻撃防御方法の提出に対して相手方が民訴法167条等に基づいた説明を求めることも,ほとんどされていないようである[11]。

4 現在の課題

平成8年改正後,当事者の誠実な訴訟活動に対する一定の信頼を前提にして裁判所及び両当事者の協働的関係に依拠した現行法の争点整理手続が一定の効果を発揮し,旧法時代に比べて争点整理の実が上がるようになったことについては,一定の評価がされている[12]。しかし,争点整理手続の終了に伴う拘束力が弱いことから,当事者が積極的に争点整理を進める動機づけに欠けることは否めない。そのため,争点整理手続終了後の攻撃防御方法の提出も少なくなく,これを時機に後れたものとして却下することはしない実務の運用と相まって,争点整理手続の存在意義を失わせるとの批判もされている[13]。特に,一方当事者が真摯に争点整理に協力したにもかかわらず,他方当事者がこれに協力しないような場合,協力しない側の当事者に何のサンクションもなければ,不公平感が生じることはもちろん,争点整理に真摯に協力することが訴訟戦略上不利になるとの意識すら生じるであろう[14]。

---

[10] コンメⅢ・339頁・518頁,上田・271頁,講座新民訴法Ⅰ・220頁〔今井功〕,加藤・前掲注(☆6)21頁,新民訴法大系(2)・247頁〔井上稔〕,新民訴法大系(2)・366頁〔小久保孝雄〕。なお,一歩進めて,弁護士が訴訟代理人である場合には説明義務違反が弁護士倫理違反になることもあり得るとの見解として,塚原ほか編・新民訴法の理論と実務(上)・230頁〔加藤新太郎〕,三木・前掲注(☆3)98頁,講座新民訴法Ⅰ・309頁〔上原敏夫〕,コンメⅢ・516頁。

[11] 10年前のものではあるが東京地方裁判所プラクティス委員会「新民事訴訟法・新民事訴訟規則の施行状況に関するアンケート結果の概要」判時1735号(2001)33頁,その後のものとして河野ほか・民事訴訟の現状と展望(1)主張整理関係・20頁以下も適時提出の法廷慣行が確立しているとはいえないと指摘している。また,中島・前掲注(☆3)352頁。筆者の印象としては,現在もこの傾向に大きな変化はないと思われる。

[12] 河野ほか・民事訴訟の現状と展望(1)主張整理関係・11頁,塚原ほか編・新民訴法の理論と実務(上)・218頁〔加藤〕,田原・民訴法改正10年・55頁以下。

[13] 中島・前掲注(☆3)352頁。

第2章◆争点整理の実務上の検討

　さらに，昨今では，訴訟代理人弁護士が争点整理手続において十分な訴訟活動を行わない場合に争点整理の実効性が損なわれるとの問題意識や☆15，裁判所の事件処理能力が限界に近づいているとの議論等を背景に，争点整理手続終了後の攻撃防御方法の提出に対する一定の制裁の導入が示唆されるほか☆16，そのような攻撃防御方法の却下を必要的なものとすべきであるとの議論もされるに至っている☆17。

　しかし，いわゆる失権効の強化については，まず，旧法時代に現実化した弊害への対処もあわせて検討しなければならない。この点，失権効を導入した場合，旧法時代と同じく総花的に多数の主張が提出されることも予想されるため，両当事者による協力と裁判所による「効率的」な争点整理が行われなければ審理の錯雑につながる懸念もある☆18。また，裁判所が一定の後見的機能を果たすことが（少なくとも現在は）容認されている本人訴訟の場合と訴訟代理人弁護士がつく場合との間で公平をいかに保つかが問題となるほか，訴訟における当事者・訴訟代理人弁護士と裁判官との役割について，ある程度等質の意識が国民全体に共有されることが必要となろう☆19。この点，民訴法157条の運用，特

☆14　山本・当事者主義的訴訟運営・73頁。

☆15　争点整理手続における訴訟代理人弁護士の活動については，準備書面等の提出期限の遵守等という基本的な事項も含めて，必ずしも十分であるとはいいがたい状況であることが度々指摘されている。例えば菅野ほか・アンケート結果(1)主張整理関係・40頁，河野ほか・民事訴訟の現状と展望(1)主張整理関係・20頁。

☆16　矢尾ほか・〈研究会〉改正民訴法の10年(2)・105頁〔伊藤眞発言〕は，弁護士費用の一部負担を示唆する。また，三木・前掲注（☆3）114頁も，何らかの制裁型スキームの必要性を示唆する。

☆17　矢尾ほか・〈研究会〉改正民訴法の10年(2)・102頁〔山本克己発言〕，山本・当事者主義的訴訟運営・81頁，準備書面の提出期限の不遵守の場合について菅野ほか・アンケート結果(1)主張整理関係・42頁。

☆18　ただし，人証調べ前に裁判所が行う争点整理において，ある種の謙抑的姿勢が必要であることは，本書205頁・210頁以下〔岡野谷知広〕参照。

☆19　この点は，「当事者主義」のあるべき姿や裁判官の役割論・釈明義務の捉え方，本人訴訟の扱い方，さらには弁護士の増加を含めた訴訟基盤に関する見解によっても左右される極めて難しい問題である。矢尾ほか・〈研究会〉改正民訴法の10年(2)・103頁〔伊藤眞発言，林道晴発言〕。三木・前掲注（☆3），特に100頁以下及び109頁以下。三木・前掲注（☆3）110頁では，裁判官が手続的公正と実体的真実発見のどちらを

Ⅸ◇争点整理手続の結果に関する拘束力

に，控訴審における攻撃防御方法の提出を広く許容する現在の実務との調整も不可欠である。さらに，平成8年改正時にも議論されたとおり，争点整理手続において真に十分な訴訟活動を行うためには，充実した主張活動の基礎となる証拠収集手段が整備される必要がある[20]。これらの事項につき，現時点では，失権効の強化を支えるだけの基盤が整っているものとはいえないであろう[21]。

ただ，争点整理手続の更なる実効化が望まれることは確かであり，平成8年改正時の理念を顧みて日々の民事訴訟実務を改善することは訴訟代理人たる弁護士の責務であることは間違いない。訴訟代理人制度はもとより訴訟手続全体に対する国民の信頼を一層厚いものとするためには，争点整理に対する誠実な関与・協力を励行すること[22]とあわせて，現行法が用意する手段を最大限活用し，当事者側から争点整理の実効性を高める訴訟活動を模索すべきであろう。例えば，争点整理に協力しない相手方に対して民訴法156条に基づく適時提出を促すことや，争点整理手続終了後の攻撃防御方法の提出に対して民訴法167条等に基づき説明を求めることは，当事者主義的な争点整理を意識して導入されたせっかくの制度を活用するものであって，当事者間によい緊張関係を生む実務慣行の形成にもつながり得るから，十分に検討に値する[23]。

〔岩﨑　泰一〕

　　　重要と考えるかによって，当事者が受ける判決の結果が正反対となる可能性を指摘し，失権効を運用で強化する場合には当事者が訴訟活動の予測可能性を失う危険性が示唆されている。
[20]　山本・当事者主義的訴訟運営・74頁以下。
[21]　その他，いわゆる「制裁型スキーム」の短所と検討課題については，須藤典明「実務からみた新民事訴訟法10年と今後の課題」民訴55号（2009）107頁以下の分析が詳しい。失権効につき，同論文110頁。
[22]　この点については，河野ほか・民事訴訟の現状と展望(1)主張整理関係・18頁以下や，本書206頁以下〔岡野谷知広〕が示唆に富む。
[23]　新民訴法大系(2)・226頁以下〔小山〕。そもそも説明義務が当事者の主体性を尊重する理念の現れであることについて，コンメⅢ・516頁・519頁。

第 3 章

訴訟類型別の争点整理

Ⅰ 建築訴訟

❶ 建築訴訟の内容

　建築訴訟と一口にいっても，多岐にわたる。どこに視点を置くかによって分類の仕方は変わるが，『建築訴訟の審理』[☆1]には，①瑕疵主張型，②追加変更工事型，③設計料請求型，④工事被害型の4類型が紹介されている。

　瑕疵主張型では，瑕疵の有無と瑕疵が存する場合の当該瑕疵の補修方法及び補修費用の金額が主な争点となる。

　追加変更工事型では，主張される工事が，本工事に含まれるか，本工事には含まれず追加変更工事になるか。追加変更工事となる場合に，当該工事の代金額がいくらになるかが，主な争点となる。

　設計料請求型では，設計者が施主に設計料を請求する場合は，設計契約の成否と設計料額が争点となる。施主が設計者に設計契約の債務不履行に基づく損害賠償請求をする場合は，債務不履行を基礎づける事実の有無，帰責事由，損害額等が争点になる。

　工事被害型は，工事の実施により，周辺住民や周辺建物に損害を与えたという型の事件である。工事の実施と損害との因果関係が主な争点となる。

　建築訴訟の類型は，上記4つに尽きるものではない。工事の出来形（工事の施工済み部分）が争点となる訴訟もあるし，設計ではなく工事監理の債務不履行に関する訴訟もある。筆者は，建築訴訟遂行の実務経験はあるが，工事被害型や工事の出来形が争点となる訴訟は，経験がない。また，筆者の実務経験からして，弁護士が扱う建築訴訟の主なものは，瑕疵主張型であると思われる。そ

☆1　東京地方裁判所建築訴訟対策委員会編著『建築訴訟の審理』（判例タイムズ社，2006）62頁以下。

こで，以下では，瑕疵主張型に関して，実務経験を基に論じることにする[2]。

❷ 瑕疵主張型訴訟の類型

(1) 建物建築請負契約に基づいて主張される場合

注文者が，請負人に対し，請負契約の瑕疵担保責任に基づく請求を根拠に提訴する場合と，請負人が注文者に対し請負代金請求を提起したときに，注文者から抗弁として，請負契約の瑕疵担保責任が主張される場合がある。

瑕疵担保責任としては，瑕疵修補請求権と修補に代わる，もしくは修補とともにする損害賠償請求権がある（民634条1項・2項）。

(2) 建物売買契約に基づいて主張される場合

買主が，売主に対し，購入した建物に瑕疵があり，そのために売買契約の目的が達成できないとして，売買契約を解除して（民570条・566条1項），売買代金の返還を請求して提訴する場合と，売主が買主に対し売買代金請求をしたときに，買主から抗弁として，売買契約の瑕疵担保責任に基づく売買契約の解除が主張される場合がある。

❸ 瑕疵とは

瑕疵とは何かというと，当該目的物が通常有すべき品質を欠く場合又は，契約で特に定めた品質を欠く場合と定義される。

床が傾いている，屋根から雨漏りがする，という場合は前者であり，例えば，玄関のドアについて，特に，あるメーカーの特定のものを取り付けることを合意したのに，違うメーカーのドアが取り付けられていた場合は，後者にあたる。

瑕疵主張型の訴訟では，注文者ないし買主が，様々な瑕疵を主張するが，瑕疵の存否，当該瑕疵の補修方法及び補修費用の金額が主な争点となる。建築訴訟における瑕疵の主張は，瑕疵一覧表の作成により行われるのが一般である。

---

[2] なお，建築訴訟に関しては，松本克美＝齋藤隆＝小久保孝雄編『専門訴訟講座(2)建築訴訟』（民事法研究会，2009）が詳しい。以下の論述でも，参考にさせていただいたが，瑕疵主張型以外についても，同書は極めて有益である。

そこで，瑕疵一覧表の作成にあたり留意すべき点を，以下に述べる。

❹ 瑕疵一覧表への記載

建築訴訟の担当部である東京地裁民事22部で審理されるときに，参考として配布される瑕疵一覧表[☆3]を基に，説明する。

(1) 記載順序

これは，見積書の記載順序に従うのが，望ましいとされている[☆4]。

(2) 現状欄の記載（数値をもって記載する）

現状は，瑕疵の現象を指摘する欄である。ここでは，できるだけ客観的な数値をもって現象を記載することが重要である。例えば，建具の立て付けの悪さを瑕疵として主張するのであれば，「ドアを閉めたときにドアと壁との間に隙間がある。」ではなく，その隙間が，「ドアの上で何センチ，ドアの下で何センチある。」という測定結果を数値で記載する必要がある。ただ，この測定も，素人が物差しで行うのと，専門家が測定器具を用いて行うのとでは，測定値自体の信用性に差が生じることがあるので，測定しさえすればよいというものでもない。提訴前から専門家の助力が重要な訴訟である。

証拠欄は，上記の例でいえば，測定結果が理解できるような写真が証拠となる。測定箇所に物差しをあてて，隙間が何センチあるのかが，一見して読み取れる写真でなければならない。

(3) あるべき状態とその根拠欄の記載

上記(2)で記載した現状が，ここで記載するあるべき状態と異なることが「瑕疵」との評価を導く。どのような施工があるべき状態なのかを，具体的に記載することが重要になる。

あるべき状態の根拠となるのは，契約書，設計図書，法令（建築基準法・同施

☆3　東京地方裁判所建築訴訟対策委員会編・前掲注（☆1）128頁。
☆4　松本ほか編・前掲注（☆2）415頁。

第3章◆訴訟類型別の争点整理

記載例

瑕　疵　一

番号	項目	現状				あるべき状態と	
		施主側（原告）		施工者側（被告）		施主側（原告）	
		主張	証拠	主張	証拠	主張	証拠
1	基礎	…の位置において，布基礎のかぶり厚が4cmしかない。	甲1のうち○頁及び同号証写真No.1	否認する。原告のかぶり厚の測定は，…の点で正確性に欠ける。被告が正しく測定すると，かぶり厚は6cmある。	乙1の○頁及び写真No.1	基礎にあっては，かぶり厚さは，捨てコンクリートの部分を除いて6cm以上としなければならない（建築基準法施行令79条1項）。	
2	1階居間と茶の間の間	1階居間と茶の間に7mmの段差がある。	甲1のうち○項及び写真No.2	否認する。段差は最大4mmである。	乙1の○頁及び写真No.2	本件住宅は公庫バリアフリー割増融資対象住宅であるから，公庫バリアフリー構造に係る基準4条により，同部分の段差は3mm以内とすることを要する。	甲2の5頁黄色のアンダーライン部分
3	2階階段	設計図書で定められた非常灯が設置されていない	甲1のうち○項及び写真No.3	認める。		…という種別の非常灯を設置すべきである。なぜならば，仕上表○頁○項にはその設置が明示されている。	甲2の2頁黄色のアンダーライン部分
4	屋上塔屋	屋上から塔屋に入る出入口のドア部分の立ち上がりが3cmになっている。	甲1のうち○項及び写真No.4	現状は認めるが，施工時は5cm程度確保されていた。その後，施主が工事した結果3cmとなった。	乙1の○頁及び写真No.3	屋内への漏水を避けるために，立ち上がり部分を15cm程度設けるべきであり，それが求められる技術水準である。	甲2の6頁黄色のアンダーライン部分
	合計						

＊1　基礎，外壁，1階玄関，洋室1，和室1，…，2階，屋根というように，検分順序を想定し，主
＊2　証拠は，号証，具体的な頁，必要に応じて該当箇所のラインマーカーによる特定をお願いします。
＊3　あるべき状態とその根拠には，履行を求める状態とその根拠（契約，建築基準法等の法令，住宅

Ⅰ ◇ 建築訴訟

一 覧 表

平成○○年（ワ）第○○○号　○係

その根拠		補修費用等					
施工者側（被告）		施主側（原告）			施工者側（被告）		
主張	証拠	主張	金額	証拠	主張	金額	証拠
基礎のかぶり厚が6cm以上としなければならないことは認める。		かぶり厚を確保するためには、…する工事を施す必要がある。	3,000,000	補修方法につき、甲3の1頁、補修費用につき、甲3の10頁No.1	補修の必要はない	0	乙1の○頁及び写真No.1
認める。但し、現状は施工誤差の範囲内であり、違反はない。		茶の間の床を張り替える工事が必要である。	750,000	甲3の10頁No.2	補修の必要はない。	0	
認める。		…製の非常灯を設置する工事を行う。	50,000	甲3の10頁No.3	認める。ただし、原告が指摘する見積のうち、…については高すぎる。せいぜい、2万円をもって足りる。よって、総額は原告主張額より1万円安くなる。	40,000	乙2の○頁
否認する。立ち上がり部分が絶対15cm必要ということはない。	乙3の2頁○行以下	立ち上がり部分を再施工しドアを交換する。	500,000	甲3の10頁No.4	補修の必要はない。	0	
			4,300,000			40,000	

張する瑕疵の部位ごとの順番で記載するようお願いします。

金融公庫基準、技術水準等）を具体的に記載してください。

行令・同施行規則・条例等），標準的技術水準（日本建築学会の建築工事標準仕様書，住宅金融公庫の標準仕様書）等がある。

(4) 補修方法及び補修金額
瑕疵一つひとつにつき，補修方法及び補修金額を主張する必要がある。

❺ 争点整理で問題となる点

問題とされている現象が瑕疵と認定されるか否かが，まず争点である。この点は，前記❹(2)及び(3)のとおりであるが，具体的にどのように主張及び認定がなされているかを，裁判例から拾い出してみる。

❻ 設計図書に反する施工

耐火・防火上の諸設備につき設計図に記載されたとおりの施工がなされていないことが，瑕疵の一つとして争われた事案である☆5。

原告は，「各建物の敷地は建築基準法上の用途地域としては近隣商業地域に，同法上の防火地域としては準防火地域に指定され，右各建物が4階建であるところから耐火建築物でなければならないところ，右各建物建築工事の確認申請書に添付された被告堂野作成の耐火リストによれば，両建物とも天井裏の柱，梁につき所定の耐火被覆（1時間耐火）が取付けられることになっていたが，その施工は全くなされておらず，また室内の柱の鉄鋼モルタル塗の厚さも右耐火リストでは4センチメートルとなっているのに実際には2.2ないし2.7センチメートルの厚さにしか施工されていない。」と主張した。

これに対して，裁判所は，「設計図書（耐火リスト）に記載されたとおりの施工がなされておらず，……その耐火ないし防火構造には工事監理及び施工上の瑕疵があるというべきである。」と判断している。

上記事案については，例えば，**表■瑕疵一覧表**の記載例―1のように記載すればよいと思われる。

☆5　大阪地判昭62・2・18判時1323号68頁・判タ646号165頁。

Ⅰ◇建築訴訟

■瑕疵一覧表の記載例—1

	現　状	根　拠	あるべき状態	根　拠
天井裏の柱	耐火被覆がまったく施工されていない。	甲1（写真）	所定の耐火被覆（1時間耐火）が取り付けられることになっていた。	確認申請書に添付された被告作成の耐火リスト＊2
梁	同上	甲2（写真）	同上	同上
室内の柱＊1	鉄鋼モルタル塗りの厚さが、2.2〜2.7センチメートルしかない。	甲3（写真）	鉄鋼モルタル塗りの厚さは、4センチメートルなければならない。	同上

（注）　＊1　ここは、どこの部屋の柱であるかが特定できるよう記載する（何階のどこの部屋の柱かがわかるように図面で特定する。）ことが必要になる。
　　　　＊2　ここでは、耐火リスト中のどこの記載が対応する箇所であるかが、わかるように記載する。

　前記裁判所の判断に異論はないと思われるが、設計図書に反する施工すべてが、常に瑕疵ありと認定されるわけではないことに注意を要する。前掲の『専門訴訟講座(2)建築訴訟』には、以下の例が掲載されている。
　居住空間の床の内装仕上げについて、立面図等の記載上段差はなく平らになっていれば、段差が生じないような施工（バリアフリーの施工）を命じたものと解される。したがって、実際の施工に段差があれば、瑕疵となる。しかし、1階床組下の土間コンクリートや人の歩行を想定していない陸屋根部分であれば、多少の段差が生じても特に支障はない。かかる箇所について、設計図書上、段差がないかのような表現になっていたとしても、一般的な施工をすることを前提に平らな線を引いたものと考えられ、実際の施工に多少の段差があったとしても、瑕疵とまでは判断されないと考えられる☆6。
　また、上記とは異なるが、請負者は、当該施工は確かに設計図書どおりではないが施工誤差の範囲であると主張することがある。建築は、現場で手作業で行うため、工場での機械生産のような精度を期待することは不可能であるとい

☆6　松本ほか編・前掲注（☆2）502頁。

う側面があることは否めない。とはいえ，何でも施工誤差を理由に請負者が瑕疵担保責任を免れるわけではない。この点については，設計図書で要求している趣旨や施工技術等を基に判断することになろう。例えば，建築法令により最低何センチと要求されている箇所について，その要求を満足していない場合は，最低限の要求を満たしていないとして瑕疵と判断されることになるのではないか[7]。

7 法令違反の施工

　法令といっても，建築基準法違反が主張されることが多い。建築基準法は，「この法律は，建築物の敷地，構造，設備及び用途に関する最低の基準を定めて，国民の生命，健康及び財産の保護を図り，もって公共の福祉の増進に資することを目的とする。」（1条）とあることから，「建築基準法は建築物の構造設備等に関する最低の基準を定めており，同法の基準に合致しない工事は着工が許されず，完成しても検査済証を受けられず使用も許されないことからして，契約当事者が建築基準法の定める最低基準を認識しながら敢えてこれに反するような設計，工事を契約したと認められるような特段の事情のない限り，契約当事者は同法所定の最低基準による意思を有していたものと推認するのが相当である。」[8]と判示する裁判例もあるように，同法違反の施工は瑕疵を認定されることが多い。以下は，その一例である。

　原告は，次のように主張した。

「ハ　仕口・継手の緊結の欠落（建築基準法施行令47条1項違反，公庫仕様違反）

　小屋組構造部材の仕口・継手は，目視可能な範囲でも，随所に開いていて隙間が見えたり，ほぞがほぞ穴から浮き上がっていたり，必要な箇所に相当な金物で補強がされていない箇所もある。そのため，緊結されるべき部分が力学的に一体化されていない。また，片方の仕口加工がないのに無理にそのまま取り付けられている箇所もある。

---

[7]　松本ほか編・前掲注（☆2）500頁。
[8]　福岡地判昭61・7・16判タ637号155頁。

I◇建築訴訟

また，筋かいと横架材又は柱との取付け仕口に，相当な仕口加工又は欠き込みがされてなく，横架材と筋かいとが断面接触しておらず隙間があり，補強金物も用いられていない。」

これに対し，裁判所は，「(三) 仕口・継手　仕口・継手の方法について，本件請負契約に別段の定めはないが，建築基準法施行令47条1項は，『構造耐力上主要な部分である継手又は仕口は，ボルト締，かすがい打，込み栓打その他これらに類する構造方法によりその部分の存在応力を伝えるように緊結しなければならない』と定めている。ところが，本件建物の目視可能な小屋組構造部材の仕口をみるに，《証拠略》によれば，小屋づかとけた，はりとの結合にかすがい等の金物補強が全く無く，小屋づかの上部・下部の仕口も，ほぞ・ほぞ穴の加工が粗雑で結合が甘く，つかが倒れていたり，母屋が浮き上がっていたり，ほぞとほぞ穴の方向が合わず，ほぞを切り落として突付けにし釘一本止めのまま放置している箇所などがあり，また繋ぎはりに仕口のほぞ加工がなく，突付けで釘打ち止めをしただけのものもあること，鑑定の結果によれば，筋か

■瑕疵一覧表の記載例―2

	現　状	根　拠	あるべき状態	根　拠
仕口・継手の緊結の欠落1＊	ほぞが，ほぞ穴から浮き上がっている。	甲1（写真）	構造耐力上主要な部分である継手又は仕口は，ボルト締，かすがい打，込み栓打その他これらに類する構造方法によりその部分の存在応力を伝えるように緊結しなければならない。	建築基準法施行令47条1項
仕口・継手の緊結の欠落2＊	必要な箇所に相当な金物で補強がされていない。	甲2（写真）	同上	同上

（注）　＊　ここは，仕口・継手の緊結の欠落を主張する各々の箇所を設計図書上で特定し，証拠欄であげる写真が，当該箇所の写真であることがわかるようにする。

いとはりとの間に約1.5センチメートルの隙間がある上に補強金物もない等の事実が認められ，他に右認定を左右するに足る証拠はない。

　右事実によれば，本件建物は構造耐力上主要な部分である仕口が十分に緊結されているとはいえず，建築基準法施行令47条1項に反する瑕疵があるというべきである。」☆9と判示し，建築基準法施行令違反の施工を瑕疵であると判断した。

　上記事案については，例えば，前頁表■瑕疵一覧表の記載例－2のように記載すればよいと思われる。

❽　標準的技術水準違反の施工

　日本建築学会の建築工事標準仕様書や住宅金融公庫の標準仕様書に準拠した施工をすることが当事者間で合意されていたときは，上記仕様書が，瑕疵か否かを判断する基準となる。しかし，そのような合意がないときには，上記仕様書が，瑕疵の判断基準になると即断することはできない。前記❼で引用した裁判例であるが，瑕疵の判断基準として，以下のように判示している。

　「本件建物が住宅金融公庫の融資住宅でない事実は当事者間に争いがないが，原告は，本件請負契約において，被告会社が工事内容は公庫基準及び公庫仕様に拠る旨を約したとして，本件建物には公庫基準及び公庫仕様に適合しない瑕疵があると主張する。

　右約定の存在について，《証拠略》はその主張に沿う供述をし，《証拠略》にも検査時期の欄に『国庫に準ず』なる記述が認められるけれども，《証拠略》に照らすと，原告本人の右供述はにわかに措信し難く，また甲第1号証の1の右記述も未だ原告主張の約定を認めるのに十分ではなく，他に右約定を認めるに足る証拠はない。

　原告は，公庫基準及び公庫仕様は我が国における木造庶民住宅の標準仕様であるから，仮に被告会社との間で，これに拠る旨の明示の約定がなかったとしても，黙示の合意はあったとみるべきであるし，これに拠るべき事実たる慣習も存在すると主張する。しかし，そのような黙示の合意も，事実たる慣習も，

☆9　神戸地判昭63・5・30判時1297号109頁・判タ691号193頁。

これを認めるに足る確たる証拠はない。

したがって，本件建物の建築工事において公庫基準及び公庫仕様に適合しない箇所があっても，それを理由に瑕疵があると極め付けることは相当ではない。」[10]。

上記裁判例は，住宅金融公庫の標準仕様書に関するものであるが，日本建築学会の建築工事標準仕様書についても，同様のことがあてはまるものと考える。

❾　補修方法及び補修金額

注文者と請負者とでは，補修方法に関しても主張は対立する。注文者の主張する補修方法の金額が高いことが通例であるが，「同じ目的を達するために，いくつかの工事方法をとり得る場合は，最も安価な工事費用額の限度で，賠償が認められる。」[11]ようなので，注文者側からすれば，自己の主張する補修方法でなければならない理由を効果的に主張することが必要になる。

❿　以上をふまえたうえで争点整理において留意すべき点

瑕疵主張型の争点整理においては，どれだけ説得力ある瑕疵一覧表を作成できるかが，極めて重要である。

現状欄の記載であるが，これは❹(2)記載のとおり，具体的（参考❻及び❼に示す瑕疵一覧表参照）に瑕疵の現状を記載する。

あるべき状態の記載及び根拠としては，当事者間で明確な合意がなされている書面が存すれば，その点を根拠に記載をすることができる。しかし，訴訟になるケースでは，明確な書面がないことの方が多い。

そこで，設計図書の記載が根拠になる。「設計図書には，このように記載してあるが，施工は異なる。」といった主張である（参考❻）。

しかし，設計図書がない，あっても，内容が不明確であったり，不足するところがある場合には，建築基準法等の法令が登場する（参考❼）。

その法令もないときに，標準的技術水準を持ち出すことになる。ただ，この

☆10　前掲注（☆9）神戸地判昭63・5・30。

☆11　松本ほか編・前掲注（☆2）830頁。

標準的技術水準は，当該水準によることが合意されていないときは，直ちに当該基準に基づいて瑕疵か否かを判断することにはならないので，建築基準法等の法令ほど決定的な基準にはならない。

　補修方法及び金額についても，できるだけ瑕疵一つずつについて補修方法及び金額を具体的に主張する必要がある。

　例えば，雨漏りが瑕疵である場合，当該雨漏りの原因は何かを確定し，当該原因に応じた補修をするには，どのような方法が効果的であり，かつ当該建物にとって通常（やはり，建物のグレードに応じて補修方法も異なる。）であるかを，具体的に主張することになる。

〔吉　野　　　高〕

Ⅱ 名誉毀損訴訟

1 はじめに

　争点整理手続において，当事者間に争いがあるもののうち，要件事実の観点から，それを争点として判断するまでの必要性がなく，あるいは，その必要性が乏しいような場合であっても，これを整理して争点から落とすことが難しいケースがあるとされる。そのようなケースが，なぜ生じてしまうのかということについて，しばしば指摘されるのは，それを争点とすることは当事者本人からの強い要望であり，かつ，それが訴訟委任の基礎となる信頼関係を築くうえで重要な事柄であるからなどと説明されることがある。このような場合，例えば，準備書面ではなく，当事者本人が作成した陳述書において，その点を主張することによって，法的な主要事実としての主張立証の対象からはずすことによって対処する場合もあるといわれる。

　問題は，要件事実の観点からは争点とする必要はないものの，それを争点として争いの対象とすることに合理性がないとまではいえない場合，あるいは，訴訟物ごとの視点ではなく紛争全体を見渡した場合，むしろ，その論点を争うことが合理的といえるような場合，どのような争点整理が望ましいといえるのか，ということである。

　今回は，名誉毀損訴訟の争点整理手続において，表形式の書面（表現一覧や主張対比表）が利用された事例を参考に検討してみたい。この事例では，最初に提起された訴訟と，その後に提起された訴訟とが，別々に訴訟係属しているものの，実際には相互に関連性があるものであるため，訴訟物ごとではなく，紛争全体を現実態として見れば，各訴訟の審理の中で各争点を整理するのが難しくなっている例である。

❷ 名誉毀損訴訟における「表現」と「摘示事実」の区別

　一般論としていえば，名誉毀損訴訟において，実際に，名誉毀損行為にあたると主張する「表現」そのものと，その表現によって摘示された事実は，別個のものである。したがって，原告側は，通常，表現を特定したうえ，更に，その表現によって摘示された事実を主張しなければならない。

　例えば，「Aは，二枚舌である。」という表現により，名誉毀損行為がなされたと主張する場合，ある意味，「二枚舌である」という表現のみで，どのような事実が摘示されたかは想定できるものの，名誉毀損の要件は，事実の摘示であるため，表現そのものとは別途，当該表現によってどのような事実が摘示されたのかを述べる必要がある。

　この場合であれば，例えば，「『Aは，二枚舌である。』という表現により，Aが，人によって矛盾する発言をして，態度を変えながら，結局，人の信頼を裏切る信用のできない人物であるという事実を摘示したものである。」と主張するなどである。

　したがって，表形式で主張を整理する場合では，「表現」を指摘する欄と，その表現による「摘示事実」の欄は，別個のものになる。

❸ 「表現一覧」と「主張対比表」の作成のプロセス

〔事例〕（架空のもの）
　Y病院は，インターネット上のYの管理するホームページに，X病院の治療行為がデタラメである旨の記事を掲載した。Xは，Yに対し，この記事がXの名誉を毀損するものとして，不法行為に基づき，損害賠償請求訴訟を提起した（第1訴訟）。Yは，摘示事実の違法性を争うとともに，記事が真実であり，又は，真実と信じるにつき相当の理由がある旨主張した。

　その後，Xは，インターネット上のXの管理するホームページに，Yの名誉毀損行為に対する反論を掲載した。そこで，Yは，このXの反論記事が，Yの名誉を毀損するものとして，不法行為に基づき損害賠償請求訴訟を提起した（第2訴訟）。Xは，先行する名誉毀損行為に対する反論は，

Ⅱ◇名誉毀損訴訟

表 現 一 覧

	URL	題　　名	表　　現	掲載時期	証拠
1	abcd.net	「デタラメ一診療物語1」detaramesinryomonogatari01.html	①「院長が書いた本の内容と実際に行われているXクリニックでの治療とはまったく別物だ。これでは詐欺だと言われても仕方がない」 ②「ここまでデキトーな治療をされると、いくら専門的知識のない患者であっても、さすがに、悪くなるとわかって逃げ出してしまう」	遅くとも平成　年　月　日以降	甲1
2		「デタラメ一診療物語2」detaramesinryomonogatari02.html	①「Xクリニックでは、患者がさいがしろにされている」	同上	甲2
3	abcd.com	「デタラメ一診療物語スペシャル」detaramesinryomonogatarispecial.html	①「診療計画がなく、いきあたりばったりの治療をしている」 ②「治療に全然熱心さがない」 ③「Xクリニックは、患者無視の経済優先の病院だ」	同上	甲3

先行行為と対比して，その方法，内容において，相当と認められる限度を超えない限り違法性はないと主張した。
第2訴訟における先行行為とは，第1訴訟の名誉毀損行為のことである。

(1) 【第1訴訟】 X→Y

1 名誉毀損にあたると主張する表現箇所が多数あり，訴状における特定のほか，表現目録ないし表現一覧を作成する。この目録は，訴えの提起にあたって，審理の早い段階で，原告が作成することになるので，名誉毀損箇所目録という名称が付されているが，被告側は，名誉毀損行為自体を争っているので，結局，裁判所において，「表現目録」ないし「表現一覧」という名称に変更されることになる。

　各項目は，以下のとおりである。
　　1　ＵＲＬ（記事が掲載されているウェブページを特定する記号）
　　2　題名（記事の特定情報のひとつ）
　　3　表現
　　4　掲載時期（おおよそでもよい）
　　5　証拠番号

2 次に，原告によって特定された「表現」によって，摘示された事実は，どのような事実であって，それが，なぜ，名誉毀損にあたるのか，という主張を表形式に整理する。1は，表現一覧のとおりの項目とし，2の欄を原告が入力し，データを被告に送付して，被告が，3の欄を入力して，提出する（後掲「主張整理表」参照）。

　各項目は，以下のとおりである。
　　1　表現
　　　(1)　ＵＲＬ
　　　(2)　題名
　　　(3)　内容
　　　(4)　証拠番号
　　2　原告の主張

Ⅱ◇名誉毀損訴訟

　　　(1)　摘示事実
　　　(2)　名誉毀損となる理由
　　　3　被告の反論
　　　(1)　摘示事実に関する認否反論
　　　(2)　名誉毀損性に対する反論
3　次に，同じく，原告によって特定された「表現」について，被告による真実性に関する主張が，表形式でなされ，このデータを原告に送り，原告による反論が入力され，提出される（作成の要領は「主張整理表」と同様である。）

　　各項目は，以下のとおりである。
　　1　表現
　　　(1)　ＵＲＬ
　　　(2)　題名
　　　(3)　内容
　　　(4)　証拠番号
　　2　被告の主張
　　　(1)　真実性に関する主張
　　　(2)　証拠番号
　　3　原告の反論
　　　(1)　真実性に関する反論（真実と信じるについての相当性）
　　　(2)　証拠番号
4　いずれの表も，「表現」の部分は，最初に，原告が特定した内容が，そのまま利用されている。
5　以上の論点については，同時に，準備書面でも主張される。その意味で重複することになるが，準備書面の方が，内容的に充実している。その骨子が，表形式にまとめられることになる。
6　その他の論点として，①公共の利害に関する事実か，②もっぱら公益を図る目的に出たものか，③謝罪広告の必要性などがある。
7　Xは，②について，Y病院が，X病院や他の病院を批判することによって，患者をY病院に誘引し，実際，他院から転院してYの患者となってい

ること等を主張し，②の要件を満たしていないので，Yは，真実性の立証をすることができない（違法性は阻却されない。）と争った。

(2) 【第2訴訟】　X←Y

1　Xの反論の文章は，比較的短かったため，その全文が，名誉毀損の対象とされ，「表現」として主張される。したがって，特に，表形式による整理をするほどの必要性はない。

2　Xは，Yの社会的評価の低下の事実を争うとともに，Yの先行行為の内容（第1訴訟の「表現」部分）を主張立証し，その内容にかんがみ，Xが行った反論は，その方法・内容につき相当な範囲に止まっており違法性はないと主張する。いわゆる言論の応酬ないし対抗言論の法理[☆1]の主張である。

3　Yは，先行行為の真実性を主張する。

4　Xは，先行行為の内容は，患者誘因目的があり，もっぱら公益目的に出たものとはいえず，真実性の立証を行う要件を満たしていないと争う。

5　Yは，仮に，先行行為につき，公益目的を欠くとしても，それが真実である限り，Xの後行行為は，言論の応酬として免責される余地はないと述べる。

6　公益目的を欠く先行行為が，仮に，真実であったとしても，違法であることに変わりがないので，相当な範囲に止まる限り，これに対する対抗言論の法理による違法性阻却が認められる[☆2]。

☆1　最判昭38・4・16民集17巻3号476頁は「自己の正当な利益を擁護するためやむをえず他人の名誉，信用を毀損するがごとき言動をなすも，かかる行為はその他人が行った言動に対比して，その方法，内容において適当と認められる限度をこえないかぎり違法性を欠く」と判示している。

☆2　東京地判昭47・5・29判時669号41頁・判タ298号387頁（賀集唱〔裁判長〕＝竹田稔＝蓑田孝行）が，先行行為の真実性の立証責任をYに負担させているのは，Yが真実性の立証をすることができる要件（公共の利害に関する事実であり，もっぱら公益の目的がある場合）を満たす場合であることを前提としていると考えられる

❹ 〔事例〕にみる争点整理の問題点

　【第1訴訟】と【第2訴訟】が，並行して訴訟係属している場合，Yは，【第2訴訟】において，真実性の立証を行うこと，もっぱら公益目的であったことの主張を，争点から落とすことができるか。

　【第2訴訟】において，争点となるのは，Xの反論が，他人（Y）の行った言動に対比して，その方法・内容において適当と認められる限度を超えているかどうか，である。そうだとすれば，先行行為（Yの行為）の真実性や，真実性の主張立証を求める要件である公益目的の存在などは，本来，【第2訴訟】の審理において，判断の必要がないものともいえる。

　しかしながら，【第2訴訟】における先行行為（Yの行為）の真実性，公益目的性が，【第1訴訟】の争点に関係し，法的観点を捨象して紛争の実態をみれば事実関係としては一体性があるため，Yとしては，【第2訴訟】において当該主張を撤回したくないと考えるのももっともである。

　また，Yとしては，Yの行為の違法性の程度として，その真実性や公益目的性が関係するというのであれば，Xのした反論の内容と対比すべきYの言動の違法性の程度は，その方法・内容において限度を超えているかどうかの判断に影響するものであると主張することもあり得る。

　しかし，違法性の程度問題は，間接事実に該当するともいえ，要件事実ないし主要事実レベルの主張ではないという見方も可能である。

　このように，当事者間の紛争の実態としては，いわば，一個の紛争ともいえるべきものが，訴訟物単位に分断されるときに生じる，要件事実に基づいた主張整理の問題は，難しい側面を有するものといえる。

　参考となる裁判例として，東京地判平22・1・18判時2087号93頁・判タ1327号210頁がある。

〔永島　賢也〕

第3章◆訴訟類型別の争点整理

主　張　整　理

番号	表現			書証	原告
	URL	題　名	内容		摘示事実
1	abcd.net	「テキトー診療物語1」detaramesinryo-monogatari01.html	①「院長が書いた本の内容と実際に行われているXクリニックでの治療とはまったく別物だ。これでは詐欺だと言われても仕方がない」	甲1	本件表現1は，原告法人の開設する医院は，実際には，同法人の代表者である院長の著書に記載されている治療とはかけ離れたまったく違う治療を行っていること
			②「ここまでテキトーな治療をされると，いくら専門的知識のない患者でも，さすがに，悪くなるとわかって逃げ出してしまう」		著書の内容に照らし，この診療行為は詐欺といえること
					当該医院は，その患者に対し，いい加減な治療を行っていること
					医療の素人である患者でも，この病院にいては，さすがに体が悪くなると分かって他の病院にみずからの意思で移っていること
					との各事実を摘示したものである。
2		「テキトー診療物語2」detaramesinryo-monogatari02.html	①「Xクリニックでは，患者がないがしろにされている」	甲2	本件表現2は，原告法人の開設する医院ないしこれに帰属する医師が，患者をないがしろにする医療行為を行っていること
					との事実を摘示したものである。
3	abcd.com	「テキトー診療物語スペシャル」detaramesinryo-monogatarispe-cial.html	①「診療計画がなく，いきあたりばったりの治療をしている」②「治療に全然熱心さがない」③「Xクリニックは，患者無視の経済優先の病院だ」	甲3	本件表現3は，診療計画を立てず，患者にその説明をせず，無計画な治療を行っていること
					治療に熱心さがないこと
					患者の利益を考えず，むしろ，診療報酬を得ようとするための金儲けを優先した病院であること
					との各事実を摘示したものである。

Ⅱ◇名誉毀損訴訟

表（暫定案）

の主張	被告の反論	
名誉毀損となる理由	摘示事実に関する認否反論	名誉毀損性に対する反論
原告法人代表者（院長）の著書に記載されている質の高く理想的な治療の内容と，実際に同法人の開設する医院に所属する医師による治療とが異なっているという記事は，同法人の社会的評価を低下させるに充分な内容である。 著書の内容と，実際の治療内容が異なるのは，詐欺行為であるとし，著書では，あたかも，質の高い理想的な治療を行っているかのように説明して患者を集め，病気で弱気になっている患者の心理につけこんで診療報酬をだまし取っているニュアンスがあり，社会的評価を低下させるに充分な内容である。 原告法人の開設する病院は，いい加減な治療を行っていることは，医療の水準が低いという趣旨であり，社会的評価を低下させるに充分な内容である。 医療の知識のない患者であっても，おかしいと感じ，他の病院に逃げ出すように転院しているという指摘は，社会的評価を低下させるに充分な内容である いずれも，不特定又は多数人の閲覧可能な状況におかれている。	当該表現が存在した事実は認める。現在は存在しない。当該表現は，事実の摘示を踏まえた意見ないし論評である。	この表現で，社会的評価を低下させるとまではいえない。
原告法人ないしこれに帰属する医師が，通院する患者をないがしろにする医療行為を行っているとの趣旨は，原告法人の社会的評価を低下させるものであり，これが，不特定又は多数人の閲覧可能な状況におかれている。	同上	この表現で，社会的評価を低下させるとまではいえない。 その内容は，事実を踏まえたうえでの筆者の率直な感想にすぎない。
原告法人の開設する医院ないし，これに所属する医師が，本来，診療契約上必要な診療計画さえも立てず，これを患者にも説明しないで，無計画な治療を行っているという趣旨は，社会的評価を低下させるに充分な内容である。 所属医師が，治療に，熱心でないということは，ずさんでいい加減な治療がなされているという趣旨であり，社会的評価を低下させるに充分な内容である。 患者の病気を治すのではなく，患者から診療報酬を得ようとすることを目的とした金儲けをしている病院であるという趣旨は，社会的評価を低下させるに充分な内容である。 いずれも，不特定又は多数人の閲覧可能な状況におかれている。	同上	同上

Ⅲ 医療関係訴訟

❶ はじめに

　平成12年に，財団法人法曹会から『専門的な知見を必要とする民事訴訟の運営』という書籍が発行されて，10年余りが経過した。同書籍のまえがきによると，司法研究報告書第52輯第1号として司法研修所から刊行されたものとのことである。

　同書籍は，専門的知見を要する訴訟類型として，医療関係訴訟を掲げている。医療関係訴訟を当事者代理人として追行する場合，同書籍143頁以下の資料が役に立つ。現在では，医療集中部が機能している裁判所においては，同様の訴訟進行が実践され，代理人に対しては，これに沿った協力が求められることが，ほとんどであるように思われる。

❷ 進行方法

(1) 訴訟提起の早期の審理段階

　訴状が提出された段階では，過失行為の特定については，それほど具体的な主張を求めず，第1回口頭弁論期日を指定して訴状を送達し，むしろ，被告側（医療機関側）に，事実関係を明らかにすることを求める。

　この点，当事者が有利不利を問わず，知る限りの事実を主張し，証拠を提出しなければならないものとして，いわゆる完全陳述義務が求められているものだとすれば，それは，弁論主義及びその内容である主張責任・証明責任の原則に抵触することになる。しかし，弁論準備手続などの争点整理手続において裁判所が当事者に対して，事実や証拠の開示を求めたとしても，その開示は，直ちに口頭弁論における事実の主張や証拠の申出を意味するものではなく，主張責任などを負う当事者が，開示された事実及び証拠の中から自己の側にとって

有利なものを口頭弁論において主張・提出することになるのであれば，当該開示行為自体は弁論主義との矛盾が生じるものではないと説明される[☆1]。

(2) 診療経過一覧表の作成

具体的には，患者の治療を行った医療機関側において，診療経過，症状，検査結果，投薬状況等の基礎となる事実関係について，診療経過一覧表を作成して提出する。診療経過一覧表には，時系列に沿って，少なくとも，当該診療行為の日付・時間，診療行為の内容，当該診療行為が行われたことを示す診療録の頁数が記載されることになる。おおよそ第2回～第3回口頭弁論期日（第1回から第2回弁論準備期日）までには提出されているようである。

診療経過一覧表は準備書面とは取扱いを異にする。診療経過一覧表自体は，弁論で陳述扱いはされていないようである。また，内容的には，診療経過一覧表は，客観的な診療経過を一覧的に整理にするもので，過失の有無・評価や，因果関係の判断に関する主張については，準備書面において行うものと説明されている。したがって，診療経過一覧表を最初に提出する段階では，訴状記載の過失等の主張に応じて，適宜，重要部分に絞って記載することも許される。

また，同時に，医療機関側において，頁数を入れた診療録，必要に応じて，レントゲンフィルム等の基本的書証を提出する。例えば，レントゲンフィルム（「X－P」と略されることが多い。）の複製（「デュープ」といわれることが多い。）を作成し，証拠番号を付して提出する（フィルムには直接番号が記載できないので，付箋紙様の白い紙を貼り，その上に証拠番号を付すことが多いように思われる。あるいは，薄紙で写真の上からなぞり，その薄紙に写真の解説をして，写真の上に重ね合わせたうえ一体として提出する方法もある。）。

(3) 証拠番号の付し方

証拠番号の付し方にはルールがある。診療経過等の事実関係に関するものについてはA号証，文献に関するものについてはB号証，損害に関するものについてはC号証，そして，私鑑定（裁判所が指定した鑑定人による鑑定書でない鑑定書，

☆1　伊藤・267頁。

意見書等)に関するものについてはD号証が付されることがある。具体的には，例えば，外来診療録については乙A第1号証，入院診療録については乙A第2号証というように付す。枝番号はつけないで，頁数を書き込む。

　一般論としていえば，枝番号を付すと，判決の内容と証拠との関係が不明確になる場合があると指摘されている。例えば，乙A第3号証の1，乙A第3号証の2が提出されている場合，判決書で，乙A第3号証とだけ引用されているときには，乙A第3号証の1を引用しているのか，乙A第3号証の2を引用しているのか，あるいは，乙A第3号証の1と乙A第3号証の2の双方を証拠として引用しているのか，不明確になる場合がある。控訴の審理において証拠引用部分の正確性をひとつひとつチェックするのは煩瑣な作業ともいえる。引用が不正確であれば，証拠に基づいた事実の認定とはいえなくなり，大きな問題に発展するおそれがある。

　また，そもそも，枝番号を付すルールは明確ではなく，書証として関連するものについて枝番号を付す場合もあれば（例えば内容証明郵便と配達証明など），証明する事実の単位で枝番号を付す場合もある（例えば，売買の成立を証明する場合，注文書，請け書，請求書など）。

　必要に応じて，医療用語の一覧表，検査結果のみを記載した検査結果一覧表，投薬一覧表をつけることもある。

　文献の提出については，出典を明らかにするため，奥書をつけるのは，他の訴訟と同様である。外国語文献には，訳文が必須である。裁判所法74条は，裁判所では日本語を用いる，と定めているので，外国語のままでは，証拠資料として判決の基礎に採用できるかどうか疑義が生じる。具体的には，「乙B第1号証の翻訳文」などと付して提出する。取調べを求める部分のみでよい（規則138条参照）。

　証拠説明書は，A号証の証拠説明書，B号証の証拠説明書，C号証の証拠説明書というように，個別に作成する。証拠説明書について定める民訴規則137条1項では，文書の標目，作成者，立証趣旨を記載するよう求めているが，書記官事務の簡便性に配慮して，原本と写しの別も記載する運用は，通常訴訟と同様である。

Ⅲ◇医療関係訴訟

診療経過表

	時　間	診療経過	証　拠	原告の反論	証　拠
1	平成21年 1月30日 午前11:05頃	救急隊現場到着	乙A5-p3		
2	11:47頃	搬送開始	乙A5-p5		
3	12:10	救急車にて搬送・ 到着 主訴：胸痛	乙A1-p12		
4	12:20頃	救急外来にて……	乙A1-p13 乙A2-p3		
5	13:10	声かけに開眼， 「今は大丈夫」という ……入院	乙A2-p31		
6					
7					

(4) 小　括

　医療機関側としては，審理手続の早期に上述のような作業を行わなければならないが，事実経過について，正確な情報を提出できるのは，関連資料を所持している医療機関側であり，事実経過の誤解に基づく患者側の主張に対する反論を避けられるのであれば，医療機関側にもメリットがある。

　医療関係訴訟に習熟した患者側の代理人の中には，証拠保全により取得した診療録等を基礎に自ら診療経過表を作成して提出し，むしろ，医療機関側からの診療経過表の提出を不要と述べる場合もある。診療録等を読むことに慣れた弁護士にとって，医療機関側でまとめた資料自体に違和感を感じる場合があるからと思われる。

　診療経過一覧表は，担当部によっては，電磁データでの提出を求められる。患者側は，同データに反論の欄を作成して記入し，電磁データを提出する。データのやりとりのプロセスは，裁判所が整序する。当事者に任せきりではスムーズにいかないことが多いようである。裁判所は，最終的に，診療経過一覧表を判決書に活用するが，上述のように準備書面と同様に口頭弁論において陳述させるという扱いはしていないようである。

もっとも，表形式の書面には，一見，スマートに整理されたような錯覚に陥るおそれがあり，また，何度もやりとりをするうちに，変更履歴の整序が困難になる場合もある。何より，本来，争点整理のための手段であるにもかかわらず，診療経過一覧表の作成自体が自己目的化するのは本末転倒というべきである。比較的，争点が明確であるケースでは，診療経過一覧表も簡易なものに止める運用が適切であり，控訴審では，診療経過一覧表の完成度は，整理された争点との相関関係で評価すべきところである。

❸ 争点整理段階

　医療関係訴訟における争点は，ある意味，はっきりしている。争点となるのは，過失と因果関係，そして損害であることは明らかであるからである。

　患者側としては，上述の手続により，医療機関側から提出された資料を基礎に，損害（例えば，患者の死亡）と因果関係のある行為をいくつか抽出し，さらに，そのうち，過失が認められる行為を選択して，主張することになる。結果と因果関係のない行為について，いくら過失を主張しても，結果に対する責任を追及することはできないからである。その意味で，患者側代理人にとって，どの行為を抽出し，現に抽出した行為について，どうその過失性を論ずるか，は重要な判断となる。

　しかし，実際には，当初，訴状で述べた過失行為が修正されることは，ほとんどないように思われる。というのは，患者側代理人は，証拠保全や医療機関側から任意に提出された診療録等を基に，既に，協力医師の意見を仰ぎ，いわば，医療関係者のフィルターを通したうえで，訴訟を提起するかどうか決めているからである。案件の中から問題のあるケースを適切に選択したうえで，訴訟を提起しているということは，患者側代理人となる弁護士の信用力を形成することになる。

　事案によっては，代理人間で表形式で主張対比表が作成される場合もあれば，裁判所から事実整理案という形式で主張整理がなされる場合もある。

❹ 過失について

(1) 医療関係訴訟における過失

　過失とは，注意義務に違反する行為である。注意義務とは，予見義務や結果回避義務を意味する。予見義務は，予見が可能であることを前提に結果を予見すべきであったと認められる場合に肯定される。結果回避義務も同様とされる。

　結果，例えば，患者の死亡，あるいは，死亡以外の具体的な悪い結果を，当該医師が，予見すべきであったのに，これを怠り，又は，結果を回避すべき義務があったのに，これを怠り，結果を発生させてしまった場合，注意義務違反行為が認められ，過失と評価される。

　したがって，具体的にいえば，患者側は，担当医に対し，当該予見義務や当該結果回避義務を発生させる具体的な事実の存在を主張立証の対象として抽出することになる。例えば，患者の主訴（痛みを感じる部分やその程度など）や検査結果などである。

　なお，各種の検査は，診療上必要があると認められる場合にしか実施できないとされている（保健医療機関及び保健医療養担当規則20条1号ホ）。したがって，検査義務違反は，診療上の必要性を基礎づける事実の存在しないところでは認められない。

　血液検査について述べると，例えば，血清中のCRPの値をみる場合，CRPは，通常の血中には，ほとんど存在しないとされ，生体内に何らかの炎症や組織破壊が起こっている場合に血清中に出現し，他方，快方に向かうと，速やかに消失するという性質がある。

　そして，検査については，感度と特異度を区別する必要がある。おおざっぱにいえば，感度が高い検査は，特異度が低いといえる。つまり，感度が高い検査は，何らかの疾患を抱えている患者を拾い上げる確率が高くなるが，それが，何の疾患であるかの情報は少なくなる。例えば，上述のCRP値だけでは，体のどこかで炎症が起こっていることはわかるが，それが，体のどこで起こっているかはわからない。血液は体中を巡っているからである。そういう意味で，CRP値は，感度の高い検査結果といえるが，特定の疾患を疑わせるような特異度は低いものといえる。

逆に，特異度の高い検査では，その結果，陽性が出れば，疾患の特定にぐっと近づくことができるが，もし，陰性の結果が出れば，患者の身体内で，何が起こっているかという情報は，ほとんど得られないことになる。例えば，息が苦しいという主訴のある患者について，かかりつけ医の診断を参考に不安定狭心症を疑い，一気に，確定診断までもって行くため，心臓カテーテル検査（「心カテ」と呼ばれることがある。）を実施したところ，陰性であった場合，不安定狭心症（ないしこれに類する疾患）ではないという検査結果しか得られなかったことになり，次に，どのような検査をすればよいか，的確な情報が得られず，いわば，振り出しに戻ったような状態になってしまう。

(2) リトロスペクティブとプロスペクティブの区別

また，過失の判断の時点は，行為時である。ある診療行為の後に判明した事情を基礎に，過失の評価をすることはできない。上述のとおり，注意義務を発生させる根拠となる事実は，当該診療行為時までに存在していたものである必要があるからである。

この点，リトロスペクティブとプロスペクティブの区別については，しばしば言及されるところである。むしろ，医療関係者にとって，それがリトロスペクティブな判断かどうかは，具体的な診療行為，医療行為に対する評価において，不可欠の視点であるといっても過言ではないと思われる。

リトロスペクティブとは，後方視的と訳され，端的にいえば，生じた結果から事後的に遡って観察することである。プロスペクティブとは，前方視的，あるいは，行為時判断のことを指している。医療関係者の間では，この区別は比較的厳密になされており，これを混同すると，法律家と医師との間のコミュニケーションは，ほぼ不可能になってしまうほどである。

(3) 主張立証のあり方

問題は，リトロスペクティブな見方とプロスペクティブな見方の区別自体ではなく（もともと，過失は，行為時判断であるから，この区別を法律家ができないはずがない。），この区別の仕方次第で，患者側と医療機関側とで大きく有利・不利の判断が揺れ動くように見えるところにある。

患者側にとってみれば，悪性疾患（例えば，大腸ガン）で死亡したのであるから，健康診断の時に撮影したレントゲン写真については，読影上のミスがある，という過失の主張になりやすい。しかし，悪性疾患であるかどうかは，組織検査（「生検」と呼ばれる。内視鏡や腹腔鏡を身体に挿入して病変組織の一部を採取する検査なので侵襲性がある。採取された組織を染色するなどしてから顕微鏡で他の細胞と比較するなどする。）をしてはじめて判明するものであるから，健康診断の段階でのレントゲン写真から端的に悪性疾患と判断するのは難しい。まして，当該悪性疾患を疑い，これをターゲットにして撮影した画像でなければ，それ以外の部分に，仮に，何らかの陰が写っていたとしても，ターゲットでない部分については，（立体的に奥行きのある体の内部を二次元平面に投影するため）いわばピンぼけしており，その陰が体のどの部分かも特定できず，これを疑って一気に侵襲性の高い検査を選択することは相当でない場合もある。そうすると，この場合，患者側としては，レントゲンの撮影時よりも後の時点の検査結果などの事情を指摘して予見義務の発生を主張立証すべきところであり，そうすることにより，医療機関側との議論も咬み合うと考えられる。

❺　因果関係について

(1)　いわゆる「高度の蓋然性」について

　訴訟上の因果関係の立証は，一点の疑義も許されない自然科学的証明ではなく，経験則に照らして全証拠を総合検討し，特定の事実が特定の結果発生を招来した関係を是認し得る高度の蓋然性を証明することであり，その判定は，通常人が疑を差し挟まない程度に真実性の確信をもち得るものであることを必要とし，かつ，それで足りるものである。

　これは，いわゆる高度の蓋然性が認められる場合，法律上の因果関係は肯定されるという見識といえる。通常，高度の蓋然性とは，「十中八九」（80％以上）間違いないということを指す，と説明される。

　しかし，医療関係者にとって，この高度の蓋然性の基準は，おそらく，理解不可能なものに見えていると思われる。すなわち，99％の確率があった場合，残り1％のケースを除外することはできず，99％は，どこまで行っても，100％にはならない。にもかかわらず，10〜20％の除外可能性があったとして

も，法的には因果関係を肯定できるとして，結局，100％の判断をするのは，まったく，不合理な立論に見えるのである。

逆にいえば，ある時点で，ある患者について，悪性疾患ではなかったのかと，担当医に質問すれば，（仮に，当時の時点では，その疑いがなかったとしても），「可能性はあった。」と答えることになる。医師にとって，可能性がまったくない，などという断定的な判断は，通常，不可能であるからである。仮に，0.01％程度のごく僅少の可能性であったとしても，「あるのか，ないのか」という質問をすれば，その回答は明白である。

このコミュニケーション・ギャップは深刻なものとなりやすい。もし，同様の質問をするのであれば，「リトロスペクティブに見て，このとき，悪性疾患が，○○部分にあったと思いますか」と聴くべきところであり，そのうえで，「では，○○部分にプロスペクティブ，つまり，その時点で，悪性疾患の可能性は考慮していましたか」と聴くとすれば，フェアな質問になり得る。

(2) 割合的認定について

この点，高度の蓋然性という基準ではなく，統計データを基礎に生存率を算出し，その確率に応じた金額を算出するのであれば，むしろ医療関係者の発想になじみやすいと思われる。

法的判断としては，確率的な心証による因果関係の割合的認定は困難であろうが，事実的因果関係の存在が統計学的に一定の確率で示せるような場合（因果関係の存否が確率的に立証される場合）には，賠償額にこれを反映させる形で因果関係を認定することも可能ではないかと思われる。例えば，悪性疾患の予後が追跡調査され，生存率等が統計として明らかになっている場合などである。

(3) 生存していた相当程度の可能性について

医療関連訴訟における因果関係については，次のような特色がある。すなわち，結果との因果関係が認められない場合であっても，担当医師に過失が認められる限り，何らかの救済の余地を残そうというものである。すなわち，生存していた相当程度の可能性を保護法益として損害賠償責任（慰謝料）を肯定するのである。

Ⅲ◇医療関係訴訟

結果と因果関係がないと認められた行為について，結果に対する責任を問うことはできず，通常，請求は棄却される。しかしながら，結果との因果関係が否定されたとしても，生存していた相当程度の可能性（という保護法益）が侵害されている場合には，医療機関側は，患者側に対し，不法行為による損害賠償責任を負うという判例[☆2]である。

引用すると，次のとおりである。

「疾病のため死亡した患者の診療に当たった医師の医療行為が，その過失により，当時の医療水準にかなったものでなかった場合において，右医療行為と患者の死亡との間の因果関係の存在は証明されないけれども，医療水準にかなった医療が行われていたならば患者がその死亡の時点においてなお生存していた相当程度の可能性の存在が証明されるときは，医師は，患者に対し，不法行為による損害を賠償する責任を負うものと解するのが相当である。けだし，生命を維持することは人にとって最も基本的な利益であって，右の可能性は法によって保護されるべき利益であり，医師が過失により医療水準にかなった医療を行わないことによって患者の法益が侵害されたものということができるからである。」

この論理は，死亡だけでなく，重大な後遺症についても，認められている。すなわち，重大な後遺症が残らなかった相当程度の可能性の存在が証明されるときは，医師は，患者が上記可能性を侵害されたことによって被った損害を賠償すべき不法行為責任を負うものと解するのが相当である，と判断した判例[☆3]がある。

注意すべきは，高度の蓋然性の基準が，相当程度の可能性の基準に緩和されているのではないことである。因果関係の有無の判断には，あくまで，高度の蓋然性が必要であり，相当程度の可能性とは保護法益の内容であって，相当程度の可能性が存在することについて高度の蓋然性が認められるときは，当該法益を侵害したことに対応した損害賠償責任が認められるというものである。相当程度の可能性という法益侵害に対応した賠償責任とは，おそらく慰謝料に相

☆2　最判平12・9・22民集54巻7号2574頁・判時1728号31頁・判タ1044号75頁。
☆3　最判平15・11・11民集57巻10号1466頁・判時1845号63頁・判タ1140号86頁。

当するものと考える☆4。

(4) 小　括

　したがって，争点整理としては，あくまで，発生した結果のみについての損害賠償責任を追及するのか，場合によっては，予備的に，相当程度の可能性の侵害も主張するのか，確認する必要がある。これは，医療関係訴訟における争点整理の特殊性として指摘できると思われる☆5。

　また，説明義務違反の過失を主張する場合も，通常，説明義務違反行為と結果（例えば患者の死亡）とは因果関係は認められないと考えられるので，説明が不十分であったということによって被った精神的損害の主張をするかどうか，確認する必要がある。

　もっとも，説明義務違反の過失などは，訴訟審理の早期の段階で提出されないのが通常であると思われる。あくまで，発生した結果との因果関係を主張立証するのが，患者側の訴訟におけるスタンスであるからである。しかしながら，争点整理の理想から見れば，相当程度の可能性の侵害の主張であっても，説明義務違反の主張であっても，可及的早期に審理手続に現れるよう訴訟指揮するのが相当と考える。

〔永島　賢也〕

☆4　千葉県弁護士会編『慰謝料算定の実務』（ぎょうせい，2002）が参考になる。
☆5　参照：http://tsukuba-academia.com/ho04soutouteidonokanousei.html。

Ⅳ 労働事件

❶ 労働事件の手続類型

労働事件には大きく分けて個別的労働紛争と団体的労働紛争がある。本項目では個別的労働紛争について取り上げる。

(1) 個別的労働紛争

労働事件の解決にあたって現在裁判所で行われる手続には、仮処分（仮の地位を確認する仮処分），労働審判，訴訟手続の３つの類型がある。

これらの手続にはそれぞれ特色がある。仮処分は雇用関係を維持する方向での手続といえる。これに対して労働審判は，雇用関係を清算する色合いが濃い手続である。訴訟手続はこれらの双方を含む。

そして，仮処分は本訴を前提とする手続であり，労働審判は審判に不服がある場合，異議を述べると訴訟に移行する（労審22条1項）。

上述の関係を整理すると下記のようになる。

■手続の流れ

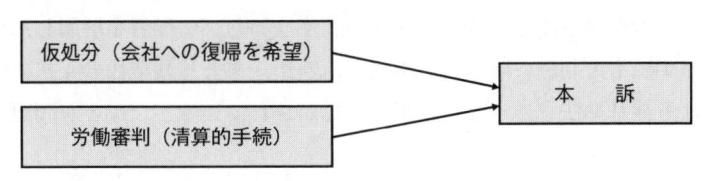

```
仮処分（会社への復帰を希望） ─┐
                              ├─→  本　訴
労働審判（清算的手続）       ─┘
```

(2) 労働審判と争点整理

労働審判は，3回以内の期日で終了するため（労審15条2項），簡易な手続と誤解されることがある。法律相談で弁護士が労働審判なら本人でできるから，

という説明をしているケースを見聞きしたこともある。

しかし，労働審判は，弁護士が事前に当事者の主張を整理し，争点を絞って提起されることが予定されており，法に定められていないが，訴訟代理人として弁護士がつくことが必然と考えなければならない。

また，労働審判では裁判官と労使双方から選ばれた審判委員会が申立てを審理することになる。原則3回の期日であるということもあるが，専門家がそろって行われる手続（労審9条2項）であるため，申立ての段階である程度の心証を得ていることが多い。当事者に事情を聞いたうえで心証開示がなされることが多く，争点整理も事前に弁護士が十分にしておく必要がある。

(3) **仮　処　分**

仮処分の場合，当然のことながら保全の必要性が要件として必要となる（民保23条2項）。解雇の場合解雇の無効を主張し，それに加えて保全の必要性を基礎づけなければならない。

労働者としての地位を保全する必要がある，という主張は，賃金が支払われないと生活が困窮するといった保全の必要性となる。

この場合，生活状況の主張と疎明が必要である。例えば，自宅が持ち家であるか借家であるか，同居の親族はいるか，親族の収入状況などの生活状況を主張・疎明しなければならない。

❷　個別的労働紛争の争点の特徴

労働事件の場合，雇用関係から生じる問題であるが，一般的には使用者が法を守っているかが争点となることが多い。すなわち，労働者を解雇した場合にその解雇が法令・判例に照らして適法であるか，また，残業代の支払についての紛争は労働基準法を遵守した金額の支払がされているか，などが問題とされる。

労働者と使用者との間には雇用契約があり，雇用契約の内容の確認がまず第1であるが，就業規則が定められているか否かも重要である。就業規則が雇用契約の内容をなすからである（労契7条）。就業規則の作成が義務づけられていない職場であっても就業規則があることが当然望ましい。

❸ 争点整理

(1) 懲戒・解雇

　懲戒や解雇の場合，まず就業規則の定めがどうなっているかが争点となる。就業規則の解釈が出発点となる。その際留意すべき点は，懲戒・解雇の手続が遵守されているか，という手続面である。実体に入る前に手続から検討すべきである。

　また，解雇を避けるための努力を使用者が行っているかも重要な争点となる。解雇は雇用契約を終了させるものであり，被用者にとっては重大な結果を引き起こすため，最終的な手段として位置づけられるからである。

(a) 懲　　戒

　懲戒処分が就業規則に定められているか，被用者の行為が懲戒事由として就業規則に定められているか，懲戒事由とされている行為と懲戒処分の関係が社会的にみて相当であるか，が問題とされる。

　懲戒処分が積み重なると被用者の解雇へとつながるので，これらの処分の違法性は解雇が争われる事案で解雇の相当性をはかる要素となって現れてくることが多い。

(b) 解　　雇

　解雇が争われる場合，まず解雇の種類が問題となる。解雇の選択を誤ったために解雇が無効となるケースがある。就業規則にどのような解雇が定められているか，を確認しなければならない。

(c) 解雇の種類

　解雇の種類としては，普通解雇，懲戒解雇，整理解雇の3種類が考えられる。解雇の種類や解雇事由が明確であることが必要である。

　紛争になった場合に生じがちなものとして，解雇事由の追加がある。すなわち，労働審判などになった場合に，使用者側が答弁書で解雇通知に記載していない解雇事由を追加主張してくることがよく見られる。しかし，後から解雇事由を追加することはできないので，解雇時に十分に解雇の種類などを検討しておく必要がある。申立代理人も解雇時にどのような種類や根拠で解雇されたかを十分に整理しておく必要がある。

(d) 普通解雇

普通解雇の解雇事由としては勤務成績が著しく悪く指導をしても改善が見込まれない場合，健康上の理由で長期にわたって職場復帰が見込まれない場合，著しく協調性に欠けるため職場での業務に支障をきたし，改善の見込みがない場合，などが挙げられる。

これらの場合，改善の余地が本当にないのか，あるいは健康上の理由であれば職場復帰は不可能か，休業制度を利用することは無理か，などが解雇の有効性をめぐって争いとなる。

これらの場合，指導教育や負担の少ない形での勤務の可能性がないか，などの会社が解雇にするまでにいかなる手段をとっていたか，の主張立証が必要となる。

(e) 懲戒解雇

懲戒解雇とは，就業規則に定める懲戒事由に該当する場合に制裁として被用者を解雇するものである。

懲戒解雇の場合，懲戒事由が就業規則に明記されているか，就業規則が周知されているかが問題となる。法律上就業規則を定める必要がない事業所であっても，懲戒事由が定められていないとそもそも懲戒解雇ができないということになる。

また，就業規則の内容が合理性をもっていなければならない。そして被用者の行為が懲戒に値するものでなければならない。また，懲戒解雇の場合は被用者に弁明の機会を与えるなどの適正手続を経ているか否かが重要である。

被用者に懲戒解雇となるほどの責めはないが，普通解雇であれば認められるようなケースもあるので，本来であれば解雇前に専門家と相談をしておく必要があるが，法的紛争となった場合はあくまでも事後的に検討することとなるので，審判の提起前などに十分に申立てを根拠づけられるか否かを検討することが求められている。

(f) 整理解雇

整理解雇で問題となるのはいわゆる整理解雇の4要件を満たすかである。

整理解雇では，①整理解雇をすることに客観的な必要性があるか，②解雇を回避するために最大限の努力を行ったか，③解雇の対象となる人選の基準，運

用が合理的に行われたか，④労使間で十分な協議を行ったか，が問題となる。

整理解雇手続では，会計帳簿など会社の財政状況を示す書類を示したか，人員配置の変更などで解雇を避けられないか，関連会社がある場合には異動が可能であったか，規模が大きい会社では最初に希望退職者を募ることが多いが，希望退職者を募るだけでは会社の再建には十分ではなかったか，などが争点となる。

(g) 解雇権濫用法理

解雇は，客観的に合理的な理由を欠き，社会通念上相当であると認められない場合は，その権利を濫用したものとして，無効となる（労契16条）。解雇規制の特徴は，解雇権濫用法理によって，相当程度解雇が困難になっているということである。

濫用にあたるかあたらないかは評価により判断される事項であるため，いわゆる評価根拠事実の主張立証が中心となるので，単純な事実の存否のみではなく，裁判所がいかなる評価をするかを考慮しながら主張立証することになる。

(2) **人事異動，配転，出向**

人事異動は使用者の人事権行使の問題である。誰をどの職場に配置するかは経営者の判断事項であり，使用者の裁量に属するとされている。そのため，人事異動が法的に問題となるのは濫用的な人事権の行使の場合である。

人事異動では，職種を限定する採用であるかが問題とされた事例がある。明確な合意が認められればともかく，基本的には職種限定雇用契約が認められる事案は少ない。

裁判で争われた事例ではアナウンサーで採用された被用者が他の業務部門への異動を命じられたものがある。この事例でも裁判所は職種限定の雇用契約を認めていない☆1。

労働者の生活に大きな影響を与えるものとしては転居を伴う転勤がある。転勤によって単身赴任をしなければならないケースがあることや，生活環境の変化が必然的であることから争いとなるケースがある。

☆1　最判平10・9・10労判757号20頁〔九州朝日放送事件〕。

転勤についても裁判所は基本的には経営者の裁量に属するものと考えている☆2。転居を伴う転勤が違法とされるのは，業務上の必要性がなく，必要性があったとしても不当な動機・目的があるとき，労働者の通常甘受すべき程度を著しく超える不利益を負わせるものであるときなどの特段の事情がある場合である。特段の事情の有無も評価根拠事実の積み重ねである。

ただし，業務の必要性が否定されることはあまりない。不当な目的か否かが争点となる場合は，組合活動を当該労働者が行っていたため，と評価できる場合や嫌がらせであることが立証できる場合などに限られている。

転居や単身赴任が必要な配転についても裁判所は通常甘受すべき程度を著しく超えているとは判断しない傾向にある。

(3) 賃　　金

賃金不払いの場合まず確認すべきは時効である。労働債権の時効は2年（退職金債権は5年）であるため（労基115条），時効中断がされているか否かが争点となることがある。

すなわち，提訴前に催告を行っているか，催告後6か月経過前に提訴されて時効中断の効力が認められるか，がまず確認されなければならない。

弁護士は相談を受けた場合に，当事者の意思を確認し，早めに時効中断の手段をとるべきである（内容証明郵便が一般的である。）。

そして弁護士が申立て前にしておくこととしては，金額の計算である。まず基本となる賃金の計算が必要である。割増賃金を計算するためには1時間あたりの賃金が基礎となるので，基本給と基本となる労働時間を確定しなければならない。これは給与明細書などから計算し，給与明細書を証拠として提出する。

割増賃金を請求する場合，最も問題となるのは時間外労働をしている時間が何時間であるか，である。タイムカードをきちんと打刻している会社であればタイムカードを基準として計算できる。ただし，請求する被用者がタイムカードを所持していることは少ないので，会社が証拠となるタイムカードを提出す

☆2　最判昭61・7・14労判477号6頁・判時1198号149頁・判タ606号30頁〔東亜ペイント事件〕。

るかが問題となるが，裁判所は会社側に提出を求めることが多く，比較的多くの会社はこれに従っていると考えられる。

　タイムカードがない会社や，定時で打刻させてその後で残業をさせているような会社の場合は，タイムカードが証拠として存在しないか機能しないことになる。このような場合，時間外労働を会社が認めればよいがそうでない場合は立証が相当困難となる。被用者が出退勤について日記にメモをしていたなどのケース以外では立証ができず，請求が認められないこととなってしまう。

　時間外労働で使用者から主張されることがあるのは，被用者が業務命令と関係なく残って仕事をしていた，という主張である。しかし，この主張そのものが争点となることはあまりない。裁判ではこの主張は認められにくい。時間内に終了可能な業務以上の仕事をさせていたと考えられるからである。

　時間外労働時間が確定すれば，未払賃金の計算を行うことになる。休日出勤であるか，深夜勤務であるか，などで割増率が異なっており，この点には注意して計算をすべきである。

〔坂本　正幸〕

V 特許訴訟

❶ 「特許訴訟」の概念

　広く「特許訴訟」と呼ぶ場合，その下位概念の訴訟類型としては，特許侵害訴訟と審決取消訴訟に大別される。特許侵害訴訟は，不動産の明渡訴訟などと同じく，特許権という物権に準ずる権利の侵害行為に対してその差止め等を求めたり損害賠償を請求したりする訴訟であり，通常の民事訴訟である☆1。したがって事件番号は符号（ワ）で表示され，第一審の管轄は東京又は大阪地方裁判所である（法6条）☆2。これに対し，審決取消訴訟は，行政庁である特許庁が行った特許拒絶査定不服審判請求に対する審決や無効審判請求に対する審決につき，その取消しを求めて提訴する行政訴訟である。管轄は現在は知的財産高等裁判所（以下，「知財高裁」という。）の専属であり（特許178条1項，知的財産高等裁判所設置法2条2号），事件番号は符号（行ケ）で表示される。審決取消訴訟は，訴訟構造，審理内容さらには当事者までもそれぞれ特有な内容を有するものであって，特許侵害訴訟と同一には論ずることができない。本項目では主として通常の民事訴訟の範疇に属する特許侵害訴訟の審理や争点について説明し，最後に審決取消訴訟の概要を付記することとする☆3。

☆1　特許権が関係する通常訴訟としては，そのほかに権利帰属をめぐる訴訟や実施権の存否に関する確認訴訟などもあるが，本項目では特許侵害をめぐる訴訟に絞って進めていく。

☆2　特許侵害訴訟の管轄は東京又は大阪地方裁判所であるが，広く知的財産関係訴訟の管轄は複雑に規定されている（法6条・6条の2）。

☆3　従前は特許権，実用新案権，意匠権，商標権の4つを総称して「工業所有権」と称し，これに著作権や不正競争防止法上の権利も加えて「無体財産権」と称していたが，現在は無体財産権に代わり「知的財産権」と呼ばれるようになっている。また従前は無体財産権の中でも特許権が代表的であったことから，特許訴訟といえば広く無体財

Ⅴ◇特許訴訟

❷ 特許侵害訴訟の審理の概要

特許侵害訴訟（以下，単に「侵害訴訟」ということがある。）は前記のとおり，特許権者（原告）が侵害行為を行っていると思われる者（被告）に対しその行為の差止め等を求め，また過去に行った侵害行為（不法行為）に対して損害賠償を求めることをもって中核とする☆4。

したがって侵害訴訟の審理は，原告が訴状において，
① 原告がある特許権の特許権者又は専用実施権者であること
② 原告が訴訟の対象として特定した被告の製品又は被告の使用している方法（以下，単に「被告製品等」という。）が，実際に被告の実施（製造，販売，使用等）している製品や方法であること☆5
③ 被告製品等が当該特許権を侵害するものであること
④ 被告の侵害行為によって原告が損害を受けたこと及びその額
を請求の原因として主張することから始まる。

これに対し被告は①〜④の原告主張事実に対し認否や反論を行うのであるが，そのほかに被告の主な抗弁として，
⑤ 被告が当該特許権に対し被告製品等を実施し得る正当な権限（実施権等）を有していること

産権に関する訴訟を総称していた。現在では知的財産訴訟ないし単に知財訴訟と呼ぶ方が一般的である。知財各法により，訴訟手続も少しずつ異なりを見せるが，権利を侵害する行為をめぐる係争という点では共通するので，本項目では狭義の特許侵害訴訟を中心に説明する。

☆4　現実の訴訟では，権利者が原告になるのが普通であるが，逆に侵害行為をしていると指摘された者が原告となって，特許権者を被告として，差止請求権や損害賠償請求権の不存在確認訴訟を提起することも多い。これは訴訟外で侵害を指摘された者は市場で不利な立場に追い込まれることがあるため，権利者からの訴訟提起を待たずに自ら積極的に非侵害であることを求める必要があるからである。かかる確認訴訟が提起されると，権利者は反訴として通常の侵害差止訴訟や損害賠償請求訴訟を提起するから，実務ではその段階で最初に提起された確認訴訟の取下げがなされるよう運用されている。

☆5　侵害訴訟の実務では，被告の製品や方法を慣用的にイ号製品とかイ号方法と呼ぶことがある。これが複数存在するときは，ロ号，ハ号……のように呼ばれることになる。

⑥　原告の特許権が特許無効審判により無効にされるべきものと認められること

が挙げられる。

　細かい点は更に多岐にわたるが，特許侵害訴訟の審理の大きな枠組みは上記①～⑥の事項に関する主張と立証をもって進められる。したがって争点もこれらの事項に関する事実関係に存することになる。すなわち，①～⑥の各事項ごとに下位概念に位置する争点が多数存在し，また各事項ごとに立証責任の割り振りも存在するのであるが，その点は次項❸で取り上げることとする☆6。

❸　争　点

　侵害訴訟において争点となる事実関係は，前項❷の①～⑥の事項のもとに生ずるものであるから，以下は各事項ごとに具体的な争点を掲げる。

(1) 請求の原因

(a) 原告がある特許権の特許権者又は専用実施権者であること

　特許侵害訴訟の基本的要件であるが，特許権や専用実施権の存否や帰属が争われる事例はさほど多くない。特許権や専用実施権の存否は設定登録が効力要件になっている（特許66条・98条）ことと，侵害訴訟は企業間での争いが多く，これらの事実関係は明らかなものとして訴訟提起がなされるのが通常である。ただ特許権の存否，帰属に争いがなくても，実際には特許登録原簿謄本が原告から提出されるのが常である。

(b) 原告が訴訟の対象にした被告製品等が，実際に被告の実施（製造，販売，使用等）している製品や方法であること

　侵害訴訟は被告製品等が原告特許権を侵害するか否かが争われるわけであるが，まず原告は訴訟の対象とする被告製品等を特定しなければならない。通常

☆6　侵害訴訟の判決を読むと，冒頭に「事案の概要」などの項目に続いて「本件の争点」という項目が設けられ，そこでは「被告製品等は原告特許を侵害するか。被告に実施権はあるか。損害の額」などと表示されることが多い。これは争点の最上位概念であり，実際に立証の対象となるのは更に下位概念の事実関係である。

は「物件目録」を添付して主張することが多い（「物件目録の特定をめぐる争い」などといわれるのはこの点である。）。そのうえで特定された被告製品等が原告の特許権を侵害するか否かの審理に入ることになるのである。そこで原告が特定した被告製品等が実際に被告が過去現在において実施していたものかどうかが訴訟の出発にあたってまず問題になるわけである。

この問題に関して，近時の裁判実務には従来と大きな変更があったことに留意しなければならない。すなわち従来の実務では，訴訟対象となる被告製品等の特定にあたっては，原告がいかなる被告製品等を対象にしているのかを理解せしめることは勿論のこと，それによって特定された被告製品等が特許権を侵害するかどうかの判断（対比の判断）が可能となるように，その構成まで明確化することが必要とされ，そのためにその構成を文章や図面によって明示しなければならなかった。したがって，対象となる被告製品等はわかっていても，その構成の表現に争いが生じ，それに決着がつかないと侵害か否かの審理に入ることができず，この段階で審理が滞ることが稀ではなかった☆7。

これに対し，近時の実務では，被告製品等の特定作業は，要するに何が訴訟の対象とされているのかが把握できればそれで十分であり，それがどのような構成を有しているかは，侵害の成否の主張として当事者が各々の立場から主張立証すべきことであるとの位置づけのもとに審理されることとなった。したがって具体的には被告製品等の商品名や型番等で訴訟の対象は特定できる。この段階ではほとんど争いは生じないから，裁判所としては，次の段階で当事者に被告製品等の構成を主張立証させて構成に関する心証を得たうえで侵害の成否の判断をすることができる。近時の侵害訴訟の審理期間は従前に比べて飛躍的

☆7　例えば特許発明に「先端の尖った」という構成要件があるとき，被告製品がボールペンの先端のような曲率の形状をしている場合には，先端が尖っているか否かが争いになるのであるが，原告は物件目録で「先端の尖った」と表現したくなるだろうし，被告はこれを否認し，「先端が丸みを帯びた」と主張したいであろう。従来の実務でも被告製品等の特定にあたっては，特許請求の範囲や明細書の記載に用いられている表現は極力回避し，できるだけ客観的な表現で特定することが求められていた。この例では，最終的には寸法や先端の曲率などによって客観的に表現できるが，客観的に特定することが至難なケースも多かった。

に短くなったが，被告製品等の特定に関する実務の変更もその大きな要因である☆8☆9。

そこで，対象として特定された被告製品等が具体的にどのような構成を有するかが，当事者双方の主張立証の対象になるわけであるが，少なくとも特許発明と対比ができる程度に構成が示されることが必須とされる。ただこの構成中に，化学反応，物理的現象などが含まれるケースでは，それをめぐって双方から実験報告書類が提出され，審理が複雑化することが多い。侵害訴訟の審理で最も時間を費やすのはかかる立証のやりとりではないかと思われる。

(c) 被告製品等が原告の特許権を侵害するものであること

これは後述（❸(2)(b)）する特許が無効となるべきかどうかの争点と並んで，侵害訴訟の最大の争点である。この争点の位置づけは土地の明渡訴訟と比較してみると明確になる。土地の明渡訴訟の場合は，境界問題などが例外的に絡む場合は別として，権利範囲をめぐる争いは通常あまり存在しない。権利の対象となっている土地は現に存在しているし可視的である。したがって他人の土地を占有しているかどうかは大きな争点とはならず，争点となるのは占有権原の

☆8　被告製品等の特定が商品名や型番を示すことによって可能となった反面，かかる実務では民事訴訟法学的にいくつかの問題点も指摘される。例えば被告製品が「ABC－1型」と特定された訴訟で原告が勝訴した場合，同じ構成の製品を「ABC－2型」と表示して販売すれば判決主文の対象外になる。また被告が侵害しないような構成に設計変更しても，従前と同じく「ABC－1型」との製品名を使用すれば判決主文の対象となり，執行の対象とされてしまう。ただ実際に実務においてはかかるケースはほとんど生じず，対象製品の特定に関する実務の変更は現段階で大きな問題は生じていないようである。

☆9　特許法104条の2は，「特許権又は専用実施権の侵害に係る訴訟において，特許権者又は専用実施権者が侵害の行為を組成したものとして主張する物又は方法の具体的態様を否認するときは，相手方は，自己の行為の具体的態様を明らかにしなければならない。ただし，相手方において明らかにすることができない相当の理由があるときは，この限りでない。」と規定している。いわば被告に被告製品等の構成につき積極否認を求めたものであるが，これは被告製品等の構成の特定が訴訟の対象の特定であるとされていたときに，審理の迅速化を図るために実務で採用されていた釈明処分を法文化したものである。現行の実務は，被告製品等の構成は訴訟の対象の特定としていないから，その意味で現行実務の方が先行しているといえる。

問題であることが多い。しかしながら特許権の範囲は、権利の対象が発明という無体物であるだけに、被告製品等がその範囲に含まれるかどうかを判断することが難しい。侵害訴訟では「特許発明の技術的範囲の確定」と呼ばれるが、被告製品等との対比を離れて、原告権利の範囲を抽象的に議論するのではなく、あくまで被告製品等がそれに含まれるか否かという形で技術的範囲の確定がなされるのである。以下技術的範囲の確定という場合は、こうした概念のもとに使用するものである。それでは以下、特許発明の技術的範囲（ここでは権利範囲と同義との理解でよいと思う。）はいかなる観点から定められるのだろうか。

(ア) **特許法70条** 　特許法70条1項は、「特許発明の技術的範囲は、願書に添付した特許請求の範囲の記載に基づいて定めなければならない。」と規定する。当該規定が技術的範囲を定めるための大原則である。特許出願願書においては、出願人が特許による保護を求めようとする技術内容が「特許請求の範囲」という項目で文章や図式をもって示される。実務では「クレイム」と称される。特許請求の範囲の項には、更に「請求項」として1個の出願で処理される複数の発明が存在することが多い。どのような発明が1個の出願でなされるのかは特許法37条、特許法施行規則25条の8に規定されている。特許出願の願書の内容は特許登録に至ったときは「特許公報」として公示される（特許66条3項）。したがって特許侵害訴訟においては、特許公報が例外なく原告から書証として提出される。

このように侵害訴訟において、特許発明の技術的範囲は特許公報に記載された特許請求の範囲（請求項）の記載に基づいて確定されることになる。さらに具体的にいえば、被告製品等がこの請求項の記載の範疇に属するか否かが争点になる。

しかしながら特許として保護されるべき発明の内容を、特許請求の範囲に文章や図式で的確に表現することは極めて難しい。実際の侵害訴訟では、特許請求の範囲の記載だけで侵害の成否が確定できることはむしろ珍しく、特許請求の範囲の記載の意味内容をめぐって議論が戦わされることが多い。例えば特許請求の範囲に前記のごとく「先端の尖った」という表現があり、被告製品等では先端が若干丸みを帯びているような場合、「尖った」とはどの程度のことをいうのかなどはすぐ争いになる。そこで特許請求の範囲の意味を解釈するため

に，種々の事項が主張される。以下主なものを挙げる。

(イ)　**明細書の記載**　特許出願願書には前記の特許請求の範囲のほかに，明細書や図面等を添付することが必要である。このうち明細書には発明の名称，図面の簡単な説明とともに，発明の詳細な説明が記載される（特許36条3項）。そして発明の詳細な説明の記載には，更に「その発明の属する技術の分野における通常の知識を有する者がその実施をすることができる程度に明確かつ十分に記載したものであること」が要求される（同条4項1号）。したがって明細書は，当該発明の内容を理解するうえで最も重要な資料であり，特許請求の範囲を理解するにあたっては，これを参酌することが不可欠である。特許法70条2項は，前記の同条1項を受けて，「前項の場合においては，願書に添付した明細書の記載及び図面を考慮して，特許請求の範囲に記載された用語の意義を解釈するものとする。」と規定している。

(ウ)　**公知技術の参酌**　特許は，いうまでもなく新しい技術についての発明に付与されるものである☆10。したがって公知技術を取り込むような特許請求の範囲の解釈はできない。前記の「先端の尖った」という表現の意味の解釈につき，特許出願前に先端が所定の大きさの曲率をもったものが存在した場合，この発明では，先端が針のような尖り方をしているものと限定して解釈することになる。この意味で公知技術は特許請求の範囲を解釈する一つの手段である☆11。

(エ)　**出願経過の参酌**　発明は特許出願をしてから特許に至るまでに，特許庁における審査や審判を経由し，その過程で出願人自身の当該発明に関する

☆10　特許法29条は，特許が付与されるための要件として，公知技術と同一でないこと（1項：「新規性のある発明」といわれる。），公知技術から容易に発明することができたものではないこと（2項：「進歩性のある発明」といわれる。）を掲げる。

☆11　従前は，本文のようにして公知技術を取り込まないように技術的範囲の解釈がなされていたが，後述の特許法104条の3の説明で触れるように，近時は公知技術を除外して解釈するより，公知技術を含む発明であるから無効審判で無効にされるべきであるとして，原告の請求が棄却されるケースが目立っている。本文の例でいえば，先端が所定の大きさの曲率のものが出願前の公知技術として存在した場合，これも特許発明にいう「尖った」と解釈して，無効となるべきであると判断することが行われるということである。

意見を開示する機会が生じることが多い。その段階で公知技術との相違を示すため，自身の発明の範囲を小さく解釈するような意見を表明すると，特許後に権利を行使する場合，出願過程におけるこうした意見表明が重視されて，発明の範囲が狭く解釈されることがある。一種の禁反言の原則であり，出願経過禁反言などと呼ばれることがある。したがって，権利範囲を狭く解釈したい侵害訴訟の被告は，原告特許の出願経過を精査することが必須不可欠である。

　　(オ)　**その他**　そのほか，当該特許に対する第三者の評価（第三者が別の特許出願明細書で当該特許内容を説明しているような場合）なども，判断要素の一つにはなるが，決定的なものではない。

　また，侵害の成否に関する専門家の鑑定書なども出されることがあるが，事実の判断ならばともかく，侵害の成否という規範的判断にあたっては，裁判官と同じ視線で評価をするものであるから，立証資料としてはあまり大きな意味はない。

　　(カ)　**均等侵害**　上記(ア)～(オ)に述べたことは，被告製品等が特許請求の範囲（請求項）の文言の範疇に属するか否かの観点からの判断要素であるが（文言の範疇に属する場合は，俗に「文言侵害」と呼称される。），例外的に文言外であってもなおかつ侵害とされるケースが存在する。いわゆる「均等侵害」であり，実質的に特許発明と同一と判断される実施態様についてこれが該当する。特許権は物権類似の権利であり，その効力が及ぶ範囲は明確に定められなければならないので，文言外の態様は原則として侵害にならない。しかし前記のとおり，ある発明を的確に文章や図式で表現することは必ずしも容易ではなく，実質的に同一と思われても形式的には文言から外れる実施態様も存在する。要するに真の発明保護と権利範囲の確定による法的安定性という２つの要請の中間に位置する問題であり，古くから均等侵害として論じられてきた。最高裁判所（第三小法廷）は平成10年２月24日判決（いわゆるボールスプライン軸受事件といわれる。）で[12]，均等侵害の存在を認め，その要件として次の５点を示した。すなわち，特許請求の範囲に記載された構成中に対象製品等と異なる部分が存する場合であっても，

---

[12]　最判平10・２・24民集52巻１号113頁・判時1630号32頁・判タ969号105頁。

① 上記部分が特許発明の本質的部分ではないこと
② 上記部分を対象製品等におけるものと置き換えても，特許発明の目的を達することができ，同一の作用効果を奏するものであること
③ 上記部分を対象製品等におけるものと置き換えることに，当該発明の属する技術の分野における通常の知識を有する者（当業者）が，対象製品等の製造等の時点において容易に想到することができたものであること
④ 対象製品等が，特許発明の特許出願時における公知技術と同一又は当業者がこれから上記出願時に容易に推考できたものではないこと
⑤ 対象製品等が特許発明の特許出願手続において特許請求の範囲から意識的に除外されたものにあたるなどの特段の事情がないこと

の5要件を具備している場合は，上記対象製品等は，特許請求の範囲に記載された構成と均等なものとして，特許発明の技術的範囲に属するものと解するのが相当である，とした。

各要件の意義についても多くの議論があるところであるが，侵害の成否を議論する場合，均等侵害についてまで考慮することが不可欠であることを認識しておく必要がある。

(d) 被告の侵害行為によって原告が損害を受けたこと及びその額

いうまでもなく特許侵害行為は民法709条に該当する不法行為であるから，これによって損害を被った権利者は当然侵害者である被告に損害賠償を請求できる。特許侵害に基づく損害賠償請求における論点は極めて多岐にわたり，逐一詳細に触れることはできないが，特許法は損害賠償に関し103条，102条に特別な規定を置いている☆13。

(ア) **特許法103条　過失の推定規定**　特許侵害は不法行為であるから，

☆13　特許侵害は知的創作活動の結果得られた発明を無断で盗用する行為であるから，損害が発生したこと自体は特に立証しなくても，事実上認められる。ただ商標権の場合は，保護される商標は創作活動の成果ではなく，商品や役務（サービス）と一体になって，商品の出所や役務の主体を表示し，その商品や役務等の信用を化体する性質のものであるから，商品やサービスとの結びつきを離れて商標自体が模倣されても，直ちに損害が生じたとはいえない場合もある。最判平9・3・11民集51巻3号1055頁〔小僧寿司事件〕は，この問題につき説示したものとしてつとに有名である。

損害賠償請求のためには被告の故意過失が必要とされるが，特許法103条は侵害者の過失を推定するとしている。特許権は特許公報という形で一般に公示されるから，当業者が事業をなすにあたっては常にそれをウオッチングしていなければならないという建前を前提にした規定である。実務においては特許登録後であって特許公報が未だ公刊されていない期間の実施であるというような場合以外は，過失の推定を覆滅した判決例はほとんどない。

　(イ)　**特許法102条1項　逸失利益算定規定**　比較的最近（平成10年法律第51号）になって設けられた規定であり，被告の侵害品販売数量に，それに対応する原告製品（被告の侵害行為がなければ原告において販売できたであろう製品）の単位あたりの利益を乗じた額をもって損害額とするものである。ただし原告の実施能力の範囲の数量であることを必要とし，また被告の販売数量の中に，被告が侵害していなくても原告の販売数量としてカウントできない事情がある場合は，その数量は控除される。また原告の利益は，粗利益から，原告が被告販売数量を実施したとすれば必要となる経費（変動経費）のみを控除した額（限界利益）ということでほぼ裁判例の考え方は一致している。なお前記原告の販売数量から控除された部分について，後述(エ)の実施料相当額を請求できるか否かの議論があり，知財高裁平成18年9月25日判決（椅子式マッサージ機事件，〔平成17年(ネ)第10047号〕裁判所ホームページ）はこれを否定している。

　(ウ)　**特許法102条2項　損害額の推定規定**　特許法102条1項の規定が新設される以前から存在していた規定であって，特許侵害によって被告の得た利益の額は原告の損害額と推定する規定である。原告としては，自己の利益を開示する必要がないので，1項の新設にかかわらず原告の損害額算定手段として利用されるケースも多い。1項と同じような論点があるほか，推定規定であるから，被告からその覆滅事由を主張立証することが可能であるが，いかなる事由があれば覆滅されるのか，実務の見解はまだ流動的である。

　(エ)　**特許法102条3項　実施料相当額の損害額**　他人が特許権者の発明を実施するときには，特許権者から実施の許諾を得たうえしかるべき実施料を支払わなければならないのであるから，無断で実施がなされれば，特許権者には少なくとも実施料相当額の損害は生じたことになるとの観点からの規定で，特許法102条1項・2項に基づくよりも額としては低くなりがちだが，主張立

証が最もシンプルなため頻繁に利用される。一般には，被告売上額の何％であると認定されるが，その実施料率をめぐっては常に争いが発生する。実施料算定要素となる事由については極めて多岐にわたるので，この規定を適用した判決例[14]を参考にしていただきたい。

　(オ)　**特許法102条4項　軽過失参酌規定**　実施料以上の損害額を請求することは勿論可能であるが，その場合実施料を超える損害額算定にあたっては，被告に故意又は重過失がなければこれを参酌することができるとされる規定である。立法の仕方が不分明なためか，従来あまり活用されていない。

(2)　**被告の抗弁**

　(a)　**実施権の存在**

　被告製品等が原告の特許権に低触するとの判断のもとで被告から出される抗弁[15]としては，被告が当該特許権に対し実施権を有するとの主張が主なものである。ちょうど土地所有権に基づく明渡請求に対し，借地権を有するとの抗弁を主張するのと類似した関係にある。

　実施権も大きく分類すると契約上の実施権と法定実施権がある[16]。契約上の実施権は更に専用実施権（特許77条）と通常実施権（特許78条）に分けることができる。専用実施権は土地でいえば地上権類似の権利であり，排他的請求権（特許100条）や損害賠償請求権（特許102条）を有するが，登録が効力発生要件とされている（特許98条1項2号）。したがって第三者に対する関係で専用実施権と通常実施権は効力の違いを生ずるが，特許権者に対し実施の正当性を主張できる地位であることにおいて変わりはない。

---

[14]　東京地判平13・9・6（平成11年（ワ）第24433号），東京地判平19・10・26（平成18年（ワ）第474号），東京地判平19・12・14（平成16年（ワ）第25576号），東京地判平20・12・24（平成17年（ワ）第21408号），大阪地判平14・10・29（平成11年（ワ）第12586号），知財高判平22・5・27（平成22年（ネ）第10006号），知財高判平22・7・20（平成19年（ネ）第10032号）など。いずれも裁判所ホームページ参照。

[15]　多くの場合被告は侵害であることも争うから仮定抗弁として出されることになる。

[16]　そのほかに裁定による実施権の制度（特許83条・92条・93条）もあるが，実務ではあまり利用されていない。

V◇特許訴訟

　契約上の実施権は特許実施契約の有無が立証の対象になるだけであるから，比較的シンプルな争点であるが，法定実施権の存否は侵害訴訟において大きな争点になることが多い。

　法定実施権が認められるケースは特許法上規定されているが，主なものは35条（職務発明による通常実施権）と79条（先使用による通常実施権）である☆17。職務発明による通常実施権は，単純化していえば，会社はその従業員がなした発明について通常実施権を有するというもので，「法人発明」との概念を認めていない法制のもとでは当然の規定である。職務発明でしばしば訴訟になるのは会社に特許を受ける権利を譲渡した場合の対価をめぐっての争いであり，会社の法定実施権の有無をめぐる争いはそれほど多くはない。

　先使用による通常実施権（俗に先使用権と呼ばれる。）は，特許出願前から当該発明と同じ発明につき実施又はその準備をしていた者に通常実施権を認める制度であり，わが国のような先願主義（同じ発明なら先に特許出願した者に権利を付与する制度。先発明主義と対置される〔特許39条〕。）のもとで，特許権者より先に発明をなし現に実施をしている者や実施に向けて事業活動をしている者を保護する制度である。先使用の抗弁については，特許出願前に実施又は実施の準備をしていたといえるかどうかという点や，先使用物件と現在訴訟で対象になっている物件との関係などをめぐって争いになることが多く，この争点に関しては立証資料も多岐にわたり，またしばしば証人尋問が行われることがある。

(b)　権利行使制限の抗弁（特許無効の抗弁）

　被告製品等が特許侵害になるか否かを問わず，被告にとって請求棄却の判決を得るための強力な抗弁として位置づけられているのが，特許法104条の3に規定されている権利行使の制限の抗弁である。俗に「特許無効の抗弁」といわれるので，本項目でもその語を用いる。従来の制度では，特許権が無効であることは特許庁の無効審判を通じて判断されることであり，侵害訴訟の裁判所は無効が確定するまでは有効な特許として扱い，自らが特許無効を宣言することはできないとされていた。そして法律の建前では，無効審判が確定するまで訴

　☆17　特許法上は，このほかに80条・81条・82条・176条などに法定実施権の規定が置かれているが，実務上主張されるケースはほとんどないので割愛する。

訟手続を中止することができるという制度が設けられているにすぎなかった（特許168条2項）。しかし無効とする審決が確定していない場合や無効審判そのものが請求されていない場合でも，裁判所から見て明らかに無効と思われる特許権による権利行使は制限すべきであり，また無効審判手続が終了するまで侵害訴訟の審理を中止していたのでは訴訟経済にも反することになる。そこで従前から，明らかに無効理由を包含する特許権に基づく権利行使を認めない（特許権者の請求を棄却する）ための理論が判例，学説の上で展開されてきた。最高裁判所（第三小法廷）は平成12年4月11日判決（いわゆるキルビー特許事件といわれる。）☆18で，かかるケースの場合は権利濫用にあたるとしてこの問題に関する司法の判断を明示した。

　特許法104条の3は，更にそれを制度として立法化したものである。しかし同規定はキルビー特許事件判決とは異なり，特許が無効となることが「明らか」との要件を入れていないため，結局特許無効の判断が侵害訴訟においても特許庁の無効審判と同じような観点で行えることになり（ダブルトラックなどといわれる。），被告にとっては侵害訴訟における大きな武器となった。現に平成17年4月1日の施行からこの規定は最大限活用され，侵害訴訟の8割近くでこの抗弁が出されているという報告もある。そして裁判所は被告製品等が侵害か否かの判断をする前に，特許が無効とされるべきであるとの判断で請求を棄却するケースも多い。しかし無効判断のダブルトラックによる問題点も指摘され，現在の実務に関しては制度論，運用論において更に検討が加えられているところであり，今後どのような形に移行していくのかは本項目執筆時点では未定である。

　特許無効の抗弁が主張されたときは，原告はその防御のために訂正審判を求め，発明の範囲を被告から出された公知技術からは想到できない範囲に絞り，権利を維持しようとすることも多い。その場合，訂正の要件が満たされ，被告製品等が訂正後の発明にも含まれると判断された場合には，かかる原告の再抗弁が認められて，特許法104条の3をめぐる争点が解決されることとされている。

　☆18　最判平12・4・11民集54巻4号1368頁・判時1710号68頁・判タ1032号120頁。

特許無効の抗弁をめぐる論点も極めて多く，逐一触れることはできないが，侵害の成否と並んで侵害訴訟の二大争点であることは，原被告どちらの立場に立っても充分認識しておくべきことである。

❹ 訴訟手続に関する現行の実務の流れ

侵害訴訟は，通常の民事訴訟であるから，訴訟手続は一般民事事件と基本的に異なるところはない。ただ特許侵害事案という特殊性から，侵害訴訟特有の進行をすることもある。以下，侵害訴訟の流れの概要を示す。

① 特許侵害訴訟の第一審管轄裁判所は，東京地方裁判所又は大阪地方裁判所が専属管轄となる☆19。訴訟手続の第1回は口頭弁論から始まるが，第2回目からの審理は東京地裁の場合は，裁判長と主任の陪席裁判官の担当による弁論準備手続に移行することが多い。

② 審理はまず侵害の成否について行われる。被告から特許無効の抗弁が出されている場合は，それも並行して審理される。

　訴訟の対象となる被告製品等の特定は前記のとおり商品名や型番などをもって行われるが，権利との対比にあたってはその構成を明確化する必要があるため，原被告双方から被告製品等の構成に関する主張立証が行われるとともに，それに基づいた侵害，非侵害の主張立証が行われる。被告製品等の構成につき争いがなくなるのが望ましく，従前は争いをなくすためにかなりの審理時間を費やしていたが，前記のとおり現在は被告製品等の構成を立証の対象として位置づけたため，その審理に多くの時間を費やすことはなくなった。

　被告製品等の構成の立証のために，被告物件が持ち運び可能な場合は検証物として提出されるのが普通である。この場合実務では検証調書は作成しないで，裁判所の五感に委ねる取扱いにしている。そのほか文書や物件の提出命令申立て，製造現場の検証申立て，鑑定申立てなど，一般民事事件より民訴法規定の立証手段が活用されているように見受けられる。

③ 侵害訴訟は一般民事事件に比して証人尋問が行われるケースは少ない。

☆19　管轄については前掲注（☆2）参照。

特許発明の技術的範囲の認定や被告製品等の構成は，大半の場合，書証で判断できるからである。したがって人証は，出願前に公然使用されていた技術か否かとか，先使用権の有無などの争点がある場合に限られる。

④　侵害の成否，特許無効の抗弁の審理が終了すると，その段階で裁判所から一応の心証が当事者に示される。侵害成立，特許有効との心証（請求認容）が形成されている場合には，引き続き損害賠償の審理に移行する。この段階で中間判決をなすケースもある。逆に侵害不成立又は特許無効の心証（請求棄却）の場合には，原告に対し，第一審判決を得たうえで控訴審の判断に委ねるか，この段階で少額の和解金の授受や被告に無効審判請求の取下げを約束させて訴訟を終息させるか等の意向を問い合わせる。

⑤　判決は口頭弁論終了後，2～3か月で言い渡されることが多い。いずれにしても，第一審は1～2年程度で終了するから，近時の審理時間は飛躍的に短くなったといえる。

控訴審は特許権の場合，知的財産高等裁判所の専属管轄（法6条3項，知的財産高等裁判所設置法2条1号）であり，現在4つの部で担当している[20]。

❺　特許侵害訴訟の争点のまとめ

以上のとおり，特許侵害訴訟は特許権の存在，被告製品等の侵害の成否，損害額という大きな枠の中での訴訟であり，争点も自ずから限定されるから，その意味で訴訟としてはかなり定型化したものといえよう。

❻　審決取消訴訟の概要

(1)　審決取消訴訟の内容

審決取消訴訟は，特許庁における審判事件の審決に対する不服申立訴訟であり，行政訴訟の一類型である。審決取消訴訟の対象となる特許庁の審判の主な

---

[20]　知的財産高等裁判所は，東京高等裁判所に設置された特別支部であり（知的財産高等裁判所設置法2条柱書），特許権等に関する訴えの控訴事件と，特許庁の審決に対する取消訴訟は，同裁判所が一括して取り扱うことになっている（同法2条1号・2号，法6条3項，特許178条1項等）。

ものは、拒絶査定不服審判（特許121条）と特許無効審判（特許123条）である。

(2) 特許拒絶査定不服審判

特許拒絶査定不服審判は、特許出願人が特許の拒絶査定を受けたときに請求する審判であり、それに対する審決が審決取消訴訟の対象となる。原告は特許出願人であり、被告は特許庁長官である。原告代理人には弁理士が選任されることが多い。

(3) 特許無効審判

特許無効審判は、既に登録されている特許権の無効を求めて特許権者以外の第三者が特許庁に請求するもので、特許権者が被請求人となる。無効審判審決取消訴訟はその審決に対する行政訴訟ではあるが、訴訟においては特許庁長官は当事者とならず、審判請求人と被請求人が原告又は被告となる。無効審判が請求されるのは、当該特許権をめぐって侵害問題が起きていることが多く、したがって、弁護士も代理人として名を連ねることが多い。

(4) 特 殊 性

審決取消訴訟は文字どおり特許庁の審決の当・不当を審理の対象にする行政訴訟であるから、民事訴訟の控訴審のような続審としての性格はもたない。したがって審判で審理の対象となっていない主張や立証は審決取消事件では原則として提出し得ない。

審決取消訴訟は知的財産高等裁判所の専属管轄であり、近時の実務では、提訴すると、口頭弁論を付さずに最初から弁論準備手続に回され、数回の弁論準備手続で終了し、最後に口頭弁論が開かれ、提訴から1年程度で判決に至るケースが多い。

〔小 池　豊〕

VI ソフトウェア開発関係訴訟

❶ ソフトウェアの開発に関する訴訟と争点整理の指針

(1) ソフトウェアの意味

　ソフトウェア☆1とは，コンピュータを動作させる手順・命令をコンピュータが理解できる形式で記述したものである。コンピュータ・プログラム☆2と呼ばれることもある☆3。

　ソフトウェアをめぐっては様々な訴訟が起きているが，本項目ではソフトウェアの開発に関してユーザとベンダとの間で発生した紛争に関する訴訟（以下，このような訴訟を「ソフトウェア開発関係訴訟」☆4と呼称することにする。）を取り扱うこととし，ソースコードの知的財産権をめぐる紛争に関する訴訟は取り扱わな

☆1　ソフトウェアには特定の目的のために利用されるアプリケーションソフトと呼ばれるものとハードウェアを管理するシステムソフトと呼ばれるものがある。

☆2　人の作業をコンピュータを使って機械化するには「コンピュータ・プログラム」とコンピュータなどの「機械」の両方が必要であり，その対比という観点から「コンピュータ・プログラム」を「ソフトウェア」，「機械」を「ハードウェア」と呼ぶことがある。

☆3　ただし，「プログラム」と呼ばれる場合は，コンピュータが命令を処理するために「プログラム」の外から呼び出される「データ」を除いた意味で用いられる場合が多い。東京地判平22・4・28（平成18年（ワ）第24088号）裁判所ホームページは「ソフトウェア」という用語を「著作権法2条1項10号の2の『プログラム』，同項10号の3の『データベース』，データ等の電磁気記録及び画面に表示される文字，画像等の映像又は影像など電磁気的に提供される情報の総体〔マニュアル，設計書等の文書は含まない。〕」という意味で使用しているが，「データ等電磁気記録……影像」の部分は「プログラム」の外から呼び出される「データ」の意味と思われる。

☆4　「システム開発」という概念もある。「システム」とは複数の要素が関係しあい，まとまって機能する組織や系統のことをいう（『日経パソコン用語辞典〔2011年版〕』）。システムインテグレータとはユーザの業務上の問題に合わせて，総合的な情報システムの構築や保守，運用などを一括して行う業者のことをいう。

いことにする☆5。

なお，本項目ではソフトウェアの開発発注者をユーザ，ソフトウェアの開発受注者をベンダと呼称する。

(2) ユーザとベンダの間の契約関係

ソフトウェアの開発に関するユーザとベンダとの間の契約関係は一様ではない。ソフトウェアの開発工程についてユーザとベンダとの間にどのような契約関係を成立させるかは当事者の意思によるからである。基本契約と個別契約で構成されていたり，工程ごとに別個の契約が締結されていたり，業務の系統ごとに契約が締結されたりすることもある。契約の範囲によって，契約が準委任と請負の混合契約の性格を有する場合もある。

そこで，本来であれば本項目でも契約が準委任なのか請負なのかについて検討されるべきであろうし，実際にも「開発委託契約」の性格が請負契約か準委任契約かで争われることもある☆6☆7。

しかし，争点整理で困難となるのは請負契約が成立する場合であると思われる。

したがって，本項目では，ユーザとベンダとの間の契約関係を，ユーザを注文者，ベンダを請負人とする請負契約と考えることとする☆8。

☆5 ソフトウェアの開発に関する訴訟としては，他に下請ベンダと元請ベンダとの間で請負代金の支払をめぐる紛争もある。

☆6 契約の性質が争われた事案として東京地判平20・12・25（平成18年（ワ）第24821号）裁判所ホームページ。この事案で裁判所は契約を請負的性格を有する業務の委託契約と判示している。

☆7 請負を否定し準委任と認めた裁判例として東京地判平23・1・28（平成20年（ワ）第14980号）WLJ登載，東京地判平20・4・24（平成17年（ワ）第25797号，平成18年（ワ）第14112号）LLI登載がある。なお，東京地判平19・1・31（平成15年（ワ）第8853号）LLI登載は，主位的請求における請負契約の成立を否定し，予備的請求における準委任契約の成立を認め，報酬請求を認容している。

☆8 なお，コンピュータが適切に機能するために「プログラム」のほかに画像などの「データ」が必要な場合には，当該「データ」の作成・交付も請負契約の内容に含まれることになる。

(3) ソフトウェア開発関係訴訟が長期化する原因

　ソフトウェア開発関係訴訟は審理が長期化する訴訟の一つと考えられている。
　長期化する原因としては，①開発対象であるソフトウェアに対する正確な理解が困難であること，②攻撃防御の方法に関してこれまで十分な検討がなされてきていないこと，③開発工程で発生する事実関係が複雑であり，間接事実の整理に時間を要すること，④当事者の主張や証拠に専門用語が含まれることが多く，その理解に時間を要すること，⑤ソフトウェア開発過程で作成される書面やメールが大量に存在し，それが証拠として提出されると，書証と争点との関連性の整理に時間を要すること，⑥争点整理が判決を言い渡すために必要な主張や証拠の整理を目指すのではなく，紛争発生原因の解明などに向けられやすいことなどが挙げられる。
　ソフトウェア開発関係訴訟の争点整理を適正かつ迅速に行うには上記のような特徴をふまえて検討する必要がある。

(4) 争点整理の指針

(a) はじめに

　通常の事件において裁判所が事件の全体像の説明を求める傾向があることから，ソフトウェア開発関係訴訟においても当事者が紛争の背景を時系列に沿って延々と説明することがある。
　しかし，ソフトウェア開発関係訴訟では紛争の背景が単純ではなく，また専門委員がソフトウェアの開発の失敗原因の把握を優先しがちなこともあって，判決を言い渡すために必要な事実を双方の時系列の説明から抽出しこれを整理することが疎かになり，これが争点整理が円滑に進ませない一つの要因となっている。
　そこで本項目では，争点整理が円滑に進むように争点整理に関する一つの試案を示すことにする。

(b) 準　　備

　(ア) ソフトウェアの概要の説明　　当然であるが，開発対象であるソフトウェアについて裁判所と当事者との間では理解の深さに相当の違いがある。
　そこで，当事者としては開発対象であるソフトウェアがどのようなものであ

るのか，あるいはどのように使われるものであるのかなどを示す簡潔な図を提出し，裁判所がソフトウェア全体の概要を直感的に理解できるよう工夫する必要がある☆9。

(イ) **開発体制の説明**　ソフトウェアの開発では，ユーザ，ベンダともに内部外部の人間が多数関与し，それぞれが議事録，メールなどで様々な発言をしているが，その発言の重みがはっきりしないことがある。

そこで，ユーザ，ベンダともにそれぞれどのような立場の人間がどのような役割で関与していたのかを図によって明らかにしておくことが有用である☆10。

(ウ) **専門用語の説明**　専門用語の説明が必要と思われる事案では，専門用語の説明表を作成する必要がある。この場合，専門用語の説明の仕方をめぐって当事者間で対立が生じないように，説明はできる限り裏づけのある資料に基づいて行う方がよいと思われる。

(c) **法律構成の整理**

次に，争点整理の基盤となる攻撃防御の構造を把握するため，事案の紛争類型とこれに対応する法律構成を確認する必要がある。

そのうえで，訴訟物，請求原因の構造と原告が主張する主要事実，抗弁の構造と被告が主張する主要事実について，それぞれ確認し，争点整理の基盤となる骨格を固めることが重要である。

(d) **ユーザの主張する不具合状況等の把握と分析**

ユーザが不具合の存在を主張する場合には，不足機能一覧表や瑕疵一覧表の書式を示し，早期に一覧表を作成させ，その後に一覧表にベンダの認否を記載して，争いのある事実とない事実を峻別するとよい。

(e) **真の争点の抽出**

主要事実のうち争いのある事実を確認し，その事実の存否の判断のために判

☆9　特にシステム開発のように複数の業務系があり，ネットワークを使うような場合には準備書面の説明では具体的なイメージがつかめないので，図解することは裁判所の理解を深めるうえで有用である。

☆10　通商産業省機械情報産業局編『ソフトウェアの適正な取引を目指して―産業構造審議会情報産業部会報告書』(コンピュータ・エージ社，1993) 53頁に開発体制を表す図の例が紹介されている。

断が必要となる真の争点が何かを専門委員の助力を得ながら明らかにする[11]。

(f) 争点ごとの主張及び証拠の整理

真の争点が明らかになったら，それを判断するために必要な事項が何かを確認する。

判断のために間接事実の主張が必要な場合には，時系列表の作成（争点ごとのストーリーの把握[12]）などにより，その事実を整理する。

さらに争点を判断するために必要な資料の範囲を確認し，その資料の中で事実の認定のために重要となる箇所を特定する[13]。

(g) 争点の絞込み

専門委員の助力により書証のみにより判断できる争点と人証調べを経ないと判断できない争点を峻別し，かつ，ユーザの主張する瑕疵について，検証なしにその存在を認定できるもの，ベンダが認めるもの，検証なしに認定できないものとに峻別するなどして争点の絞込みを行う。

❷ ソフトウェア開発関係訴訟の類型

(1) はじめに

ソフトウェア開発関係訴訟にはベンダが原告になる場合とユーザが原告になる場合がある。

☆11 争いのある主要事実の確認は裁判所・弁護士でも十分になし得るが，真の争点の抽出やその争点の判断のために何を資料とすべきかを判断するためには専門家の助力が必要となる。

☆12 ソフトウェア開発では多数の関与者が多くの問題について様々な行動をとるので，事件全体の時系列表を作成しても事件のストーリーが把握しにくいと思われる。争点ごとに時系列表を作成することは訴訟代理人としては負担が増えるが，事件全体の時系列表を作成するにあたり，後日，データの取捨選択をしやすいように工夫するなどしておくことで，争点ごとの時系列表を作成する負担は軽減させることができるだろう。

☆13 メールや議事録を書証として提出する場合には，重要な箇所にラインマーカーを引くなどして強調するとともに，その中に専門用語が含まれている場合にはその内容を説明しておくべきである。説明方法としては，準備書面や証拠説明書で行うよりも，事実上余白に書き込むか書証の別紙に記載するかする方がわかりやすいのではないかと思う。

Ⅵ◇ソフトウェア開発関係訴訟

それぞれについて法律構成を判断する資料として，それぞれの請求の形態の一例を示しておくことにする。

(2) 本訴の形態

(a) ベンダがユーザに対して提訴する形態

・開発契約に基づく報酬請求☆14☆15
・注文者解除に基づく損害賠償請求（民641条）☆16
・契約締結上の過失に基づく損害賠償請求☆17
・使用者責任（民715条）に基づく損害賠償請求☆18
・不当利得に基づく未払金相当額の返還請求☆19
・商法512条に基づく相当報酬金請求☆20☆21

(b) ユーザがベンダに対して提訴する形態

・業務委託契約の債務不履行解除に基づく原状回復請求☆22☆23
・請負人の瑕疵担保責任（民635条）解除に基づく請負代金の原状回復請求☆24
・業務委託契約解除に基づく損害賠償請求☆25

☆14　東京地判平17・4・22（平成14年（ワ）第2077号）LLI登載。
☆15　ベンダの報酬請求に対して，ユーザが仕事完成事実の否認又は同時履行の抗弁権の主張のみで争うことは避けるべきである。紛争の抜本的解決にならないからである。ユーザはもはやこのベンダに開発させる意思はないはずであるから，ユーザとしてはベンダに仕事完成義務が残るような形の主張をすることは妥当ではなかろう。
☆16　東京地判平17・3・24（平成16年（ワ）第8548号）LLI登載。
☆17　前掲注（☆16）東京地判平17・3・24。
☆18　東京地判平19・11・30（平成17年（ワ）第21377号，平成18年（ワ）第664号）LLI登載。
☆19　前掲注（☆18）東京地判平19・11・30。
☆20　東京地判平7・6・12判タ895号239頁。
☆21　東京地判平22・1・22（平成18年（ワ）第6445号，平成18年（ワ）第14701号）LLI登載。
☆22　東京地判平16・3・10判タ1211号129頁。
☆23　東京地判平16・12・22判タ1194号171頁。
☆24　東京地八王子支判平15・11・5判時1857号73頁。
☆25　東京地判平9・2・18判タ964号172頁。

- 業務委託契約の債務不履行に基づく損害賠償請求[26]
- 不法行為に基づく損害賠償請求[27]

(3) 反訴の形態
 (a) ベンダがユーザに対して反訴する形態
- 請負契約に基づく報酬請求
- 契約締結上の過失に基づく損害賠償請求
- 不法行為に基づく損害賠償請求
- ユーザの債務不履行に基づく損害賠償請求
- 民法641条所定の請負契約の解除による報酬及び損害賠償請求

 (b) ユーザがベンダに対して反訴する形態
- 業務委託契約の解除に基づく原状回復請求[28]

❸ 各紛争類型の攻撃防御の構造[29][30]と想定される争点

(1) はじめに

紛争類型の一部について，攻撃防御の構造とそこにおいて主張されると想定される争点について示しておくことにする（あくまでも一例である）。

---

[26] 前掲注（☆24）東京地八王子支判平15・11・5。
[27] 名古屋地判平16・1・28判タ1194号198頁。
[28] 東京地判平14・4・22判タ1127号161頁。
[29] 紹介する攻撃防御の方法はあくまでも一例であり，他の請求方法等は当然あり得る。
[30] 岡口基一『要件事実マニュアル(2)〔第3版〕』（ぎょうせい，2010），松本克美ほか編『専門訴訟講座(2)建築訴訟』（民事法研究会，2009）参照。

(2) ベンダのユーザに対する報酬請求

訴訟物	請負契約に基づく報酬請求権		
請求の原因			
要件事実	否認理由	判断すべき事項	固有の問題点
①請負契約締結の事実	契約書を作成していない。	契約締結の事実が認められるか☆31	
②仕事完成の事実	契約で定めた機能がない。	当該機能の開発は契約内容に含まれるか。	・開発対象を確定する資料は何か。 ・当該機能は開発対象を確定する資料に記載されているか。 ・当該機能が開発対象を確定する資料に記載されていたが，その後，当事者間で開発の対象から除外する合意が成立していたか。 ・当該機能が開発対象を確定する資料に記載されていなくても，契約上開発対象になっていたといえるか。
	契約で定めた機能が実現されていない☆32。	仕事の完成の事実は認められるか。	・仕事の完成・未完成を判断する基準は何か。

☆31 ベンダが契約成立事実を否認して争った事例として広島地判平11・10・27判時1699号101頁，前掲注（☆27）名古屋地判平16・1・28。ユーザが契約成立事実を否認して争った事例として前掲注（☆16）東京地判平17・3・24。いずれも契約書がないまま開発が実施された場合で，広島地裁は契約成立を認めたが，名古屋地裁と東京地裁は契約成立の事実を認めなかった。ただし，東京地裁は契約締結上の過失に基づきユーザに賠償責任を認めている。

☆32 前掲注（☆14）東京地判平17・4・22は，未完成の原因がユーザの仕様未確定にあり，その部分が全体の分量に比べて少量の場合にはユーザはこの点を未完成の理由として主張することは信義則に反するとしている。また，運用テストの不実施について

第3章◆訴訟類型別の争点整理

抗　弁		
要件事実	判断すべき事項	問　題　点
契約解除（債務不履行責任） ①ベンダの債務不履行 ②催告 ③相当の期間経過 ④解除の意思表示	（債務不履行） 債務不履行は認められるか。	・ベンダが契約上負担する義務（付随義務を含む）の内容は何か。 ・義務違反が認められるか。
契約解除（瑕疵担保責任） ①ソフトウェアの瑕疵 　・契約違反 　・通常の性能未満 ②目的達成不能 ③解除の意思表示	（瑕疵） 不具合が瑕疵に該当するか。	（契約違反） ・ユーザの主張する状況が認められるか。 ・その状況は契約内容に反するか。 ・その状況はベンダの作業に起因するか。 （通常の性能未満） ・ユーザの主張する状況が認められるか。 ・通常の性能とは何か。 ・ユーザの主張する状況は通常の性能に至らないか。
相　殺 ①自働債権発生原因事実 ・債務不履行に基づく損害賠償請求権 ・瑕疵修補に代わる損害賠償請求権 ②相殺の意思表示	（債務不履行） 債務不履行は認められるか。 （瑕疵） 不具合が瑕疵に該当するか。	同上
再 抗 弁		
ベンダの帰責事由不存在（債務不履行責任との関係）	・帰責事由の有無 ・帰責事由と不履行との因果関係	
ソフトウェアの瑕疵がユーザの与えた指図によって生じたこと（民	・ユーザの指図とソフトウェアの	

　　　もユーザの協力なしに行えないことを理由に未完成の理由とすることはできないとしている。

Ⅵ◇ソフトウェア開発関係訴訟

636条本文）（瑕疵担保責任との関係）☆33	瑕疵との因果関係	
再々抗弁		
ベンダの不告知（民636条ただし書） ①ベンダが指図が不適当であることを知っていたこと。 ②ベンダがユーザに指図が不適当であることを告げなかったこと。		

(3) 追加変更

法律構成		
追加変更合意構成	訴訟物	請負契約に基づく報酬請求権
	請求原因	前記(2)と同じ☆34☆35。
ユーザの債務不履行構成	訴訟物	債務不履行に基づく損害賠償請求権
	請求原因	①請負契約締結の事実 ②ユーザの債務不履行事実（不適切な指示） ③追加作業の発生及び追加作業報酬相当額 ④不適切な指示と追加作業との因果関係
商法512条構成	訴訟物	商法512条に基づく相当報酬請求権
	請求原因	相当報酬額とはいくらか。 ①ベンダが商人であること ②ベンダがユーザのために

☆33　東京地判平15・5・28（平成14年（ワ）第15745号）裁判所ホームページは，瑕疵が注文者の指図によること認め，民法636条本文によりベンダの瑕疵担保責任の成立を否定した。

☆34　ただし，追加変更の場合には報酬額が確定していない場合が多いので，「相当報酬額を支払う合意」があると構成する必要がある。この場合，契約書に定める追加変更の手続，追加発注の経過等について整理する必要があろう。

☆35　東京高判昭56・1・29判タ437号113頁。

	行為をしたこと ③ベンダの行為がベンダの営業の範囲内であること ④報酬額が相当であることを基礎づける事実

(4) ユーザの帰責事由による仕事未完成の場合の報酬請求(民536条2項)☆36

訴訟物	請負契約に基づく報酬請求権
請求の原因	
要件事実	
①請負契約締結の事実 ②ソフトウェアの完成不能 ③完成の不能がユーザの帰責事由に基づくこと	
抗 弁	
相 殺	
要件事実	
①自働債権発生原因事実 　ベンダが残債務の履行を免れたことにより利益を得たこと☆37 ②相殺の意思表示	

(5) ユーザのベンダに対する契約解除に基づく原状回復請求

訴訟物	契約解除に基づく原状回復請求権
請求の原因	
要件事実	
(債務不履行解除) ①請負契約締結の事実 ②請負代金を支払った事実 ③解除権発生原因事実	

☆36　最判昭52・2・22民集31巻1号79頁。

☆37　通常これが問題となるのは，当初の契約で保守運用の報酬やユーザの従業員に対する教育等の支援の報酬まで定めたような場合のみと思われる。

Ⅵ◇ソフトウェア開発関係訴訟

（履行遅滞） 　・納期の約定 　・納期の途過 　・催告 　・相当期間の経過 （不完全履行） 　・ベンダの付随義務☆38☆39 　・義務違反行為 　・当該不履行によって契約目的を達成できないのと同程度の不利益を被ったこと又はその不履行が信義則に反すること 　・催告 　・相当期間の経過 ④解除の意思表示
（瑕疵担保責任解除） ①請負契約締結の事実 ②請負代金を支払った事実 ③仕事の完成 ④ソフトウェアの瑕疵 ⑤契約目的達成不能 ⑥解除の意思表示
抗　　弁
納期延長の合意（履行遅滞関係）
履行又は履行の提供（履行遅滞関係）
ベンダの帰責性不存在（履行遅滞，不完全履行関係）
ソフトウェアの瑕疵がユーザの与えた指図によって生じたこと（民636条本文）（瑕疵担保責任との関係）
再 抗 弁
ベンダの不告知（民636条ただし書）

☆38　ユーザは「ユーザは素人，ベンダは専門家」であるとして，ベンダはユーザに対して適切なアドバイスをすべき義務があると主張する傾向がある。しかし，この場合のベンダの法的義務は契約に付随する義務又は信義則上の義務であるから，義務の具体的内容はユーザが具体的に主張立証をすべきことになると思われる。

☆39　ユーザは，専門家であるベンダはユーザの業務内容を理解しユーザに対して的確な助言をすべき義務があると主張することがある。しかし，付随義務又は信義則上の義務を根拠とする限り，その義務履行行為は見積書の対象外の行為，すなわち，無償で

❹ ユーザの主張する不具合と想定される争点

　ユーザがソフトウェアに不具合が存在すると主張する場合でも争点は同一ではない。主張する内容によって想定される争点が異なる。

　そこで，ユーザの主張整理の参考のため，不具合と争点の関係について簡単に整理してみる。

	不具合の内容	想定される争点
画面まわり	画面の数が不足	【開発対象か】
	画面デザインの不備	【契約内容に反するか】
	画像（動画等）の欠落	【通常の性能未満といえるか】
	画面遷移の不備	
動作関係（画面遷移は除く）	動作（処理機能）の不足	【開発対象か】
		【契約成立後，開発から外す合意が成立したか】
	動かない，異常終了，エラー表示（再現性あり）	【原因がベンダの作業にあるか】
	停止・フリーズ（再現性あり）	
	動作（処理）が予想と異なる	【契約内容に反するか】
	動作（処理）の結果が客観的におかしい（計算間違いや文字化けなど）	【原因がベンダの作業にあるか】
	動作（処理）が遅い（処理速度が遅い）	【通常の性能未満といえるか】
		【原因がベンダの作業にあるか】
	誤動作・予期しない動作	【契約内容に反するか】
その他	セキュリティ対策が不十分	【契約内容に反するか】
		【通常の性能未満といえるか】

ベンダに行わせる行為といえる。そうだとすれば，付随義務又は信義則上の義務を根拠とする行為は，通常，無償でベンダに行わせることが許容される行為に限られるというべきであろう。

Ⅵ◇ソフトウェア開発関係訴訟

❺ 各争点について

(1) 「契約締結の事実の有無」について[☆40]

(a) 争　点

ユーザないしベンダが相手方の契約責任を追及する事案で、相手方が契約の成立を否認する場合がある。この場合は、契約の成否が争点となる。

(b) 争点の発生の事情

ソフトウェア開発の実務では契約書の作成が後回しにされ開発に着手してしまう状況も見られ、なかには契約書が作成されないまま開発が中止になる事案もある。

このような事案では契約の成立が争われることが多い。

(c) 争点整理の指針

この場合の争点整理は、合意の存在・不存在を裏づける事実としてどのような事実が主張されているのかを整理するとともに、その事実の立証方法が何かを確認することが中心となる。特にどのような証人からどのような事実を聞く必要があるのかを整理する必要がある。

なお、ソフトウェアの開発過程で作成される書面は相互に関連性があり、単独では正しく理解できない場合もあるので、各書面の意味や相互の関連性についても整理しておくことが望ましい。

一例としては次のようなプロセスを経ることが考えられる。

① ユーザ・ベンダ間の協議や契約書が作成されなかった経緯等の把握のための時系列表の作成
② 間接事実の確認
③ 立証方法の確認
④ 作成された書面間の関係の整理

☆40　清水建成「企業間取引訴訟の現代的展開(1)現代企業法研究会 システム開発取引における紛争―契約成立と仕様変更に伴う問題」判タ1335号（2011）24頁は契約の成否、追加変更の合意に関する裁判例の分析を行っている。

(2) 「当該機能が開発対象に含まれるかどうか」[☆41]について

(a) 争　点

　ユーザがソフトウェアの機能不足を理由に仕事の完成を否認（あるいは抗弁事実として瑕疵担保責任を主張）しているのに対し，ベンダが当該機能は開発対象になっていないと反論する場合がある。

　ここではソフトウェアの「完成・未完成」あるいは「瑕疵」の有無が争点になるのではなく，当該機能が契約によって開発すべき対象となっているかどうかが争点になる。

(b) 争点発生の事情

　この争点はユーザとベンダとの間で開発対象の認識にズレが生じることで発生する。

　そもそもユーザは開発するソフトウェアに対し様々な要求をするが，そのすべてが開発の対象となるわけではない。費用，納期，技術的理由などから現実の開発対象はユーザの理想より狭くなるのが通常であるが，ユーザ側の内部でこの理想と現実の識別があいまいなことがある。

　また，ベンダ側も開発対象の絞込みについてユーザの代表者あるいは実際にソフトウェアを利用する従業員に対する説明が不十分であったり，開発の過程でベンダの担当者がユーザの要求を承諾するかのような発言をすることもあり，ユーザ側にソフトウェアに対する誤ったイメージを与えることがある。

　このような事情から，確定した開発対象についてユーザとベンダの認識にズレが生じ，ここから開発対象をめぐる紛争が発生するのである。

(c) 争点整理の指針

(ア) 開発対象を確定した書面[☆42]の把握　　ソフトウェアの開発契約書で

☆41　ソフトウェア開発では「仕様」という用語がある。通常はソフトウェアが有する機能（性能）という意味で用いられることが多いと思われるが，「要求仕様」という用語を「ユーザがソフトウェアに対して求める機能（性能）」というように理解する考え方もある。また「○○仕様」「××仕様」となると，それぞれがどのような意味に用いられているかは全体の内容から判断しないと間違うおそれもある。そこで，本項目では「仕様」という用語は使用しないで説明することにする。

☆42　この場合，書面の「名称」だけから判断してはならない。ソフトウェア開発の過程

は，開発業務が準拠すべき書面を特定していることが多い。

そこで，ユーザが不足していると主張する機能が開発対象となっているかについては，まずその書面☆43に照らして判断することになる。

したがって，この争点について整理するには最初に開発対象を判断する書面が何かを確定する必要がある☆44。

(イ) ユーザの主張と当該書面の関連づけ　次にユーザが不足していると主張している機能が，当該書面のどの頁のどの部分に記載されているのかを対比させる必要がある。

(ウ) 当該書面の記載の解釈　ユーザが当該書面に記載される機能が不足していると主張しているが，当該書面の記載が不明確であり，ベンダが当該書面の該当箇所はその機能を含むものではないと争うことがある。

このような場合，当該書面の解釈に関する双方の主張を裏づける事情を把握し，あわせて立証方法も整理する。特に人証による場合は，誰に何を聞くのか，その人証に聞くことが適切かについても考える必要がある。

(d)　留意すべき点

開発に関して当初ユーザが希望した事項と実際の開発対象を混同しないようにする必要がある。当初ユーザが希望した事項のすべてが開発対象になるわけ

で作成される書面の名称は必ずしも共通していないからである。名称が異なっても同じ役割の書面である場合もあるし，名称が同じでもベンダによって与える役割が異なる場合もある。重要なことは当事者が確定した開発対象の内容が記載されていると理解している書面が何であるのかを把握することである。

☆43　東京地判平22・7・22判時2096号80頁は，事案について打合せにおける説明及び配布資料等は仕様について抽象的な提案をするにすぎないとして，仕様に関する詳細かつ具体的な合意は形成されていなかったと判示している。このことを考えると，仕様に関する詳細かつ具体的な合意を反映させた内容の書面を作成することが望ましい。

☆44　ソフトウェアの開発過程では多種多様な書面が作成され，また，同一タイトルでもバージョンを異にする書面が作成されることがあり，これらを一度に証拠として提出して訴訟を混乱させないように注意する必要がある。特にデジタル文書として作成・交付されていると，ユーザとベンダのコンピュータ環境の違いによって，デジタル文書として同一であるのに印刷すると形式が微妙に異なる文書となることがある。双方から提出された形式上異なる文書の内容が同じかどうかを確認する作業は時間の無駄というしかない。

ではない。当初ユーザが希望した事項であっても，開発費用，技術的問題，納期などの関係から実際の開発対象は徐々に絞られて確定されるのが通常である。

したがって，ユーザの希望していた事項というだけではこの争点についての主張又は立証として十分ではないので注意が必要である[☆45]。

(3) 「仕事完成・未完成」[☆46]について

(a) 争　点

仕事完成は一方で報酬代金請求権の発生原因事実として，他方で仕事未完成はベンダの債務不履行事実として問題となる。

この場合，主要事実として「完成」「未完成」が問題となるが，実質的な争点は仕事完成・未完成をどのように判断するか，その基準にある。

(b) ソフトウェア開発に関する仕事完成・未完成の判断基準

前掲注（☆28）東京地判平14・4・22は，システムの完成の有無が問題となった事案について「請負人が仕事を完成させたか否かについては，仕事が当初の請負契約で予定していた最後の工程まで終えているか否かを基準として判断すべきであり，注文者は，請負人が仕事の最後の工程まで終え目的物を引渡したときには，単に，仕事の目的物に瑕疵があるというだけの理由で請負代金の支払を拒むことはできない[☆47]ものと解するのが相当である。」と判示している[☆48][☆49][☆50]。

☆45　ただし，ユーザが希望した事項をベンダが無視して開発対象を確定し，これについてユーザが気づかなかったような場合などは，ベンダの債務不履行責任解除の問題を生じさせると思われる。

☆46　「仕事未完成」の問題と「完成遅延」の問題とを混在させて主張しないように注意する必要がある。特にベンダのユーザに対する報酬請求の事案においては，前者は報酬代金発生要件の問題であるが，後者はベンダの債務不履行責任の問題であって，攻撃防御の次元が異なる。「完成・未完成」の議論において，ベンダの債務不履行責任を基礎づける事実を主張しないように注意する必要がある。

☆47　目的物に瑕疵があるという主張は否認の理由にも抗弁にもならないという趣旨であろう。

☆48　この判決がこのように解する根拠としているのは，民法632条及び633条と634条1項・2項の規定から，「法は，仕事の結果が不完全な場合のうち仕事の目的物に瑕疵

この裁判例の立場からすれば,「最後の工程」とは請負人としてなすべき「仕事の最後の工程」[51]であって「ソフトウェア開発の最後の工程」[52]を意味するものではないと思われる。

ここで問題となるのは「検収」[53]の位置づけである。

検収とは,納入された品が注文通りであることを確かめたうえで受け取ることをいう[54]。

ソフトウェア開発契約書では,ベンダ[55]が納品したソフトウェアについて,ユーザが検収を行うとされていることが多い。

その検収の結果,不合格になった場合にどのような扱いになるかは契約書によって異なっている。「検収の合格によって納品が完了したとみなす」[56]と規定されていれば,検収の不合格は「納品が未了」ということになるし,「検収

がある場合と仕事が完成していない場合とを区別し,仕事の目的物に瑕疵が存在しても,それが隠れたものであると顕れたものであるとを問わず,そのために仕事が完成していないものとはしない趣旨である」と解しているからである。

[49] この判決はシステムの本稼動後1年間使用を継続していた事案である。

[50] ただし,完成未完成に関して他の基準を採用する裁判例もある。
　東京地判平17・4・14(平成15年(ワ)第12741号)LLI登載は,システムが導入される病院の「要求に応じて稼動し得る状態になっていなかった」ことを根拠に「完成していたとはいえない」と判示している。

[51] 前掲注(☆14)東京地判平17・4・22は,ユーザの協力なしに行うことのできないテストがユーザの非協力により完了していない場合には,この点についてユーザは仕事の未完成の理由とすることはできないと判示している。

[52] ソフトウェアの開発はユーザとベンダの共同作業であり,開発工程のすべてがベンダのなすべき工程とは限らない。その意味で,争点整理の段階で,ユーザとベンダの役割分担を把握しておく必要がある。

[53] 内布光「ソフトウェア開発委託契約紛争事例の研究(2)」現代法学(2006)104頁。

[54] 『広辞苑〔第5版〕』(岩波書店)。

[55] 「検収」についてはベンダがユーザを支援することもある。しかし,基本的には「検収」はユーザの責任においてなすべきものである。

[56] ただし「対象業務が完了した」と規定している場合(前掲注(☆6)東京地判平20・12・25の事案)には問題となる。「対象業務」を「仕事完成」と「納品」の両方を含む概念だと解すれば,「対象業務の完了」概念と「仕事の完成」概念を切り離すことが可能かもしれない。この点はなお検討の余地がある。

の合格後一定期間後に報酬を支払う」と規定されていれば，検収の合格が支払期日決定の起算点ということになるので，検収不合格は弁済期未到来を意味することになるのではないかと思われる☆57。

　裁判例の中には「検収」を仕事完成の「最後工程」と位置づけるものもあり，またそのように解する文献☆58もある。

　しかし，ソフトウェアも「引渡しを必要とする仕事」であると考えれば，通常の場合であれば開発は納品に先立って完成していなければならないはずである。

　また，「仕事の完成」については報酬代金発生原因事実としてベンダが主張立証責任を負担するが，ベンダが関与しない「検収」についてベンダに主張立証責任を負担させるという結論には疑問が残る。

　このような理由から，「検収」は請負人が行う「仕事の最後の工程」には含めるべきではないのではないかと思われる。

　ただし，車両運送システムや金融決済システムなどのような大規模な開発の場合，ベンダの開発環境ではユーザが実際に使用する環境と同じ環境でのテストが十分できないこともあり得る。

　このような場合，納品後にユーザが実際に使用する環境において，システム全体のテストをしなければベンダとして最後になすべきテストを行ったとはいえない。

☆57　なお，このような契約書だと，ユーザが「検収」を意図的に行わないとベンダはいつまで経っても報酬を請求できなくなる事態が生じる。そのため，契約書では「納品後〇〇日以内に異議を述べなければ検収に合格したものとみなす」（みなし検収）というような規定が置かれている。

☆58　佐々木茂美編『最新民事訴訟運営の実務』（新日本法規，2003）376頁は「受注者の側で検収前の作業を全て完了し，開発対象となったソフトウェアが合意された仕様・性能を客観的に満たす状態になっていれば，仕事の完成があったものと認めるべきであろう」と述べる。しかしそうであればむしろ「受注者の側で検収前の作業を全て完了し，開発対象となったソフトウェアが合意された仕様・性能を客観的に満たす状態」になっているかどうかが完成・未完成の基準となるのではなかろうか。ただし，この文献は「検収」について発注者も当然に協力する必要があることを前提としているので，本項目とは前提が異なると思われる。

したがって，このような場合にあってはユーザの環境におけるシステム全体のテスト，作業がベンダのなすべき「仕事の最後の工程」になるというべきであろう[☆59]。

(c) 不具合の存在と「仕事完成」の否認理由

仕事完成・未完成を「開発工程」を中心として判断する場合，ソフトウェアに不具合が存する事実は否認理由にならないのであろうか。

前掲注（☆28）東京地判平14・4・22の立場からすれば，「単に，仕事の目的物に瑕疵があるというだけ」では仕事完成の否認理由にはならないことになる。

ただ，開発工程にテスト工程が含まれる場合，テスト工程を行っていれば通常容易に発見できるような不具合がソフトウェアに多数存在することは，開発工程の一部であるテスト工程の省略ないし不備を推認させる。

したがって，テスト工程を行っていれば通常容易に発見できるような不具合がソフトウェアに多数存在する事実は「請負人が仕事の最後の工程まで終え」た事実を否認する理由になるのではないかと考える。

(d) 争点整理の指針

当該開発における請負人がなすべき工程[☆60][☆61][☆62][☆63]等については，各工程の

☆59 元請ベンダと下請ベンダとの間の事件であるが，前掲注（☆21）東京地判平22・1・22は，下請ベンダについて「本番稼動を開始するまでの作業が最終の工程」であると判示している。

☆60 ソフトウェアの開発のスタイルとして，ウォーターフォールモデル，プロトタイプ（プロトタイピング）モデル，スパイラルモデル，ラウンドトリップモデル，ＲＡＤ（Rapid Application Development）など様々な考え方が提唱されている。

　ウォーターフォールモデルとは，開発全体を複数の工程に分け，各工程ごとにドキュメントを完成させ，これを次の工程に引き継ぐ方式のことをいい，開発の進行が後戻りしないことを想定している。

　プロトタイプモデルとは，試作品を作成し，これをユーザに提示してその評価を受けながら開発を進める方式のことをいう。

　スパイラルモデルとは，設計目標を決め，開発工程をらせん状に繰り返しながら開発を進める方式のことをいう。

☆61 ただし，争点整理において，ベンダの開発スタイルが上記のいずれのモデルに該当するかはさほど重要ではないことに留意すべきである。争点整理で開発工程を知る必

名称だけでなく，その内容，目的，作成される書面，書面の交付時期なども明らかにするとよいと思われる（後掲348頁■**工程説明表**参照）。

(4) 「瑕疵」について

(a) ソフトウェアの瑕疵の態様

ソフトウェアに「瑕疵」があるとは，①コンピュータが，請負人が契約で実現すると約束した処理を実現できないこと，及び②ソフトウェアとして通常の性能を有していない場合である。

なお，瑕疵の状況と瑕疵の原因を区別する必要があるのは建築訴訟と同様である。ソフトウェアにおいても，一つのソースコードの間違いにより，複数の不具合の現象が生じることはあり得るからである。

(b) 瑕疵特定に向けての整理指針

まず，①ユーザの主張するソフトウェアの不具合の状況を把握する必要がある。

そして次に，②本来，あるべき状況を明らかにする。契約内容違反の瑕疵の場合には開発対象を確定する書面の記載に照らして契約で約束された機能を明らかにし，通常の性能に満たない瑕疵の場合には「通常の性能」の内容を明らかにする必要がある。

さらに，③それぞれの不具合がベンダのどのような作業に起因するかを明らかにする。

以上はユーザが瑕疵一覧表にまとめるなどしたうえで，この瑕疵一覧表に④ベンダの認否を求める。

　　　　要があるのは「仕事の完成・未完成」を判断するためであって，争点整理において重要なことはどのような工程が予定されていて，それが終了したかどうかを明らかにすることにすぎないからである。
　☆62　もっとも，ベンダの採用した開発スタイルが，ベンダが負担すべき信義則上あるいは契約に付随する義務の具体的内容を導くと構成する場合には，ベンダの採用した開発スタイルがどのようなモデルであったかを判断する必要性は生じるであろう。
　☆63　ソフトウェアの開発スタイルの各工程はすべてベンダがなすべき工程とは限らないので注意する必要がある。

Ⅵ◇ソフトウェア開発関係訴訟

さらに，専門委員の意見を聞き，⑤ベンダの作業に起因しない不具合を除外する。

そして，⑥共通の不具合の原因ごとに並べ替え，瑕疵原因ごとに整理する。

最後に，⑦契約に定めた機能や通常の性能に適合するかを判断する。

(c) 瑕疵の整理において留意すべき点

争点整理を円滑に行うには，まず，ユーザの主張するソフトウェアの不具合の状況がベンダ及び裁判官（専門委員）において具体的にイメージできるような形で整理されなければならない。

ソフトウェアの不具合の状況を具体的に明らかにすることは難しい。「動かない」「期待どおりの動作ではない」というだけでは漠然としていて不具合の内容をイメージできないし，そもそも認否ができない。また，「ソースコードの記載が間違っている」というような説明は，「瑕疵の原因」を明確にしているという点では優れていても，裁判官（専門委員）に不具合の現象面を想像させにくい。

では，具体的にどのような整理が考えられるか。

不具合の状況や不具合の説明も画面上の操作を中心に整理していくのも一つの方法ではないかと思われる[64]。今日，多くのソフトウェアは，コンピュータのディスプレイ画面から操作をして使用しており，その意味で「一定の画面で一定の操作をするとこうなる」という説明の方が，裁判官（専門委員）に不具合の現象面を想像させやすいのではないかと考えられる（後掲346頁■**ユーザの主張する不具合整理表１**参照）。

さらに，瑕疵一覧表の作成においては次の点に注意する必要がある[65]。

☆64　もっとも，特定の機能を実現するために家電製品や機械等に組み込まれるソフトウェアの不具合や，「サーバが頻繁に落ちる」「サーバが落ちたときバックアップが動かない」というような特定の操作と直結しない不具合については，画面を中心とした整理にはなじまない。このような場合には別の方法を考える必要がある（後掲348頁■**ユーザの主張する不具合整理表２**参照）。

☆65　ソフトウェア開発では，不具合について不具合管理のソフトウェアを使用して管理している場合がある。しかし，この不具合管理ソフトウェアの画面は第三者からはわかりにくいことがある（またＡ４で印刷すると文字が小さくなり読めない場合もある）。それゆえ，この画面を瑕疵一覧表として提出することは避けるべきである。

第3章◆訴訟類型別の争点整理

事件番号
当事者

画面	操作及び状況		あるべき
	ユーザの主張	ベンダの認否	ユーザの主張
1	甲画面	A1操作ができない。	認める。	A1操作は開発対象（○○書面○ページ）
2		A2操作ができない。	認める。	A2操作は開発対象（○○書面○ページ）
3	乙画面	B1操作を行うとソフトウェアが動かなくなる。	不知	B1操作を行うと○○となる。
4		B2操作を行うとエラーメッセージが表示される。	認める。	B2操作を行うと○○となる。
5		B3操作を行うと強制終了する。	認める。	B3操作を行うと○○となる。
6	丙画面	C1操作を行うと○○という状況になる。	認める。	仕様では△△（証拠）
7		C2操作を行うと○○という状況になる。	認める。	C2操作を行った場合には△△となるのが、本件ソフトウェアの通常の性能
8	丁画面	丁画面のデザインが××（証拠写真）	認める。	仕様では△△（証拠）

* 不具合整理表1はコンピュータの画面及びその操作に関係して発生する不具合について、そのユーザがまず「画面」と「ユーザの主張」を記載し、それから、ベンダが「認否反論」と可能と「争点」を記載することを予定している。
* 不具合整理表は、必要に応じて、不具合発生原因が共通する不具合をまとめたり、争点ごとにている。
* 当初から瑕疵一覧表として作成する場合には、開発の対象に争いのない機能の不具合について

Ⅵ◇ソフトウェア開発関係訴訟

不具合整理表　1

動作・状況　　　　　　　　ベンダの認否・反論	不具合発生原因	争　　　点	備　　考
否認。Ａ１操作は開発対象外		Ａ１操作は開発の対象か。	
認める。ただし，未完成はユーザの意思決定がなされなかったことが原因		未完成の原因はユーザにあるか。	
認める。ただし，Ｂ１操作が正常に機能しない原因は××でありベンダの責任ではない（証拠）。		原因は何か。その原因はベンダの作業によるか。	
認める。	エラーの原因は××にあり，ソフトウェアにはない。	ベンダに設計について債務不履行責任はあるか。	
認める。	原因はソフトウェアの設計上（製造上）のミス		
○○は仕様どおり（証拠）		仕様ではＣ操作を行うとどういう状況になるとされているか。	
争う。		通常の性能とは何か。	
仕様では××（証拠）		仕様ではＴ画面のデザインはどうすべきとなっていたか。	

現状を把握し，争点を抽出する目的で作成することを予定している（「瑕疵」に限定していない）。な範囲で「不具合発生原因」を記載し，その後に専門委員の意見などをふまえて「不具合発生原因」

まとめたり，軽微なものと重大なものとを分けたりなどの作業を行うなどして使用することを予定し

のみを記載する。

第3章◆訴訟類型別の争点整理

事件番号
当事者

ユーザの主張する不具合整理表　2

	現象及び発生状況など	ベンダの認否	発生の原因	争　点	備　考
1	サーバが停止する。	認める。			
2	サーバの復旧に時間が掛かりすぎる。	否認			
3	サーバが予備機に切り替わらない。	不知			
4	○○のデータが消失した。	不知			

* 不具合整理表2はコンピュータの画面操作に関連しないで発生する不具合に関して、その現状を把握し、争点を抽出する目的で作成することを予定している（「瑕疵」に限定していない）。

* 「発生の原因」や争点は専門委員の意見などをふまえて記載していくことを予定している。

事件番号
当事者

工　程　説　明　表

	工程の名　称	工程の目的及び内容の説明	ベンダの担当部分	ユーザの協力の要否	終了時点	ユーザの認　否
1	○○工程	………	○○工程のうち○○作業と○○作業の部分	要	○○（平成○年○月○日付けメールで○○に送信）	
2	○×工程	………	すべて	否	○×（平成○年○月×日CD-Rで○○に郵送）	
	︙					
	○△工程（最終工程）	………	すべて	否	○×（平成○年○月×日CD-Rで○○に郵送）	

* 工程説明表は開発工程に関して裁判所と当事者間とで事実関係の認識を共通する目的で作成され、開発状況と納品状況を整理することを目的としている。

① 瑕疵一覧表は認否可能な具体的な事実の記載であること
② 瑕疵一覧表は裁判所が理解できる内容で記載すること
③ 不具合の状況（コンピュータの不適切な動作など）がわかる記載をすること
④ 不具合の状況とその原因を混同しないこと
⑤ 契約で定めた機能と異なると主張する場合には根拠資料の具体的な頁を明確にすること
⑥ 通常の性能に満たないと主張する場合には通常の性能の内容を具体的に明らかにすること

(5) 「ベンダの帰責事由の有無」について

(a) 争点整理の指針

(ア) 法律構成と主張立証責任の帰属の確認　　ユーザは仕事完成の否認や瑕疵担保責任の追及において，ベンダの開発体制，開発経験，担当者の資質などを取り上げてベンダを非難する傾向がある。

しかしながら，法律構成と離れたところでのベンダに対する非難は争点整理の方向性を歪めるもので無意味である。

ベンダの帰責事由の存否を検討する必要があるのはベンダの債務不履行責任が問題となる場合であるが，主張立証責任の帰属からいえば，ユーザは客観的な債務不履行の事実を主張すれば足り[66]，ベンダの帰責事由の不存在はベンダ側が主張立証すべきものである。

この点を忘れて徒にベンダを非難することは，争点を曖昧にし争点整理を長期化させるだけであり，厳に慎しむべきである。

ユーザとしては，ベンダの帰責事由を主張する前に，きちんと，ベンダに対する攻撃ないし防御の構造（契約解除や相殺）を明確に主張する必要がある。

(イ) ユーザの主張するベンダの債務不履行の形態の確認　　ベンダの債務不履行の形態としては，納期を途過したという履行遅滞の形態と，契約によってベンダが負担する役割を怠ったという不完全履行の形態とが考えられる。

後者の場合，ユーザはベンダが具体的にどのような義務を負担するのかを明

---

[66] ソフトウェア開発関係訴訟の事案は契約書で定めた納期を途過している場合が多い。

らかにする必要があるだろう☆67。

　(ウ)　ベンダの帰責事由を基礎づける事実と立証方法の確認　　ベンダの帰責性を基礎づける事情として、「開発する能力がない」「開発する技術がない」という主張がなされることがある。しかし、これは評価であって事実ではないし、そもそも立証も困難である。ベンダの帰責事由を主張する場合には評価ではなく立証可能な事実を主張すべきである。

　したがって争点整理の段階では立証可能な事実か否かで、主張を整理することも考えるべきであろう。

　(エ)　履行遅滞とベンダの帰責事由との間の因果関係の整理　　完成の遅延は様々な事情により生じるので、ベンダの帰責事由が認められたとしても、その事情と履行遅滞との間の因果関係が明確にならず、結果としてベンダに履行遅滞の債務不履行責任が認められないこともあり得る。

　しかしベンダの帰責事由の議論においては、遅滞の原因とはいえない事情あるいは遅滞の原因としては遠い事情について応酬が続くこともある。

　したがって、争点整理においては、遅滞との間で因果関係がないか認めにくい事情は外すなどして、争点を絞り込むことが重要である。

(6)　「ユーザの帰責事由の有無」[68][69]について

(a)　争点整理の方針

　ベンダは開発に関するユーザの非協力等の事情を主張することが多いが、それがいかなる法律構成に関して主張しているのかが不明な場合も少なくない。

☆67　債務者の安全配慮義務の内容を特定し、かつ、義務違反に該当する事実を主張立証する責任は債務者の義務違反を主張する債権者にあるとする最判昭56・2・26民集35巻1号56頁の立場からすれば、ベンダの負う付随義務についても「専門家として助言すべき義務」とか「ユーザの業務目的を実現できるように誠実に行動する義務」というような漠然とした内容では主張として不十分ではないかと思われる。

☆68　東京地判平16・3・10判タ1211号129頁。

☆69　生田敏康「電算システム開発契約における注文者の協力義務と請負人のプロジェクトマネージメント義務―東京地判平成16．3．10判例タイムズ1211号129頁」「注文者の協力義務―コンピュータソフト開発契約をめぐる最近の判例を中心に」いずれも福岡大學法學論叢第52巻4号（2008）。

Ⅵ◇ソフトウェア開発関係訴訟

法律構成に関して考えられるものは，ユーザの契約上の義務違反を理由とする債務不履行責任（民415条），瑕疵担保責任の適用除外に関する注文者の不適切な指示（民636条本文），ベンダの債務不履行責任における抗弁としてベンダの帰責事由不存在の根拠などである。

そこで，次のような整理が考えられる。
① 攻撃防御の構造におけるユーザの帰責事由の位置づけの確認
② 主張立証責任の確認
③ ユーザの帰責事由を裏づける事実及び書証の確認

(7) 「追加変更と完全履行・修補の区別」について

(a) 争　点

ベンダが行った作業について，ベンダが追加変更の合意に基づく作業であると主張し，ユーザが開発契約に基づく作業であると主張して争う場合がある。

ソフトウェアに契約内容に反する内容又は通常の性能に満たない機能があるため，ユーザがベンダに改善を求め，これを受けてベンダが新たにプログラムに適切な指示をし直しプログラムを書き換えさせる作業をさせてソフトウェアの問題点を解決したような場合は，ベンダの作業は仕事完成義務ないし瑕疵修補義務の履行にすぎない。

他方，ソフトウェアに上記のような問題点はなかったが，ユーザがベンダに改善を求め，これを受けてベンダにプログラムを書き換えさせる作業をさせてソフトウェアの問題点を解決したような場合は，ベンダの作業は追加変更作業になる。

そこで，追加変更作業と判断するには，当初ベンダが行った作業が当初の契約内容に反する機能を実現させたか又は通常の性能未満の機能を実現させたものであったかどうかを検討する必要がある。

(b) 争点整理の方針

まず，当初ベンダが行った作業の内容を特定し，その内容を理解する必要がある。

そして，次にその作業が当初の契約内容に反する機能を実現させていたか又は通常の性能未満の機能を実現させていたかを判断するために何が必要となる

のかを判断するための資料が何かを確認する。

そのうえで，当該判断資料に基づいて当初の作業が不適切であったか否かを判断することになる。なお，判断資料の理解及び評価については専門委員の判断が必要になる場合もあると思われる。

(8) 「相当報酬額の算定」について

報酬額の計算において「人月」という概念が用いられることがある。

「人月」は作業量（「工数」）を表す概念である。そして，「1人月」とは，1人が1か月[☆70]で行うことのできる作業量であるので，3人月とは1人が3か月（あるいは3人が1か月）で行うことのできる作業量を意味し，0.5人月とは1人が半月で行うことのできる作業量を意味することになる。

報酬額は，この人月で表された工数に，開発に従事した者の能力に応じて決められる労働単価を掛けて計算される。

しかし，実際の裁判例では，上記の事情に加え，品質の確認の有無や契約終了時点での修正が必要な箇所の有無，プログラムに対する修正の要否を考慮したり[☆71]，ユーザとベンダとの間で定められた一定期間の作業の対価を基礎として計算したりしている[☆72]。

したがって，争点整理においてはユーザとしてはソフトウェアの品質上の問題点や修正の必要のある箇所の具体的な数などを主張し，ベンダとしては単なる計算方法だけでなく，その根拠となる「人月」や労働単価の正当性を裏づける事情を具体的に主張する必要があると思われる。

6 おわりに

現代社会では様々な分野でコンピュータが利用され，そのためのソフトウェアの開発が行われている。ソフトウェアの開発といっても，スタンドアローン

☆70 「1か月」については，実稼働期間という観点から「8時間×20日間」（160時間）で計算とするといわれているが，ベンダごとに異なっているといわれることもある。

☆71 前掲注（☆7）東京地判平20・4・24。

☆72 前掲注（☆21）東京地判平22・1・22。

Ⅵ◇ソフトウェア開発関係訴訟

環境のコンピュータで利用されるアプリケーションの開発，インターネット上のサービスの提供を目的とするWebアプリケーションの開発，企業の情報システムの開発，企業の旧システムを新システムに移行するための開発，ゲームソフトの開発，デジタル家電に組み込まれるソフトウェアの開発など様々である。

本項目は上記のような開発のすべてに対応できる争点整理の方法ではないかもしれない。また，ソフトウェア開発の実情を無視した部分が含まれているかもしれない。

しかし，争点整理の観点からソフトウェア開発関係訴訟を整理した文献[☆73]が少ないこともあり，裁判例の動向もふまえ，一つの試案として示すことにしたものである。

これを叩き台として，この分野での検討が進むことを願うものである。

〔脇谷　英夫〕

☆73　文献としては，司法研修所編『専門的な知見を必要とする民事訴訟の運営』(法曹会，2000) 326頁以下，佐々木・前掲注（☆58) 361頁以下がある。

第3章◆訴訟類型別の争点整理

VII 株主代表訴訟[1]

❶ はじめに

以下では，株主代表訴訟[2]における要件論について簡単に触れたうえで，実際の争点整理において充実しかつ迅速な審理が可能となるための方法，条件等について解説をする[3]。

---

[1] 東京地方裁判所商事研究会編『類型別会社訴訟 I 〔第2版〕』（判例タイムズ社，2008）269〜320頁。

[2] 会社のみならず，一般社団法人（一般法人278条以下），信用金庫（信用金庫法39条）などでも訴訟の構造は基本的には同じである。

[3] 参考文献としては，松山昇平＝門口正人「株式会社における責任追及の訴え」江頭憲治郎＝門口正人編集代表『会社法大系(4)組織再編・会社訴訟・会社非訟・解散・清算』（青林書院，2008）436頁，江頭憲治郎『株式会社法〔第3版〕』（有斐閣，2009）452頁，大隅健一郎＝今井宏＝小林量『新会社法概説〔第2版〕』（有斐閣，2010）242頁，前田庸『会社法入門〔第12版〕』（有斐閣，2009）438頁，神田秀樹『会社法〔第13版〕』（弘文堂，2010）243頁，弥永真生『リーガルマインド会社法〔第12版〕』（有斐閣，2009）219頁，小林秀之＝高橋均『株主代表訴訟とコーポレートガバナンス』（日本評論社，2008），高橋均『株主代表訴訟の理論と制度改正の課題』（同文舘出版，2008），岡口基一『要件事実マニュアル(3)商事・保険・手形・執行・破産・知的財産〔第3版〕』（ぎょうせい，2010）6頁・37頁。以下は，旧法である。市原義孝「株主代表訴訟における訴えの要件」門口正人編『新・裁判実務大系(11)会社訴訟・商事仮処分・商事非訟』（青林書院，2001）84頁，菅原雄二＝松山昇平「株主代表訴訟における訴訟運営」門口編・前掲『新・裁判実務大系(11)』108頁，大阪地方裁判所商事法研究会「訴訟類型に着目した訴訟運営―会社関係訴訟」判タ1107号（2003）23頁，小林秀之＝近藤光男編『株主代表訴訟大系〔新版〕』（弘文堂，2002），小林秀之＝原強『株主代表訴訟―全判例と理論を知る』（日本評論社，1996），小林秀之＝近藤光男編『新しい株主代表訴訟』（弘文堂，2003），河野玄逸「会社関係事件と要件事実」伊藤滋夫＝長秀之編集『民事要件事実講座(2)総論Ⅱ多様な事件と要件事実』（青林書院，2005）234頁，大塚龍児「株主権の強化・株主代表訴訟」鴻常夫先生古稀記念『現代

Ⅶ◇株主代表訴訟

❷ 株主代表訴訟における要件論

(1) **訴 訟 物**

株主代表訴訟の訴訟物は，会社法423条1項等に基づく会社の取締役等[☆4]に対する損害賠償請求権等[☆5]である。

(2) **原告側の主張（請求原因）**

原告側の主張は，①会社の当該取締役等に対する請求権の発生原因事実　②訴訟要件である。

(a) 請求権の発生原因事実について

❸で触れる。

(b) 訴訟要件について

株主代表訴訟において特別に検討すべき訴訟要件は，①a(i)　原告が会社に対し，提訴請求[☆6]（会社847条1項）をしたこと，及び①a(ii)　①a(i)から60日経過後[☆7]に訴えを提起したこと，又は①b　期間の経過により会社に回復することができない損害が生じるおそれがあること，②[☆8] a　原告が①a(i)の6か月前から株主であること又は②b　原告が非公開会社の株主であること，である[☆9]。

　　企業立法の軌跡と展望』（商事法務研究会，1995）63頁。
☆4　責任を追及できるものには，ほかに，監査役，清算人等がある（会社847条）が，以下では，取締役に絞って検討する。
☆5　会社法847条の責任は，取締役等が会社との取引によって負担することになった債務についての責任も含まれる（最判平21・3・10民集63巻3号361頁。ただし旧商法下での事例）。
☆6　訴え提起後に提訴請求をし，60日が経過した場合には争いがある。
☆7　経過前に訴えを提起した場合の効力について争いがある。
☆8　②の要件は原告適格である。
☆9　責任原因事実の発生後に新たに株式を取得していないことは要件とはされない。ただし，当該株主又は第三者の不正な利益を図る目的又は会社に損害を与える目的（会社847条1項ただし書）を推認させる一事情として考慮され得るとされる（東京地方裁判所商事研究会編・前掲注（☆1）277頁参照）。

(3) 被告側[10]の主張

　請求権そのものについての主張については❸で触れる。前記の(2)(b)の主張に対するものとして，①対抗要件の主張[11]，②不正な利益を図ること等を目的とすることにより提訴請求が無効である[12]（会社847条1項ただし書）との主張がある。また，被告としては，訴権の濫用の主張[13]，担保提供命令の申立てをすることができる[14]。原告が悪意[15]により訴えを提起したときには，担保の提供が命じられ，担保提供命令の確定後一定期間内に担保が提供されないときには，訴えは判決により却下される（法81条・78条）。担保提供命令の申立てをした被告は，担保提供命令の申立ての棄却が確定し，又は担保提供まで，応訴を拒絶することができる（法81条・75条4項）。なお，この申立ては，訴訟手続中いつでもできると解されている[16]。

❸ 要件論[17]

(1) 責任論（任務懈怠及び故意過失[18]）について

(a) 任務懈怠

　☆10　会社が被告である取締役の側に補助参加をする（会社849条1項。補助参加の利益に関わらない。）場合がある。

　☆11　株主名簿に記載がなければ，株主たる地位を会社その他の第三者に対抗することができない（会社130条）ことからくる抗弁である。対抗要件を具備するまでは，原告の権利行使を認めないという内容となる。

　☆12　東京地方裁判所商事研究会編・前掲注（☆1）277頁。

　☆13　会社法847条1項は，従前訴権の濫用とされていたもの（長崎地判平3・2・19判時1393号138頁など参照）を類型化し，明示したものであり，これ以外の濫用的な訴訟について，訴権の濫用の法理を排除する趣旨ではないとされる（東京地方裁判所商事研究会編・前掲注（☆1）276頁）。

　☆14　抗弁事実である。なお直接には代表訴訟の濫用を防ぐ制度ではないことに注意する必要がある。

　☆15　「悪意」の解釈については，東京地方裁判所商事研究会編・前掲注（☆1）304頁などを参照。不当訴訟要件又は不当目的要件のいずれかに該当する場合であるといわれる。悪意の疎明責任は，被告が負う（会社836条3項・847条8項）。

　☆16　名島亨卓「担保提供命令」江頭＝門口編集代表・前掲注（☆3）477頁。

　☆17　以下では会社の補助参加についてはふれない。

　☆18　任務懈怠と過失の関係について，相澤哲編著『立案担当者による新・会社法の解説

Ⅶ◇株主代表訴訟

責任原因の類型ごとに要件を整理する必要がある。代表訴訟に現れる責任原因の類型は、例えば次のように整理できる[19]。

すなわち、①取締役が具体的な法令[20]又は定款に違反する行為を行ったと主張するもの（法令・定款違反型）、②具体的な法令・定款違反はないが取締役の経営判断に善管注意義務違反又は忠実義務違反があると主張するもの（経営責任型）、③意思決定者又は業務執行者に①又は②の責任があることを前提にこれらの者以外の取締役が監視責任を尽くしていなかったとして争うもの（監視責任型）、④従業員が違法行為を行った際に、監督責任を尽くしていなかったと主張されるもの（監督責任型）、⑤大規模会社等において、従業員の違法行為が発生しないよう管理体制を構築・運用していなかったと主張するもの（内部統制システム構築・運用義務違反型）である。

したがって、それぞれについての請求原因及び抗弁の整理を行う必要がある。具体的には今後の判例・学説の進展を待つ必要がある。以下では、概要を述べる。

①の具体的法令は、その違反があれば、取締役の当該行為が一般規定の定める義務に違反することになるか否かを問うまでもなく、法令違反となるとされることから[21]、具体的法令違反の要件事実のみを原告において主張すればよ

〔別冊商事295号〕』(2006) 117頁、相澤哲ほか編著『論点解説 新会社法―千問の道標』（商事法務、2006)、弥永真生ほか監修／西村ときわ法律事務所編『新会社法実務相談』（商事法務、2006）145頁参照は、二元的な立場と一元的に把握する立場があるとし、前者をとるとする。なお、この問題については、潮見佳男「民法からみた取締役の義務と責任―取締役の対会社責任の構造（日本私法学会シンポジウム資料）」商事1740号（2005）32頁、大塚・前掲注（☆3）63頁参照。

☆19 菅原＝松山・前掲注（☆3）を参考にした。なお、これらの具体例については、最判解民平成12年度583頁以下に詳しい。

☆20 「法令」は、最判平12・7・7民集54巻6号1767頁によれば、①取締役の受任者としての一般的義務である善管注意義務、忠実義務に係る規定、②これを具体化する形で取締役がその職務執行に際して遵守すべき義務を個別に定める取締役を名宛人とする個別規定、③会社法その他の法令中の会社を名宛人とし、会社がその業務を行うに際して遵守すべきすべてをいう。具体的法令とは、ここでは、②及び③を指している。

☆21 前掲注（☆20）最判平12・7・7、前掲注（☆18）の文献参照。「法令」の文言がない会社法のもとでも同様であるとするものとして、会社法制の現代化に関する要綱

第3章◆訴訟類型別の争点整理

いと考えられる[☆22]。

②では，例えば，(i)取締役の情報収集・検討過程に不注意な誤りがなく，(ii)これを前提とする判断内容が企業人として著しく不合理なものといえないという免責ルールから外れる経営裁量逸脱を根拠づける事実（評価根拠事実）が要件事実と考えることができる[☆23]。これに対して，裁量の範囲内の方向に働く事実（評価障害事実）を被告が主張立証すると考えることができる[☆24]。

③では，例えば，業務執行者の責任発生原因事実及び，被告取締役がこれを知っていた又は知るべきであったことを基礎づける事実の主張立証が必要であると考えることができる[☆25]。

④については，例えば，当該会社の業務の形態，内容及び規模，従業員の数，従業員の職務執行に対する指導監督体制等の事情[☆26]を原告が主張立証する必要があるとされる[☆27]。

⑤については，例えば，会社の事業の規模・特性等に照らして相応の内部統制システム構築・運営に関する経営裁量を逸脱することを根拠づける事実を要件事実として考えることができる[☆28]。

試案補足説明第四部第四7(1)①，菅原貴与志「任務懈怠責任の法的性質と構造―要件事実的考察を踏まえて」山本為三郎編『新会社法の基本問題』（慶應義塾大学出版会，2006）187頁，吉原和志「会社法の下での取締役の対会社責任」江頭憲治郎先生還暦記念『企業法の理論暦(上)』（商事法務，2007）534頁参照，弥永ほか監修／西村ときわ法律事務所編・前掲注（☆18）145頁。

[☆22] 相澤光江ほか「〈座談会〉株主代表訴訟の手続法的検討（手続法からみた株主代表訴訟　特集）」ジュリ1062号（1995）26頁〔青山善充発言〕，菅原＝松山・前掲注（☆3）114頁，河野・前掲注（☆3）240頁，潮見・前掲注（☆18）39頁，菅原・前掲注（☆21）191頁。この点で，一般的義務違反の場合と異なる判断枠組みとなる。

[☆23] 河野・前掲注（☆3）236頁。

[☆24] 菅原・前掲注（☆21）192頁。

[☆25] 菅原＝松山・前掲注（☆3）113頁。

[☆26] 東京地判平11・3・4判タ1017号215頁。

[☆27] 菅原＝松山・前掲注（☆3）114頁。

[☆28] 小舘浩樹ほか「会社法における内部統制システムの構築」商事1760号（2006）42頁など参照。なお，中村信男＝大塚和成「会社法における内部統制と実務対応（特集1 内部統制の制度化）」金法1770号（2006）12頁は，取締役の内部統制構築義務違反関係の裁判例の紹介をしている。

(b) 故意・過失

取締役側が抗弁として故意・過失がないことの主張立証をするものと多く考えられている[29]。当該会社における権限分配、当該取締役の地位・職務、当該取締役が知り得た事情等が問題となる[30]。

(c) 消滅時効の主張と責任免除

それぞれについて、消滅時効[31]の主張、責任免除（会社424～427条）が主張されることが考えられる。

(2) **損害論について**

何を損害とみるか自体が争われる[32]。また、損益相殺[33]（取締役の側に主張責任があるとされる。）、過失相殺、寄与度[34]の主張などがあり得る。

---

[29] 菅原＝松山・前掲注（☆3）113頁、相澤ほか編著・前掲注（☆18）344頁。なお、任務懈怠と過失の内容の重なりあいとこの点から生じる主張立証責任の分配のあり方について、三浦治「いわゆる経営判断に対する不履行評価」高窪利一先生還暦記念『現代企業法の理論と実務』（経済法令研究会、1993）118頁、大塚・前掲注（☆3）63頁、吉原和志「法令違反行為と取締役の責任」法学60巻1号（1996）36頁、永石一郎「株主代表訴訟における主張・立証責任の構造」金法1552号（1999）14頁、菅原＝松山・前掲注（☆3）113頁、江頭・前掲注（☆3）435頁、潮見・前掲注（☆18）38頁、菅原・前掲注（☆21）193頁など参照。

[30] もっとも、かなり限られた事情であると考えられる（前掲注（☆29）の文献参照）。なお、具体的法令違反の場合においては、「法令違反であることについての認識可能性がなかったこと」が想定されている（前掲注（☆20）最判平12・7・7）。

[31] 時効期間は10年である（最判平20・1・28民集62巻1号128頁）。

[32] 資金流出行為自体を会社の損害と捉える考え方が示されている（河野・前掲注（☆3）243頁）。

[33] 主張される受益と損害の原因行為の間の相当因果関係の否定例について、河野・前掲注（☆3）244頁参照。

[34] 総会決議又は定款授権に基づく責任軽減（会社425～427条）についての主張立証責任について、河野・前掲注（☆3）246頁参照。損益相殺、過失相殺、寄与度につき詳細は、松山昇平＝門口正人「取締役の会社に対する責任」江頭憲治郎＝門口正人編集代表『会社法大系(3)機関・計算等』238頁参照。

❹ 立証手段について

(1) 会社法上の手段[35]

会計帳簿については，訴訟（会計帳簿閲覧謄写請求事件），民事保全（会計帳簿閲覧謄写仮処分）を別途提起すること，取締役会議事録については，非訟事件手続をとること（取締役会議事録閲覧謄写許可申請）が考えられる。また，業務検査役選任申請（会社358条）もあり得る。

(2) **不提訴理由の通知制度**（会社847条1項，会社規218条以下）の利用

株主が不提訴理由の通知を求めた場合，会社は，これをしなければならない（会社847条4項）。原告はこれも資料として用いることができる[36]。

(3) 訴訟法上の制度

原告において，以上の(1)と(2)により訴訟前に資料の収集をできる限り試みる必要があるが，民訴法上の手続として，証拠保全（法234条以下），文書送付嘱託（法226条），調査嘱託（法186条），文書提出命令[37]（法220〜225条）がある[38]。資

☆35 この点は，訴訟法上の制度を含め，小林秀之「株主代表訴訟における原告株主の資料収集手段」ジュリ1062号（1995）53頁以下，小林＝近藤編・前掲注（☆3）215頁以下〔佐藤鉄男〕に詳しい記載がある。

☆36 この点については，同通知書記載内容のあり方を含め，弥永ほか監修／西村ときわ法律事務所編・前掲注（☆18）210頁以下が詳しい。訴訟資料・証拠資料との関係では，不提訴理由において，調査の結果責任追及の理由がないことが明らかになってもなお訴訟を提起したとき，提訴が不適法になる（会社847条1項ただし書参照）。可能性が生じ得ることの指摘及び不提訴理由が不十分である場合に被告取締役に不利に働く可能性があることの指摘が重要である。株主の側の資料の収集の手段としての趣旨について，相澤哲編著『一問一答新・会社法〔改訂版〕』（商事法務，2009）250頁を参照。

☆37 株主代表訴訟における文書提出命令については，最判平12・12・14判タ1053号95頁がある（貸出稟議書につき，民訴法220条4号ハ〔現行民訴法220条4号ニ〕の「専ら文書の所持者の利用に供するための文書」に当たらない特段の事情はないとされた。）。

☆38 その他，当事者照会（法163条），提訴前証拠収集処分及び照会（法132条の2〜132条の9）がある。

料が存在するであろう会社は，訴訟外の第三者の場合もあるが，補助参加人の場合もある。なお，計算書類及びその附属明細書については，会社法上，提出命令が別途設けられている（会社443条）。

(4) その他の方法

　独占禁止法違反が問題となる場合，独占禁止法75条の15に基づく閲覧・謄写☆39がある☆40。また，刑事事件となった場合については，刑事訴訟法上の閲覧・謄写がある。検察官保管の確定訴訟記録については，刑事訴訟法53条，刑事確定訴訟記録法4条1項，刑事裁判所が保管する確定前の訴訟記録については，犯罪被害者等の権利利益の保護を図るための刑事手続に付随する措置に関する法律3条がある。また，刑事訴訟記録については，文書送付嘱託が可能である（ただし，刑事裁判所が保管する確定前の訴訟記録については，刑事裁判所の判断に係る。）。

　不起訴記録については，刑事訴訟法47条で非公開が原則であるが，被害者に対する開示（手段については文書送付嘱託が含まれる。）につき，通達（平成12年2月4日刑事局長通知）がなされ，客観的証拠で，代替性がなく，その証拠なくしては立証が困難であるという事情が認められるものについて認められることとなった。また，不起訴記録中の供述調書について，限定的ではあるが，文書送付嘱託が認められることとなった（平成16年5月31日刑事局長通知）。なお，刑事訴訟法47条の書類と民訴法220条3号の法律関係文書について，最決平16・5・25民集58巻5号1135頁，最決平17・7・22民集59巻6号1837頁，最決平19・12・12民集61巻9号3400頁がある。

☆39　「独占禁止法70条の15の規定に基づく閲覧・謄写に係る審査基準」が，公正取引委員会事務総局から公表されている。

☆40　上記の独占禁止法70条の15の規定に基づく閲覧・謄写を含め，「独占禁止法違反行為に係る損害賠償請求訴訟に関する資料の提供等について」（平成3年事務局長通達第6号，平成21年8月25日最終改正）が公表されている。なお，代表訴訟において公正取引委員会の保有する資料を取得する手段として，文書提出命令を申し立てることに関し，東京高判平19・2・16金判1303号58頁，大阪地判平20・9・10（判例集未登載）などがある。

❺ 争点整理

(1) はじめに

❷及び❸に従い，争点の整理を行うことになる。その際，❹の立証手段の整理を行うべきである。

(2) 株主代表訴訟の争点整理が遅滞する理由及び対処方法

株主代表訴訟の争点整理が遅滞する理由が指摘されている[☆41]。事情ごとにその対処方法が挙げられる。

(a) 被告が多数存在すること

具体的な義務違反行為を行った実行者の主張を中心に審理をし，他の者は，これとの異同を主張することが提案されている。

(b) 刑事事件が別途係属していること

刑事記録でのみ立証できることか否かを整理すべきである。そのうえで，必要なものについては，文書送付嘱託により取り寄せるべきである。

(c) 担保提供命令が申し立てられていること

悪意の認定に関して迅速な判断が可能な場合には，審尋期日を重ねることが提案されている。

(d) 手持ち資料が乏しいなかで代表訴訟を提起していること

いわゆる市民運動型[☆42]に多いと指摘されている。原告としては，訴訟を通じて請求を特定し，主張を組み立てていくしかないというのである。反面，被告としては，原告の主張が特定されないため迅速な対応ができない場合がある。また，文書提出命令の申立て（法221条）が，関連性・必要性のあいまいなままに行われることも指摘されている。双方ともにバランスのとれた主張立証をす

[☆41] 菅原＝松山・前掲注（☆3）110頁参照。大阪地方裁判所商事法研究会・前掲注（☆3）24頁に詳しい。なお，要件事実が何であるかの共通理解に限界がある現時点では，特に，主張立証責任にかかわらず，両当事者が自らのなし得る主張をすることがなければ訴訟は遅延するものと思われる。

[☆42] 菅原＝松山・前掲注（☆3）110頁。なお，相澤ほか・前掲注（☆22）28頁。

Ⅶ◇株主代表訴訟

る必要がある[☆43]。

〔濱口 博史〕

[☆43] 積極否認については，森勇「主張と否認の具体化について―西ドイツにおける議論の状況」民訴34号（1988）209頁，新民訴法大系(2)62頁〔森〕，事案解明義務については，竹下守夫「伊方原発訴訟最高裁判決と事案解明義務」木川統一郎博士古稀祝賀『民事裁判の充実と促進㊥』（判例タイムズ社，1994）1頁，高田昌宏「主張・立証の方法―最高裁平成4．10．29判決（特集 再発見・民事訴訟法の判例）」法教221号（1999）31頁，畑瑞穂「主張・否認のありかたについて」民訴47号（2001）235頁，同「模索的証明・事案解明義務論」鈴木正裕先生古稀祝賀『民事訴訟法の史的展開』（有斐閣，2002）607頁など参照。

Ⅷ 交通事故訴訟

❶ 交通事故訴訟の特徴

　交通事故訴訟は，民法709条をはじめとする不法行為責任の規定と，自動車賠償責任法という基礎的な条文を主要な法律としたものであり，争点も早期に明確になるものが多いと思われる。

　東京地方裁判所民事第27部（交通部）の裁判官の講演録によると，近時の傾向としては，交通事故において死亡事故が激減し，重篤な後遺障害の事例が増加したこと，これに伴い，請求額が高額の事件が増加したことが指摘されている[1]。また，医学的所見の発達に伴い，後遺症の内容，程度について認定が難しいケースが増えているとのことである。これらの点については，訴訟が長期化する要因ともなっているようである。

❷ 典型的な争点

(1) 事故の態様

　被害者である原告は，加害者に対して不法行為責任（民709条）を追及することになるので，過失を根拠づける評価根拠事実を主張立証することになる。通常，原告は，被告（加害者）の速度超過，前方不注視，一時停止・徐行義務違反などの，道路交通法における定型的注意義務とその違反行為の存在を主張立証すれば足りる[2]。しかし，このような定型的注意義務違反の前提として，

☆1　「最近における東京地裁民事交通訴訟の実情」財団法人日弁連交通事故相談センター東京支部編『民事交通事故訴訟損害賠償額算定基準(下)〔2010年度版〕』（以下，本文で「赤い本(上)，(下)〔○○年版〕」として引用する。）1頁。

☆2　佐久間邦夫＝八木一洋編『リーガル・プログレッシブ・シリーズ5 交通損害関係訴訟』（青林書院，2009）32頁。

事故態様はできる限り詳細に主張することが求められる。また，事故の態様は，過失相殺の判断を行ううえでも前提となる。

(2) 過失相殺

過失相殺については，東京地裁民事交通訴訟研究会編『民事交通訴訟における過失相殺率の認定基準〔全訂4版〕』[☆3]により，実務が運用されている。他方，「赤い本」にも過失相殺基準の記載があるが，「赤い本」の過失相殺基準の存在意義については，『民事交通訴訟における過失相殺率の認定基準〔全訂4版〕』においても改訂に際しては「赤い本」の考え方が取り入れられる場合があること，四輪車と二輪車を比較すると修正要素については一貫性のない部分があることなどから，場合によってはこれらの対比が有用である旨の指摘がされている[☆4]。

(3) 後遺症の内容・程度

後遺症については，医学的知見の進歩に伴い，事案の複雑化が指摘されている。中でも，他覚所見がないにもかかわらず，被害者が長期化する痛みなどを訴える，「見えない障害」の事案は事件が長期化する傾向がある[☆5]。近時，問題となっている後遺障害については毎年「赤い本(下)」に掲載されている裁判官の講演録で近時の裁判例の検討がなされており実務上大変参考になる。ここでは近時問題となっているいくつかの障害について概括的に述べる。

(4) PTSD（（心的）外傷後ストレス障害）

PTSDは，死に比肩できるような外傷体験を経たために生じる強い精神的ストレスの結果，外傷時の苦痛の反復的な再体験（フラッシュバック），回避行動，持続的な覚醒亢進状態が継続し，社会生活や日常生活に支障をきたす後遺障害

☆3　東京地裁民事交通訴訟研究会編『民事交通訴訟における過失相殺率の認定基準〔全訂4版〕』（別冊判タ16号，2004）。

☆4　東京弁護士会弁護士研修センター運営委員会編『平成17年度春季弁護士研修講座』（商事法務，2006）156頁。

☆5　赤い本(下)〔2010年版〕・2頁。

であるとされる[☆6]。診断基準としては，世界的基準としてDSM－ⅣやICD–10と呼ばれるものがあり，これらを参考に，訴訟においてもPTSDの認定がされている。PTSDの認定には従前より議論があったが，東京地裁民事27部が東京地判平14・7・17判時1792号92頁において，PTSDについては，上記二基準の主な要件である，強烈な外傷的体験・再体験症状・回避症状・覚醒亢進症状という4要件を厳格に適用するべきであるという判断をし，その後の実務に大きな影響を与え，PTSD該当性は認められにくくなっているといわれている。もっとも，PTSDについては，その傷病名よりも，被害者の症状に応じた損害を認定すべきであり，その症状や治療内容・期間等の立証を充実させるべきであるとの意見もある[☆7]。被害者の心因的要素が寄与しているとして，素因減額がされる場合もある。

(5) RSD（反射性交感神経性ジストロフィー）

　RSDとは外傷が生じると交感神経（自律神経）の作用により当該部位の血管が収縮し出血を抑えようとするが，稀に外傷が回復した後も交感神経の亢進状態を持続したままの状態になるため，抹消の血流が阻害されその結果，軟部組織に新たな疼痛が生じそれが悪循環するという後遺障害である[☆8]。

　この障害の判断を困難にするのは，受傷後時間が経過してから症状が悪化しRSDと診断されること，事故態様等受傷機転から想定される障害の程度とはまったく整合しないためである[☆9]。

　RSDは疼痛を大きな特徴とする後遺障害であるが，診断にあたっては，ギボンズ（Gibbons）の診断基準や，世界疼痛学会（IASP）の診断基準などが用いられることが多いようである。訴訟においてもRSDを主張する場合，このような診断基準に沿った主張が必要となる。RSD診断の主な指標としては，疼

☆6　佐久間＝八木編・前掲注（☆2）157頁。
☆7　石川真紀子「判例展望民事法⑫PTSDをめぐる裁判例と問題点」判タ1299号（2009）28頁。
☆8　佐久間＝八木編・前掲注（☆2）158頁。
☆9　高取真理子「RSD（反射性交感神経性ジストロフィー）について」赤い本(下)〔2006年版〕・64頁。

痛，腫脹，関節拘縮，骨萎縮，皮膚変化等であるが，疼痛があるというだけでは，RSD該当性が認められる可能性は低い。骨萎縮，筋委縮，皮膚変化などの客観的診断基準は，補助的診断ではあるが重視されるようである（労災保険，自賠責保険の行為障害等級認定に際しても，「関節拘縮」「皮膚変化」「骨萎縮」などの客観的診断が要件とされている。）。裁判所は，上記の判断基準や補助的診断を利用し，症状の経過なども含め総合的に検討し，RSDの該当性を判断しているようである。なお，裁判例の中には，RSDに該当するか否かは明らかではないとしながら，後遺障害を認めたものもある☆10。ただし，後遺障害と認められた場合でも，神経症状の場合は改善することが多いという理由から労働能力喪失期間が短期間に制限される場合がある☆11。

また，被害者の心因的要素が寄与しているとして，素因減額がされている例も多い。RSDを発症した事例では，被害者が精神的に不安定な場合があるが，これは，被害者に精神的な素因があるからRSDになるのではなく，痛みから（つまりRSDに罹患したことにより）精神的に不安定になる可能性もあるため，安易な素因減額については批判的な指摘もある☆12。裁判実務では素因減額を認める事例☆13が多いので，原告代理人としては，安易な素因減額の主張に対してはしっかりと反論するべきである。

(6) 高次脳機能障害

頭部外傷により意識障害を負った者が，治療の結果意識を回復したが，意識回復後に認知障害（記憶障害，集中力障害，遂行機能障害，判断力低下，病識欠落等）と人格変性（感情易変，不機嫌，攻撃性，暴言，暴力，幼稚性，多弁，自発性低下，病的嫉妬，被害妄想等）を生じ，社会復帰が困難となる後遺障害のことである☆14。

☆10 大阪高判平13・10・5自動車保険ジャーナル1421号。
☆11 小林邦夫「むちうち症以外の原因による後遺障害等級12級又は14級に該当する神経症状と労働能力喪失期間」赤い本(下)〔2007年度版〕・75頁以下。
☆12 高取・前掲注（☆9）67頁。
☆13 素因減額を認めた裁判例としては，東京高判平13・1・31自動車保険ジャーナル1382号（素因減額3割），否定した裁判例としては，横浜地判平13・10・12自動車保険ジャーナル1421号がある。

第3章◆訴訟類型別の争点整理

　高次脳機能障害については，その認定自体が困難である場合がある。脳損傷には局所的な損傷と，衝撃によって広範囲の損傷が発生する場合がある（このような広範性の脳損傷を「びまん性脳損傷」という。）。脳の局所性の損傷についての画像所見がある場合は比較的認定が容易である。また，脳室拡大・脳萎縮については，軽傷者や若年者は見落とされる可能性があるので，外傷当日と慢性期の画像の比較を行うべきことが指摘されている☆15。衝撃により脳の細胞同士をつなぐ神経細胞の軸索が広範囲に損傷を受ける「びまん性軸索損傷」の場合，損傷が細胞レベルであるため，CTやMRIの画像では確認できない場合がある。

　画像所見の重要性には異論がないと思われるが，画像所見がない場合でも，「頭部外傷」と「脳外傷による高次脳機能障害としての典型的な臨床症状」がある場合には，画像上の所見がないことのみをもって，高次脳機能障害の発生を否定するのは妥当でない☆16との指摘がある。

　後遺障害については，自賠責制度と労災制度において等級認定がなされるが高次脳機能障害については，両制度で認定基準が異なっている。これは，自賠責制度の方が先に（平成13年から）基準を出したという経緯や，労災は労働者を対象としたものであるのに対し，自賠責保険は高齢者や幼児など非就労者も補償の対象とするという制度目的の違いによると考えられる。もっとも，自賠責保険での後遺障害等級認定は原則として労災基準に準じるとされているため☆17，現在では，自賠責における認定についても，従前の考え方を用いて後遺障害等級を認定した後，労災認定基準にあてはめて検証し最終結論を出すようにし，整合性に配慮しているとのことである☆18。労災での認定においては，

☆14　佐久間＝八木編・前掲注（☆2）160頁。
☆15　本田晃「高次脳機能障害の要件と損害評価」赤い本(下)〔2005年度版〕・75頁。
☆16　本田・前掲注（☆15）81頁。
☆17　平成13年金融庁・国土交通省告示第1号「自動車損害賠償責任保険の保険金等及び自動車損害賠償責任共済の共済金等の支払基準」。
☆18　自賠責保険における高次脳機能障害認定システム検討委員会委員会による平成19年2月2日付報告書「自賠責保険における高次脳機能障害認定システムの充実について」。

①意思疎通能力，②問題解決能力，③作業負荷に対する持久力，④社会行動能力の4つの能力の低下の程度を6段階に評価したうえで，障害等級を格付けしている。

　高次脳機能障害は人により症状が大きく異なり，また各人の仕事の種類・内容により後遺障害が就労に与える影響も異なるため，損害評価にあたっては，労働能力喪失率・喪失期間や介護の要否・その程度について，個別具体的な判断が必要になる。高次脳機能障害のみに関わる論点ではないが，重度の後遺障害においては介護費用が高額化する傾向にあり，将来の介護費用をどのように評価すべきかという点も，大きな問題となり，紛争が長期化しやすい。

　なお，高次脳機能障害の場合，支援を受ければ就労可能な場合もあるので，労働能力が残存する場合でも，介護料が認められる場合もある[19]。

(7) 外貌醜状

　外貌醜状とは，頭部，顔面部，頸部のごとく，上肢及び下肢以外の日常露出する部位に醜状痕が残った後遺障害である[20]。

　醜状障害については，一般的にはそれ自体が労働能力の喪失をもたらすものではないため，差額説に立つ場合には，現実の収入減少につながる事情がある場合を除き，逸失利益が否定される理論的な帰結になる。しかし，現実の裁判実務としては，事案に即してもう少し柔軟に対応しているようである。平成14年の講演において，当時の東京地裁民事第27部の総括判事は，東京地裁における実務的運用を以下のように説明している。

　「被害者の性別，年齢，職業等を考慮したうえで，①醜状痕の存在のために配置を転換させられたり，職業選択の幅が狭められるなどの形で，労働能力に直接的な影響を及ぼすおそれのある場合には，一定割合の労働能力の喪失を肯定し，逸失利益を認める。②労働能力への直接的な影響は認め難いが対人関係や対外的な活動に消極的になるなどの形で，間接的に労働能力に影響を及ぼすおそれが認められる場合には，後遺障害慰謝料の加算事由として考慮し，原則

---

[19]　本田・前掲注（[15]）82頁。
[20]　佐久間＝八木編・前掲注（[2]）165頁。

第3章◆訴訟類型別の争点整理

として，100万円～200万円の幅で後遺障害慰謝料を増額する，③今申し上げたような意味において，直接的にも間接的にも労働能力に影響を与えないと考えられる場合には，慰謝料も基準通りとして増額しない，ということになろうかと思います。」[21]。

「赤い本(下)〔2011年度版〕」における講演録では，近時の判例について検討がされているが，その傾向として以下の点が指摘されている[22]。醜状そのものは肉体的な労働能力の喪失をもたらすものではないが，現代社会においては他者との交流の中で仕事をすることが前提であるので，醜状障害が円滑な人間関係を阻害するという点で，労働能力の喪失をもたらすと判断される可能性が高い。したがって，①醜状が「著しい」程度に達している場合は，人間関係円滑化という労働能力の喪失が肯定される可能性は高い。②醜状が，人間関係円滑化という労働能力を喪失させる程度は，被害者の職業により異なる。③裁判例としては，被害者の性別により傾向の違いがあり，つまり，男子より女子の方が広く逸失利益が認められる傾向がある。これは，男子より女子の方が人間関係円滑化が重要な要素を占める仕事に就いている場合が多いという解釈も成り立つが，性別そのものが逸失利益判断のうえで重要な要素となっている可能性がある。

裁判例ではいずれも，個別具体的な事情を勘案して損害が認定されている。原告代理人としては，被害者の個別の事情や特殊性を含めて具体的な主張立証をしていく必要がある。

ところで，京都地判平22・5・27判時2093号72頁・判タ1331号107頁で，外貌醜状に関する障害等級上の男女間における差別的取扱いが，著しく不合理であり憲法14条1項に違反するとして，労災の障害補償給付の支給に関する処分が取り消されている。これを受けて，外貌醜状に関する障害等級表が改定され，平成23年2月1日に施行された[23]。新しい等級表によると，男子の外貌醜状

---

[21] 東京三弁護士会交通事故処理委員会編『新しい交通賠償論の胎動―創立40周年記念講演を中心として』(ぎょうせい，2002) 9頁。

[22] 鈴木尚久「外貌の醜状障害による逸失利益に関する近時の裁判実務上の取扱いについて」赤い本(下)〔2011年版〕・43頁。

[23] 厚生労働省労働基準局長平成23年2月1日通達「外貌の醜状障害に関する障害等級

に関する等級は女子の等級にあわせた形になり，性別による差は設けられていない。また，従前，外貌醜状の程度については，外貌に著しい醜状を残すもの（7級12）と，外貌に醜状を残すもの（12級14）の二段階のみであったが，これらの中間の程度として，外貌に相当な醜状を残すもの（9級11の2）が新たに設けられた。現在，裁判例の傾向としては被害者の性別による違いがあるとの指摘があったが，障害等級表の改定の影響を受け，解消していく可能性があるので留意が必要である。

❸ 訴訟が長期化する原因

交通事故訴訟が長期化する主な類型として，他覚所見，客観的所見がないのに痛みなどの神経症状が続く「見えない後遺症」がある事案であることが指摘されている。PSD，PTSDについては，一応の基準があるものの，その認定，評価は難しい。また，高次脳機能障害の場合，症状や症状が就労に与える影響については個別性が高いため，逸失利益の算定も複雑になることが想定される。さらに，原因に関わらず，重篤な後遺障害が発生した場合については，将来の介護料についての算定は困難であり，訴訟長期化の一因となっている。

❹ 交通事故訴訟の理想的な争点整理

訴え提起の段階において事故態様，受傷機転が争点になるか否かは予想がつく場合が多いので，訴え提起前に刑事記録を入手するか，訴訟提起後に文書送付嘱託の申立て（法226条）をしてこれを取り寄せて，早期に書証として提出する必要がある。また，事故現場の地図や，車両の位置関係を示した図面，事故現場を撮影した写真等の客観的な資料を用いて，わかりやすい主張立証を心がけることが求められる☆24。

損害論の部分では，治療については，傷病名，入通院等の治療経過，症状固定日等を具体的に主張し，診断書，診療報酬明細書等の証拠を提出すべきである。長期にわたる場合や複数の治療機関を利用した場合などは，適宜一覧表な

　認定基準について」（基発0201第2号）。
☆24　佐久間＝八木編・前掲注（☆2）95頁。

どを作成し，証拠との対応関係を含めて整理して主張する必要がある。

　診療記録については，患者本人であれば直接治療機関から取り寄せることが可能であるが，訴え提起後であれば文書送付嘱託の申立ても可能である（法226条）。診療記録の分析には時間がかかり，訴訟遅延の原因の一つとなるので，早期に文書送付嘱託の申立てを行うべきである[25]。

　後遺障害については，後遺障害の内容・程度について，医師の診断書，後遺障害診断書，自賠責の後遺障害等級認定を受けた場合は後遺障害等級認定票を提出する。

　介護費用の請求にあたっては，被害者の生活実態や必要な介護の内容や程度を明らかにするために，介護を行っている親族等の陳述書などや，職業付添人による介護の場合には職業付添人による付添費の領収証や見積書を提出する必要がある。後遺症や必要な介護について争う場合は，診療記録のほか，医師の意見書を提出する必要がある場合もある。

　なお，訴訟においては，具体的な事実関係の立証がないと被害者に有利な認定はされないことが多いので，代理人としては，具体的な立証を行うようにすべきであることが指摘されている[26]。

〔秋山　里絵〕

---

[25]　佐久間＝八木編・前掲注（☆2）126頁。
[26]　佐久間＝八木編・前掲注（☆2）190頁。

IX 離婚訴訟

❶ 離婚訴訟の特徴

　離婚訴訟は，人事訴訟の一つである（人訴2条1号）。人事訴訟手続は，民事訴訟の一種であり，人事訴訟法において特例として定められた事項以外については，民訴法が適用される（人訴1条・29条）。人事訴訟の特徴のうち，争点整理に関わる主な点は，①弁論主義の制限，②職権探知主義，③紛争の一回的解決の要請である。

　人事訴訟は人の身分関係を対象とする手続である。人の身分関係は，当事者のみならず親子や親族らの第三者に対する影響が大きいため，原則として当事者が自由に処分することは許されないと考えられている。また，身分関係を裁判により形成又は確認する場合，法的安定性の観点から対世効が与えられるため，実体的真実の発見の要請が特に重視される[1]。そこで，民訴法の規定のうち，処分権主義が一部制限され，弁論主義に基づく種々の規定の適用が排除されている（人訴19条）。さらに，職権探知主義を採用し，裁判所が職権によって証拠調べを行い，当事者の主張しない事実も判決の基礎にできることとされている（人訴20条）。

(1) 弁論主義の制限

　具体的には，時機に後れた攻撃防御方法等の却下（法157条・157条の2），自白の擬制（法159条1項），自白（法179条），当事者本人尋問の補充性（法207条2項），当事者本人不出頭の場合の制裁（法208条），文書提出命令に従わない場合の制裁（法224条），文書の筆跡の対象に協力しない場合の制裁（法229条4項），欠席

---

[1] 松本博之『人事訴訟法〔第2版〕』（弘文堂，2007）44頁。

判決（法244条）の規定が適用されない。

　なお，人事訴訟においては，請求の放棄・認諾，和解は不適法とされるが，離婚及び離縁については，請求の放棄・認諾（法266条），和解（法267条）も認められている（人訴37条・44条）[2]。

(2) 職権探知主義

　人事訴訟については，職権探知主義が採られ，裁判所は職権によって証拠調べを行い，当事者の主張しない事実も判決の基礎にできる（人訴20条）。しかし，裁判所の職権発動は，常に求められているわけではなく，補充的なものであり，あくまで当事者主義の原則の中で，当事者が主体的に主張立証を行うことが求められている[3]。

(3) 紛争解決の一回的解決の要請

　請求の客観的併合の範囲については，平成15年の人事訴訟法により，旧人事訴訟手続法7条1項・2項本文に相当する規定を設けないこととし，同種の訴訟手続である人事訴訟の併合を常に認めることとされた。訴えの変更・反訴の要件も緩和されている（人訴18条）。また，損害賠償請求事件についても関連請求については，これを認め，離婚請求に慰謝料請求の併合請求を認めている（人訴17条1項）。附帯処分（人訴32条）の申立ても認められている。なお，附帯処分については，事実の調査に関する規定（人訴33条）が設けられ，家庭裁判所調査官の調査が行われる場合がある[4]。

　離婚訴訟においては，一回的解決の要請が強いため，損害賠償請求や附帯処分が一つの手続の中で判断されることになる。

---

[2]　秋武憲一＝岡健太郎編著『リーガル・プログレッシブ・シリーズ7 離婚調停・離婚訴訟』（青林書院，2009）36頁。

[3]　秋武＝岡編著・前掲注（[2]）36頁。

[4]　梶村太市＝徳田和幸編『家事事件手続法〔第2版〕』（有斐閣，2007）275頁。

❷ 離婚訴訟の内容

(1) 訴訟物

　離婚訴訟の訴訟物は離婚請求権である。離婚原因については民法770条1項各号に規定があるが，この各号の離婚事由ごとに訴訟物は異なるとするのが判例である[☆5]。他方，判決確定後に，原告は，当該人事訴訟において請求の原因を変更することにより主張することができた事実に基づいて同一の身分関係についての人事に関する訴えを提起することができない（人訴25条），との規定との兼ね合いもあり，民法770条1項5号が訴訟物であり，1号から4号は例示であるとの説が今日では通説とされている。

　東京家裁裁判官の講演録においては，「民法770条1項各号の離婚事由ごとに訴訟物が異なるとするのが実務上の取扱い」であるとされ[☆6]，このような認識を前提として，訴状にはいずれの離婚事由にあたるのかをきちんと書くべきであると言及されている[☆7]。したがって，実務的には，民法770条1項各号の離婚事由ごとに異なる訴訟物として主張立証を行うべきである。

　なお，民法770条1項5号の事由は規範的要件事実であり，離婚を請求する当事者は評価根拠事実を，これを争う相手方は，評価障害事実を主張立証する[☆8]。

(2) 附帯処分について

　離婚訴訟では，上記の離婚原因そのものの存否のほか，附帯処分が争点となる場合も多い。附帯処分としては，以下のものがある。

　① 財産分与の額（民768条）
　② 慰謝料請求権の存否，額（民709条・710条）

☆5　最判昭36・4・25民集15巻4号891頁・家月13巻8号79頁。
☆6　阿部潤「新しい人事訴訟の運用について」東京弁護士会研修センター運営委員会編『平成16年度春期弁護士研修講座』（商事法務，2004）119頁。
☆7　秋武憲一「東京家庭裁判所における人事訴訟事件の運用」東京弁護士会研修センター運営委員会編『平成16年度秋期弁護士研修講座』（商事法務，2005）12頁。
☆8　秋武＝岡編著・前掲注（☆2）110頁。

③　未成年者の親権者指定（民819条2項）
④　監護者の指定，養育費，子の引渡し，面会交流など子の監護に関する処分（民766条）

附帯処分は，訴訟と異なり，権利義務の存否を争うものではなく，権利・義務の存在を前提としてその具体的内容を形成するものであるから，主張も茫漠としたものになりやすいと指摘されている[9]。

❸ 典型的な争点

(1) 離婚原因の争点整理

民法770条1項1号ないし5号の離婚原因ごとに争点整理が行われることになる。実務上は，5号の「婚姻を継続し難い重大な事由」が争点になる場合が多いので，この点について述べる。

(a) 主観的要素

婚姻破綻の主観的要素は，婚姻の当事者双方がいずれも婚姻共同生活を修復する意思がないことであるとされる[10]。双方に婚姻を継続する意思がない場合でも，離婚訴訟が提起されることがある。これは，慰謝料請求権，財産分与，親権者の指定などに争いがある場合であり，このような場合も実務上，調書にその旨を記載し争点整理が行われる[11]。

被告が請求棄却の答弁を行う場合でも，婚姻が破綻しているという事実自体を争うのではなく，破綻するに至った経緯について争う場合も多く見られる。このような場合，損害賠償請求がされていれば，争点は離婚そのものではなく，損害賠償請求権と判断される場合も多く，実際の争点は損害賠償請求権の有無に整理されることになる[12]。

(b) 客観的要素

客観的にみて，婚姻共同生活を修復させることが著しく困難であることが，

---

[9]　東京家庭裁判所家事第6部編著『東京家庭裁判所における人事訴訟の実情〔改訂版〕』（判例タイムズ社，2008）33頁。
[10]　秋武＝岡編著・前掲注（[2]）64頁。
[11]　秋武＝岡編著・前掲注（[2]）64頁。
[12]　東京家庭裁判所家事第6部編著・前掲注（[9]）33頁。

婚姻の破綻の客観的要素となる[☆13]。離婚そのものが争いとなる場合は，破綻の客観的要素が問題となる[☆14]。評価根拠事実としては，婚姻共同生活において特に重要な事実又はエピソードであることが必要とされる。かなり昔の出来事や，日常生活の行き違いに関する不満が主張されることがあるが，これらが評価根拠事実となり得るかについては，疑問が呈されている。中核的事実としては，相当期間にわたる別居か，暴力・暴言又は不貞行為等の有責行為となるとされる[☆15]。類型としては，配偶者からの暴力や虐待，不労・浪費・借財等，強制執行，告訴・告発・訴訟の提起，犯罪行為・受刑，配偶者の親族との不和，過度の宗教活動，性生活の問題，疾病・身体障害，性格の不一致，愛情喪失・考えの相違，長期間の別居などが挙げられている[☆16]。

別居の期間が長期に及ぶ場合には，それだけで，婚姻破綻が推定される。したがって，他方配偶者の有責性の立証は必要ない。別居期間が短期間の場合は，それ自体で婚姻破綻が事実上推定されることはないから，相手方の有責行為の主張立証が必要となる。

(c) 有責配偶者からの離婚請求

有責配偶者からの離婚請求において，相手方から信義則に反し許されないと主張された場合には，①相当長期間の別居であること，②未成熟子がいないこと，③相手方配偶者が離婚により苛酷な状況におかれないことなど，離婚請求を認容することが著しく社会正義に反するといえるような特段の事情がないことの3要件が必要となる。

要件事実としては，請求原因に対し，原告が有責であることが抗弁，上記3要件が再抗弁となる[☆17]。

[☆13] 秋武＝岡編著・前掲注（☆2）65頁。
[☆14] 秋武＝岡編著・前掲注（☆2）119頁。
[☆15] 秋武＝岡編著・前掲注（☆2）65頁。
[☆16] 秋武＝岡編著・前掲注（☆2）65頁，離婚事件実務研究会編『判例にみる離婚原因の判断』（新日本法規出版，2008）114頁以下。
[☆17] 離婚事件実務研究会編・前掲注（☆16）4頁。

(2) 財産分与

　財産分与には，①婚姻中の夫婦の財産の清算，②離婚後の扶養，③離婚による精神的苦痛に対する慰謝料の3つの要素があるとされる[18]。このうち，中心となるのは，①の清算的財産分与であり，②の扶養的財産分与は補充的なものである。また，③の慰謝料的財産分与については，別途不法行為に基づく慰謝料請求を行うのが一般的である。

(a) 清算的財産分与

　まず，婚姻中に形成した夫婦の共有財産を，その財産の形成に関わった貢献度，寄与度を考慮して公平に分配するのが基本の考え方である。

　争点整理としては，①対象財産の確定，②対象財産の評価，③財産形成への当事者の寄与の程度に分けられる[19]。

　このうち，もっとも時間がかかると思われるのが，①の対象財産の確定である。ここでは，まず，財産分与の対象となり得る財産として何があるのかを明らかにし，そのうえで，財産分与の対象とならない特有財産，固有財産についての主張があればその主張をする，という手順を踏むことになる[20]。財産の存在について，訴訟の相手方名義の財産の場合，どの程度の財産があるかがわからないことが多く，また，当事者の一方が財産に関する資料の提出を拒む場合などは，調査嘱託や文書送付嘱託を行うなど資料の収集に時間がかかるので，離婚訴訟の長期化の一因となる。具体的な財産の存在を一切主張することなく，「相当な財産分与を求める」と主張する当事者がいるが，どの程度の不動産がある，このような預金や保険があるはずだという点について主張しないと，裁判所としても調べようがないので，代理人としては，早期に，できる限り具体的な主張に努めるべきである[21]。

　対象財産の確定にあたっては，どの時点を基準とするかについて当事者間で最初に合意しておくことが望ましい。基本的には別居時を基準とすることにな

---

[18] 島津一郎＝阿部徹編『新版注釈民法(22)親族(2)離婚』（有斐閣，2008）194頁。
[19] 秋武＝岡編著・前掲注（☆2）197頁。
[20] 東京家庭裁判所家事第6部編著・前掲注（☆9）34頁。
[21] 秋武・前掲注（☆7）14頁。

る[22]。基準時を決められない場合は，いくつかの基準時を設定して財産関係を整理するしかないケースもあるとのことである[23]。

　裁判実務においては，夫婦の全体財産を夫婦の所有名義ごとに分けて，各当事者名義の純資産を計算し，その後，寄与に応じた分与割合に従って，清算的分与額を決める，とい方法で行うのが主流である[24]。原告側の積極財産や，双方の債務を無視している例が少なくないが，このような場合は修正が指示される。複雑な事案では，婚姻関係財産一覧表や争点整理表のような書式に，当事者が書き込む形で見やすい表を作るような指示がなされる場合がある[25]。

　②の評価については，不動産の時価が問題となることが多いが，鑑定にはかなりの費用がかかるので，不動産業者の査定を2，3とって，それを参考にすることが多い[26]。不動産の評価についても，いつを基準時とするかが大きな問題となるケースもある。この点については，口頭弁論終結時とするのが一般的である[27]。分与財産の確定をする基準時と，財産の時価評価の基準時は異なるので注意が必要である。

　③の寄与度については，共稼ぎ夫婦の場合に限らず，妻が専業主婦の場合であっても，財産分与の割合については2分の1を原則とするのが現在の実務の傾向である[28]。しかし，個人の能力や努力の寄与度が高く，高額の資産形成がなされた場合など，特段の事情がある場合には，これと異なる割合となる可能性があるので，その場合には，具体的な事情を主張するとともに，それを裏づける資料を提出することになる。しかし，具体的な寄与の程度が問題となる事案は，かなり例外的である[29]。この場合，分与対象財産の形成経過，及び寄与・貢献の経過を一覧できるような，時系列の婚姻生活史の作成が有効なの

---

[22]　秋武＝岡編著・前掲注（☆2）197頁。
[23]　秋武＝岡編著・前掲注（☆2）198頁。
[24]　秋武＝岡編著・前掲注（☆2）170頁。
[25]　秋武＝岡編著・前掲注（☆2）199頁。
[26]　秋武＝岡編著・前掲注（☆2）199頁。
[27]　秋武＝岡編著・前掲注（☆2）172頁。
[28]　秋武＝岡編著・前掲注（☆2）167頁，阿部・前掲注（☆6）128頁。
[29]　秋武＝岡編著・前掲注（☆2）199頁。

で，その作成が望ましいとされている[30]。

　年金分割についても，原則は2分の1とされ，別居期間が長期間に及んでいる場合等については，例外的な取扱いに関する考慮事情とするに止まる[31]。

　(b)　扶養的財産分与

　扶養的財産分与は補充的に認められるもので，認められるためには以下の要素が検討される[32]。

　①　申立人の扶養の必要性とその程度
　②　相手方の扶養能力
　③　双方の資産，負債
　④　双方の稼働能力
　⑤　公的扶助や親族からの扶養
　⑥　自活までの期間

　なお，扶養の必要性など，具体的な根拠を示さずに，扶養的財産分与を求める訴状が見受けられるとのことであるが，具体的な根拠と数字に基づく主張が必要である。一例として，専業主婦が自立までに必要な期間と必要な金額を具体的に主張するなどの方法がある[33]。

(3)　慰　謝　料

　慰謝料は，不法行為に基づく精神的損害に対する損害賠償請求権である（民709条・710条）。離婚訴訟における慰謝料の場合，離婚に伴う慰謝料請求と個々の不法行為に基づく慰謝料請求があるので，これを区別して主張する必要がある[34]。

　離婚に伴う慰謝料請求の場合，請求原因事実は離婚原因における有責性と重なる部分がある。それ以外の個々の不法行為に基づく慰謝料請求は，個々の不法行為について日時や行為を特定して主張立証すべきことは，通常民事訴訟の

---

　[30]　秋武＝岡編著・前掲注（[2]）167頁，阿部・前掲注（[6]）128頁。
　[31]　秋武＝岡編著・前掲注（[2]）71頁。
　[32]　秋武＝岡編著・前掲注（[2]）186頁。
　[33]　秋武・前掲注（[7]）15頁。
　[34]　秋武・前掲注（[7]）18頁。

(4) 親権者指定

　親権者指定の申立ては，当事者に申立権があるわけではなく，職権発動を促すものである。親権者・監護者の決定は，諸事情を総合考量し，総合的に子の利益及び福祉を基準としてなされる（民819条6項）。

　総合考慮の要素については，多くの要素が挙げられているが，具体的には，監護の現状，そのような監護に至った経緯，同居時の監護の状況，子の現状，子の同居時の状況，父母及び監護補助（予定）者の意向，客観的状況及び性格，非監護親と子との面会の現状，父母の相手方との面会に関する意向，子と父母及び監護補助者の関係性，将来の監護の見通し等である[35]。

　争点整理においては，各親において，上記要素について具体的に記載した陳述書が有用であり，各家庭裁判所において，ひな型が用意されている。

　しかし，実務上は，客観的には，親権者の指定について容易に判断ができるが，当事者の一方が納得しない例が圧倒的に多いという。その場合，調査も証拠調べも行わない場合がある[36]。

　自分を親権者に指定するように求める者は，自分が親権者として適格性を有していることを基礎づける事情を具体的に主張しなければならない[37]。単に相手方の監護に漠然とした不安を訴えるのみの場合は，事実上争点から外される場合もある。

　家裁調査官による事実の調査は，調査の補充性との関係から，親権についての主張立証，陳述書の提出によっても心証がとれない場合に，必要な点に絞って行われる運用がなされている[38]。他の争点について争点整理中でも，親権に関する争点整理が終わっていれば調査が実施される場合もある[39]。

---

　[35]　秋武＝岡編著・前掲注（[2]）145頁。
　[36]　秋武＝岡編著・前掲注（[2]）69頁。
　[37]　秋武＝岡編著・前掲注（[2]）69頁。
　[38]　秋武＝岡編著・前掲注（[2]）146頁。
　[39]　秋武＝岡編著・前掲注（[2]）146頁。

(5) 面会交流

面会交流については，①主たる争点が親権の帰属の場合と，②親権者の指定に方向性が見えている場合とでは，異なる配慮が必要となる。①の場合，争点を親権の帰属に集中させた方が適切な事案もあり，そのような場合は，申立てを取り下げ，改めて調停・審判を求めることも検討すべきである[40]。②の場合は，親権の帰属に争いがないことを明らかにしたうえで，争点を面会交流に絞ることが望ましい。この場合，家裁調査官の関与が有用とされる場合は，付調停のうえ，家裁調査官が関与する形で審理される場合がある[41]。

(6) 養育費

養育費の算定については，東京・大阪養育費等研究会が公表した「算定表」[42]によって計算する実務が一般化している。したがって，当事者が源泉徴収票又は確定費用等の資料を提出し，双方の収入の主張立証があればよいことになる。

本算定表によることが著しく不公平になるような特別の事情がある場合は，その具体的な事情を主張立証することになる。具体的には，義務者の収入が算定表の上限を超える場合，住宅ローンがある場合，私立学校の学費等が挙げられる[43]。

4 訴訟が長期化する原因

離婚請求に附帯処分も含めると，審理の対象自体が多いことが考えられる。通常，同時並行で争点整理が行われるが，実質的な争点が多く，また，争点の一つが別の争点の前提問題となっている場合には，後行する問題点について具体的な審理を行うことが難しい場合もある。例えば，離婚自体に争いがある場合の親権[44]や，親権自体に争いがある場合の面会交流権などである[45]。

---

[40] 秋武＝岡編著・前掲注（☆2）164頁，秋武・前掲注（☆7）18頁。
[41] 秋武＝岡編著・前掲注（☆2）164頁。
[42] 東京・大阪養育費等研究会「簡易迅速な養育費等の算定を目指して―養育費・婚姻費用の算定と算定表の提案」判タ1111号（2003）。
[43] 秋武＝岡編著・前掲注（☆2）161頁。

また，附帯処分の中でも，財産分与の審理に時間を要することが多い[46]。特に，対象財産の確定に時間がかかる場合が多いようである。そもそも対象財産の数が多い場合は，その整理や評価に時間がかかる。訴訟の相手方名義の財産の場合，どの程度の財産があるかがわからないことが多く，また，当事者の一方が財産に関する資料の提出を拒む場合などは，調査嘱託や文書送付嘱託を行うなど資料の収集に時間がかかるので，離婚訴訟の長期化の一因となる。財産分与については，離婚後2年間は審判の申立てができるため，親権についても争いがあり，離婚について早期の解決が望ましい場合は，財産分与についていったん申立てを取り下げることも検討すべきであるとされる。

調停前置主義であるため，調停段階で，ある程度問題点の整理がなされることが期待されるが，調停の進行によってはそれがなされない場合もあり，そのような場合は争点整理に時間がかかることがある。

❺ 離婚訴訟の理想的な争点整理

裁判所関係者の著作を読むと，離婚訴訟においては，調停前置主義が採られていることから，調停が不成立になった場合でも，調停が不成立になった原因すなわち，当事者が合意できなかった争点について当事者双方が認識していることが期待されている[47]。当事者の気持ちの問題という部分についても，調停で話し合いを行ってある程度問題を解消し，訴訟においては，争点整理を迅速に行い，手続を進めたいという要望があるように読み取れる。

離婚訴訟の場合，離婚や親権について当事者が表面的には争うという主張をしているものの実質的には争点とならない場合や，一部の「大胆な」扶養的財産分与のように具体的な根拠がない場合，財産分与割合のように実務上の運用がほぼ決まっていて，多くの場合は運用と異なる主張をすることに意味がないなど，争点整理という観点からすると，当初から主張を見合わせるか，思い切

---

[44] 秋武＝岡編著・前掲注（[2]）147頁。
[45] 秋武＝岡編著・前掲注（[2]）164頁。
[46] 秋武・前掲注（[7]）13頁。
[47] 秋武・前掲注（[7]）125頁。

った主張整理をした方が，訴訟の迅速化に資するケースは多いと思われる。

　しかし，代理人である弁護士の立場からすると，離婚訴訟においては，当事者の感情的な対立や，婚姻の解消に家族関係，財産的基盤の喪失を伴うケースがあるため，依頼者の感情や納得などの点から，最初からまったく主張を行わないとか，争点としてはすっぱりと落としてしまうという進め方が難しいケースも多い。また，調停で裁判所が期待するような問題の整理や話し合いがなされていない場合もある。勿論，代理人としては，怠慢により具体的な主張を行わないというようなことは厳に慎むべきであるし，離婚訴訟においては，ともすれば抽象的な主張になりがちであるという点に注意し，具体的主張を常に心がけるべきである。現状では，裁判所の運用も，当事者の感情にも配慮がなされているという印象であるが，離婚訴訟特有の難しさについても理解いただきたいところである。

〔秋　山　里　絵〕

X ◇ 遺留分減殺請求訴訟

❶ はじめに

　遺留分減殺請求訴訟は，実務上，決して少なくない訴訟類型であるが，遺留分に関する実体法理論や具体的算定方法が複雑であることから，当事者又は代理人の中には，遺留分減殺額の算定方法を十分に理解していなかったり，誤解を生じている者も見受けられ，迅速な争点整理を妨げる要因の一つになっているとの指摘がある。他方で，遺留分減殺請求訴訟においては，上記算定方法さえ把握し，迅速に算定することができるのであれば，あとは単なる計算問題にすぎず，紛争は，個々の財産の遺産帰属性や価額の評価といった個別的争点に解消され，争点が明確化されることとなる。

　そこで，ここでは，遺留分減殺額算定の前提となる実体法について，具体的計算結果を得るための準則という視点から，判例理論をふまえた実務的な整理を試みることとする[1]。なお，以下の算定方法は，民事訴訟としての遺留分減殺請求訴訟を想定しており，遺産分割審判において遺留分が考慮される場合とは異なる点があるので留意されたい。

❷ 遺留分減殺請求権の性質

　遺留分減殺請求権については，民法1031条（以下，特に法律名を記載しないものは，いずれも民法の条文を指す。）に定めがあるが，これは，受遺者又は受贈者に対する意思表示により行使される形成権である[2]。したがって，遺留分減殺請求権は，訴訟外で行使することができ，行使により，減殺の対象となる遺贈

---

[1] 実務上の準則を示す趣旨から，学説の指摘は最小限に止めた。
[2] 最判昭41・7・14民集20巻6号1183頁・判時458号33頁・判タ196号110頁。

又は贈与は，減殺請求者の遺留分を侵害する限度で当然に失効し，受遺者又は受贈者が取得していた権利は，失効した限度で減殺請求をした遺留分権利者に帰属する[3]。また，減殺請求により遺留分権利者に帰属する権利は，遺留分権利者の固有財産となり，遺産分割の対象となる相続財産としての性質を有しない[4]。したがって，遺留分減殺請求訴訟の訴訟物は，不当利得返還請求権や所有権に基づく妨害排除請求権などということになる。

❸ 遺留分侵害額の算定

(1) 算定方法の骨格

遺留分減殺額の算定に先立ち，まず，遺留分減殺請求者の遺留分侵害額を算定する必要があるが，これは，次の順序により算出される[5]。

① 被相続人が相続開始の時に有していた財産全体の価額にその贈与した財産の価額を加え，その中から債務の全額を控除して遺留分算定の基礎となる財産額を確定する（1029条1項）。

② それに1028条所定の遺留分の割合を乗じ，複数の遺留分権利者がいる場合はさらに遺留分権利者それぞれの法定相続分の割合を乗ずる。

③ 遺留分権利者がいわゆる特別受益財産を得ているときはその価額を控除する。

④ 遺留分権利者が相続によって得た財産がある場合はその額を控除し，同人が負担すべき相続債務がある場合はその額を加算する（1031条参照）。

(2) 遺留分額算定の基礎となる財産（①）

①遺留分額算定の基礎となる財産
　＝ ⓐ相続開始時の積極財産 ＋ ⓑ贈与した財産の価額 － ⓒ相続債務

---

[3] 最判昭35・7・19民集14巻9号1779頁・判時232号22頁，最判昭51・8・30民集30巻7号768頁・判時826号37頁・判タ340号155頁等。

[4] 最判平8・1・26民集50巻1号132頁・判時1559号43頁・判タ903号104頁。訴訟説，固有財産説を採用したものとされる。

[5] 最判平8・11・26民集50巻10号2747頁・判時1592号66頁・判タ931号175頁。

(a) 相続開始時の積極財産（ⓐ）

相続開始時，遺贈等の効力が生ずる直前の財産額である。死因贈与も，相続開始時に効力を生ずるから，ここでは遺贈と変わらない。

(b) 贈与した財産の価額（ⓑ）

ここでいう贈与とは，第1に，1030条所定の贈与（無償処分）を意味し，相続開始前の1年間にした贈与と遺留分権利者に損害を加えることを知ってされた贈与からなる。「1年間」にした贈与であるか否かは，贈与契約時を基準とするのが通説とされ，また，「損害を加えることを知って」されたというためには，当事者双方において，将来，相続開始までに被相続人の財産に何らの変動もないこと，少なくとも増加のないことを予見していたことを要する☆6。

第2の意味は，903条1項所定の相続人に対する贈与である☆7。この贈与については，それが相続開始よりも相当以前にされたものであって，その後の時の経過に伴う社会経済事情や相続人など関係人の個人的事情の変化を考慮すると，減殺請求を認めることが当該相続人に酷であるなどの特段の事情のない限り，遺留分減殺の対象となる☆8。したがって，相続人に対する生前贈与は，上記特段の事情のない限り，原則として遺留分減殺の対象となることになる。

なお，負担付贈与は，その目的の価額から負担の価額を控除したものが減殺の対象となる☆9（1038条）。また，不相当な対価をもってした有償行為は，当事者双方が遺留分権利者に損害を加えることを知ってしたものに限り，贈与と

☆6　大判昭11・6・17民集15巻1246頁。

☆7　民法903条の類推適用により特別受益に準ずるとされているものを含む（養老保険における死亡保険金請求権に関する最決平16・10・29民集58巻7号1979頁・判時1884号41頁・判タ1173号199頁等）。
　　なお，被相続人が，特別受益者に対し，持戻義務免除の意思表示（903条3項）をしていた場合については，903条3項が「遺留分に関する規定に違反しない範囲内で」との限定を付していることから，上記意思表示は遺留分算定との関係では効力を有せず，特別受益は当然に算入される（当然算入説，大阪高判平11・6・8判時1704号80頁・判タ1029号259頁ほか通説）。

☆8　最判平10・3・24民集52巻2号433頁・判時1638号82頁・判タ973号138頁。

☆9　具体的には，贈与財産全額を加算したうえで，引受債務額を基礎財産から控除した例がある（大判大11・7・6民集1巻455頁）。

みなされるが，遺留分権利者が同行為の減殺を請求するときは，その対価を償還しなければならない（1039条）。

ところで，生前贈与は，相続開始時とは異なる時期に行われるため，贈与目的物の価額が贈与時と相続開始時とで異なることがあるが，相続開始時を基準に評価することとされている（1044条・904条）。金銭でされた特別受益としての生前贈与の価額についても，贈与時の金額を相続開始時の貨幣価値に換算して評価すべきである[☆10]。実務上は，目的物の価額の評価が争点となることが多く，事案によっては評価に困難を伴うことも多いが，基本的には，財物の現在価値の評価一般に付随する諸問題と異なるものではない。

(c) 相続債務（ⓒ）

相続開始時における相続債務の額を控除する。相続開始後に相続債務が弁済された場合も同様である[☆11]。保証債務については，主たる債務者が弁済不能の状態にあるため保証人がその債務を履行しなければならず，かつ，その履行による出捐を主たる債務者に求償しても返還を受けられる見込みがないような特段の事情のある場合でない限り，1029条所定の「債務」には含まれないとする裁判例がある[☆12]。

(d) 寄与分との関係

遺留分の算定では寄与分は考慮されず，遺留分の額に影響を及ぼさない[☆13]。

(3) 個別的遺留分率（②）

②個別的遺留分 ＝ ⓓ総体的遺留分 × ⓔ法定相続分

(a) 総体的遺留分（ⓓ）

☆10 最判昭51・3・18民集30巻2号111頁・判時811号50頁・判タ335号211頁。実務上は，消費者物価指数に比例させることが多い。
☆11 前掲注（☆5）最判平8・11・26。
☆12 東京高判平8・11・7判時1637号31頁。
☆13 多数説。立法担当者の見解も同旨とされる。したがって，遺留分減殺請求訴訟においては，寄与分の主張は抗弁とはならない（東京高判平3・7・30家月43巻10号29頁・判時1400号26頁・判タ765号280頁等）。

各相続人の有する遺留分の合計は，直系尊属のみが相続人である場合のみ相続財産全体の3分の1となり，それ以外の場合は2分の1となる（1028条）。

(b) 法定相続分（ⓔ）

遺留分を有するのは，兄弟姉妹以外の法定相続人であり（1028条柱書），これらの相続人の代襲者を含む（1044条・887条2項・3項）。法定相続人が複数いるときは，遺留分減殺請求者の法定相続分の割合（1044条・900条・901条）に上記総体的遺留分の割合を乗じて個別的遺留分の割合を算定する。

(4) **遺留分額**（③）

> ③遺留分額 ＝ ①遺留分額算定の基礎となる財産 × ②個別的遺留分率
>   －（ⓕ生前贈与の額 ＋ ⓖ受遺額）
>   ＊なお，①×② を「個別的遺留分額」ということもある。

冒頭で述べたとおり，遺留分額算定の基礎となる財産に個別的遺留分率を乗じ，ここから「特別受益財産」の価額（ⓕ＋ⓖ）を控除して遺留分額を算定する☆14。ここでいう「特別受益財産」には，生前贈与により取得した財産のほか，遺贈や相続分の指定等により取得した財産も含まれる☆15。

(5) **遺留分侵害額**（④）

> ④遺留分侵害額 ＝ ③遺留分額 － ⓗ純相続分額
> ⓗ純相続分額 ＝ ⓘ相続により取得した積極財産額 － ⓙ相続債務分担額
>   ＊なお，（ⓕ＋ⓖ）＋ⓗを「純取り分額」ということもある。

遺留分額から，さらに相続により取得したその他の積極財産（ⓘ）から相続

☆14 ここでいう「遺留分額」は，前掲注（☆5）最判平8・11・26の定義によるものであり，鈴木禄弥『相続法講義〔改訂版〕』（創文社，1996）156頁も同旨である。これに対し，個別的遺留分額のことを「遺留分額」と称する例も多く見られる。

☆15 前掲注（☆5）最判平8・11・26では「特別受益財産」との記述しかないが，同判決の調査官解説によれば，ここには生前贈与の額のほか，遺贈額も含まれるものとされる（大坪丘・最判解民平成8年度（下）988頁）。鈴木・前掲注（☆14）156頁も同旨。

債務の分担額（ⓙ）を控除した残額（純相続分額〔ⓗ〕）を控除し，その結果がプラス（④＞0）であれば，遺留分が侵害されていることになる。

(a) 相続により取得した積極財産額（ⓘ）

生前贈与や遺贈等以外に相続時に取得した財産額である。具体的には，当然分割された金銭債権や，事実上取得した現金などが考えられる。なお，この計算式では，生前贈与額や受遺額等と項目が分けられているが，実際の計算上は，括弧を外せばいずれも控除されるべき項目であることに変わりはないので，特に区別する必要はない。

一部の財産につき既に遺産分割がされているときは，実際の分割結果に従い分配するのが一般的な取扱いであるとされる☆16。この場合，当該遺産分割により遡及的に取得した財産額をⓘに加算することとなろう。

未分割遺産については，遺産分割前の共有状態にあり☆17，遺産分割手続において実際にどのように分割されるかは未定である☆18うえ，「具体的相続分」（903条1項参照）は，遺産分割手続における分配の前提となるべき計算上の価額

☆16　山下寛＝土井文美＝衣斐瑞穂＝脇村真治「遺留分減殺請求訴訟を巡る諸問題(上)」判タ1250号（2007）31頁。これに対し，実際の分割結果に基づくことはできないとする見解として，内田恒久『判例による相続・遺言の諸問題』（新日本法規出版，2002）350頁。

　ところで，遺産分割審判においては，遺留分を考慮して分割内容が決せられ，審判に対しては即時抗告をすることもできるのであるから，同審判により確定された分割内容に対し，後から遺留分侵害を主張することは，単なる紛争の蒸し返しにすぎず許されない。これに対し，遺産分割協議により遺産分割がされたときは，適法に協議が成立している限り，仮にそれが遺留分権利者の遺留分を侵害する内容であったとしても，相続開始後の遺留分放棄があったものと解されるから，結局，遺産分割協議の有効性の問題に帰結する。

　以上によれば，既に全部の財産につき遺産分割がされているときは，遺産分割協議が無効であるとか，解除され又は取り消されたという場合を除くほか，別途遺留分減殺請求訴訟を提起して争うことはできないことになる。

☆17　最判平17・9・8民集59巻7号1931頁・判時1913号62頁・判タ1195号100頁参照。

☆18　遺産分割が審判の形で行われる場合には，一定の規範に従って審判内容が決せられる可能性が高く，その限度で予測可能性があるということができるが，遺産分割は，当事者間のみで遺産分割協議の形で行われることも多く，この場合には，どのような結論になるかは，協議が調う前にはまったく不明である。

ないし割合にすぎず，それ自体は実体法上の権利関係ではない[19]というべきであるから，端的に法定相続分に従い分配されたものとして遺留分侵害額を算定すべきであると解するが，異論もある[20]。なお，遺産分割未了の段階で地裁において遺留分侵害額を算定することが可能かという問題もあるが，遺産分割がされない限り遺留分侵害額を算定することができないという結論が不当であることは明らかであり，遺留分減殺請求権の法的性質を形成権とすることとも相容れないから，算定は可能と解すべきである[21]。

金銭債権等の分割債権については，法定相続分に従い当然分割される[22]から，未分割遺産の問題を生じない。もっとも，金銭債権であっても，契約等により分割が妨げられるときは，同債権は共同相続人間で準共有されることになる[23]から，未分割遺産と同様に，法定相続分に従い分配されたものとして遺留分侵害額を算定すべきである。

(b) 相続債務分担額（ⅰ）

遺留分減殺請求者が相続時に負担することになった相続債務の額である。相続人の1人に対し財産全部を相続させる旨の遺言がされた場合には，遺言の趣

---

[19] 最判平12・2・24民集54巻2号523頁・判時1703号137頁・判タ1025号125頁。
[20] 本文記載のとおり法定相続分に従い分配すべきであるとする見解（法定相続分説）のほか，なるべく実際に遺産分割がされたと仮定した場合の具体的相続分に近づけて分配すべきであるとする見解（具体的相続分説）がある。具体的相続分説は，実質的公平を重視する考え方であり，既に遺産分割がされている場合の処理とも理論的一貫性を有するが，遺留分の計算においては寄与分を考慮することができないため，特別受益等を考慮することができるに止まり，実際の遺産分割と同じ結論にはならないという限界がある。法定相続分説に立つものとして，松原正明『全訂判例先例相続法Ⅱ』（日本加除出版，2006）474頁が，具体的相続分説に立つものとして，山下ほか・前掲注（[16]）30頁，長秀之「遺産分割審判と遺留分減殺請求訴訟との関係」判タ1327号（2010）10頁以下がある。
[21] 松原・前掲注（[20]）474頁，山下ほか・前掲注（[16]）30頁。
[22] 最判昭29・4・8民集8巻4号819頁・判タ40号20頁等。なお，郵政民営化前に預入れされた定額郵便貯金については，旧郵便貯金法の定めにより，当然分割が否定される（最判平22・10・8判タ1337号114頁）。
[23] 前掲注（[22]）最判平22・10・8の千葉勝美裁判官の補足意見を参照。不可分債権となるのではない。

旨等から当該相続人にすべての相続債務を相続させる意思のないことが明らかであるなど特段の事情のない限り，相続人間においては当該相続人が相続債務もすべて承継したものと解され，遺留分侵害額の算定にあたり，遺留分減殺請求者の法定相続分に応じた相続債務額をもって相続債務分担額とすることは許されない[24]。

相続債務は金銭債務であることが多いものと考えられ，その場合は，遺言等により別段の定め[25]のない限り当然分割されるが，不可分債務となる場合であっても，共同相続人間では[26]，別段の定めのない限り，法定相続分に従い債務を分担するものとして遺留分侵害額を算定すべきである。

4　遺留分減殺の方法・計算

(1) 遺留分減殺の対象

遺留分減殺の対象は，第1に遺贈，第2に1030条の贈与[27]であり（1031条），前記のとおり，後者には，原則として特別受益にあたる生前贈与も含まれる。遺贈には，包括遺贈も含まれる[28]。相続分の指定も遺留分減殺の対象となり（902条1項ただし書参照），遺産分割方法の指定（908条。いわゆる「相続させる」旨の遺言）についても同様であると解される[29]。

(2) 遺留分減殺の順序

(a) 遺贈と贈与の関係

---

[24]　最判平21・3・24民集63巻3号427頁・判時2041号45頁・判タ1295号175頁。

[25]　ただし，法定相続分と異なる分割割合を第三者に対抗することはできない。

[26]　不可分債務の場合は，債権者に対しては各共同相続人が全額の支払義務を負い，その後，債務分担割合に従い共同相続人間で求償することになる。

[27]　生命保険における死亡保険金請求権は，指定された受取人が自己の固有の権利として取得するものであり，被保険者の死亡時に初めて発生するものであるから，保険契約者又は被保険者の相続財産を構成せず，上記保険金の受取人を変更する行為は，遺贈又は贈与に含まれない（最判平14・11・5民集56巻8号2069頁・判時1804号17頁・判タ1108号300頁）。

[28]　前掲注（☆4）最判平8・1・26等。

[29]　最判平10・2・26民集52巻1号274頁・判時1635号55頁・判タ972号129頁参照。

X◇遺留分減殺請求訴訟

遺贈と贈与がある場合は，遺贈を減殺した後でなければ贈与を減殺することはできない[☆30]（1033条）。相続分の指定は，その性質上，遺贈に準じて遺贈と同順位で扱われ[☆31]，遺産分割方法の指定も同様であると解される[☆32]。また，死因贈与は，いわば最も新しい贈与というべきであるから，遺贈に次いで，生前贈与より先に，遺留分減殺の対象とすべきである[☆33]。

(b) 複数の遺贈間の関係

遺贈が複数ある場合は，遺言者において別段の意思表示のない限り，その「目的の価額」の割合に応じて按分して減殺される[☆34]（1034条。なお，相続人に対する遺贈における「目的の価額」については後述する。）。共同相続人に対する遺贈と第三者に対する遺贈とで順位に差をつけるべきであるとする見解もあるが，明文の根拠はなく，同順位として扱うべきであろう。

遺贈の目的物が複数ある場合，遺留分減殺請求者が減殺対象となる目的物を自由に選択することは許されない[☆35]。訴状の中には，相手方に遺贈された特定の遺産を減殺対象として移転登記等を求めるものも見受けられるが，和解案

[☆30] 1033条は強行規定と解すべきであり，減殺の請求は1031条により遺留分を保全するのに必要な限度で許されるにすぎないから，減殺の順序に関し当事者が別段の意思を表示したとしても，遺贈の減殺をもって遺留分を保全するに足りる限り，贈与の減殺の請求はその効力を生じない（高松高決昭53・9・6家月31巻4号83頁。通説も同旨）。

[☆31] 東京高判平12・3・8高民集53巻1号93頁・判時1753号57頁・判タ1039号294頁，通説。

[☆32] 前掲注（☆29）最判平10・2・26参照。

[☆33] 前掲注（☆31）東京高判平12・3・8，近時の多数説。かつては，遺贈として取り扱う見解が多数説であったとされる。

[☆34] 例えば，遺留分権利者が1人の場合において，遺贈Aが1600万円，遺贈Bが400万円，遺留分侵害額が500万円のときは，遺留分侵害額である500万円が4：1の割合で按分され，遺贈Aにつき400万円，遺贈Bにつき100万円の限度で減殺される。遺贈Aが不動産の場合は，受贈者Yが持分4分の3，遺留分権利者Xが持分4分の1の割合による共有となる。

[☆35] 実務運用であり，通説とされる（中川善之助＝加藤永一編『新版注釈民法(28)相続(3)遺言・遺留分〔補訂版〕』（有斐閣，2002）496頁〔宮井忠夫＝千藤洋三〕）。裁判例として，東京地判昭61・9・26判時1214号116頁，徳島地判昭46・6・29下民集22巻5＝6号716頁・判時643号84頁・判タ265号176頁等。

の提案としてであれば別段，そのまま判決に至った場合には，当該不動産のみについて「目的の価額」による按分割合に応じた一部認容判決が得られるにすぎないこととなり得るので注意を要する。

(c) 複数の贈与間の関係

贈与（生前贈与）が複数ある場合は，新しいものから順次減殺する（1035条）。先後は契約日を基準に判断される（多数説）が，停止条件又は停止期限が付されているときは，条件成就又は期限到来の時を基準とすべきである[36]。同日付の贈与が複数ある場合は，反証のない限り同時にされたものと推定され[37]，1034条を類推して按分によるものと解される（通説）。死因贈与も同様に解すべきであろう。

(3) 遺留分減殺額の算定

(a) 基本的な考え方

前掲注（☆29）最判平10・2・26は，遺留分を有する相続人は，他の遺留分権利者からの減殺請求によって自己の遺留分を侵害されることはないとの前提に立ち，遺留分減殺の対象となるのは，遺贈又は贈与の全額ではなく，そのうち遺留分を超過する部分のみであるとの考え方[38]を採用したうえで，共同相続人に対する遺贈（正確には「相続させる」遺言）のみがされた事案において，当該遺贈により遺留分が侵害された場合，遺贈の目的の価額のうち受遺者の個別的遺留分額[39]を超える部分のみが1034条の「目的の価額」にあたるとした。

同判決は，遺贈のみがされた事案であったため，併せて生前贈与がされていた場合の処理には触れていないが，同判決の趣旨によれば，まず，受遺額に生前贈与や死因贈与による受贈額を加えた取得額から個別的遺留分額を控除して

---

[36] 鈴木・前掲（☆14）162頁。
[37] 大判昭9・9・15民集13巻1792頁。
[38] 学説の状況等については，野山宏・最判解民平成10年度(上)203頁以下を参照。
[39] 判決文では，単に「遺留分額」とされているが，同判決の調査官解説（野山・前掲注（☆38）196頁）によれば，個別的遺留分額（＝①×②）のことを指すようであり，前掲注（☆5）最判平8・11・26にいう「遺留分額」（③＝①×②－（特別受益財産の価額））とは意味が異なる。

各相続人の遺留分超過額を算出し、この金額の枠内で、1033条ないし1035条所定の順序に従い順次減殺をしていくことになろう[☆40]。

算定方法は次のとおりであり、以上の考え方によれば、

$\text{(k)} = \text{(f)}$生前贈与の額 $+$ (g)受遺額 （＝「特別受益財産」の額）

となる。遺留分減殺の対象となる死因贈与や相続分の指定等がほかにあるときは、これらも含まれる。なお、未分割遺産や相続債務は考慮されない。

遺留分減殺請求者以外の各相続人ごとに

⑤遺留分超過額 ＝ (k)当該相続人の取得財産額 − （ ① × ② ）

　　　　＊　①：遺留分額算定の基礎となる財産
　　　　　　②：個別的遺留分率

(b) 具体的な減殺手順

(ア) **遺贈の減殺**　　まずは、遺贈（遺贈と同順位である相続分の指定等を含む。）により取得した財産から減殺していくことになるが、(a)で述べた考え方によれば、遺留分超過額は、生前贈与も含めた減殺対象財産総額との関係で算出されるので、遺留分超過額と受遺額を比較して小さい方の額に応じて、遺留分減殺請求者以外の相続人間で按分することとなる。算定方法は次のとおりである[☆41]。

遺留分減殺請求者以外の各相続人ごとに

⑥$_1$遺贈の減殺額 ＝ ④減殺請求者の遺留分侵害額 × （ ⑤$_1$ / Σ⑤$_1$ ）

　　　　　　《ただし⑤$_1$が上限》
　　　　　　《請求者複数の場合は④はその合計額。以下同じ》

[☆40] 中川善之助編『註釈相続法(下)』(有斐閣、1955) 253頁〔加藤永一〕、鈴木・前掲(☆14) 297頁以下も同旨。

[☆41] 例えば、共同相続人の1人に対してのみ遺贈がされ、その余の共同相続人に対しては生前贈与のみがされており、当該遺贈の目的の価額のみでは遺留分超過額に満たないときは、まず、当該遺贈の全額が減殺される（受遺者Aにつき⑤$_1$＝⑧（＜⑤）であり、遺贈を受けたのはAのみであるから、Σ⑤$_1$＝⑧である。したがって、⑤$_1$/Σ⑤$_1$＝1となり、⑥$_1$の値は、④と⑧のうち小さい方の値となる。仮に、④≧⑧とした場合、⑦$_1$＝1であり、全額が減殺される。）。

> * ⑤$_1$：⑤当該相続人の遺留分超過額《ただし受遺額⑧が上限》
> * Σ⑤$_1$：減殺請求者以外の相続人の⑤$_1$《⑧が上限》の合計額
> ↓
> ⑦$_1$当該相続人の受贈額に対する減殺率 ＝ ⑥$_1$／⑧

　ここで，⑥$_1$は，当該相続人に対する遺贈の減殺額総額であり，遺贈の目的物ごとの減殺率は⑦$_1$となる。ただし，この減殺額及び減殺率は，遺留分減殺請求者の合算であり，減殺請求者が1人のときは，これらの値をそのまま請求の趣旨に掲げることができる（例えば，不動産については，⑦$_1$の持分割合となり，分割債権となる金銭債権については，当該債権額に上記減殺率を乗じた額が不当利得として減殺請求者に返還されるべきこととなる。）が，減殺請求者が複数人いるときは，上記減殺額及び減殺率を各減殺請求者の遺留分侵害額（④）の割合により按分する必要がある☆42。

　(イ) **死因贈与の減殺**　遺贈を減殺してもなお遺留分侵害額全額を塡補するに足りないときは，その残額を塡補するため，続けて死因贈与により取得した財産から同様に減殺していくことになる。

> 遺留分減殺請求者以外の各相続人ごとに
> ⑥$_2$死因贈与の減殺額 ＝ ④′×（⑤$_2$／Σ⑤$_2$）《ただし⑤$_2$が上限》
> 　＊　④′＝④減殺請求者の遺留分侵害額 － ⑥$_1$遺贈の減殺額《＞0》
> 　＊　⑤$_2$＝当該相続人の遺留分超過額 －受遺額⑧
> 　　　　　　　　　　　　　　　　　　《ただし死因贈与額⑩が上限》
> 　＊Σ⑤$_2$：減殺請求者以外の相続人の⑤$_2$《⑩が上限》の合計額

☆42　内田貴『民法Ⅳ〔補訂版〕』（有斐閣，2004）512頁，遺留分減殺請求権の法的性質に関する形成権説によれば，複数の減殺請求の間に先後関係がある場合は，前の減殺請求により遺留分減殺の効果が生じ，その結果を前提に，後の減殺請求による遺留分減殺の効果が生ずることとなるが，相続人間の公平と処理の簡明化を図るため，各減殺請求者の遺留分侵害額の割合に応じて減殺額を按分すべきである。ただし，事実審口頭弁論終結時までに減殺請求をしなかった遺留分権利者については，減殺請求をしない結果，被減殺者が利得することとなるのは相当でないから，上記按分に際し考慮する必要はないものと解する（なお，埼玉弁護士会編『新版　遺留分の法律と実務―相続・遺言における遺留分減殺の機能』（ぎょうせい，2005）200頁以下参照）。

↓

⑦₂当該相続人の死因贈与額に対する減殺率 ＝ ⑥₂ / ⓜ

　(ウ)　**生前贈与の減殺**　以上と同様に，新しいものから順に，遺留分侵害額が全額填補されるまで，生前贈与の減殺をしていく。

❺　遺留分減殺請求権の行使方法

　前記のとおり，遺留分減殺請求権は，受遺者又は受贈者に対する意思表示により行使され，裁判上行使されることを要しない☆43。遺留分減殺請求権を行使することができるのは，遺留分権利者とその承継人である (1031条)。ここでいう「承継人」には，包括承継人のほか，特定承継人も含まれる (通説)。

　減殺を受けるべき受贈者が贈与の目的を他人に譲り渡したときは，遺留分権利者にその価額☆44を弁償しなければならない。ただし，譲受人が譲渡の時において遺留分権利者に損害を加えることを知っていたときは，遺留分権利者は，これに対しても減殺を請求することができる☆45 (1040条1項)。目的につき権利を設定した場合 (同条2項) や遺贈の場合☆46も同様である。

❻　価額弁償

　受遺者及び受贈者は，減殺を受ける限度で，遺贈又は贈与の目的の価額を遺留分権利者に弁償して返還義務を免れることができる☆47 (1041条1項)。

☆43　全財産を一部の相続人に与える遺贈の効力を争わずにされた遺産分割協議の申入れには，特段の事情のない限り，遺留分減殺の意思表示が含まれる (最判平10・6・11民集52巻4号1034頁・判時1644号116頁・判タ979号87頁)。

☆44　客観的に相当と認められる限り，譲渡金額を基準とすべきである (最判平10・3・10民集52巻2号319頁・判時1636号49頁・判タ972号142頁)。

☆45　受贈者に対して減殺請求したときは，その後に目的物の第三取得者に対し重ねて減殺請求することはできない (前掲注 (☆3) 最判昭35・7・19)。

☆46　最判昭57・3・4民集36巻3号241頁・判時1038号285頁・判タ468号102頁。

☆47　遺留分減殺請求をされた受遺者が価額弁償の意思表示をし，弁償すべき価額につき履行の提供をしたときは，減殺請求によりいったん遺留分権利者に帰属した権利が再び受遺者に移転する一方，遺留分権利者は，受遺者に対し，弁償すべき価額相当金の支払を求める権利を取得する (最判平9・2・25民集51巻2号448頁・判時1597号66

価額弁償により返還義務を免れるためには、現実の履行又は履行の提供を要する[48]。価額弁償における価額算定の基準時は、現実の履行（提供）の時であり、遺留分権利者が価額弁償を求める訴訟においては、事実審口頭弁論終結時である[49]。受遺者又は受贈者は、減殺された遺贈又は贈与の目的となる財産が複数ある場合は、各財産ごとに、個別に価額を弁償してその返還義務を免れることができる[50]。

7　結　語

本項目では、なるべく汎用的な遺留分減殺額算定の準則を提示することを試みたが、もとより一つの見解にすぎず、以上に述べたとおり、遺留分減殺請求訴訟においては、実務上の準則が不明確な部分がいまだ残されている。この見解の相違は、弁論主義と処分権主義が妥当する遺留分減殺請求訴訟と、職権主義が妥当する遺産分割審判において遺留分が問題となる場合のいずれを想定するかによる部分も少なくないのであろう。

しかし、準則さえ確定されれば、あとは計算問題にすぎないことは冒頭で述べたとおりであるから、例えば、遺留分減殺額を自動算定するプログラム[51]を用いて遺留分計算表を作成し、訴訟手続においてこれを活用する[52]ことにより、一覧性を保ったまま、再計算が正確かつ容易になり、相続財産の追加、

頁・判タ933号283頁）。

[48]　最判昭54・7・10民集33巻5号562頁・判時942号46頁・判タ399号137頁。

[49]　前掲注（☆3）最判昭51・8・30。

[50]　最判平12・7・11民集54巻6号1886頁・判時1724号36頁・判タ1041号149頁。1034条の適用とは異なる点に留意。

[51]　おおむね本項目で提示した準則に従い、東京地方裁判所と東京三弁護士会が合同で開催する「民事訴訟の運営に関する懇談会」における協議を通じて試作された表計算シート（Microsoft Excel 形式）が東京弁護士会のホームページ（http://www.to-ben.or.jp/）からダウンロード可能である（別紙としてサンプルを掲げた〔6.5版〕。）。

[52]　具体的には、計算表を訴状や準備書面に添付したり、弁論準備手続において、各当事者ごとに暫定的な計算表を事実上取り交わしたうえで、最終的に各当事者の主張として確定したものを弁論調書又は弁論準備手続調書に別紙添付することが考えられる。

変更や評価額の変更等にも即座に対応することができる。

　そして，このようなプログラムを活用して迅速に争点を整理していくためには，訴状段階から減殺対象となる遺贈又は贈与，対象目的物，目的物の価額等が，暫定的なものであれ，特定的に掲げられていることが大前提となり，これらの特定がなければ，本来，請求の趣旨を記載することもできないはずである。暫定的な主張につき自白が成立することを懸念する向きがあるかもしれないが，暫定的な主張であることを明記しさえすれば，上記懸念を回避することは可能である。遺留分減殺請求訴訟において，被告の主張に応じて原告の主張も随時変更していかざるを得ない面があることは，裁判所としても認識しており，このような主張の変遷を初期の段階で終わらせることが，上記プログラムを活用した争点整理の眼目である。

　以上の点をふまえ，訴訟当事者や裁判所においても，様々なツールを積極的に活用して早期のうちに争点を把握し，迅速な争点整理を促進することが期待される。

〔髙橋　玄〕

第3章◆訴訟類型別の争点整理

基 礎 と な る

相続人・受遺者・受贈者	1 妻	2 長男	3 長女	4 次男
法定相続分（上段に分子，下段に分母を記載）	1/2	1/6	1/6	1/6
遺留分権行使者（○印を全角で記入）			○	○
直系尊属のみが相続人の場合は「1」を入力→				

遺贈	財産の種類・名称	各 自 の 取 得 分 の			
	合　計				

死因贈与	財産の種類・名称	各 自 の 取 得 分 の			
	合　計				

未処理遺産	財産の種類・名称	法 定 相 続 分 に 基 づ			
	非金銭				
	金銭				
	合　計				

生前贈与	財産の種類・名称	各 自 の 取 得 分 の			
1	〈1〉				
2	〈2〉				
3	〈3〉				
4	〈4〉				
5	〈5〉				
6	〈6〉				
7	〈7〉				
8	〈8〉				
9	〈9〉				
10	〈10〉				
↑新しい贈与が上になるように入力					

債務	合計額から入力	法 定 相 続 分 に 基 づ			
	個別分担額から入力	各 自 の 分			
	合　計				

※生前贈与欄を増やしたときは，「遺留分減殺計算表」の対応する生前贈与番号が付された行（2行）を選択して

Ｘ◇遺留分減殺請求訴訟

財 産 一 覧 表

5	6	←列コピーにより相続人欄を増やしたときは,「遺留分減殺計算表」の列数も同数増やしてください。	
		1	←この数値が１にならないときは，法定相続分の入力が正しいか再度確認してください。

評価額	合計	備考

評価額	合計	備考

分配額	評価額	備考

評価額	合計	備考

分担額	合計	備考

担額	合計	備考

同様に行コピーしてください。ただし，番号「１」の欄については操作しないでください。

第3章◆訴訟類型別の争点整理

遺留分減殺計算表

相続人・受遺者・受贈者	1 妻	2 長男	3 長女	4 次男	5	6
受遺(相続させる遺言を含む)額 (1)						
死因贈与額 (2)						
未処理遺産合計 (3)						
評価額合計 (4) = (1) + (2) + (3)						
生前贈与額 (5)						
生前贈与額合計 (6)						
持戻後遺産評価額 (7) = (4) + (6)						
債務額合計 (8)						
遺留分算定の基礎となる財産 (9) = (7) − (8)						
法定相続分 (10)	1/2	1/6	1/6	1/6		
個別的遺留分率 (11) = (10) ÷ 2	1/4	1/12	1/12	1/12		
個別的遺留分額 (12) = (9) × (11)						
債務分担額 (13)						
現在分配額 (14) = (1) + (2) + (5) − (13)						
未処理遺産取得額 (15) = (3) × (10)						
最終分配額 (16) = (14) + (15)						
権利行使者の遺留分侵害額 (17) = (12) − (16) ((17) > 0) うち金銭債権						
遺留分超過受遺額 (18) = (1) + (2) + (5) − (12) ((1)が上限)						
遺贈の減殺額 (17)の合計を(18)で按分 ((18)が上限)						
受遺額から見た死因贈与額 (権利行使者の合算)						
遺留分超過死因贈与額 (1) + (2) + (5) − (12) − (1) ((2)が上限)						
死因贈与の減殺額						

X◇遺留分減殺請求訴訟

		死因贈与額からみた減殺率(権利行使者の合算)					
1	〈1〉の減殺額						
2	〈2〉の減殺額						
3	〈3〉の減殺額						
4	〈4〉の減殺額						
5	〈5〉の減殺額						
6	〈6〉の減殺額						
7	〈7〉の減殺額						
8	〈8〉の減殺額						
9	〈9〉の減殺額						
10	〈10〉の減殺額						

生前贈与

※ 非表示となっている行がありますのでご注意ください。表示させる場合は、前後の行を選択して右クリックし、「再表示」を選択します。

事項索引

あ

RSD（反射性交感神経性ジストロフィー）
　………………………………………… 366
後出し有利論……………………………… 214
アメリカの裁判制度……………………… 118
イエロー・カード………………………… 12
イギリスの裁判制度……………………… 124
遺留分減殺請求権………………………… 385
遺留分減殺額の算定……………………… 394
遺留分侵害額の算定……………………… 386

か

外貌醜状…………………………………… 369
瑕　疵……………………………………… 270
株主代表訴訟……………………………… 354
完全陳述義務……………………………… 90
期日外釈明………………………………… 246
詰問権……………………………………… 48
求釈明………………………………… 34, 254
計画審理…………………………………… 114
権利自白…………………………………… 235
後遺症……………………………………… 365
高次脳機能障害…………………………… 367
交通事故訴訟……………………………… 364
口頭主義…………………………………… 80
高度の蓋然性……………………………… 297

さ

裁判上の自白……………………………… 230
裁判所主導型争点整理…………………… 32
五月雨式審理……………………………… 41
事案解明型準備書面・陳述書…………… 29
事案解明義務……………………………… 49
時機に後れた攻撃防御方法……………… 55
　──の却下……………………………… 97
失権効……………………………………… 260
自白の撤回………………………………… 233
釈明権……………………………………… 245
釈明処分としての鑑定…………………… 226
主要事実…………………………………… 153
準計画審理………………………………… 116
準備書面…………………………………… 148
準備的口頭弁論…………………………… 108
証拠の整理………………………………… 179
職権主義…………………………………… 57
処分権主義…………………………… 65, 157
書面による準備手続……………………… 109
信義則……………………………………… 66
進行協議期日……………………………… 111
真実義務……………………………… 89, 214
真実尊重義務……………………………… 91
迅速コース（fast track）………………… 126
積極否認…………………………………… 171
専門委員…………………………………… 218
争点整理の意義……………………… 44, 183
争点中心審理……………………………… 75
争点の意義…………………………… 43, 77
争点の絞り込み…………………………… 202
訴　状……………………………………… 141
訴訟上の信義則…………………………… 68
ソフトウェア……………………………… 324
　──の瑕疵……………………………… 344

た

弾劾証拠…………………………………… 94
ディスカバリー…………………………… 120
適時提出主義……………………………… 95
適　正……………………………………… 71
ドイツの裁判制度………………………… 131
当事者主義………………………………… 57
当事者主義的訴訟運営………………… 61, 194
当事者主体的活動型争点整理…………… 33
当事者照会………………………………… 257
答弁書……………………………………… 145
特許訴訟…………………………………… 308

な

認否……………………………………151, 166

は

PTSD（心的外傷後ストレス障害）……365
不意打ち防止……………………………………92
付調停……………………………………226
フランスの裁判制度……………………128
プロセスカード……………………………7
文書提出命令……………………………35
弁論権……………………………………86
弁論兼和解………………………………41
弁論主義………………………………65, 84
　──と法律構成…………………………157
　──の結果責任…………………………47
弁論準備手続……………………………102
　──の形骸化……………………183, 215
法律構成の主張…………………………161
法律制度改善努力義務違反………………13

ま

民事訴訟における事実…………………153
民事訴訟の理念……………………………71

ら

離婚訴訟…………………………………373
労働審判…………………………………301
ローカルルール……………………………14

判例索引

大審院

大判大11・7・6民集1巻455頁	387
大判昭8・2・9民集12巻397頁	231
大判昭8・9・12民集12巻2139頁	231
大判昭9・9・15民集13巻1792頁	392
大判昭11・6・9民集15巻1328頁	231
大判昭11・6・17民集15巻1246頁	387

最高裁判所

最判昭25・7・11民集4巻7号316頁・判タ5号38頁	234
最決昭28・2・17刑集7巻2号237頁	95
最判昭28・4・30民集7巻4号461頁	158
最判昭29・4・8民集8巻4号819頁・判タ40号20頁	391
最判昭30・7・5民集9巻9号985頁・判タ51号36頁・金法91号27頁	236
最判昭30・9・27民集9巻10号1444頁・判タ53号34頁・金法126号28頁	233
最判昭31・5・25民集10巻5号577頁・判時77号20頁・判タ59号62頁	209, 235
最判昭33・3・7民集12巻3号469頁・判時147号20頁	234
最判昭34・9・17民集13巻11号1372頁・判時202号26頁	233
最判昭34・11・19民集13巻12号1500頁	233
最判昭35・7・19民集14巻9号1779頁・判時232号22頁	386, 397
最判昭36・4・25民集15巻4号891頁・家月13巻8号79頁	375
最判昭36・4・27民集15巻4号901頁	160
最判昭36・10・5民集15巻9号2271頁	234
最判昭38・4・16民集17巻3号476頁	286
最判昭41・7・14民集20巻6号1183頁・判時458号3頁・判タ196号110頁	385
最判昭41・9・22民集20巻7号1392頁・判時464号29頁・判タ198号129頁	235
最判昭45・6・11民集24巻6号516頁・判時597号92頁・判タ251号181頁	247, 250, 256
最判昭51・3・18民集30巻2号111頁・判時811号50頁・判タ335号211頁	388
最判昭51・6・17民集30巻6号592頁・判時825号45頁・判タ339号256頁	159
最判昭51・8・30民集30巻7号768頁・判時826号37頁・判タ340号155頁	386, 398
最判昭52・2・22民集31巻1号79頁	334
最判昭52・4・15民集31巻3号371頁・判時857号75頁・判タ352号180頁	235
最判昭52・5・27裁集民120号607頁・金判548号42頁	164
最判昭54・7・10民集33巻5号562頁・判時942号46頁・判タ399号137頁	398
最判昭56・2・26民集35巻1号56頁	350
最判昭57・3・4民集36巻3号241頁・判時1038号285頁・判タ468号102頁	397

407

判例索引

最判昭61・7・14労判477号6頁・判時1198号149頁・判タ606号30頁 ················ 306
最判平8・1・26民集50巻1号132頁・判時1559号43頁・判タ903号104頁 ············ 386, 392
最判平8・11・26民集50巻10号2747頁・判時1592号66頁・判タ931号175頁
　　　　　　　　　　　　　　　　　　　　　　　　　　　　　　　　386, 388, 389, 394
最判平9・2・25民集51巻2号448頁・判時1597号66頁・判タ933号283頁 ············ 397
最判平9・3・11民集51巻3号1055頁 ·· 316
最判平10・2・24民集52巻1号113頁・判時1630号32頁・判タ969号105頁 ············ 315
最判平10・2・26民集52巻1号274頁・判時1635号55頁・判タ972号129頁 ······ 392, 393
最判平10・3・10民集52巻2号319頁・判時1636号49頁・判タ972号142頁 ············ 397
最判平10・3・24民集52巻2号433頁・判時1638号82頁・判タ973号138頁 ············ 387
最判平10・6・11民集52巻4号1034頁・判時1644号116頁・判タ979号87頁 ·········· 397
最判平10・9・10労判757号20頁 ··· 305
最判平12・2・24民集54巻2号523頁・判時1703号137頁・判タ1025号125頁 ········· 391
最判平12・4・11民集54巻4号1368頁・判時1710号68頁・判タ1032号120頁 ········· 320
最判平12・7・7民集54巻6号1767頁 ·· 357, 359
最判平12・7・11民集54巻6号1886頁・判時1724号36頁・判タ1041号149頁 ········· 398
最判平12・9・22民集54巻7号2574頁・判時1728号31頁・判タ1044号75頁 ·········· 299
最判平12・12・14判タ1053号95頁 ·· 360
最判平14・9・12判時1801号72頁・判タ1106号81頁 ·································· 159
最判平14・11・5民集56巻8号2069頁・判時1804号17頁・判タ1108号300頁 ········ 392
最判平15・11・11民集57巻10号1466頁・判時1845号63頁・判タ1140号86頁 ······· 299
最決平16・5・25民集58巻5号1135頁 ·· 361
最決平16・10・29民集58巻7号1979頁・判時1884号41頁・判タ1173号199頁 ······· 387
最判平17・7・14判時1911号102頁・判タ1191号235頁 ························· 159, 248
最決平17・7・22民集59巻6号1837頁 ·· 361
最判平17・9・8民集59巻7号1931頁・判時1913号62頁・判タ1195号100頁 ·········· 390
最決平19・12・12民集61巻9号3400頁 ··· 361
最判平20・1・28民集62巻1号128頁 ··· 359
最判平21・3・10民集63巻3号361頁 ··· 355
最判平21・3・24民集63巻3号427頁・判時2041号45頁・判タ1295号175頁 ········· 392
最判平22・10・8判タ1337号114頁 ·· 391
最判平22・10・14判時2098号55頁 ·· 79, 159, 160, 248

高等裁判所

東京高判昭47・2・23高民集25巻1号132頁 ··· 164
東京高判昭51・9・21判時838号43頁 ·· 159
高松高決昭53・9・6家月31巻4号83頁 ··· 393
東京高判昭56・1・29判タ437号113頁 ··· 333
東京高判昭60・12・19東高民時報36巻10〜12号190頁 ······························· 250
東京高判平3・7・30家月43巻10号29頁・判時1400号26頁・判タ765号280頁 ······ 388
東京高判平8・11・7判時1637号31頁 ·· 388

判例索引

大阪高判平11・6・8判時1704号80頁・判タ1029号259頁 …………………………… 387
東京高判平12・3・8高民集53巻1号93頁・判時1753号57頁・判タ1039号294頁 ………… 393
東京高判平13・1・31自動車保険ジャーナル1382号 ………………………………… 367
大阪高判平13・10・5自動車保険ジャーナル1421号 ………………………………… 367
知財高判平18・9・25（平成17年（ネ）第10047号）裁判所ホームページ …………… 317
東京高決平19・2・16金判1303号58頁 ………………………………………………… 361
知財高判平22・5・27（平成22年（ネ）第10006号）裁判所ホームページ …………… 318
知財高判平22・7・20（平成19年（ネ）第10032号）裁判所ホームページ …………… 318

地方裁判所

徳島地判昭46・6・29下民集22巻5－6号716頁・判時643号84頁・判タ265号176頁 ……… 393
東京地判昭47・5・29判時669号41頁・判タ298号387頁 ……………………………… 286
福岡地判昭61・7・16判タ637号155頁 ………………………………………………… 276
東京地判昭61・9・26判時1214号116頁 ………………………………………………… 393
大阪地判昭62・2・18判時1323号68頁・判タ646号165頁 ……………………………… 274
神戸地判昭63・5・30判時1297号109頁・判タ691号193頁 ……………………… 278, 279
長崎地判平3・2・19判時1393号138頁 ………………………………………………… 356
東京地判平7・6・12判タ895号239頁 …………………………………………………… 329
東京地判平9・2・18判タ964号172頁 …………………………………………………… 329
東京地判平11・3・4判タ1017号215頁 ………………………………………………… 358
広島地判平11・10・27判時1699号101頁 ……………………………………………… 331
東京地判平12・11・29判タ1086号162頁 ……………………………………………… 216
東京地判平13・8・27判タ1086号181頁 ………………………………………………… 181
東京地判平13・9・6（平成11年（ワ）第24433号）裁判所ホームページ …………… 318
横浜地判平13・10・12自動車保険ジャーナル1421号 ………………………………… 367
東京地判平14・4・22判タ1127号161頁 …………………………………… 330, 340, 343
東京地判平14・7・17判時1792号92頁 ………………………………………………… 366
大坂地判平14・10・29（平成11年（ワ）第12586号）裁判所ホームページ ………… 318
東京地判平15・5・28（平成14年（ワ）第15745号）裁判所ホームページ ………… 333
東京地八王子支判平15・11・5判時1857号73頁 ……………………………… 329, 330
名古屋地判平16・1・28判タ1194号198頁 …………………………………………… 330
東京地判平16・3・10判タ1211号129頁 …………………………………… 329, 350
東京地判平16・12・22判タ1194号171頁 ……………………………………………… 329
東京地判平17・3・24（平成16年（ワ）第8548号）LLI登載 …………………… 329, 331
東京地判平17・4・14（平成15年（ワ）第12741号）LLI登載 ………………………… 341
東京地判平17・4・22（平成14年（ワ）第2077号）LLI登載 ……………… 329, 331, 341
東京地判平19・1・31（平成15年（ワ）第8853号）LLI登載 ………………………… 325
東京地判平19・10・26（平成18年（ワ）第474号）裁判所ホームページ …………… 318
東京地判平19・11・30（平成17年（ワ）第21377号，平成18年（ワ）第664号）LLI登載 … 329
東京地判平19・12・14（平成16年（ワ）第25576号）裁判所ホームページ ………… 318
東京地判平20・4・24（平成17年（ワ）第25797号，平成18年（ワ）第14112号）LLI登載

409

判例索引

……………………………………………………………………………… 325, 352
大阪地判平20・9・10判例集未登載……………………………………… 361
東京地判平20・12・24（平成17年（ワ）第21408号）裁判所ホームページ……………… 318
東京地判平20・12・25（平成18年（ワ）第24821号）裁判所ホームページ………… 325, 341
宇都宮地栃木支決平21・5・12判タ1298号91頁……………………… 154
東京地判平22・1・18判時2087号93頁・判タ1327号210頁………………………… 287
東京地判平22・1・22（平成18年（ワ）第6445号，平成18年（ワ）第14701号）LLI登載
　　　　　　　　　　　　　　　　　　　　　　　………………………… 329, 343, 352
東京地判平22・4・28（平成18年（ワ）第24088号）裁判所ホームページ……… 324
京都地判平22・5・27判時2093号72頁・判タ1331号107頁……………… 370
東京地判平22・6・25（平成20年（ワ）第27374号）……………………… 154
東京地判平22・7・22判時2096号80頁……………………………………… 339
東京地判平23・1・28（平成20年（ワ）第14980号）WLJ登載………………… 325

民事訴訟代理人の実務
Ⅱ 争点整理

2011年3月25日　初版第1刷印刷
2011年4月20日　初版第1刷発行

Ⓒ編者　東京弁護士会
　　　　民事訴訟問題等特別委員会

発行者　逸見慎一

発行所　東京都文京区　株式　青林書院
　　　　本郷6丁目4の7　会社

振替口座 00110-9-16920／電話 03(3815)5897〜8／郵便番号 113-0033

印刷・藤原印刷㈱　落丁・乱丁本はお取り替え致します。

Printed in Japan　ISBN978-4-417-01532-1

JCOPY〈㈳出版者著作権管理機構 委託出版物〉
本書の無断複写は著作権法上での例外を除き禁じられています。複写される場合は、そのつど事前に、㈳出版者著作権管理機構（電話 03-3513-6969, FAX 03-3513-6979, e-mail: info@jcopy.co.jp）の許諾を得てください。

**大競争時代に民事法廷弁護士として
活躍するための必携書！！**

訴訟代理人として活躍する弁護士が，いま法廷で直面している
問題について，訴訟現場の実態をふまえて実践的に解説

東京弁護士会民事訴訟問題等特別委員会編

民事訴訟代理人の実務

Ⅰ　訴えの提起

Ⅱ　争点整理（平成23年4月刊行）

Ⅲ　証拠採集と立証

Ⅳ　多数当事者等の訴訟　　　　（Ⅰ，Ⅲ，Ⅳ続刊予定）

東京弁護士会民事訴訟問題等特別委員会編
最新判例からみる

民事訴訟の実務（平成22年5月20日刊，定価5,400円＋税）

最新判例をとおして，民事訴訟実務上の問題点を検証
訴訟代理人としての弁護士からみた訴訟活動のあり方を提言する！！

・新民訴法施行後の重要判例を中心に，71件を体系的に紹介，判例動向が読みとれる
・訴訟代理人の視点から解説，訴訟実務上必要な知識を習得できる
・判例をふまえた「実務上の指針」を明示，訴訟実務上の現代的な課題と実践的対策を知ることができる